U0587478

隧道工程（第五版）

主　编　覃仁辉　王　成
副主编　彭　念　唐晓勇
主　审　杨其新

重庆大学出版社

内容提要

本书详细地介绍了公路隧道的勘察设计和施工方法。全书共分 12 章,主要内容包括隧道的勘察、隧道总体设计、隧道结构构造、隧道围岩分级与围岩压力、隧道结构计算、锚喷支护结构的设计与施工、隧道通风、隧道照明、隧道钻爆施工方法及其基本作业、连拱隧道和小净距隧道、掘进机及盾构法施工。每章后附有思考题,供学习时使用。

本书是高等院校土木工程专业隧道工程课程的教学用书,亦可供公路隧道工程建设的管理、施工、设计、监理等工程技术人员参考。

图书在版编目(CIP)数据

隧道工程/覃仁辉,王成主编. 5 版. 重庆:重庆大学出版社,2019.1(2025.1 重印)
土木工程专业本科系列教材
ISBN 978-7-5624-6083-1

Ⅰ.①隧… Ⅱ.①覃… ②王… Ⅲ.①隧道工程—高等学校—教材 Ⅳ.①U45

中国版本图书馆 CIP 数据核字(2019)第 006900 号

隧道工程
(第五版)

主 编 覃仁辉 王 成
副主编 彭 念 唐晓勇
主 审 杨其新
责任编辑:曾显跃 丁薇薇 版式设计:曾显跃
责任校对:秦巴达 责任印制:张 策

*

重庆大学出版社出版发行
出版人:陈晓阳
社址:重庆市沙坪坝区大学城西路 21 号
邮编:401331
电话:(023) 88617190 88617185(中小学)
传真:(023) 88617186 88617166
网址:http://www.cqup.com.cn
邮箱:fxk@ cqup.com.cn(营销中心)
全国新华书店经销
重庆华林天美印务有限公司印刷

*

开本:787mm×1092mm 1/16 印张:20.5 字数:518 千
2019 年 1 月第 5 版 2025 年 1 月第 26 次印刷
印数:84 001—85 000
ISBN 978-7-5624-6083-1 定价:48.00 元

本书如有印刷、装订等质量问题,本社负责调换
版权所有,请勿擅自翻印和用本书
制作各类出版物及配套用书,违者必究

土木工程专业本科系列教材
编审委员会

主　任　朱彦鹏

副主任　周志祥　程赫明　陈兴冲　黄双华

委　员（按姓氏笔画排序）

于　江	马铭彬	王　旭	王万江	王秀丽
王泽云	王明昌	孔思丽	石元印	田文玉
刘　星	刘德华	孙　俊	朱建国	米海珍
邢世建	吕道馨	宋　彧	肖明葵	沈　凡
杜　葵	陈朝晖	苏祥茂	杨光臣	张东生
张建平	张科强	张祥东	张维全	周水兴
周亦唐	钟　晖	郭荣鑫	黄　勇	黄呈伟
黄林青	彭小芹	程光均	董羽蕙	韩建平
樊　江	魏金成			

前言

本书在习近平新时代中国特色社会主义思想指导下,落实"新工科"建设要求,是普通高等院校土木工程专业系列教材中的专业课教材。该教材除了作为土木工程专业课教材外,也可作为高速公路山岭隧道建设的管理、施工、设计、监理等部门技术人员的参考书。

本次改版是按照《公路隧道设计规范》(JTG D70—2004)的相关规定进行修订的。各章节中与该规范有关的内容表格均已改动。第 5 章中隧道围岩分级部分与改版前教材有较大变动,即遵照《公路隧道设计规范》(JTG D70—2004)中相应规定执行。根据我国公路隧道的高速发展,为适应高校土木工程专业"隧道工程"课程的教学需要,以及满足公路隧道管理、施工、设计、监理等部门技术人员的建设需求,增加了第 11 章"连拱隧道和小净距隧道"和第 12 章"掘进机及盾构法施工"。

通过本课程的学习,使学生掌握有关公路隧道的勘察、设计和构造原理以及计算理论和计算方法,熟悉有关施工方面知识,将隧道工程基本概念、设计与施工等内容有机地融为一体,使学生对道路的山岭隧道工程各个方面知识比较全面而系统深入地了解,具备从事隧道工程设计、施工、管理的基本知识和能力,具有初步研究开发的能力,以及解决各类围岩隧道中遇到的较复杂问题的初步能力。

本教材共分 12 章。第 1 章,介绍国内外隧道的发展概况,以及隧道的作用和分类;第 2 章,介绍隧道的勘察方法和主要勘察手段,地质勘察和水文勘察要求,以及隧道结构建设环境评价,由于隧道工程是直接开挖山体,注重人类环境保护具有重要意义;第 3 章,介绍隧道的总体设计,包括隧道的平纵横几何设计、隧道衬砌断面设计、内轮廓线求法和隧道勘测设计文件的内容及组成等;第 4 章,介绍隧道衬砌类型及支护结构,包括洞门形式及结构、明洞形式及基础形式、通风用竖井及斜井、隧道内装修及噪声消减、隧道路面及隧道防排水等;第 5 章,介绍公路隧道围岩分类方法及其影响围岩稳定性因素;第 6 章,介绍隧道结构常用计算方法,主要针对不同围岩类别设计选用的几种隧道结构进行的计算方式,包括有半衬砌计算模式、曲墙式衬砌计算模式、直墙式衬砌计算模式以及有限杆单元计算模式,由于隧道结构与围岩共同作用的计算方法目前尚不成熟,本章未作介绍,读者可查阅有关研究文章;第 7 章,介绍新奥法意义下的锚喷支护结构设计原理,即引入围岩自承的概念进行隧道支护结构的设计原理和方法,由于新奥法隧道设计与施工紧密联系,本章介绍了锚喷支护施工的一些原则;第 8 章,介绍公路隧道通风,包括如何计算隧道空气中有害物质的浓度及其稀释有害物质所需的通风量,以及通风方式和通风机的选择等,使学生能使用规范进行通风设计计算;第 9 章,介绍隧道照明计算原理、照明质量及其照明设计和要求等;第 10 章,介绍目前国内隧道施工的几种常用方法;即新奥法、矿山法及其不良地质条件下的施工方法等,对隧道开挖及支护的一些基本作业也进行了介绍;第 11 章,介绍连拱隧道及小净距隧道,包括双连拱隧道基本结构式与分类及施工方法、小净距隧道设计技术要求及施工;第 12 章,介绍掘进机及盾构法施工,包括掘进机类型及构造、全新面掘进机施工方法、盾构的分类及构造、盾构施工方法等。

本书第 1 至第 5 章由覃仁辉编写;第 6、7、8 章由王成编写;第 9、10、12 章由彭念、佘健编写;第 11 章由唐晓勇编写,并对各章节图表进行核对。全书由覃仁辉、王成担任主编,彭念、唐晓勇担任副主编,杨其新担任主审。

由于编者水平有限,教材中不可避免有错误之处,敬请读者批评指正。

编 者
2018 年 10 月

目录

第**1**章
绪 论

1.1 隧道在交通事业中的地位和国内外隧道发展概况

交通是国家基础建设重要的设施,在国民经济发展中占有十分重要的地位。世界各国的经济发展经验表明,快速畅通的交通网是经济发展必不可少的条件。

近年来随着我国社会经济快速发展,地面交通增长十分迅猛,而修建水平满足不了发展的需要,造成各种交通设施超负荷运转,交通事故、交通阻塞和交通公害等成为一大社会问题,阻碍了国家和地区经济的发展。因此,针对交通需求的高涨,解决好路面交通的规划和修建,是目前急需研究的课题之一。

路面交通线一般由许多工程建筑物组成,其中包括路基、涵洞、桥梁、隧道等,而隧道是交通线上重要的组成部分。所谓隧道,是指一种修建在地层中的地下工程建筑物。它被广泛地应用于公路、铁路、矿山、水利、市政和国防等方面。公路隧道是指专供公路运输使用的地下工程结构物。随着现代化高速公路的发展,它在公路工程中的作用和地位日益重要,特别是在山区公路的修建中更为显著。

隧道的产生和发展是和人类的文明历史发展相呼应的,大致可以分为如下 4 个时代:

(1)原始时代

人类的出现到公元前 3000 年的新石器时代,是人类利用隧道来防御自然威胁的穴居时代。隧道是用兽骨、石器等工具开挖,修筑在可以自身稳定而无需支撑的地层中。

(2)远古时代

从公元前 3000 年到 5 世纪,即所谓的文明黎明时代,是为生活和军事防御目的而利用隧道的时代。这个时代隧道的开发技术形成了现代隧道开发技术的基础。例如,古埃及金字塔的建设就开始修建了地下建筑。公元前 2200 年间的古代巴比伦王朝为连接宫殿和神殿而修建了长约 1 km、断面为 3.6 m×4.5 m 的隧道,施工期间将幼发拉底河水流改道,采用明挖法建造,该隧道是一种砖砌建筑。

（3）中世纪时代

约从 5 世纪到 14 世纪的 1 000 年。这个时期正是欧洲文明的低潮期,建设技术发展缓慢,隧道技术没有显著的进步,但由于对地下铜、铁等矿产资源的需求,开始了矿石开采。

（4）近代和现代

近代和现代,即从 16 世纪以后的产业革命开始。这个时期由于炸药的发明和应用,加速了隧道技术的发展。如有益矿物的开采,灌溉、运河、公路和铁路隧道的修建,以及随着城市的发展修建地下铁道、上下水道等,使得隧道的技术得到极大的发展,其应用范围迅速扩大。

据现有资料记载,我国最早的交通隧道是位于今陕西的"石门"隧道,建于公元 66 年,是供马车和行人通行的。世界上最早的隧道是公元前 2200 年,巴比伦国王为连接宫殿和神殿而修建的隧道。

隧道技术的进步,是在进入罗马时代以后,测量技术的出现,人们利用棚架支撑岩层和卷扬提升土石,从两端洞口开挖隧道,数量较多的各种用途的隧道和水工隧道开始增多。尤其是约公元 7 世纪发明了火药,1679 年用于法国拉恩开得克运河隧道开挖,获得极大成功,隧道挖掘技术得到飞速的发展。19 世纪的产业革命,隧道开挖出现了各种新方法,迎来了近代隧道开挖技术的新曙光。1818 年布鲁内尔(Brunel)发明了盾构,意大利物理学家欧拉顿(Erardon)提出以压缩空气平衡软弱地层涌水压力防止地层坍塌的方法后,英国的科克伦(Co-Chrane)利用这个原理,发明用压缩空气开挖水底隧道的方法,第一次应用压缩空气和盾构修建水底隧道是 1896 年由英国人格雷特黑德(Greothead)实现的。在欧洲自贯穿阿尔卑斯山的辛普伦隧道建设开始,最先开始应用凿岩机和使用硝化甘油(TNT)炸药来开挖岩石隧道。

我国古代在地下工程方面具有悠久的历史和辉煌的成就,远在几千年前就能开采矿石,是世界上采矿工业发展最早的国家。公元前 1122 年金属矿石开采已相当发达,公元1271—1368 年就有深达数百米的盐井。奴隶为封建统治者修建的墓穴,如长沙的楚墓、洛阳的汉墓、西安的唐墓、明十三陵之一的定陵等都是规模较大的地下工程,这些历史古迹都显示出我国古代在隧道建筑方面卓越的水平。

1949 年以前的近百年,由于长期处于半殖民地半封建社会,经济落后,地下建筑发展速度极其缓慢,隧道修建屈指可数,而且主要依靠人力开挖。1949 年以来,为改变国家的经济布局,发展内地和山区的经济,先后修建了数十条隧道比重较大的山区铁路,使得我国在铁路隧道的数量和施工技术上都有了较大发展,逐渐掌握了隧道建筑的近代技术,从人力为主体的施工转向以机械开挖为主体的施工,技术上有了质的飞跃。

我国公路隧道的建设发展相对迟缓。近几年由于高速公路建设的加快,公路隧道的数量已开始成倍地增长,据不完全统计,到 1999 年底,我国已建成的公路隧道达 1 096 座,单洞总延长超过 340 km。我国已建成和正在建设的长度超过 3 km 的公路隧道见表 1.1。

目前世界上已建成公路隧道,最长的首推瑞士的长 16.918 km 的圣哥达隧道,而挪威正在修建的 Aurland—Laerdal 公路隧道,长度达 24.5 km。世界上长度大于 10 km 的公路隧道的概况见表 1.2。其中通过阿尔卑斯山最高峰下连接法国和意大利的勃朗峰(Mt. Blance)隧道,全长 11.6 km,道路宽 7.0 m,从顶板到路面高 6 m,断面呈马蹄形,衬砌厚 80 cm,法国侧入口标高为 1 274 m,意大利侧标高为 1 381 m,最大埋深约 2 500 m,双车道相向运行,最高限速为 80 km/h。1959 年开工,1965 年开始运营。世界上已建成和在建设的长度大于 10 km 的公路隧道见表 1.2。

表 1.1　我国已建成和正在建设的 3 km 以上的公路隧道概况

隧道名称	隧道长度/m	营运条件
大溪岭隧道	4 100	双向、双车道
二郎山隧道	4 160	单向、双车道
华蓥山隧道	4 770	单向、双车道
鹧鸪山隧道	4 400	单向、双车道
木鱼槽隧道	3 600	双向、双车道
八达岭隧道	3 455	双向、双车道
真武山隧道	3 100	单向、双车道
中梁山隧道	3 165	单向、双车道
牛郎河隧道	3 920	单向、双车道
猫狸岭隧道	3 600	单向、双车道
秦岭终南山隧道	18 100	双洞、单向、双车道

表 1.2　世界上已建成和在建设的长度大于 10 km 的公路隧道

隧道名称	国家及地区	长度/m
勃朗峰(Mt. Blance)	法国—意大利	11 600
弗雷儒斯(Frejus)	法国—意大利	12 901
圣哥达(St. Gothard)	瑞士	16 918
阿尔贝格(Arlberg)	奥地利	13 927
格兰萨索(GranSasso)	意大利	10 173
关越Ⅰ(Kan-Etsu)	日本	10 920
关越Ⅱ(Kan-Etsu)	日本	11 010
居德旺恩(Gudvanga)	挪威	11 400
Folgefonn	挪威	11 100
AurlandLaerdal	挪威	24 500
坪林(Pinglin)	中国台湾地区	12 900
Hida	日本	10 750

隧道技术的发展表明:今后隧道技术的研究方向为非爆破的机械化施工、合理规划与环境保护、设计可靠合理、使用安全等方面。我国是发展中国家,经济和技术力量基础还不太强,在隧道技术开发研究时,应在引进同时,立足于国内技术力量,提高我国的隧道技术水平。

1.2 隧道的分类及其作用

1970 年 OECD(世界经济合作与发展组织)隧道会议从技术方面将隧道定义为:以任何方式修建,最终使用于地表面以下的条形建筑物,其空洞内部净空断面在 2 m² 以上者均为隧道。从这个定义出发,隧道包括的范围很大。从不同角度区分,可得出不同的隧道分类方法。如按地层分,可分为岩石隧道(软岩、硬岩)、土质隧道;按所处位置分,可分为山岭隧道、城市隧道、水底隧道;按施工方法分,可分为矿山法、明挖法、盾构法、沉埋法、掘进机法等;按埋置深度分,可分为浅埋和深埋隧道;按断面形式分,可分为圆形、马蹄形、矩形隧道等;按国际隧道协会(ITA)定义的断面数值划分标准分,可分为特大断面(100 m² 以上)、大断面(50 ~ 100 m²)、中等断面(10 ~ 50 m²)、小断面(3 ~ 10 m²)、极小断面(3 m² 以下);按车道数分,可分为单车道、双车道、多车道。一般认为按用途分类比较明确,简述如下:

1.2.1 交通隧道

交通隧道是应用最广泛的一种隧道,其作用是提供交通运输和人行的通道,以满足交通线路畅通的要求,一般包括有以下几种。

(1)公路隧道

公路隧道是专供汽车运输行驶的通道。

过去,在山区修建公路为节省工程造价,常常选择盘山绕行,宁愿延长距离而避开修建隧道昂贵的费用。随着社会经济和生产的发展,高速公路的大量出现,对道路的修建技术提出了较高的标准,要求线路顺直、坡度平缓、路面宽敞等,因此,在道路穿越山区时,出现了大量的隧道方案。隧道的修建在改善公路技术状态,缩短运行距离,提高运输能力,以及减少事故等方面起到重要的作用。我国正在修建的秦岭终南山隧道长 18.1 km,它的建成将翻越秦岭的道路缩短约 60 km,时间减少 2 个多小时。

(2)铁路隧道

铁路隧道是专供火车运输行驶的通道。

铁路穿越山岭地区时,需要克服高程障碍,由于铁路限坡平缓,最大限坡小于 2.4%(双机牵引),这些山岭地区限于地形而无法绕行,常常不能通过展线获得所需的高程。此时,开挖隧道穿越山岭是一种合理的选择,其作用可以使线路缩短,减小坡度,改善运营条件,提高牵引定数。如宝成线宝鸡至秦岭段线路密集地设有 48 座隧道,占线路总延长的 37.75% ,可见山区铁路隧道的作用了。

(3)水底隧道

水底隧道是修建于江、河、湖、海、洋下的隧道,供汽车和火车运输行驶的通道。

当交通线路跨越江、河、湖、海、洋下时,可以选择的方案有架桥、轮渡和隧道,但架桥受净空的限制,轮渡限制通行量,如果这些矛盾得不到有效的解决,水底隧道是一种很好的方案,其优点是不受气候影响,不影响通航,引道占地少,战时不暴露交通设施目标等优点,越来越受到人们青睐。在我国上海的黄浦江、广州的珠江都修建了跨江的水底隧道,水底隧道的缺点是造价较高。

（4）地下铁道

地下铁道是修建于城市地层中，为解决城市交通问题的火车运输的通道。

地下铁道是在大城市中解决交通拥挤、车辆堵塞的有效途径之一。由于地下铁道能快速、安全、准时地大量输送乘客，成为大城市解决交通矛盾的有力手段。我国北京、上海、广州等城市已经建成的地下轨道交通系统，为改善城市的交通状况，减少交通事故起到了重要的作用。其他城市，如深圳、南京、青岛、大连、武汉、沈阳、重庆、哈尔滨、成都等已在规划和修建地下铁道。

（5）航运隧道

航运隧道是专供轮船运输行驶而修建的通道。

当运河需要跨越分水岭时，克服高程的有力手段是修建运河隧道，其优点是：缩短航程，减少运营费用，河道顺直，航运条件大大改善。

（6）人行隧道

人行隧道是专供行人通过的通道。

一般修建于城市闹区穿越街道，或跨越铁路、高速公路等行人众多，往来交错，车辆密集，以及偶有不慎便会发生交通事故的场合。人行隧道的作用是缓解地面交通压力，减少交通事故，方便行人。

1.2.2　水工隧道

水工隧道是水利工程和水力发电枢纽的一个重要组成部分。水工隧道包括以下几种：

（1）引水隧道

引水隧道是将水引入水电站的发电机组或水资源的调动而修建的孔道。

引水隧道引入的水是水电站的发电机组的动力资源，因此，引水隧道作为引水的建筑工程，一般是要求内壁承压，但有时只是部分过水，内壁受大气压力而水压较小，甚至无水压，引水隧道可分为有压隧道和无压隧道。

（2）尾水隧道

尾水隧道是将水电站发电机组排出的废水送出去而修建的隧道。

（3）导流隧道或泄洪隧道

导流隧道或泄洪隧道是为水利工程中疏导水流并补充溢洪道流量超限后的泄洪而修建的隧道。它是水利工程的一个重要建筑，其作用主要是泄洪。

（4）排沙隧道

排沙隧道是用来冲刷水库中淤积的泥沙而修建的隧道。

它是水库建筑物的一个组成部分，其作用是利用排沙隧道把泥沙裹带送出水库。同时也用来检查或修理时，放空水库里的水。

1.2.3　市政隧道

在城市的建设和规划中，充分利用地下空间，将各种不同市政设施安置在地下而修建的地下孔道，称为市政隧道。市政隧道与城市中人们的生活、工作和生产关系十分密切，对保障城市的正常运转起着重要的作用。其类型主要有：

（1）给水隧道

给水隧道是为城市自来水管网铺设系统修建的隧道。

在城市中,有序合理的规划和布置与人们生活和生产息息相关的给水管路,是城市市政基础设施的重要任务,要求不破坏市容景观,不占用地面,避免遭受人为的损坏。因此,修建地下孔道来容纳安置这些管道是一种合理的选择。

（2）污水隧道

污水隧道是为城市污水排送系统修建的隧道。

城市的污水,除部分对环境污染严重的采用净化返用或排放外,大部分的污水需要排放到城市以外的河流中去,这就需要有地下的排污隧道。这种隧道一般采用本身导流排送,此时隧道的形状多采用卵形,也可能是在孔道中安放排污管,由管道排污。排污隧道的进口处,多设有拦渣隔栅,把漂浮的杂物拦在隧道之外,不致涌入造成堵塞。

（3）管路隧道

管路隧道是为城市能源供给(煤气、暖气、热水等)系统修建的隧道。

城市中的管路隧道是把输送能源的管路放置在修建的地下孔道中,经过防漏及保温措施处理,能源就能安全地输送到生产和居家的目的地。

（4）线路隧道

线路隧道是为电力、通信系统修建的隧道。

在城市中,为了保证电力电缆和通信电缆不被人们的活动所损伤或破坏,避免悬挂高空影响市容景观,都修建专门的地下孔道安置它们。

在现代化的城市中,将以上4种具有共性的市政隧道,按城市的布局和规划,建成一个共用隧道,称为"共同管沟"。共同管沟是现代城市基础设施科学管理和规划的标志,也是合理利用城市地下空间的科学手段,是城市市政隧道规划与修建发展的方向。

（5）人防隧道

人防隧道是为战时的防空目的而修建的防空避难隧道。

城市中建造人防工程,是为了预防战争空袭的需要。人防工程是在紧急情况下,人们避难所用的,因此,在修建时应考虑人对生活环境的一般要求,除应设有排水、通风、照明和通信设备以外,还应考虑贮备饮水、粮食和必要救护设备。在洞口处还需设置防爆、防冲击波装置等。

1.2.4　矿山隧道

在矿山开采中,从山体以外通向矿床和将开采到的矿石运输出来,是通过修建隧道来实现的,其作用主要是为采矿服务的,有下列几种。

（1）运输巷道

向山体开凿隧道通到矿床,并逐步开辟巷道,通往各个开采面。前者称为主巷道,为地下矿区的主要出入口和主要的运输干道;后者分布如树枝状,分向各个采掘面,此种巷道多用临时支撑,仅供作业人员进行开采工作的需要。

（2）给水隧道

送入清洁水为采掘机械使用,并将废水及积水通过泵抽排出洞外。

（3）通风隧道

矿山地下巷道穿过的地层,一般都有地下有害气体涌出,采掘机械业排出的废气,工作人员呼出的气体,使得巷道内空气变得污浊。如果地层中的气体含有瓦斯,将会危及人身安全。因此,净化巷道的空气,创造好的工作环境,必设置通风巷道,把有害气体排除出去,补充新鲜空气。

　　综上所述,隧道工程应用到了许多领域,已经成为国家建设、人民生活和生产的重要组成内容。近年来我国隧道工程的建设取得了很大的成就,隧道技术有了相当大的发展,但是还存在许多问题和有待研究提高的地方。具体地说,到目前为止,对围岩的性质还只能从定性的角度去衡量,工程应用中偏离较大,计算模型的选用和计算理论还不完全符合实际,施工技术水平和管理方法还较落后,所有这些都有待于隧道工作者去研究解决。

思 考 题

1.1　什么叫隧道?试从隧道的广泛用途,论述学习、研究与发展隧道技术的重要意义。
1.2　简述在交通线路上修建隧道的意义。

第2章

隧道的勘察

隧道勘察的目的是在于查明隧道所处位置的工程地质条件和水文地质条件,以及隧道施工和运营对环境保护的影响。为规划、设计、施工提供所需的勘察资料,并对存在的岩土工程问题、环境问题进行分析评价提出合理的设计方案和施工措施,从而使隧道工程经济合理和安全可靠。

2.1 隧道勘察的几个阶段

隧道勘察阶段的划分应与公路设计阶段相适应,一般分为:可行性研究勘察,初步勘察,详细勘察。

2.1.1 可行性研究勘察

公路可行性研究按其工作深度,分为预可行性研究和工程可行性研究。预可行性研究中的勘察主要侧重于是收集与研究已有的文献资料;而在工程可行性研究中,需在分析已有资料的基础上,通过踏勘,对各个可能方案作实地调查,并对不良地质地段等重要工点进行必要的勘探,大致查明地质情况。

2.1.2 初步勘察

初勘是在批准的工程可行性研究报告推荐建设方案的基础上,在初步选定的路线内进行勘察,其任务是满足初步设计对资料要求。根据工程地质条件,优选路线方案,在路线基本走向范围内,对可能作为隧道线位的区间进行初勘,重点勘察不良地质地段,以明确隧道能否通过或如何通过。提供编制初步设计所需全部工程地质资料。

初勘工作可按收集资料、工程地质选定隧道线位、工程地质调绘、勘探、试验、资料整理等顺序进行。

(1)收集资料

初勘也应收集已有资料,包括可行性研究报告,取得隧道所在位置的初步总平面布置地形图及有关工程性质和规模的文件。

（2）工程地质选定隧道线位

初勘工作的任务是选择经济合理、技术可行的最优隧道位置方案。当测区内的工程地质条件比较复杂,如区域地质的稳定条件差,有不良地质现象,尤其应注意工程地质选线工作。首先应从工程地质观点来选定隧道线位的概略位置,然后充分研究并掌握沿线的工程地质条件,尽可能提出有比较价值的方案进行比较,将隧道选定在地质情况比较好的区间内,以避免在详测时因工程地质问题发生大的方案变动。

（3）初勘资料整理

工程地质勘察的原始资料,包括调查、测绘、勘探、试验等资料,并按有关规定填写,并进行复核与检查。提交的资料包括图件、文字等资料,要求清晰正确,并符合有关规定和设计文件编制办法的规定。

2.1.3　详细勘察

详勘的目的是根据已批准的初步设计文件中所确定的修建原则、设计方案、技术指标等设计资料,通过详细工程地质勘察,为线位布设和编制施工图设计提供完整的工程地质资料。详勘的任务是在初勘的基础上,进行补充校对,进一步查明沿线的工程地质条件,以及重点工程与不良地质区段的工程地质特征,并取得必需的工程地质的数据,为确定隧道位置的施工图设计提供详细的工程地质资料。详勘工作可按准备工作、沿线工程地质调绘、勘探、试验、资料整理等顺序进行。由于详勘工作需在初勘的基础上进一步查明隧道中线两侧的工程地质条件和不良地质区段的主要工程地质问题,因此详勘工作更为详细深入,最后提交的资料深度应满足施工图设计的需要。

2.2　隧道勘察的主要方法

隧道勘察的方法主要有收集与研究既有资料,调查与测绘、勘探,试验与长期观测等几种。随着科学技术的进步,越来越多的新技术在隧道勘察工作中得到发展和应用。

2.2.1　收集研究既有资料

隧道工程地质勘察各阶段的准备工作,是根据勘测任务的要求,配备必要的专业人员,收集及研究有关资料,了解现场情况,并做好勘察仪器等的准备。其中,收集和研究隧道所处地区的既有的有关资料,不仅是外业工作之前准备工作的重要内容,也是隧道勘察的一个主要方法。

收集的资料一般应包括以下几个方面的内容:

①地域地质资料。如地层、地质构造、岩性、土质等。

②地形、地貌资料。如区域地貌类型及主要特征,不同地貌单元与不同地貌部位的工程地质评价等。

③区域水文地质资料。如地下水的类型、分带及分布、埋藏深度、变化规律等。

④各种特殊地质地段及不良地质现象的分布情况,发育程度与活动特点等。

⑤地震资料。如沿线及其附近地区的历史地震情况,地震烈度、地震破坏情况及其与地

貌、岩性、地质构造的关系等。

⑥气象资料。如气温、降水、蒸发、温度、积雪、冻积深度及风速、风向等。

⑦其他有关资料。如气候、水文、植被、土壤等。

⑧工程经验。区内已有公路、铁路等其他土建工程的工程地质问题及其防治措施等。

上述资料,应包括政府和生产、科研、教学等部门所出的一切有参考价值的地质图、文献、调查报告及与工程有关的法令、法规、方针、政策。对外收集到的资料进行分析研究和判断,可以初步掌握隧道所经地区的工程地质条件的概况和特点,粗略判定可能遇到的主要工程地质问题,并了解这些问题的研究现状和工程经验。这对于做好准备工作和外业工作是十分必要的。在隧道勘察工作中,正确运用这种方法,可以减少外业工作的盲目性,提高工作质量。

2.2.2 调查与测绘

调查与测绘是工程地质勘察的主要方法。通过观察和访问,对隧道通过地区的工程地质条件进行综合性的全面研究,将查明的地质现象和获得的资料,填绘于有关的图表与记录本中,这种工作统称为调查测绘(调绘)。隧道工程地质测绘,一般可在沿线两侧带状范围内进行,通常采用沿线调查的方法,对不良地质地段及地质条件复杂的路段,应扩大调绘范围,以获得完整可靠的地质资料。

(1)工程地质调查

工程地质调查主要是用直接观察和访问当地群众的方法,需要时可配合适量的勘探和试验工作。

1)直接观察

直接观察是工程地质调查最重要和最基本的方法。它主要利用自然迹象和露头,进行由此及彼、由表及里的观察分析工作,以达到认识路线隧道通过地带工程地质条件的目的。

在隧道工程地质调查中,常采用地貌学和地植物学的方法观察分析有关自然现象。前者根据地貌的形态特征,推断其形成原因和条件,并评价其工程地质条件;后者根据植物群落的种属、分布及其生态特征,推断当地的气候,土质及水文地质等条件。有些对土质、水分、盐分等条件要求特别严格的植物,可以作为指示植物加以利用。地植物学的方法,在潮湿茂密的林区是十分必要的,而在植物缺少的沙漠地区则是足够准确的。

2)访问群众

访问当地群众是工程地质调查常用的方法。对沿线居民调查访问,可以了解有关问题的历史情况,多年情况及当地与自然灾害作斗争的经验,这对于直接观察,往往是必不可少的补充。在某些情况下,这种方法尤其显得重要。例如,对历史地震情况的调查,对沿线洪水位的调查,对风沙、雪害、滑坡、崩塌、泥石流等不良地质的发生情况、活动过程和分布规律的调查都离不开调查访问。

为使调查访问获得较好的结果,一般应注意以下几点:

①选择合适的对象。通常应是年纪大的,对所调查的问题有切身经历的人,要多找几个,以避免错误。

②进行仔细的询问,认真听取各方意见,需要对应到现场边看边问。

③对所提供的情况,应进行核对、分析和判断。

（2）工程地质测绘

工程地质测绘与工程地质调查的不同之处是：工程地质测绘的范围往往比较大，并且要求把调查研究结果填绘在一定比例尺的地形图上，以编制工程地质图。测绘范围以能满足工程技术要求为前提，并应包括与工程地质环境有关的范围。测绘的比例尺可在以下范围内选用：可行性研究阶段 1∶50 000～1∶5 000，初勘阶段 1∶10 000～1∶2 000，详勘阶段 1∶2 000～1∶200。为了达到测绘精度要求，实测所用地形图的比例尺必须大于或等于提成图比例尺。下面分两种情况说明。

1）无航摄资料时

工程地质测绘主要依靠野外工作，为此需要讲究测绘方法与量测精度，以求用较少的工作获得符合要求的结果。

①标测方法

根据不同比例尺的精度要求，对观察点、地质构造及种地质界线等的标测方法有以下 3 种：

A. 目测法　根据地形、地物目估或步测距离。目测法适用于小比例尺的工程地质测绘。

B. 半仪器法　用简单的仪器（如罗盘、仪器、气压计等）测定方位和高程，用徒步式测绳量距离。此方法适用于中比例尺的工程地质测绘。

C. 仪器法　仪器法是用测量仪器测定方位和高程的方法，此方法适用于大比例尺的工程地质测绘以及重要地质点。

测绘精度的要求：相当于测绘底图上宽度不小于 2 mm 的地质现象应尽量标绘在图上；具有重要工程意义的地质体，即使小于图上 2 mm 的宽度也应扩大比例尺的方法标绘在图上；相反，对于工程意义不大的且相近的几种地质体可合并标绘。

②工程地质测绘的基本方法

A. 路线法　沿着一些选择的路线穿越测绘场地，并把观测路线和沿线查明的地质现象、地质界线填绘在地形图上。路线形式有直线形式与"S"线型等。一般用于各类的比例尺测绘。

B. 布点法　根据地质条件复杂程度和不同的比例尺，预先在地形图上布置一定数量的观测点及观测路线。布点适用于大、中比例尺测绘。

C. 追索法　沿地层、构造和其他地质单元界线布点追索，以便查明某些局部的复杂构造。追索法多用于中、小比例尺测绘。

③隧道工程地质测绘的路线法

采用路线法测绘的两个关键点的环节，即观测路线的布置和观测点的选择。

A. 观测路线的布置　除应沿隧道中线进行调查测绘外，尚应在路线及两侧布置观测路线，以求在需要测绘的范围内获得足够的资料绘制工程地质图。观测路线与岩层走向或地质构造方向垂直时，可以用较少的工作获得较多的成果。但为查清断层破碎带的分布情况，观测路线也可沿构造线布置。观测路线应布置在露头较好的地方，如河谷、路堑等地带。

B. 观测点的选择　应根据观测的目的和要求进行选择。例如，为了研究地貌、地质界线、不良地质现象等不同的目的，考虑分别设置观测点；如为了综合研究的目的，就应按多目标及其他对工程地质有重要意义的地方。观测点的密度则应根据地质条件的复杂程度和地质图比例尺的大小而定。

2）有航摄资料时

遥感技术是根据电磁波辐射（发射、吸收、反射）的理论,应用各种光学、电子学探测器,对远距离目标进行探测和识别的综合技术,可用于工程地质调查测绘。

地质体不但在光照条件下能反射辐射能,而且由于自身具有一定的温度,也能不断发射出辐射能。地质体在不同波长处,反射或发射电磁辐射的本领是不同的。这种辐射能够随波长改变而改变的特性，称为地质体的波谱特性。对这种辐射能以波长为参数记录下来就得到该地质体的波谱分布,不同地质体有其特定的波谱分布,这是遥感技术识别目标的根据。遥感技术对地质体进行探测和识别就是以各种地质体对电磁波辐射的反射或发射的不同波谱分布作为理论基础的。

遥感工程地质调查可采用多种遥感手段和方法进行,利用现有遥感影像资料进行判释。应充分利用近期的黑白或彩色红外的航空相片及热红外航空扫描图像,必要时结合使用陆地卫星图像或其他遥感图像。重点研究地区可收集不同时期的遥感资料。下面概要介绍航摄资料用于绘制工程地质图的方法。

①立体镜判释。立体镜是航空相片立体观察仪器。利用判断标志,结合所需掌握的区域地质资料,将判明的地层、构造、岩性、地貌、水文地质条件以及不良地质现象等,调绘在单张相片上,并据以确定需要调查的地点和路线。

凡能直接反映地质体和地质现象的影像特征称为直接判释标志。对与判释对象密切相关的一些现象进行分析、研究、推理、判断,从而达到识别地物的目的,这些现象称为判断的间接标志。使用立体镜进行室内判释,首先必须在分析现有资料的基础上,建立室内初步判释标志,并经实地调查绘制建立详细判释标志。

②实地调查测绘。对判释的内容,通过实地调查测绘进行核对、修改与补充。重要的地质点应刺点记录。

③绘制工程地质图。根据地形、地貌、地物的相对位置,将测绘在相片上的地质资料,利用转绘仪器绘制于等高线图上,并进行野外核对。

（3）调查测绘内容

工程地质调查测绘的内容应视要求而定。调查测绘的重点也因勘察设计阶段及工程类型的不同而各有所侧重,但基本内容主要有以下几个方面。

1）地形、地貌

地形、地貌的类型、成因、特征与发展过程;地形、地貌与岩性、构造等地质因素的关系;地形、地貌与工程地质条件的关系,对路线布置及路基工程的影响等。

2）地层、岩性

地层的层序、厚度、时代、成因及其分布情况;岩性、风化破碎程度及风化层厚度;土石的类别,工程性质及对工程的影响等。

3）地质构造

断裂、褶曲的位置、构造线走向,产状等形态特征和地质力学特征;岩层的产状和接触关系,软弱结构面的发育情况及其与路线的关系,对路基的稳定影响等。

4）第四纪地质

第四纪沉积物的成因类型,土的工程分类及其在水平与垂直方向上的变化规律;土的物理、水理、化学、力学性质;特殊土及地区性土的研究和评价。

5）地表水及地下水

河、溪的水位、流量、流速、冲刷、淤积、洪水位与淹沿情况；地下水的类型、化学成分与分布情况，地下水的补给与排泄条件，地下水的埋藏深度，水位变化规律与变化幅度，地面水及地下水对隧道工程的影响。

6）特殊地质、不良地层

各种不良地质现象及特殊地质问题的分布范围、形成条件、发育程度、分布规律及其对隧道工程的影响。

7）地震

根据沿线地震基本烈度的区域资料，结合岩性、构造、水文地质等条件，通过访问、确定大于或等于 7 度的地震烈度界线。

8）工程经验

对所在地区既有地下工程及其他建筑物的稳定情况和工程措施进行调查访问，以便借鉴。

2.3　隧道勘察的主要手段

在隧道工程勘察中，当需查明岩土的性质和分布，从地下采取岩土样供室内试验测定岩土的物理力学性质可采用挖探、钻探、地球物理勘探等勘探方法进行。下面介绍几种常用方法。

2.3.1　挖探

挖探是地质勘探中广泛采用的一种方法。这种方法最大的优点是能取得详尽的直观资料和原状土样，但勘探深度有限，而且劳动强度大。挖探主要为坑探和槽探。

（1）坑探

用机械或人力垂直向下掘进的土坑或者称为试坑，深者称为探井。坑探断面根据开口形状可分为圆形、椭圆形、方形、长方形等，其断面积有 1 m×1 m，1.5 m×1.5 m 等不同的尺寸。它的选用是根据土层性质、用途及深度而定。坑探深一般为 2～3 m，较深的需进行加固。坑探适用于不含水或地下水量微小的稳固地层，主要用来查明覆盖层的厚度和性质、滑动面、断层、地下水位及采取原状土样等。

（2）槽探

挖掘成狭长的槽形，其宽度一般为 0.6～1.0 m，长度视需要而定，深度通常小于 2 m，槽探适用于基岩覆盖层不厚的地方，常用来追索构造线，查明坡积层、残积层的厚度和性质，揭露地层层序等，槽探一般应垂直于岩层走向或构造线布置。

2.3.2　简易钻探

简易钻探是工程地质勘探中经常采用的方法。其优点是工具轻，体积小，操作方便，进尺较快，劳动强度较小。缺点是不能采取原状土样或不能取样，在密实或坚硬的地层内不易钻进或不能使用。常用的简易钻探工具有小螺纹钻、钎探、洛阳铲等。

（1）小螺纹钻勘探

小螺纹钻的钻具结构包括螺纹钻头和钻杆等，用人工加压回转钻进，适用于黏性土及亚砂土地层,可以取得扰动土样,钻探深度小于 6 m。

（2）钎探

钎探又称锥探,是用钎具向下冲入土中,凭感觉探查疏松覆盖层的厚度或基岩的埋藏深度。探深一般可达 10 m 左右。常用来查明黄土陷穴、沼泽、软土的厚度及其基底的坡度等。

（3）洛阳铲勘探

洛阳铲勘探是借助洛阳铲的重力冲入土中,钻成直径小而深度较大的圆孔,可采取扰动土样。冲进深度一般为 10 m,在黄土层中可达 30 m 以上。

2.3.3 钻探

在工程地质勘察工作中,钻探是广泛采用的一种最重要的勘探手段,它可以获得深部地层的可靠地质资料。一般是在挖探,简易钻探不能达到目的时采用。为保证工程地质钻探工作质量,避免漏掉或寻错重要的地质界面,在钻进过程中不应放过任何可疑的地方,对所获得的地质资料进行准确的分析判断。用地面观察所得的地质资料来指导钻探工作,校核钻探结果。

根据钻进时破碎岩石的方法,钻探可分为冲击钻进,回转钻进,冲击回转钻进以及振动钻进等几种。

（1）冲击钻进

冲击钻进是将钻具提升到一定高度,利用钻具的重力和冲击力,使钻头冲击孔底以破碎岩石（土层）,随着钻孔的延伸可以用钢丝绳或用钻杆连接钻头。这种方法能保持较大的钻孔口径。人力冲击钻钻进适用于黄土、黏性土、砂性土等疏松的覆盖层,但劳动强度大,难以完整取样。机械冲击钻进适用于砾、卵石层及基岩,不能取得完整岩心。由于这种方法对下面的土层有夯实加密作用,易使土样变形而失真,因此不适合于取原状试样的钻进。

（2）回转钻进

回转钻进是利用钻具回转,使钻头的切削刃或研磨材料削磨岩石,可分孔底全面钻进与孔底环状钻进（岩心钻进）两种。工程地质勘探广泛采用岩心钻进,这种方法能取得原状土和比较完整的岩心。人力回转钻进适用于沼泽、软土、黏性土、砂性土等松软地层,在黏性土层中常使用螺纹钻或勺形钻,设备简易,但劳动强度较大。机械回转钻进有多种钻头和研磨材料,可适应各种软硬不同的地层,其中岩心钻进依岩石的可钻性分为硬质合金钻进和金刚石钻进两种工艺形式。

（3）冲击回旋钻进

冲击回旋钻进也称综合钻进,钻进过程是在冲击与回转综合作用下进行的。它适用于各种不同的地层,钻进效率高,能采取岩心,在工程地质勘探中应用也较广泛,目前应用的钻进方法有气动和手液动两种。

（4）振动钻进

振动钻进是利用机械动力所产生的振动力,通过连接杆及钻具传到钻头周围的土层中,由于振动器高速振动的结果,使土层的抗剪强度急剧降低,借振动器和钻具的重量,切削孔底土层,达到钻进的目的。

2.3.4 地球物理勘探

地球物理勘探简称物探。不同成分,不同结构,不同产状的地质体,在地下半无限空间是不同的物理场分布。凡是以各种岩土物理性质的差别为基础,采用专门的仪器,观测天然或人工的物理场变化,来判断地下地质情况的方法,统称为物探。

物探的优点是效率高,成本低,仪器和工具比较轻便。物探方法是地层在自然状态下,各种物理力学指标均未受到破坏的情况下进行的一种比较好的原位测试方法。但是,由于不同岩、土可能具有某些相同的物理性质,或同一种岩、土可能具有某些物理性质差异,因此,有时较难得出肯定的结论,必须使用钻孔加以校核、验证,物探有其一定的适用条件。物探与调查测绘、挖探、钻探密切配合时,对指导地质判断,合理布置钻孔,减少钻探都能取得良好的效果。恰当地运用多种物探方法进行综合物探,也能取得较好的效果。

物探按其所利用的岩、土物理性质的不同可分为电法勘探、电磁法勘探、地震勘探、声波探测、重力勘探、磁力勘探与放射性勘探等。在隧道工程地质中,较常用的有电法勘探,地震勘探、地质雷达勘探等。电法勘探是通过仪器测定岩、土导电性的差异来判断地下地质情况。当地层间具有一定的导电性差异,所测地层具有一定的长度、宽度和厚度,相对的埋藏深度不太大;地形较平坦,游散电流与工业交流电等干扰因素不大时,电法勘探能取得较好的效果。地震勘探是根据岩、土弹性性质的差异,通过人工激发的弹性波的传播,来探测地下地质情况的一种物探方法。地震勘探直接利用岩石的固有性质(密度与弹性),较其他物探方法准确,且能探测很大深度。在工程地质勘探中主要用于:

①探测覆盖层的厚度、岩层的埋藏深度及厚度、断层破碎带的位置及产状等。

②研究岩石的弹性,测定岩石的弹性系数等。

地质雷达(电磁法勘探)是利用高频电磁脉冲波的反射,探测地层构造和地下埋藏物体的电磁装置,故又称探地雷达。通过发射天线向地下辐射宽带的脉冲波,在地下传播中遇到不同介质的介电常数和异电率存在差异时,将在其分界面上发生反射,返回地表的电磁波被接收天线接收,根据接收的回波来判断目标的存在,并计算其距离和位置,可用于空中、地面与井中探测,但主要用于地面。另外,声波探测在工程地质工作中也有较广泛的应用,它是利用声波在岩体(岩石)中的传播特性及其变化规律,测试岩体(岩石)的物理力学性质,也可利用在应力作用下岩体(岩石)的发声特性对岩体进行稳定性监测。

2.4　地　质　勘　察

公路隧道有山岭隧道与水底隧道之分,本教材只讨论山岭隧道。山岭隧道是修建在天然地层中的建筑物,它从位置选择到具体设计,直到施工,均与地质条件有密切关系。地质条件包括岩层性质、地质构造、岩层产状、裂隙发育程度及风化程度、隧道所处深度及其与地形起伏的关系、地层含水程度、地温及有害气体情况、有无不良地质现象及其影响等。基于以上原因,在隧道的勘察中,应十分注意工程地质工作,加强隧道勘察。隧道的勘察一般都采用两阶段勘测,即初步勘察与详细勘察。对地形地质条件简单的中、短隧道采用一阶段勘测,但勘测工作应按相应要求和深度,提供施工图设计所需资料。地形地质条件特别复杂的长大隧道也可采用多阶段勘测。但为配合整个路线勘察工作,隧道勘察宜与路线勘测阶段相当。

2.4.1 初步勘察

（1）目的和任务

隧道设计和施工方案的正确性直接取决于地质勘探工作的完整性与可靠程度。以往由于地质调查工作不充分，造成变更设计，延误工期，增加投资的情况时有发生。所以地质勘探工作对隧道工程是至关重要的。初勘阶段的工作是为选择隧道方案作出工程地质论证。因此，对各个隧道方案，必须有计划地进行现有地质资料的搜集和现场实地调查测绘，以取得充分的第一手资料。然后通过分析研究，为选择或复查隧道位置及洞口位置的最佳方案作出符合实际的工程地质论证。

初勘的任务，首先是选择隧道位置。初勘阶段必须初步查明各隧道方案的工程地质、水文地质条件，以便根据地质特征比选确定最优方案，并为初步设计提供所需地质资料。当隧道位置选定后，根据初勘结果初步确定隧道通过地带的围岩类别。根据围岩分类可以大致确定隧道开挖难易，采用施工方法，支护类型以及设计所需参数。通过初勘为隧道的初步设计提供必要的地质资料。

（2）基本内容

初勘与详勘在基本内容方面没有明确划分的界限。初勘一般通过调绘，查明具有控制隧道方案的主要工程地质问题，得出定性评价，而深入细致的定量工作，则在详勘阶段完成。

1）地形、地貌

了解隧道通过地带的自然地理概况，查明有关控制点的海拔。地形、地貌是由构造内力及外界影响长期作用的结果。地质构造运动结合外界气候、水文、植被及人类活动长期相互作用，往往会产生相应的地形、地貌特征。地质构造及其岩性是形成地形、地貌的主要条件。通过露头调查或采用其他勘探手段，可以发现他们间的关系及规律，从而又可以推断不完全显露或隐埋部分的地质情况。通过了解隧道通过地带的自然地理概况，查明地形、地貌与构造及岩性等地质因素的关系和规律。深坑、洼地区段可能形成渗水陷落，使之成为浅埋隧道；河流川谷的冲刷切割将影响山体稳定或造成偏压，因此，应查明其成因及其发育、发展情况，用以推断其对隧道影响程度，以便采取相应措施。

2）地质构造

地质构造表现的形态有：单斜、褶曲、断层、节理、劈理及其他面状、线状构造等，需查明其组合方式。地下水的活动和富集，也与地质构造密切相关。

地质构造组合形态是构造应力场的结果，在构造应力场的作用下，常促使岩体失稳而产生变形和破坏，尤其对一些较弱的破碎的岩体，更是如此。要查清隧道处区域的现代构造应力场的方向和性质与隧道的关系及对隧道的影响。隧道的轴线应尽量接近构造应力方向或与它有较小的夹角，以免造成洞身横面变形。

单斜构造（包括水平、竖直岩层）是常见的最简单的构造，也是修建隧道的理想地层，应查明产状及不同岩层的成层条件。单斜构造还需查明其层厚及层间接触关系（整合或不整合），应查明褶曲构造因素，如轴部（核、枢纽、轴面）、翼部（轴部两侧倾斜岩层）及过渡带（两翼岩层相互过渡的弯曲部分）。构造基本类型有两种：①背斜：岩层向上弯曲，核心部位岩石较老，外侧岩石较新，风化剥蚀后，地面露出特征是从中心到两侧，岩层从老到新；②向斜：岩层向下弯曲，核心部位的岩石较新，外侧岩石较老，风化剥蚀后，从中心到两侧岩层，从新到老，还应查明褶曲构造的范围。

岩石断裂变形统称断裂构造,位移变量显著者称为断层,仅有微量位移的为节理。查明断层的几何要素、断层的性质及类型、断层破碎带的规模及影响范围,在地表无覆盖的情况下,从断层地面露头线大致可确定其几何要素,如断层面、断盘、断层线及位移。断层线主要表现为地质体或地质界线的不连续或层状岩地层的重复或缺失。根据断层两盘岩块相对移动性质,断层可分为上盘相对向下移动的正断层,上盘相对向上移动的逆断层,两盘沿断层走向相对移动的平移断层 3 个基本类型。重点查明断层运动所产生的构造岩的性质、规模及影响范围。

3）地层岩性

查明隧道通过区域的地层层序、岩性、成因、年代、产状、状态、分布规律及其接触关系、接触面特征,岩层风化破碎程度及抗风能力的强弱。沉积岩、层状岩浆岩和区域变质岩一般具有层状结构。地层界面一般按岩性岩相所显示的特征即按岩石种类、名称、矿物成分、颗粒大小、空隙状态及结构颜色等来区分。对难于确定层序的变质岩、岩浆侵入体及逆转地层,主要按岩石年代及生成条件考虑。正常的地层层序,当为水平或近似水平层时,上层为新、下层为老。当为倾斜层时,沿倾向看,层次是由老到新。了解岩土的物理力学性质、水理性质,有无损害健康的物质或气体,并查明其成分、含量和分布情况。地层生成过程中有时伴生有损健康或造成危险的物质或气体应予查明,了解地温分布规律。

4）特殊地质、不良地质

特殊地质、不良地质地区,须查明发生发展的原因、类型、范围,并推断其今后的发展趋势对隧道的影响,提出整治意见及初步设计所需的资料。岩堆、崩塌、滑坡、泥石流、冰川、雪崩、积雪、多年冻土、泥沼、软土、黄土、膨胀土、盐渍土、沙漠、岩溶等地区的初勘按相应勘测规定办理。流沙地层,应查明其范围、厚度、成分、密实程度及可能发生的流动性质。含煤地层或其他矿场,应查明地质构造、成层特征、埋藏深度、层位、层数、厚度、覆盖情况及露头,煤层或其他矿场上、下岩层的岩性、厚度、裂隙及软弱夹层,有害气体的含量和压力,并判断其对隧道的影响。水库地区,应查明水库地区覆盖层与岩层的分布情况,库岸的稳定性,遇水浸蚀软化岩层及软弱结构面的特征,水库的设计水位,水库引起的其他不良地质问题。对于水库引起的塌岸,应查明范围,并按垂直库岸方向布置勘探,绘出塌岸边界。在湿陷性土类地区,应绘出地下水浸润线。

（3）初勘主要手段

初勘阶段主要以调查和测绘为主,配合物探,并充分利用以往地质资料,只有当不进行钻探,试验工作不足以说明地质情况而影响方案的选定时,才作代表性的钻探试验工作。调查和测绘是隧道地质勘探最基本、最重要的勘探方法。采用这种方法可以根据测区所有天然或人工露头的地质条件,进行调查和测绘,得出全面的定性评价。对不显露部分再配合物探进行补充验证,对隧道通过地带的围岩作出初步评定。地质调绘应在测区及有影响的地区广泛周密地查找露点,观测点最好选择于既在平面又在剖面而有代表性的露头,以便推测各类地质构造、岩层层序、岩性等地质特征。单斜构造一般层理明确。水平岩层的平面露头与等高线平行,有垂直露头时,从上至下由新到老（年代）。直立岩层露头的地质线沿其构造走向作直线延伸。倾斜岩层露头的地质线受地形影响,一般呈"V"字形状出露,其层厚可由地面坡度及岩层产状及露头宽度计算。观测褶曲露头时,应注意地形对褶曲的歪曲影响,可通过纵横观察,了解其构造走向两侧相同地层对称重复出露,此即为其特征。断层是由各种地质体或地质界线在平面或剖面上突然中断、错开,造成构造(线)的不连续现象,以反映其存在。层状岩中地层出现重复或缺失,是断层存在的另一标志。对隧道有很不利影响的两种构造岩—角砾岩和破碎岩宜特别留意,应测定其断距。节理是一些构造形成时的伴生构造,其发展程度取决于岩性、层厚及局部应力。节理经常伴随断层或其他构造的露头而出现。节理对地下水分布及传导的预测有参考意义,应调查其在褶曲或断层的部位、产状要素、填充物特征以及节理密度(条/m)等。

露头调查除采集一些样品供室内试验外,如有机会遇到大型露头且表面较平坦的地方,在现场作些物探参数的测定,则此样品更能代表岩体原始状况,通过室内外试验,可求得围岩的物理力学特性参数。物探方法常用的有电法、地震、声波探测法等。随着科学技术的不断发展,先进的物探设备将不断出现,有条件亦可用其他物探方法。物探工作的测区,一般不超过地质调绘的范围。由于物探易受外界干扰和地质解释的多解性,利用已知地质条件进行对比验证是有必要,故对已有地质结论或物探测线的地质构造,应进行量测,以便对此验证。在露头较好地区,通过调绘是能掌握该地区的地形及地质概况的。物探测线一般应与构造走向正交,避免旁侧地层的不同电性或物性的影响,以测得真实的剖面层次。在测区内,测线的方向,间距及测点的疏密、激发点(或供电电极)与接收点(或测量电极)的距离与布置形式,应按物探方法并结合地形条件等因素选定。因物探发射及接收装置间的地形是按一平面假定而测定其下面地层的电性或物性差异的,地形起伏意味着增加(凹地为空气)一层异常层,从而影响探测结果,当布设测线的条件有矛盾时,应以较少影响地质解释为主要条件来布线。物探网测线一般宜彼此平行,并垂直于构造走向,不同地质体或构造要有二三条物探测线穿过,以便相互检验,建立地层的立体概念(界面等高线)。隧道轴线方向无论是否平行其他测线,必须布设测线,以查明隧道纵剖面地质,其他测线可用以配合解释。

据以往经验,隧道一般应避开不良地质或特殊地质地段,初测阶段不进行钻探。当隧道必须通过上述地段或有重大地质疑点而钻探时,可在调绘及物探基础上合理布置钻孔位置,洞身轴线应布有钻孔,钻孔孔数宜两个以上,其深度一般在拟定的洞底标高以下 1~2 m。当洞身所在地层无变化时,其他钻孔可以提高,但在洞底标高以下遇有软弱地层或影响隧道稳定的其他不良地质时,应酌情加深钻孔。在洞底标高 3 倍洞径高度范围内,应采取岩样作物理力学试验。当围岩开挖后,应力重分布区域较大时,3 倍洞径高度范围可适当放大。

(4)初勘应提交的资料

初勘野外工作结束后,应在现场进行初步资料整理,并做好检校工作。文字说明的提纲、图表的底图、勘察及各项调查等原始资料的分析整编应在工地完成。最后提供下列资料:隧道工程地质说明书(对地质工作作一扼要叙述,并作出评价,提出对隧道初步设计的各项建议及以后详测应进行的工作);隧道工程地质平面图(图上应填绘物探、钻探等平面布置及挖探点位置,比例尺为 1:5 000~1:2 000);隧道工程地质纵断面图(图中应标明勘探点,若进行震探时,则应标明岩层的弹性纵波波速,比例尺为 1:5 000~1:500;竖 1:1 000~1:200);洞口、洞身工程地质横断面图(应标明勘探点,若进行震探,则应标明岩层的弹性纵波波速,比例尺为 1:500~1:200)。另外,还提供钻孔地质柱状剖面图、试验资料汇总表、航空照片地质解释资料及工程地质照片、野外素描图等。严重影响隧道方案的特殊地质、不良地质地区,应编制专项资料。

2.4.2　详细勘察

详勘的目的是根据批准的初步设计,对已选定的隧道位置进行详细的工程地质勘察,为编制隧道的施工图提供工程地质资料。详勘的主要任务是对隧道所在区的地形、地貌(包括洞外接线)、工程地质特征及水文地质条件作出正确的评价;根据控制围岩稳定的诸因素及地层弹性纵波的波速,分段确定隧道洞身的围岩类别。由于隧道地质情况千变万化,施工时各段洞身掘进及衬砌类型等也不尽相当,要求详勘时根据地质变化提供相应的施工设计资料及建议。

详勘工作的内容是:在初勘的基础上开展进一步深入细致的工作,着重查明和解决初勘时未能查明解决的地质问题,补充、核对初测时的地质资料。对初勘时建议深入调查,勘探的重大复杂地质问题应作出可靠的结论。隧道进、出洞口地段是地质复杂地段及不良地质地段,加之边、仰坡较陡,因此,洞口边、仰坡稳定性较差。应根据地质特征,着重分析隧道围岩的稳定性及洞口斜坡的稳定性。正确评价和预测隧道区的工程地质、水文地质条件及其发展趋势,提供设计、施工所需的定量指标,以及设计施工应注意的事项和整治措施意见。

详勘的方法和手段:主要有调绘、物探、坑探、槽探、钻探等。地质调绘的范围、测点,物探网的网、线、点的范围和布置,物探方法的运用,以及坑探、槽探的位置等应与初勘时未能查明的地质条件或沿隧道轴线方向有复杂的地质问题的地段相适应,以期进一步查明和补充校核的目的。钻探主要用于:有丰富地下水,洞顶沟谷有覆盖层,且洞身埋藏较浅;洞身穿过古河谷;地质构造较复杂,且有软弱夹层,地下水通道面及其他软弱结构面;特殊地质、不良地质影响隧道严重时;露头缺乏,覆盖层较厚,且在较大范围内未能取得物探解释的可靠对比资料,无法鉴定隧道通过部分的围岩类别时。上述钻探区域,钻探位置、孔深、孔数及取样等应按不同地质问题的需要而定,在隧道中线上一般应布置钻孔。

详勘应提交的资料:详勘野外工作结束后,原始记录、计算、底图等应在工地认真进行校检、分类整理,完成详勘说明书。详勘完成后提交下列资料:详勘说明书(根据详勘提出对设计及施工方案的建议);地质详勘成果书(包括地质平面图及剖面图,重大地质问题的评价,钻探、试验资料整编等)。

2.5　水 文 勘 察

隧道与地下水的影响关系,主要出现两种现象:一是隧道内涌水,这将恶化围岩稳定状态,导致施工困难,增大工程造价;二是地表枯水,造成工业用水及饮水困难。因此,必须进行调查预测。

2.5.1　地下水涌水调查

为了预测施工中可能出现的集中涌水,要通过对构造裂隙、地下水露头的调查,判明含水层、透水层、隔水层的范围及其与隧道的关系和影响程度;调查地下水的类型及其与地表水的相互补给关系,地下水的动态变化规律;调查地下水的流量、流向及水质等。

隧道涌水直接影响到工程开挖的难易。有的地下水比较集中,出现短暂的大量涌水;有的地下水面积分布很广,储有大量水量。隧道涌水的一般规律是:首先出现短暂的大量涌水,然后逐渐稳定在一定值上,一直继续到衬砌完工以后,这种状态的涌水称为地下水的稳定水量。一般情况下稳定水量受季节的影响较小,但是隧道洞口附近或者覆盖层较薄的隧道,往往要受季节的影响。

要预测地下水的涌水量,须调查隧道中心线上的"谷"及"梁"的分布情况;断层及透水性岩层的性状和分布;地下水状况;已建工程的涌水资料,单位流域的枯水量和它的比流量等。在火山碎屑岩地区、水平岩层地区以及裂隙节理发育的山岭等地带,涌水量和该地的地形、河川溪流的流量以及隧道通过位置的状态有一定关系。集中涌水是指地下水相对集中出现短暂的最大涌水现象。集中涌水易引起山体崩塌及排水困难而影响开挖工程的正常进行。因此,应该尽可能广泛收集关于可能出现涌水的地点、最大涌水量、水压、稳定涌水量、山体稳定情况等资料。预测可能出现集中涌水的地点时,必须分析隧道中线上"谷"和"梁"的地貌特征。聚集在断层破碎带、透水层等含水层中的地下水,是沿着不透水层(例如黏土层)等隔水层底板流出来的。含水层的分布是要通过地质调查才能明确,但是地貌特征的分析可以作为一种辅助手段。一般情况,"谷"附近涌水多,"梁"附近涌水较少。集中涌水是受含水层的规模、渗透性、水压等条件支配的。含水层的规模决定于它的厚度、埋藏条件(破碎带、透水层的延续性和封闭情况)及补给条件等因素。这里所说的含水层是指松散沙砾、沙砾岩、火山沙砾等埋藏有地下水的透水性地层。一般情况,第四纪地层松散多孔,透水性大,古老地层的透水性与裂隙发育程度有关。此外,断层、破碎带、裂隙多的岩石等由于它们的透水性较大,也可以看作含水层。石灰岩或者火山喷出岩分布地区,由于有溶洞及孔洞等特殊储水条件,应多加注意。关于含水层的性质,要调查它的走向、倾斜、厚度、渗透性、水压、发生坍塌事故的可能性,特别是要查明含水层与隧道的交叉状况。

所有的水文地质勘察都可以利用钻探的成果。在钻探过程中,如果发现有含水层存在时,对其水位(有两个以上含水层存在时要分层考虑)、涌水量、钻进中的漏水情况,以及钻孔孔壁坍塌情况等特别加以注意。可以利用钻孔进行抽水试验及各种探测,也可以利用岩心作渗透试验等。所有这些试验成果,都是分析地层的渗透性及坍塌性的有用资料。利用钻孔,测量含水层的静水位及压力水位,如果有两层以上含水层时,则应分别测量。除钻孔外,井、泉、溪流水面等都表示含水层的地下水面。地下水面和压力水位受季节影响而变动,因此要调查它的水文动态。如果地下水受到抽水及灌溉等影响时,要查明使用水量、使用时间和地下水变化的关系。

与隧道所在区域的地貌、地质等条件相似地区的已建工程,或者在区域附近已建有相应工程设施时,就要调查它的地质情况,集中涌水地点、水量、稳定涌水量、季节变化、山体稳定状态、涌水状况与地貌特征的关系等情况。同时,还要查明它们与新建隧道的位置关系,高、低差及距离。要把井水水位、泉、溪流水位、钻孔水位以及已查明的附近的已建工程的地下水位记录在流域图上。

涌向隧道的地下水的范围,要看隧道通过地区山体的大小、含水层的分布、岩层的渗透性等情况而定。涌水的调查范围,一般情况应以包括隧道路线在内的,被明显的沟谷割切为单独的山体为准。但是,当含水层分布情况较明显时,可以根据含水层的规模、渗透性以及隧道通过地段与其周围地区的高程差等具体情况,适当地缩小或扩大调查范围。正常稳定的涌水量,与流向隧道的地下水的范围及流量有关。向隧道集结的地下水的范围(隧道涌水的渗流范围),可以根据山体的大小、隧道的位置、深度等的相互关系,大体推测出来。例如,当隧道从覆盖较厚的山体中央通过时,则山体的大部分是它的渗流范围,当隧道的位置和划分山体的"谷"的谷底的高程基本上相同时,则地下水的渗透范围大体上是山体面积的一半。隧道位置逐渐离开山体的中央部位,其渗透范围也随之逐渐改变。当隧道位置接近山体的表面通过,则有时隧道是在地下水面以上,此时隧道仅接受垂直方向渗入之水,不存在地下水的渗流范围。

2.5.2　枯水调查

为了明确由于修建隧道工程而使地下水及供水受到影响,造成工业用水及饮水困难,须调查清楚施工前的状况,因隧道施工而伴生的枯水现象,是由于隧道内涌水的结果而产生的,所以调查内容与涌水调查相同。但枯水问题有时对社会产生巨大的影响,所以调查也要考虑到将来的水利规划远景。

枯水调查的主要内容是:水利资源的利用状况,溪流的流域和流量,泉水、地下水的状态,植被、气象与隧道涌水的有关联的问题,以往工程的枯水资料等。调查结果可以用坐标图表示,横轴表示时间,纵轴表示调查项目。枯水调查的对象和范围与隧道涌水调查基本相同。但是,从河流不利角度来说,由于枯水现象所引起的水位下降,流量减少等影响,往往波及到下游,因此在决定调查范围时,要考虑到这一点。另外,进行枯水调查时,也须查清它的影响范围和不受影响的分界点,因而调查范围应该宽裕些。主要的水利工程有饮用水、农业用水灌溉、畜牧、果树、园艺、工业用水、水力发电、渔业、航运等。要调查各种水利工程的使用水量、使用水位、季节性变化以及将来的规划。同时也要调查水质、水温、鱼类繁殖等情况,调查河川溪流、泉水、地下水。河川溪流调查基本上和涌水调查内容相同。但是,由于各个地区水利资源开发程度不同,要综合考虑流域的划分。对于泉水而言,有的泉水直接流入河中不易被发现,有的在地面上可以直接目睹。对于后者,可以测出它的位置、标高、水位或压力、水量、水温等,此外,也要调查它的季节性变化,以及降雨后的变化情况,同时要进行水质化验。对于地下水枯水调查,主要是调查此地下水的利用状况(使用时间、水量等)、地下水季节性变化以及雨后变化等内容。对于植被调查,可按照分区、分类,分别调查树龄、密度、生长情况等,并要考察分析能否受到隧道涌水的影响。

对于与隧道涌水有关连的问题调查,在开挖过程中,如果出现了涌水现象,就要把涌水的位置、初期水量、水量累计、稳定水量等各项内容调查清楚。同时,要调查分析前述各项调查的内容是否受到了涌水的影响。因为,根据在开工之前已经调查了的有关范围的供水水源、河溪水流、井、钻孔、泉等水的水位、流量、电性,特别是电阻率、pH 值、化学成分(水质)等的实际情况,所以,可明确判断枯水现象是由于开挖隧道引起,还是由于气象条件变化所引起。隧道涌水和枯水问题的气象调查,只限于测定降雨量及蒸发量。一般情况只调查地下水的主要来源降雨量即可。以往工程的枯水资料,以涌水调查的各项内容为准。但是新旧工程的影响是相互交错的,须调查清楚以往工程影响的范围及状况。

2.6　建筑环境评价

随着社会发展,人们对环境保护要求提到议事日程,保护环境,改善环境已列入国家法律,因而隧道设计与施工中必须提高对环境保护的意识,否则,会给周围环境造成不良影响,致使周围环境质量下降。对于环境保护问题,应按照国家颁布的法律规定中有关规定,无论在工程设计时或施工中,都采取相应措施,以满足环境保护的要求。环境评价的目的就是在着手修建该工程以前,要调查本地区的环境现状,不要因修建工程给该地区保护环境带来重大的障碍,研究有关对环境影响的内容及其程度,提出防止破坏环境的措施等。

2.6.1 对现有生态环境保护的项目

(1) 水资源的保护

修建隧道工程引起水资源的严重流失,会对隧道顶的水利设施产生极大的影响,会造成隧道区域内居民用水的困难,会使隧道范围内的田地干枯,植被枯黄,甚至引起较大区域的地表塌陷,因此,在隧道工程设计施工中应采取措施,防止水资源流失,水面下降。

(2) 植被的保护

树木、草皮等植被不但能固着表土,减少水土流失,防止土壤沙化,还有涵养水源,保留土壤肥力,调节气候,改善环境的功效。虽然隧道工程本身对植被的破坏远小于路基工程,但在施工过程中对植被的破坏也是比较严重的,故应在施工组织设计中采取有效的环保措施。

(3) 特殊保护区的保护

特殊保护区是指名胜古迹、风景游览区、疗养区、温泉区、自然保护区等。在上述地区范围修筑隧道,应采取相应措施,保持原有景致特征。防治大气、水质、噪声、振动及粉尘污染。隧道洞口及附属设施应与当地景致协调。

(4) 特殊地质段的保护

对地层发育良好、层序完整、界线清楚、化石丰富以及对地层学、古生物学研究有价值的地段,应采取有效措施进行保护。

(5) 对环境污染的防治

1) 污水防治

施工中排放的废液含有固体物质、油类物质及酸碱物质,以及为防渗漏和加固地层所采用的化学浆的流失,这些有害液体进入地面,地下水体将对水生生物、人体健康和树木花草带来不同程度的危害,施工中应本着因地制宜、工艺简单,有利于施工的原则选择治理措施。

2) 烟气污染防治

燃料的不完全燃烧会产生二氧化硫、氮氧化物、碳氧化物、碳氧化合物和烟尘等有害物质,会因地形、风向、温度的影响,聚积不散,形成严重的空气污染。施工期间,烟气污染主要来自燃煤锅炉和以汽油和柴油为燃料的机械产生。营运期间,主要是运输车辆产生的废气。因此,在城市附近,风景旅游区、文物古迹区的隧道工程,烟气排放标准应符合国家或地方规定的标准。

3) 粉尘污染防治

粉尘是大气中的颗粒物质,对人体的危害较大。施工中的爆破作业,砂、石、水泥、石灰的装卸、搅拌、破碎、堆放,以及车辆的运输作业及运营车辆都是粉尘污染源。因此,靠近城市或具有旅游价值的环境保护区的隧道工程,有必要采取适当的措施,减少对环境的粉尘污染。

4) 噪声污染防治

噪声是国际公认的一种环境公害,对人的中枢神经系统、心血管系统、内分泌系统等多方面都有危害。噪声主要来自于施工期间的工程机械和运营车辆等。目前对噪声的控制主要是在传播途径上采取措施。

5)振动的防治

振动是声源激发固体构件并伴随噪声同时产生的。强烈的振动会引起稳定性差的建筑物发生破坏,对人体有心理和生理上的影响。隧道施工中的振动主要是爆破和机械引起的。目前,我国尚未颁布振动评价标准,应根据地域环境特点,采取必要措施对其危害加以限制。

6)有害物质的防护

隧道开挖过程中,岩层内有害物质被释放出来导致环境污染,主要有煤系地层中的瓦斯溢出导致人员窒息或燃烧爆炸;地质构造的板块边缘储藏的地热资源直接排入水体对水生生物的危害;酸性岩区和沉积岩区的岩体和弃渣含有较高计量的放射性元素氢、钍、镭对环境产生的不利影响。

(6)弃渣处理

隧道工程弃渣处理是施工组织设计中的重要内容,从环境保护要求出发,应着重注意以下几点:

①选择、规划弃渣场地,应按国家土地利用的基本政策,尽量占用荒地,少占耕地、控制侵占良田,尽可能少的改变原有的自然环境。

②严禁向河谷倾倒弃渣,应在掌握河流特性,经弃渣设计后,分层碾压弃渣,并确保能防止本岸、彼岸、下游出现各种水害。

③对于含有放射性物质的水、弃渣,应经严格测定后,依据含量或浓度确定处置措施。

④对于可利用的隧道挖方,应尽量就地加工成工料或骨料用于工程,或作为路基填料,以减少堆放数量和减少占用土地。

⑤根据隧道弃渣地区的降水、地面径流及地形情况,对弃渣松散堆体设置排水管、盲沟、截排水沟、加固弃渣堆坡脚,以确保弃渣体的稳定,防止发生人为的灾害,有条件时应在弃渣堆上覆盖 30 cm 以上厚度的耕植土,改土造田或种树绿化。

2.6.2　隧道工程周围环境现状的调查

环境现状调查要选取被认为因隧道的修建、使用而引起环境现状恶化的项目来进行,其主要内容有:

①地物地貌的调查,包括:隧道洞口附近居民住宅、企事业单位的分布情况及规模;地物的结构类型、用途、稳定情况;应保持的风景、名胜古迹、历史文物的具体位置和保护的级别;土地、水面利用状况;交通状况。

②地形地质的调查,包括:地形特征及可供选择的施工便道、临时建筑及弃渣场地;地质构造及不稳定地层类型;区域地质水文基本特征、地下水及地表水补给状况;河谷的水文特征,如比降、流向、河湾冲高、冲淤的变化、糙率等;温泉地热。

③大气质量的调查,包括:气象资料,如风速、风频、气温、逆温、大气稳定度;大气污染现状,如空气总悬浮微粒、飘尘、二氧化硫、一氧化碳、氮氧化物;大气质量已达国家或地方标准情况。

④水体质量的调查,包括:水源类型、供水量、供水方式、水源补给转化情况;排水途径及方式;现有水质污染程度,通常指 pH 值、水温、浑浊度、色度、溶解氧、COD、BOD5、CN、As、Hg、C^{+6}、Cd、Pb、Cu、P 石油类等的含量;现有水体质量已达到国家或地方标准情况。

⑤噪声振动的调查,包括:工程周围环境噪声本底值;对施工机械、运输装卸及爆破产生的噪声、振动的限制标准;施工机械产生的噪声、振动方面的资料。

⑥生态资源的调查,包括:森林、草场、水域的面积和位置;野生动物、珍稀动物、水生生物的种类、分布、数量。

2.6.3 预测环境影响

(1)大气

从汽车排出的废气,通过隧道洞口或专门的排风井排出。对人体健康危害大的是一氧化碳、氧化氮、碳氢化合物,但是,在当前通常是以环境标准所制定的前二者为预测对象。预测范围通常是隧道运营对环境有影响的范围,一般是隧道洞口或排风井附近 $100 \sim 150$ m 范围。另外,根据地形、气象条件的变化,当废气影响范围扩大时,预测范围也相应扩大。

在预测方式上,有用在具有类似条件的隧道沿线进行实测的方法和用扩散模式的方法,因为和修建隧道具备完全同样条件的隧道很难找到,所以用扩散模式可能比较普遍。隧道工程多伴有地形起伏的丘陵或山区,大气污染物质扩散受大气湍流、山区逆温、风向风速的不规则变化等的影响。因此,污染物落地浓度计算模式,应根据工程所在地区环保部门推荐的模式或修正系数确定,在《制定大气污染物排放标准的技术原则和方法》(GB 3840—83)中,关于地面点源扩散的高斯模式,可供计算时参考,即

$$C = \frac{Q}{\pi V \sigma_Y \sigma_Z} \exp\left[-\left(\frac{\gamma^2}{2\sigma_Y^2} + \frac{H_e^2}{2\sigma_Z^2} \right) \right] \tag{2.1}$$

式中:C——孤立排气筒下风任一点烟气地面浓度,mg/m^3;

Q——单位时间排放量,mg/s;

V——排气筒距地面几何高度 H(m)处的风速,m/s;

σ_Y——垂直于平均风向的水平扩散参数,m;

σ_Z——铅垂扩散参数,m;

γ——该点与通过排气筒的平均风向轴线在水平面上的垂直距离,m;

H_e——排气筒有效高度,m。

1)排气筒有效高度

$$H_e = H + \Delta H$$

式中:H——排气筒几何高度,m;

ΔH——烟气提升高度,m。

当烟气热释放率 $Q_h < 500 \times 4.1868 \times 10^3$(J/s)或烟气出口温度与环境温度差 $\Delta T < 35$ ℃时:

$$\Delta H = \frac{2(1.5V_s D + 0.167Q_h)}{V_a} \tag{2.2}$$

$$V_a = \beta V_{10} \left(\frac{10}{10 + \Delta h} \right)^{0.25} \tag{2.3}$$

式中:V_a——规定平均风速,m/s;

β——区域系数,取 1.788;

Δh——气象站地面海拔高度对测点平均海拔高度的高度差,m;

V_{10}——气象台距地面 10 m 高度处定时观测的最近 5 年风速平均值,m/s;

V_s——排气筒出口烟气排出速度,m/s;

D——排气筒出口直径,m;

Q_h——烟气热释放率,J/s。

2)大气扩散参数 σ_Y、σ_Z 的确定

根据地面太阳辐射情况,将大气的扩散稀释能力划分为 6 个稳定级别,见表 2.1。大气的扩散参数 σ_Y、σ_Z 值见表 2.2。

表 2.1　大气稳定度等级表

地面风速 /(m·s⁻¹)	太阳辐射等级					
	+3	+2	+1	0	−1	−2
≤1.9	A	A ~ B	B	D	E	F
2 ~ 2.9	A ~ B	B	C	D	E	F
3 ~ 4.9	B	B ~ C	C	D	D	E
5 ~ 5.9	C	C ~ D	D	D	D	D
≥6	C	D	D	D	D	D

注:太阳辐射等级参见《制定大气污染物排放标准的技术原则和方法》(GB 3840—83)。

表 2.2　扩散参数 σ_Y、σ_Z 值/m

稳定度	距离/km 标准	0.1	0.2	0.3	0.4	0.5	0.6	0.8	1.0	1.2	1.4	1.6	1.8	2.0	3.0	4.0	6.0	8.0	10	12	16	20
A	σ_Y	27.0	49.8	71.6	92.1	112	132	170	207	243	278	313										
	σ_Z	14.0	29.3	47.4	72.1	105	153	279	456	674	930	1 230										
B	σ_Y	19.1	35.8	51.6	67.0	81.4	95.8	123	151	178	203	228	253	278	395	508	723					
	σ_Z	10.7	20.5	30.2	40.5	51.2	62.8	84.6	109	133	157	181	207	233	263	493	777					
C	σ_Y	12.6	23.3	33.5	43.3	53.5	62.8	80.9	99.1	116	133	149	166	182	269	335	474	603	735			
	σ_Z	7.44	14.0	20.5	26.5	32.6	38.6	50.7	61.4	73.0	83.7	95.3	107	116	167	219	316	409	498			
D	σ_Y	8.37	15.3	21.9	28.8	35.3	40.9	53.5	65.6	76.7	87.9	98.6	109	121	173	221	315	405	488	569	729	884
	σ_Z	4.65	8.37	12.1	15.3	18.1	20.9	27.0	32.1	37.2	41.9	47.0	52.1	56.7	79.1	100	140	177	212	244	307	372
E	σ_Y	6.05	11.6	16.7	21.4	26.5	31.2	40.0	48.8	57.7	65.6	73.5	82.3	85.6	129	166	237	306	366	427	544	659
	σ_Z	3.72	6.05	8.84	10.7	13.0	14.9	18.6	21.4	24.7	27.0	29.3	31.6	33.5	41.9	48.8	60.9	70.7	79.1	87.4	100	111
F	σ_Y	4.29	7.91	10.7	14.4	17.7	20.5	26.5	32.6	38.1	43.3	48.8	54.5	60.5	86.5	102	156	207	242	285	365	437
	σ_Z	2.33	4.19	5.38	6.98	8.37	9.77	12.1	14.0	15.8	17.2	19.1	20.5	21.97	27.0	31.2	37.7	42.8	46.5	50.2	55.8	60.5

(2)水质

从隧道内排出的施工及运营污水,要从附近排水处理设备、河流状态、流量等判断,当认为有显著影响接纳水体相应的排放标准时,应根据需要预测其扩散量。

(3)噪声

隧道进出口,噪声预测要根据不同的地形、植被等情况拟定相似的噪声预测公式。下面简

单介绍多个噪声声能之和所产生的声级计算式及点声源传播过程中声级计算式。

几个噪声源声能之和,所产生的声级可按下式计算:

$$L_{At} = 10 \lg \left(\sum_{i=1}^{n} 10^{L_{Ai}/10} \right) \tag{2.4}$$

式中:L_{At}——n 个噪声源声能和所产生的声级,dB(A);

$\quad\quad L_{Ai}$——第 i 个噪声源的声级,dB(A)。

点声源的声波在传播过程中,声强逐渐减弱,用下式估算时忽略了声波在空气中传播受空气的温度、湿度、风向等因素的影响。

$$L_P = L_W - 20 \lg \gamma - K \tag{2.5}$$

式中:L_P——距声源 γ 处的声级,dB(A);

$\quad\quad L_W$——声源的声功率级,dB(A);

$\quad\quad \gamma$——从声源到测点的距离,m;

$\quad\quad K$——自由空间修正值,自由空间 $K=11$,半自由空间 $K=8$。

(4)振动

对于振动主要考虑施工阶段爆破所造成的地层振动及其危害。它与炸药的种类、用量、与爆破源的距离,地层性质、爆破方法、炮眼布置等多种因素有关,简捷估算可用下式:

$$V = KW^{3/4}D^{-2}$$

式中:V——振动波波速,cm/s;

$\quad\quad W$——炸药药量,kg;

$\quad\quad D$——离爆破源的距离,m;

$\quad\quad K$——常数,在掏槽中用 500,扩大爆破时用 250。

(5)地表沉陷

在隧道洞口附近、浅埋地段及不良地质地段,由于开挖支护的原因造成地表沉陷影响波及附近建筑物的正常使用及稳定。要根据隧道工程的地质状况、断面形状、施工方法及开挖支护情况对地表沉陷作出预测。

(6)地形、地质

对于改变土地形状、有关挖掘、弃渣填筑等,要用图表分析其数量、位置、形状、面积施工方法等。

(7)植物

为掌握因隧道工程等直接影响的植被改变量,与此同时,在有贵重植被等情况下,一方面考虑有关受地下水变动的影响,以及由于隧道使用的影响,并和自然环境相对比;另一方面也在可能范围内进行客观地预测。预测方法可以考虑调查对相类似的隧道的类似植被的影响实例,但作为类似的隧道的必要条件应考虑高程、地形、地质等;作为类似植被的必要条件就是双方植被所包括的同一品种的数量等也作为一个大致的目标。

(8)动物

隧道给动物的影响,有由于隧道工程而直接变迁其繁殖区域的,有由于汽车交通带来的危害、噪声以及排出废气等带来的影响等。因为这些因素与动物之间的关系并不明确,要想正确地掌握它是困难的,但是,在被认为会直接影响珍稀动物等的繁殖区域的情况下,或者由于使用隧道而带来的影响,还要根据以往资料在可能范围内客观地预测。

(9)自然景观

有优美的景观的情况下,对洞门口用透视图、剪辑相片进行研究,同时据现有的见解预测其变化,并且探出与自然景观协调的构造物的形状、色彩等。

2.6.4　环境影响的评价

关于能够掌握定量影响的大气性质、水质、噪声、振动,地表沉降应根据预测结果,对照环境保护规定的指标进行评价。

与自然环境有关的植物、动物、风景名胜区以及对已明确其价值者(法定纪念物、学术上重要的动、植物等),要拟定定性的保护目标,据此进行评价。关于不能拟出客观的保护目标的项目,可按类似的事例来进行客观评价。

2.6.5　环境保护措施的探讨

根据预测以及评价的结果,要探讨适应工程各阶段保护环境的措施,并要具体地明确制订出来。

(1)水资源的保护措施

①浅埋隧道施工。为防止开挖施工引起地表水漏失和地层下陷,可结合地下水位涨落及水力坡度的变化情况,对地面下沉与掘进及衬砌衔接的关系的观测,可采取超前支护方法,实施预注浆,对洞身围岩加固。

②当隧道穿过与地表水连通的破碎带,为防止突发性的泥石漏入或漏失地表水,可根据探水孔流出的水量和水压变化,采取洞内超前帷幕注浆,以加固破碎带和封堵水路。

③如预计隧道会与地下径流相遇,应及早采取拦堵截等保水措施,以减少水源高程损失。如一旦形成水资源经隧道漏失,可利用地形、地质等有利条件设置蓄水池,将未经污染的水流经沟、槽或专设管路提升,引入蓄水池供给用户。

(2)对污水的防治措施

①对隧道的涌水量大的处所,设截水管由衬砌背后引出并导入蓄水池,避免与洞内施工污水汇合外排,可减少污水处理量,并可充分利用水资源充实施工用水。

②利用洞外自然沟壑地形,设置污水处理设施。对地形条件复杂的地区,采用平流斜板一级处理池。经处理后的水质要符合接纳水体相应的排放标准,并注意排放过程不应选在田地、坡脚以免产生水毁现象。

③尽量选用毒性小、污染少的注浆材料,尽量减少配制浆液过程的撒漏和注浆过程浆液漏失,对进入排水系统中的有害物质作净化处理,避免浆液流入地面水系和人畜用水水源。

(3)对粉尘污染防治措施

①施工中改进爆破方法,采用松动爆破,无声振动等技术。炮眼钻孔严禁干孔施钻。

②散装水泥、石灰采用密闭罐运输、存放。

③搅拌场、弃渣场设隔尘隔声的隔离设施。

④绿化洞口附近的荒山、荒地充分地利用植被的天然吸尘作用。

(4)对有害气体的防治措施

隧道内车辆运营的有害气体都是由隧道通过通风排放口排出,由隧道通风排放口排出的有害气体扩散后的落地浓度应符合排放标准,否则应作处理设计。

（5）对噪声控制措施

①施工中选择低噪声设备型号机械进场施工。噪声大的机械设备远离居民点或施工人员住地布设。合理安排机械作业，减少同时作业的机械台数，对产生噪声大的作业，不安排在夜间或节假日。

②运营中设置隔声屏或利用绿化带减少噪声传播。

（6）对振动的防治

①对搅拌机、球磨机、空压机、碎石机等的基础埋入半地下，并铺设砂石垫层以减轻振动影响。

②通过试验、选择炸药品种，调整用药量，减少一次齐发的药量，以期达到减小爆破振动。

（7）对有毒有害物质的防护措施

①有瓦斯溢出的隧道施工，应采用防爆型机具设备，加强施工通风，采用多种方法监测隧道内瓦斯含量，使其达到规定标准。

②含有放射性物质的水，弃渣应置放于远离人群活动或居住的地方。弃渣应以高密度物质的材料封闭，或在弃渣上以黏土、水泥等覆盖，或种植树木让其自然衰变。

（8）自然环境的保护

在隧道施工过程，由于受到改变土地形状，改变河道，改变植被，设置构造物以及开采材料等，破坏了原有自然环境，因此，要探讨自然环境的复原、修饰与绿化等措施及方案。

2.6.6　环境评价报告

环境评价完成后，要提交环境评价报告。报告的内容主要包括：该环境工程的必要性、概要及其效果；环境现状调查；环境预测、评价、保护措施等一系列内容。

思 考 题

2.1　初步勘察和详细勘察在目的、任务、内容、方法、手段及提交的资料等方面有何要求？

2.2　什么是物探，有何优缺点？

2.3　环境评价主要应完成哪些工作？

第 **3** 章
隧道总体设计

3.1 隧道选址

　　确定路线时,通常在多个路线方案中,根据地形图和各种调查资料,进行技术、经济比较之后,最后确定一条路线。如果路线(包括隧道)长度较长且起终点间地形、地质条件比较复杂,为提高精度,可先在 1∶50 000～1∶25 000 的地形图上进行大范围的选择,找出所有可能的路线方案,然后在 1∶5 000 的地形图上比选确定。如果路线短且工程简单,可以直接在 1∶5 000 的地形图上选。在 1∶50 000～1∶25 000 地形图上比选时,为了明确路线是否经济,技术上是否可行,是否符合工程实际,可参考已有的地质等资料,在地形图上徒手描绘大概的平面线形图,判断隧道位置和规模,对所有可能的路线方案进行比较,估算建设费用,去掉一些明显没有进一步比较价值的路线方案,选出下一步所需进一步比较的路线方案。然后在 1∶5 000 地形图上研究路线控制点,拟订几条比较路线的平面线形、纵坡,使其与交通安全、地形地物协调,并确定出线形指标好、工程造价低的线路。一般路线比较要点是:线形适当(平面顺适、纵坡均衡、横面合理),顺应地形,路线延长对邻近地区的影响;安全性、用地、建设投资、养护费、行驶性能,施工的难易,与当地环境和景观相协调等。采用隧道方案时,尤其是长大隧道通风、照明及养护管理费用较大,应当综合考虑。选定路线时,应根据中华人民共和国交通部标准《公路工程技术标准》的规定。从平面线形和纵坡的关系,考虑是否需要设置隧道。另外,从克服高寒地区的雪害、多雾地区和事故多发地的管理,以及环境保护等方面,也往往需要考虑设置隧道。在决定隧道位置时,要考虑到路线的特性,与前后线形的衔接,地形地质条件对施工难易程度的影响,交通安全及行驶性能等,洞口附近应特别加以注意。为了确保视距,隧道平面线形,应采用直线或大的不设超高的平曲线半径。隧道的长度大时,考虑通风的影响,希望把纵坡控制在 2% 以下。引线和隧道衔接应当协调,出口引线要避免急弯和纵坡的改变。在高寒地区,雪吹进隧道后,不仅易酿成交通事故,而且为了除雪和防止冻结,不得不投入很多的劳力,在引线部分也有同样的问题。因而为了避免冻结和积雪给交通造成危害,在确定隧道标高时应尽可能降低。在村镇附近或在重要的自然环境保护区及其附近设置隧道时,需考虑环境保护,研究噪声和排出的污染空气对环境的影响。

3.1.1 隧道方案与自然条件的关系

隧道方案的选择和设计与地形、工程地质、水文地质和洞口地形等自然条件密切相关。一般而言,它是隧道方案主要考虑的问题,只要充分考虑了沿线地形、工程地质和洞门位置间的内在联系,分清主次,统筹研究,就可选择出理想的隧道线路位置和进出口位置。

除上述自然条件外,还考虑施工工期要求,线路技术条件、造价、施工技术水平,覆盖土少的隧道上有无房屋、道路,即有隧道、水库、沟渠等结构物存在,或者洞口是否接近房屋、道路,即有隧道、水库、沟渠等社会因素。

根据隧道轴线与地形的关系,大概有如图 3.1 所示的几种关系。其主要特征如下:

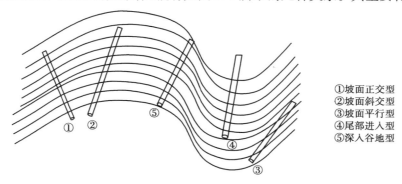

①坡面正交型
②坡面斜交型
③坡面平行型
④尾部进入型
⑤深入谷地型

图 3.1 隧道轴线与地形的关系

(1)坡面正交型

坡面正交型是最理想的隧道轴线和坡面的位置关系,但当隧道洞口位于坡面中部时,在施工上,就必须特别注意便道与线路的关系。

(2)坡面斜交型

当隧道轴线斜向穿过坡面时,就形成非对称的开挖边坡和洞口,如果为顺坡向岩尚有偏土压作用,就必须考虑偏土压的对策。

(3)坡面平行型

对于过大的斜交,若通过较长的山间,山坡侧的覆盖土就会变得相当少,就必须特别考虑偏土压。这种位置关系常发生问题,应尽量地避免。

(4)尾部进入型

一般适用于稳定围岩,但为断层侧丘时,其背后多有断层。

(5)深入谷地型

一般是岩堆等未固结的堆积层,层比较厚,地下水位高,易发生泥石流、雪崩等灾害。

根据上述分类,洞口最好选择与坡面正交型、尾部进入型。不得已时,可选择坡面斜交型。应尽量地避免坡面平行型和深入谷地型。

3.1.2 越岭隧道选址

我国幅员辽阔,山川交错,通过山岭、重丘区的长大干线公路往往要翻越分水岭,从一个水系进入另一个水系,线路为穿越分水岭而修建的隧道称为越岭隧道。越岭地段通常地形陡峻,山峦起伏,地质及水文地质条件复杂,自然条件及交通运输条件比较困难,地形变化较大,如分水岭垭口的高低,垭口两侧沟谷的地势,山体覆盖的厚薄,山坡的陡度,以及山前台地分布情况等均会对隧道位置产生较大影响,必须慎重比选。

(1)越岭隧道平面位置的选择

越岭隧道平面位置选择,主要是指隧道穿越分水岭的不同高程及不同方向的垭口选择,选择时要着重考虑在路线总方向上的垭口,地质条件和隧道长度,另外,还应考虑两侧展线的难易程度、线形和工程量的大小。

垭口位置的选择一般可利用小比例尺地形图、航空照片、卫星照片等。根据线路的总方向和克服越岭高程的不同要求在较大范围内选线,寻求可供越岭的几个垭口位置,然后进行可能通过的垭口、河谷的比选。比选时应考虑:

①优先考虑在路线总方向上或其附近的低垭口,因为这种垭口在两侧具备有良好展线的横坡时,一般越岭隧道较短。

②虽远离线路总方向,但垭口两侧有良好的展线条件的河谷,又不损失越岭高程的垭口。

③隧道一般选在分水岭垭口两边河谷标高相差不多,并且两边河谷平面位置接近处。

④工程地质和水文地质条件良好的垭口。

并经隧道长度、施工难度、运营条件等综合比选几个可能的平面方案,最后确定最佳方案。

(2)越岭隧道标高选择

在越岭垭口选定后,由于越岭标高不同会出现不同长度的展线及越岭隧道方案,即存在隧道标高的选择问题。一般地讲,隧道标高越高,隧道长度越短,相应施工工期也短,但两端展线长度增加,出现隧道群,且线路拔起高度大,运营条件差,线路通过能力降低;而低标高隧道则与之相反,但施工难度增加,施工期较长。因此,在选择越岭隧道标高时,考虑运营条件的改善和通过能力的提高,宜采用低标高方案,但必须进行地形、地质、施工、运营、经济技术等多种因素综合比较来确定最优隧道标高。

3.1.3　傍山隧道选址

山区道路通常傍山沿河而行,山区水流的特点是河床狭窄、弯曲。经过常年的河水浸蚀和风化作用,地势往往变得陡峻。为改善线形,提高车速,缩短里程,节省时间,常常修建傍山隧道。傍山隧道一般埋藏较浅,地层受风化影响较大,施工中容易破坏山体平衡,造成各种工程病害;山坡亦常有滑坡,松散堆积,泥石流等不良地质现象,地质情况较为复杂。另外,线路受河谷地形限制,其位置除两岸进行比选外,线路移动幅度不大,隧道经常是沿河的浅埋隧道和隧道群;洞身覆盖里侧厚外侧薄,易产生不对称的偏压状态。当河流湍急,冲刷严重时,对山坡稳定和隧道安全威胁较大等。因此,傍山隧道位置选择时,应根据地形地质,河流冲刷情况以及洞外的相关工程和运营条件等综合考虑,并应注意:

①傍山隧道在埋深较浅的地段,一定要注意洞身覆盖厚度问题。为保持山体稳定和避免偏压产生,隧道位置宜往山体内侧靠。

②河岸存在冲刷现象或河道窄,水流急,冲刷力强的地段,要考虑河岸冲刷对山体和洞身稳定的影响,隧道位置宜往山体内侧靠一些,有可能时最好设在稳定的岩层中,如图 3.2 所示。

③傍山隧道位置应考虑施工便道设置和既有公路的位置,应注意既有公路边坡的可能坍塌和施工便道对洞身稳定的影响,如图 3.3 所示。

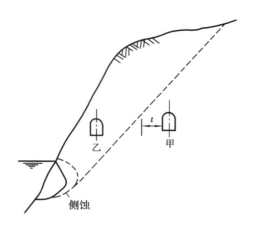
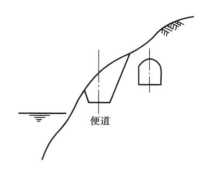

图 3.2　河岸受冲刷对洞身位置影响示意图　　　　图 3.3　道路对洞身稳定的影响示意图

④线路沿山嘴绕行应与直穿山嘴的隧道方案进行比较。如山嘴地段地形陡峻,地质复杂,河岸冲刷严重,以路堑或短隧道通过难以长期保证运营安全时,应"裁弯取直"以较长隧道方案通过。

3.1.4　不良地质地段隧道位置的选择

大量工程实践证明:不论是沿河(溪)线还是越岭线,在具体选定隧道位置时都必须详细研究地质条件的影响,地质条件对隧道位置的选择往往起决定性作用。隧道位置应选择在岩性较好和稳定的地层中,对施工和营运均有利,亦可节省投资。对岩性不好的地层、断层破碎带、含水层等不良地段应避免穿越,以免增大投资,造成施工与营运的困难,影响隧道安全,留下后患。若不能绕避而必须通过时,应采取可靠的工程处理措施,以确保隧道施工及营运安全,常见的不良地质条件主要是指滑坡、崩坍、松散堆积、泥石流、岩溶及含盐、含煤、地下水发育等地质条件。

(1)滑坡、错落

由于滑坡、错落对隧道的危害很大,因而在隧道通过滑坡地区时,必须查明滑坡类型、范围、深度、滑动方向及发生发展原因和规律,地下水情况等。一般应避开滑坡体或错动体,或在可能滑动面以下一定深度通过,如图 3.4 所示。

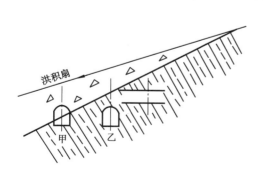

图 3.4　滑坡地区隧道位置选择示意图　　　　图 3.5　松散堆积层中隧道位置选择示意图

（2）松散堆积层

山体岩石经风化、温度变化、冻融交替等作用逐渐崩解成碎块,在重力作用下,自山坡滚落至坡脚形成一种松散的碎石堆积层。这种堆积层常处在暂时稳定状态。一旦扰动,稳定即会丧失而造成崩坍。在这种地质条件下,隧道应避开不稳定、松散的堆积层,使洞身处于基岩中,并具有足够的安全厚度,如图 3.5 甲的位置上。

在堆积体紧密稳定,且不得已时,隧道也可以穿过堆积体,但应避开堆积层中的软弱层面和堆积体与基岩的接触处(乙)通过,而应将隧道置于基岩(甲)或稳定的堆积体中,如图 3.6所示。

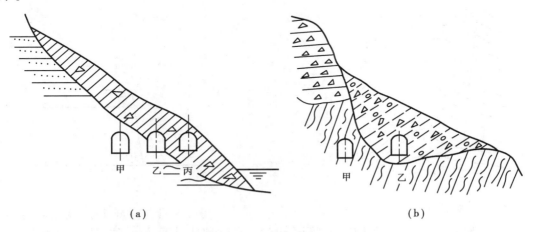

（a）　　　　　　　　　　　　　　　（b）

图 3.6　隧道通过堆积体时的位置选择示意图

（3）泥石流

隧道通过泥石流地段时,应结合地质情况考虑泥石流沟的改道和最大下切深度,确保洞口和洞身的安全。隧道洞顶距基岩面或最大下切面要有一定的覆盖厚度,如图 3.4 乙的位置,隧道洞口应避开泥石流沟及泥石流可能扩展的范围。有困难时,可修建一段明洞,使泥石流在明洞顶通过。

3.1.5　隧道洞口位置选择

隧道洞口位置的选择是隧道勘测设计的重要环节之一。洞口位置选择好坏,将直接影响隧道施工、造价、工期和运营安全。选择时要结合洞口的地形、地质条件、施工、运营条件以及洞口的相关工程(桥涵、通风设施等)综合考虑。要避免用单纯的经济观点来选定隧道洞口。根据已建交通隧道施工和运营的实践,由于洞口位置选择不当,而造成洞口坍方影响施工,中断行车的教训不少,值得注意吸取。

洞口位置选择的一般原则和要求:

①洞口部分在地质上通常是不稳定的。应当考虑避开滑坡、崩塌、泥石流等不良地质地段。确定洞门位置时,对边、仰坡的稳定应着重考虑,并结合洞外相关工程和施工难易,通过技术经济比较确定,以免造成难以整治的病害,危及施工和运营安全。一般应设在山体稳定,地质条件好,排水有利的地方。隧道宜长不宜短,应"早进洞,晚出洞",尽量避免大挖大刷,破坏山体稳定。

②洞口不宜设在沟谷低洼处和汇水沟处,如图 3.7 中的 A 线。沟谷洼地地势狭窄、施工不便,且防洪困难。另一方面沟谷附近一般地质较差,常会出现断层,冲积层等不良地质,而且地下水丰富。因此,一般宜将洞口移在沟谷地质条件较好的一侧有足够宽度的山嘴处,如图 3.7 中的 B 线。

③当洞口处为悬崖陡壁时,一般不宜扰动坡面和破坏地表植被及暴露风化破碎岩层。如果岩壁稳定,无崩塌或落石可能时,可以考虑贴壁,如图 3.8 所示。若有坍方可能时,则采用接长明洞的办法,将洞口推到坍方范围以外 3~5 m 处,如图 3.9 所示。

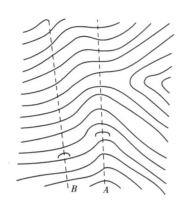

图 3.7　沟谷附近洞口平面位置示意图

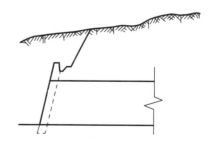

图 3.8　贴壁进洞时洞口纵断面示意图

④洞口地形平缓时,一般也应早进洞晚出洞。在这种情况下,洞口位置选择余地较大,应结合洞外路堑、填方、弃渣场地,工期等具体情况确定,如图 3.10 所示。如果洞口位于堆积层上,为避免引起坍塌、滑坡、保持山体稳定,一般不宜大量清刷。需要时可接长明洞,以确保施工和运营安全。

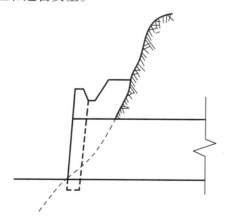

图 3.9　陡壁下接长明洞纵断面示意图　　　　图 3.10　缓坡洞口纵断面示意图

⑤考虑洞口边仰坡不致开挖过高和洞口段衬砌结构受力,洞口位置宜与地形等高线大体上正交,见图 3.11(a)。特别是在土质松软、岩层破碎、构造不利的傍山隧道,更应注意。道路隧道一般不宜设计斜交洞门,见图 3.11(b)。若为斜交时,应尽可能加大斜交角度(一般不小于 45°),或采取工程措施,以降低垂直等高线方向的开挖高度。

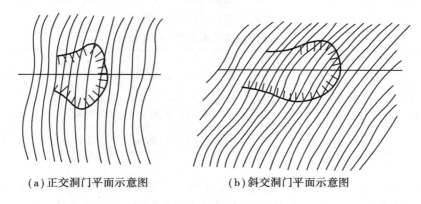

（a）正交洞门平面示意图　　　　　（b）斜交洞门平面示意图

图 3.11　洞口位置与地形等高线示意图

⑥长大隧道在洞门附近考虑施工场地、弃渣场以及便道等的位置,对组织施工时的难度和进度有很大影响。

⑦洞口附近有居民点时,考虑提前进洞,尽可能减少附近地上构筑物、地下埋设物与隧道的相互影响,以及减少对环境(农业、交通、居民生活)的影响。

⑧当位于有可能被淹没的河滩、水库回水影响范围以内或山洪地区,洞口的路肩设计标高应为位于设计洪水位(包括浪高)以上 0.5 m,以免洪水浸入隧道。

⑨预先考虑运营后,通风设备排出的废气和噪声对周围环境的影响程度和解决办法。

⑩研究雪崩、阵风、风吹雪等对安全行驶的影响,考虑设置防雪工程、防风工程和防路面冻害工程的必要性。

总之,隧道洞口和洞身是不可分的整体,在位置选择时不能顾此失彼,应该同样的重视。

3.2　隧道的几何设计

隧道由主体建筑物和附属建筑物两部分组成。主体建筑物包括洞门和洞身衬砌,以及由于地形地质情况而需要在洞口地段接长的明洞。附属建筑物包括通风、照明、防排水、安全设备、电力、通信设备等。

主体建筑物是从几何和结构两方面进行研究的。在结构方面,对洞门和洞身衬砌这些结构物总的要求是:用最小的投资,尽可能少的外来材料以及合理的养护力量,使它们能在围岩压力和汽车行驶所产生的各种力的作用下,在设计年限内保持使用质量。隧道的几何设计研究的范围,主要是汽车行驶与隧道各个几何元素的关系,以保证在设计速度、预计交通量以及满足通风、照明、安全设施等条件下,行驶安全、经济、旅客舒适以及隧道美观等。因此,隧道几何设计时,把隧道中心线解剖为隧道的平面、纵断面及净空断面来分别研究处理。

3.2.1　隧道的平面设计

隧道平面是指隧道中心线在水平面上的投影。隧道是线路的一个组成部分,因此,隧道的平面线形除应满足《公路工程技术标准》规定外,还应考虑到由于隧道内的运营和养护条件比洞外明线差的特点,应适当提高线形标准。如隧道平面线形原则上采用直线,避免曲线。当必须设置曲线时,其半径也不宜小于不设超高的圆曲线最小半径, 见表 3.1。

表 3.1 不设超高的圆曲最小线半径/m

设计速度/(km·h⁻¹) 路　拱	120	100	80	60	40	30	20
≤2.0%	5 500	4 000	2 500	1 500	600	350	150
>2.0%	7 500	5 250	3 350	1 900	800	450	200

这里有两点要注意:一是小半径曲线,二是超高。如果采用小半径曲线,会产生视距问题。为确保视距,势必要加宽断面,这样相应地要增加工程费用,断面加宽后施工也变得困难,断面不统一,以及它们的相互过渡都给施工增加了难度。设置超高时,也会导致断面的加宽。因为在隧道内一般是禁止超车的,所以只能采用停车视距,根据停车视距可以换算出设置曲线时不加宽的最小平曲线半径。曲线隧道即使不加宽,在测量、衬砌、内装、吊预等工作上也会变得复杂。此外,曲线隧道增加了通风阻抗,对自然通风很不利。从这些方面考虑,也希望不设曲线。不过,是否放入曲线,应根据隧道洞口部分的地形地质条件及引道的线形等进行综合考虑决定。如果沿河(溪)线的傍山隧道穿过山嘴时,就必然会出现如图 3.12 所示的曲线隧道。再如,原设计为直线的隧道,在施工中遇到溶洞时,不得不改线绕行时出现的部分曲线隧道。另外,隧道内应尽量避免设反向曲线,以利运营和施工。单向行驶的长隧道,如果在出口一侧放入大半径平曲线,面向驾驶者的出口墙壁亮度是逐渐增加的。尤其是当出口处阳光可以直接射入,以及洞门面向大海等亮度高的场合,此时,曲线线形反而是设计所希望的。如果长大隧道需要利用竖井、斜井通风时,在线形上应考虑便于设置。

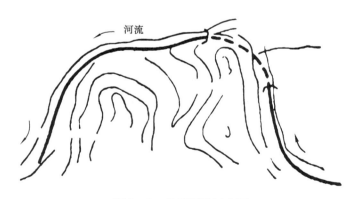

图 3.12 曲线隧道示意图

3.2.2 隧道纵断面设计

隧道纵断面是隧道中心线展直后在垂直面上的投影。

隧道内线路坡度可设置为单面坡(即向隧道一端上坡或下坡)或人字坡(即从隧道中间向洞口两端下坡)两种,如图 3.13 所示。

一般单向坡多数出在越岭线路的展线及沿河(溪)线隧道中,单向坡隧道对运行时通风、

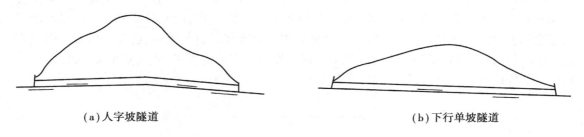

<table>
<tr><td>（a）人字坡隧道</td><td>（b）下行单坡隧道</td></tr>
</table>

图 3.13　隧道内线路坡度示意图

排水有利,尤其是下行单向隧道通风条件较好,但在上方洞施工困难,特别在有较大地下水时更困难。人字坡常出现在越岭隧道中,人字坡有利于从两端施工时的出渣和排水,但对运营通风不利。

　　控制隧道纵坡主要因素之一是通风问题,一般将纵坡控制在 2% 以下为好。超过 2% 时,汽车排出的有害物质迅速增加。也就是说,汽车排出的有害物质随着纵坡的增大而急剧增多。因此,从公路隧道通过车辆尽量少排出有害气体观点出发,限制纵坡不得大于 3%。不存在通风问题的短小隧道(如独立明洞和短于 50 m 的直线隧道),可按公路所在等级规定设置纵坡。当隧道采用单坡时,纵坡不宜大于 3%。当涌水量较大时,应考虑减缓纵坡。采用人字坡从两个洞口开挖隧道时,施工涌水容易排出,但通风条件稍差,一般将纵坡控制在 1% 以下为宜,便于控制和排放有害气体。总之,隧道的纵坡以不妨碍排水的缓坡为宜。在隧道内采用平坡也是不可取的,应尽量避免。规范规定"隧道内纵坡不应小于 0.3%",这是考虑到隧道在施工时和建成后洞内排水的需要,为了使隧道涌水和施工用水能在坑道内侧沟中流出,需要 0.3% 的坡度。

　　隧道纵坡对施工作业安全及工程费用有影响,计划时应考虑到这个问题。纵坡变更处应根据视距要求设置竖曲线,其半径和竖曲线的最小长度应符合表 3.2 的要求。为了提高视线的诱导作用及满足乘客乘坐舒适,在隧道中尽可能考虑选用较大竖曲线半径和竖曲线长度。

表 3.2　各级公路曲线最小径和最小长度

设计速度/（km·h^{-1}）		120	100	80	60	40	30	20
凸形竖曲线 半径/m	一般值	17 000	10 000	4 500	2 000	700	400	200
	极限制	11 000	6 500	3 000	1 400	450	250	100
凹形竖曲线半径/m	一般值	6 000	4 500	3 000	1 500	700	400	200
	极限值	4 000	3 000	2 000	1 000	450	250	100
竖曲线长度/m		100	85	70	50	35	25	20

3.2.3　隧道净空断面横断面设计

　　隧道净空是指隧道衬砌的内轮廓线所包围的空间,包括隧道建筑限界通风及其他所需的断面积。断面形状和尺寸应根据围岩压力求得最经济值。

隧道建筑限界是为保证隧道内各种交通的正常运行与安全,而规定在一定宽度和高度范围内不得有任何障碍物的空间限界,如图 3.14 所示。在设计中,应充分研究各种车道与公路设施之间所处之空间关系,任何部件(包括隧道本身的通风、照明、安全、监控及内装等附属设施)均不得侵入隧道建筑限界之内。隧道建筑限界由行车道宽度 W、侧向宽度 L、人行道 R 或检修道 J 等组成。当设计人行道时,含余宽 C。

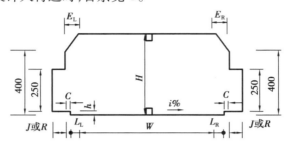

图 3.14　公路隧道建筑限界(单位:cm)

在图 3.14 中,H 为建筑限界高度;W 为行车道宽度;L_L 为左侧向宽度;L_R 为右侧向宽度;C 为余宽;J 为检修道宽度;R 为人行道宽度;h 为检修道或人行道的高度;E_L 为建筑限界左顶角宽度,$E_L = L_L$;E_R 为建筑限界右顶角宽度;当 $L_R \leq 1$ m 时,$E_R = L_R$,当 $L_R > 1$ m 时,$E_R = 1$ m。

各级公路隧道建筑限界基本宽度应按表 3.3 执行,并符合以下规定:

表 3.3　公路隧道建筑限界横断面组成最小宽度

公路等级	设计速度 /(km·h⁻¹)	车道宽度 W/m	侧向宽度 L/m		余宽 C	人行道 R	检修道宽度 J/m		隧道建筑限界净宽/m		
			左侧 L_L	右侧 L_R			左侧	右侧	设检修道	设人行道	不设检修道、人行道
高速公路 一级公路	120	3.75×2	0.75	1.25			0.75	0.75	11.00		
	100	3.75×2	0.50	1.00			0.75	0.75	10.50		
	80	3.75×2	0.50	0.75			0.75	0.75	10.25		
	60	3.50×2	0.50	0.75			0.75	0.75	9.75		
二级公路	80	3.75×2	0.75	0.75		1.00				11.00	
	60	3.50×2	0.50	0.50		1.00				10.00	
三级公路	40	3.50×2	0.25	0.25		0.75				9.00	7.50
四级公路	30	3.25×2	0.25	0.25	0.25						7.00
	20	3.00×2	0.25	0.25	0.25						

注:①三车道隧道除增加车道数外,其他宽度同表;增加车道的宽度不得小于 3.5 m。
　　②连拱隧道的左侧可不设检修道或人行道,但应设 50 cm(120 km/h 与 100 km/h 时)或 25 cm(80 km/h 与 60 km/h 时)的余宽。
　　③设计速度 120 km/h 时,两侧检修道宽度均不宜小于 1.0 m;设计速度 100 km/h 时,右侧检修道宽度不宜小于 1.0 m。

①对于建筑限界高度,高速公路、一级公路、二级公路取 5.0 m;三、四级公路取 4.5 m。

②当设置检修道或人行道时,不设余宽;当不设置检修道或人行道时,应设不小于 25 cm 的余宽。

③对于隧道路面横坡,当隧道为单向交通时,应取单面坡;当隧道为双向交通时,可取双面坡。坡度应根据隧道长度及平、纵线形等因素综合分析确定,一般可采用 1.5% ~ 2.0%。

④当路面采用单面坡时,建筑限界底边线与路面重合;当采用双面坡时,建筑限界底边线应水平置于路面最高处。

公路隧道建筑限界横断面组成最小宽度规定见表 3.3 中各栏数值,除检修道外,都采用《公路工程技术标准》(JTG B01—2003)。检修道的宽度 0.75 m 是考虑小型检修工具车通行需要。为了消除或减少隧道边墙给驾驶员带来唯恐与冲撞的心理影响(墙效应),保证一定车速的安全通行,应于行车道两侧设置一定宽度的路缘带、余宽或人行道,以满足侧向净空的需要。设置路缘带的目的在于:其一,诱导驾驶员视线,增加行车安全;其二,为行车道提供一部分必需的侧向净宽,保证行车道的充分使用。设置余宽的目的在于:其一,作为防止汽车驶出车道外的防冲设施;其二,养护工维修时的通道。余宽的宽度一般公路隧道定为 0.25 m,高速公路,一级公路隧道定为 0.5 m。

道路隧道的净空除应在符合隧道建筑限界的规定外,还应考虑洞内排水、通风、照明、防火、监控、营运管理等附属设施所需要的空间,并考虑土压影响、施工等必要的富余量,使确定的断面形式及尺寸达到安全、经济、合理。在确定隧道净空断面里,应尽力选择净断面利用率高、结构受力合理的衬砌形式。

有行人通行的隧道,原则上应设置人行道,人行道的宽度一般不宜小于 0.75 m,以便肩挑背负者使用。在有自行车通行的隧道,人行道宽度不宜小于 1 m,以供自行车下车推行。必要时可设置栏杆,以消除隧道内混合交通的干扰和隐患。城市附近及行人众多的隧道,人行道宽度应根据需要适当加宽,以保证非机动车及行人不侵占行车道。当行人和自行车非常多的情况下,因修很宽的人行道而加大隧道断面,需要的通风设备也相应增大,这时人和自行车与隧道分开,修建小断面的人行隧道反而有利,专供徒步行人通行。人行隧道与车行隧道分开,对安全也极有利,在火灾时可以作为避难救护伤员使用,平时亦可兼作管理人员的通道。需通行自行车时,应另设自行车道,自行车不应混杂在行人中穿行。在山岭地区修建长大隧道时,专为行人需要加大通风设施及其功率是不经济的,应寻其他途径解决行人问题。人行道、自行车道或自行车道与车行道在同一隧道中时,为保证安全,应使其比车行道高出 0.25 m。为了彻底解决安全问题,或者对行车速度严加管制,或者将人行道等与车行道用护栏隔开,或者将设在路肩上的人行道等置于 1 m 以上的台阶并加设保护栏。

车行道的净高通常由汽车载货限制高度和富余量决定。另外,由于隧道内的路面全部更换困难,一般应估计到将来可能进行罩面,其厚度通常按 20 cm 预留。还应估计冬季积雪等可能减少净空。对不能满足净高要求的路段,应设标志牌,标明该处净高,并指明迂回道路。人行道、自行车道及自行车人行道的净空为 2.5 m。隧道的内轮廓线在施工中不可避免地要产生凸凹不平,一般还应考虑 5 cm 的误差。

隧道的净空断面受通风方式影响很大。自然通风的隧道,断面适当大些。假如采用射流通风机进行纵向通风时,应考虑射流通风机本身的直径,悬吊架的高度和富余量,总计约为 1.5 m 的高度。长大隧道的通风管断面积、通风区段的长度、通风竖井或斜井的长度和数量、设备费和长期运营费等应综合考虑。在平顶以上设置通风管道时,应保证顶板的厚度,还应考虑到顶板的挠度以及富余量。现在使用的轻质混凝土顶板的厚度为7.5~10 cm,现浇混凝土板约15 cm。如果考虑美观用石棉或瓷砖进行内装时,还应另外留出10 cm的空间。吊设吸音板时,应预留相应位置。重要的长大隧道,防灾设备(如火灾传感器、监视电视摄像机、通过率计等)也要占有空间,如图3.15所示。维修时往往是在不进行交通管制的条件下工作,还有管理人员的通道,根据实际需要可能设置在隧道的一侧或两侧等,要根据实际隧道具体确定。

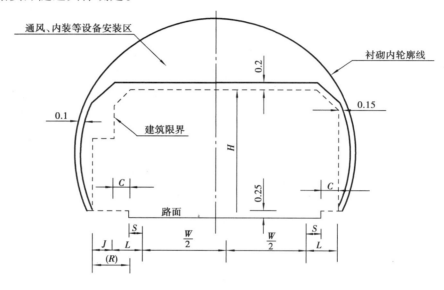

图 3.15 公路隧道横断面示意图(单位:m)

由于地质条件的关系,隧道宽度过大则不经济,施工上也增加难度,因此高速公路、一级公路一般应设计为上下行分离的两座独立隧道。两相邻隧道最小净距视围岩类别、断面尺寸、施工方法、爆破震动影响等因素确定,一般情况可按表3.4的规定选用。从理论上说,两相邻隧道应分别置于围岩压力相互影响及施工影响范围之外,或者说其间岩柱具有足够的强度和稳定,不致危及相邻隧道的施工及结构的安全,保证车辆安全营运。但由于影响两相邻隧道间距的因素很多,而这些因素的影响也难以定量,因此,还需根据经验通过工程类比分析确定。《公路道路勘测规程》(JTJ 063—85)规定:"一般为30 m。"日本公路协会规定也为30 m(约为开挖宽度的3倍)。

表 3.4 分离式独立双洞间的最小净距

围岩类型	I	II	III	IV	V	VI
最小净距/m	$1.0 \times B$	$1.5 \times B$	$2.0 \times B$	$2.5 \times B$	$3.5 \times B$	$4.0 \times B$

高速公路、一级公路的特长和长隧道应根据需要设置紧急停车带,这是考虑到车辆若在隧道内发生事故时,有一个应急的抢险、疏导车辆的余地,便于较快地消解塞阻,减少损失。紧急停车带(加宽带)的设置,可参照国际道路常设委员会(PIARC)隧道委员会推荐值办理:超过2 km以上的隧道须考虑设置宽2.5 m、长25~40 m的紧急停车带,间隔为750 m。10 km以上

的特长隧道宜考虑可供大型车辆使用的 U 形回车场。单车道隧道,为保证安全运输,除两端洞外应设错车道外,洞内视隧道长度设置错车道,错车道间距不宜大于 200 m,错车道的设置按《公路工程技术标准》的规定执行。隧道内排水边沟设计可结合人行道、检修道或余宽一起考虑。

3.2.4　隧道接线

隧道洞口连接线的平面及纵断面线形应与隧道线形相配合,应当有足够的视距和行驶安全。尤其在进口一侧,需要在足够的距离外能够识别隧道洞口。为了使汽车能顺利驶入隧道,驾驶员应提前知道前方有隧道。通常当汽车驶近隧道,但尚有一定距离时,驾驶员若能自然地集中注意力观察到洞口及其附近的情况,并保证有足够的安全视距,对障碍物可以及时察觉,采取适当措施,才能保证行车安全。把开始注视的点称为注视点,从注视点到安全视距点所需时间称为注视时间。从注视点到洞口采用通视线形极为重要。在洞口及其附近放入平面曲线或是竖曲线的变更点时,应以不妨碍观察隧道,且保证有足够的注视时间为最低限度。隧道两端平面线形与路线线形相一致的最小长度规定见表 3.5。

表 3.5　隧道两端平面线形与路线线形相一致的最小长度

设计速度/(km·h⁻¹)	120	100	80	60	40	30	20
最小长度/m	100	80	60	40	20	15	10

隧道两端的接线纵坡有一段距离与隧道纵坡保持一致,以满足设置竖曲线和保证各级公路停车或会车视距的要求。需要机械通风的隧道,接线纵坡与隧道纵坡一致时,能使汽车以均匀速度驶入隧道。在洞口前如果为陡坡时,车速会降低,进入隧道后加速行驶,必须使排气量增加,从而导致通风设备加大或通风量不足。各级公路停车、会车视距,按《公路工程技术标准》有关规定执行。当隧道两端地形条件受限制,确实不能满足表 3.5 所列数值时,应采取其措施,确保行车安全。

当隧道净宽大于所在公路的路基宽度时,两端接线应有不短于 50 m 的同隧道等宽的加宽段,并设计过渡段加以衔接。当隧道净宽小于所在公路的路基宽度时,两端接线仍然按等级公路标准设计,与隧道洞门端墙衔接。隧道内的路肩宽度与一般道路相比要缩小很多,需要进行平滑的过渡,应在适当的距离内收缩,使汽车进出隧道时顺利。为此,通常根据设计车速设计成 1/50～1/25 的楔形过渡段,在这个收缩过渡段中,一般应有路缘石、护栏、路面标志线以及其他洞口附近的构造物等。另外,设计引线还应考虑到接近洞口桥梁、路堤等。

3.3　衬砌内轮廓线及几何尺寸拟定

隧道衬砌是一种超静定结构,因此按超静定结构设计。一般是根据工程类比和设计者的经验首先假定断面尺寸,然后经分析计算、验算,修正假定尺寸,并反复这个过程,最终确定合理的断面形式和尺寸。

设计初砌断面主要解决内轮廓线、轴线和厚度 3 个问题。

衬砌的内轮廓线应尽可能地接近建筑限界,力求开挖和衬砌的数量最小。衬砌内表面力求平顺(受力条件有利),还应考虑衬砌施工的简便。

衬砌断面的轴线应当尽量与断面压力曲线重合,使各截面主要承受压应力。为此,当衬砌受径向分布的水压时,轴线以圆形最好;当主要承受竖向压力或同时承受不大的水平侧压力时,可采用三心圆拱和直墙式衬砌;当承受竖向压力和较大侧压力时,宜采用五心圆曲墙式衬砌;当有沉陷可能和受底压力时,宜加设仰拱的曲墙式衬砌。

衬砌各截面厚度随所处地质条件和水文地质条件不同而有较大变化,并且与隧道的跨径、荷载大小、衬砌材料以及施工条件等有关。根据以往经验,拱圈可以采取等截面,也可采取在拱脚部分加厚20% ~50%的变截面。仰拱厚度一般略小于拱顶厚度,但从施工和衬砌质量要求出发,一般不应小于规范规定的最小厚度,其值列于表3.6。

表3.6 截面最小厚度/cm

建筑材料种类	隧道和明洞衬砌			洞门端墙、翼墙和洞口挡土墙
	拱 圈	边 墙	仰 拱	
混凝土	20	20	20	30
片石混凝土		50	50	50
浆砌粗料石或混凝土块	30	30		30
浆砌块石		30		30
浆砌片石		50		50

3.3.1 衬砌断面

①衬砌内轮廓线。它是衬砌的完成线在内轮廓线之内的空间,即为隧道的净空断面。该线应满足所围成的断面积最小,适合围岩压力和水压力的特点,以既经济又适用为目的。

②衬砌外轮廓线。为保持净空断面的形状,衬砌必须有足够的厚度(或称最小衬砌厚度)

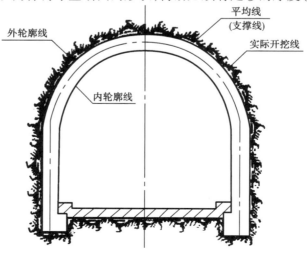

图3.16 隧道断面轮廓线

的外缘线。为保证衬砌的厚度,侵犯该线的山体必须全部除掉,木质临时支撑或木模板等也不应侵入,因此,该线又称为最小开挖线,如图 3.16 断面所示。

③实际开挖线。为保证衬砌外轮廓,开挖时往往稍大,尤其用钻爆法开挖时,实际开挖线不可避免地成为不规则形状。因为它比衬砌外轮廓线大,所以又称为超挖线。超挖部分的大小称为超挖量,一般不应超过 10 cm。实际上凸凹不平,这样 10 cm 的限制线只能是平均线,它是设计时进行工程量计算的依据。在施工中,尤其是用钻爆法施工时,很难掌握刚好达到平均线,常常比它还要大,这就造成了不必要的工程量,如何控制它,至今仍为一个难题。按设计要求所有超挖部分,都要用片石回填密实。由于施工上的困难,不容易做到密实,但这是设计及施工中都应着重强调的问题。

3.3.2 道路隧道衬砌内轮廓线的求法

(1)圆形断面的作图

确定道路隧道内轮廓线时,以公路建筑限界为基准,并附加上通风所需的断面。如果有侧压力则需要设置仰拱,设仰拱时应考虑水压力。在膨胀性山体和受到大水压时,通常把圆形闭合断面作为基本形状。圆形断面内轮廓线作图如图 3.17(a)所示。

假定公路建筑限界已确定,其控制点为 a、b、c、d 4 个点。分别作 ab、ac、ad 的垂直平分线,在断面对称轴上得到 3 个交点 O_1、O_2、O_3,取其中最高(至路面)者作为圆心 O。由于施工精度上要求 a、b、c、d 各点至少需要 10 cm 以上的富余量,因此,在 Oa 连线的延长线上取 $aA \geq 0.1$ m,以 OA 为半径画圆即得内轮廓线的基本部分。

在建筑限界以上的剩余空间,可以用于通风。如采用纵向诱导通风时,可悬挂射流式通风机。如采用横向通风时,可吊挂顶板围成通风管道。路面板下剩余的空间,可以用做通风和通路,除了膨胀性岩体及水压很大时需要设置仰拱外,一般可不设置,此时路面板下可用于埋设排水构造物。排水构造物的敷设深度,除高寒地区设保暖水沟外,一般 0.5 m 是足够的。当侧压力大需设置仰拱时,其半径 $O'e \approx 2 \times OA$。

建筑限界的两侧空余地方,ab 之间可以作为设置事故电话和放置灭火器的地方,bc 之间可以安装照明灯具。

圆形断面常常用于盾构法和水下隧道、膨胀性围岩以及接近圆形的山岭隧道。

(2)直墙式衬砌断面

围岩较好,一般不产生较大的侧压力,不需要设仰拱,可以采用直墙,此时隧道的净断面积最小,如图 3.17(b)所示。如果在建筑限界以上设置射流风机,则应使 GH 为 1.0 ~ 1.2 m(根据选用的射流风机的实际尺寸确定),例如,取 $GH = 1.2$ m,取施工允许误差 $He = 0.1$ m,则得点 e,作 ed 的垂直平分线并与断面对称轴相交于点 O_1,以 O_1H 为半径作弧 $\overset{\frown}{DHD'}$,即为拱部的内轮廓线。由建筑限界 ab 向外取富余量 0.1 m,引 $AB // ab$,求 bd 的垂直平分线与 O_1D 相交于 O_2,以 O_2D 为半径作弧并与 AB 相交于 B,与 $\overset{\frown}{DHD'}$ 相交于 D,则 $ABDH$ 即为内轮廓线。这是一个坦三心圆拱,适用于无明显断层和围岩结构完整的地质条件,如果隧道长度不很长(600 ~ 800 m),使用射流风机已经足够。

(3)曲墙式衬砌断面(顶板以上设置通风道时)

一般通风道都设置在顶板以上,如果设在路面板以下,则车道板必须采用钢筋混凝土结

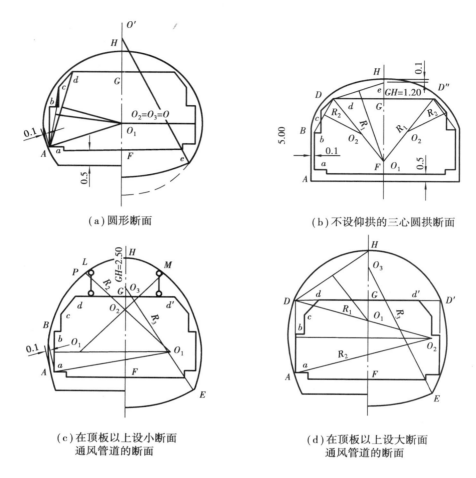

（a）圆形断面　　　　　　　　（b）不设仰拱的三心圆拱断面

（c）在顶板以上设小断面　　　　　（d）在顶板以上设大断面
　　　　通风管道的断面　　　　　　　　通风管道的断面

图 3.17　内轮廓线作图例

构,造价很高,既不经济也无必要。设置通风道的原则是既要使通风道的断面积小,又要使内轮廓线与建筑限界的侧墙部分的剩余空间最小,还要使拱部与侧墙为内轮廓线过渡圆滑,适合受力特点。例如,长度为 1 km 左右的隧道,由两个洞口进行半横向通风时,所需通风道面积为 $8 \sim 10 \ m^2$,属于小断面通风道,如图 3.17(c)所示,此时取 a、b 两点为控制点,求 ab 平分线,在线上找一点 O_1,取 O_1A 为半径(R_1)作 $\overset{\frown}{AB}$。在 $\overset{\frown}{AB}$ 的延长线取点 P,将 O_1P 与对称轴的交点 O_2 作为圆心,画 O_2P 圆时要试作,使之在 H 点附近通过。所得到的 $\overset{\frown}{ABPH}$ 即为内轮廓线。需要设置仰拱时,取 $O_3E(=R_3)$ 近似等于 2 倍的 O_2P。这种设置通风道的方式,当顶板两端没有设置支座(沿纵向)的位置时,则需要在 L 点、M 点埋置吊杆。吊设顶板适合于改建增设通风的情况。

隧道的长度很长,就需要全横向通风,通风道断面积就变大。半横向通风时,如果所需通风量较大,通风道断面积也会变大。此时顶板要变宽,拱高需增大,如图 3.17(d)所示。例如,需通风道断面积为 20 m^2 时,用趋进法作图。首先在 Gd 的延长线上取点 D,使 DG 约等于建筑限界宽度的一半(试取时可将 ab 延长与 Gd 交于 D),GD 不应比其超过太多(以 $GD - aF < 1$ m 为限)。再在 GD 为 1.2~1.3GH 取点 H,作 DH 的垂直平分线并与对称轴相交

于 O_1，以 O_1D 为半径（R_1）画圆弧 $\overset{\frown}{DHD'}$，校核该弓形面积，调整到较预定面稍大为止。再次，求 AD 的垂直平分线与 DO_1 的交点 O_2，并以 O_2A 半径（R_2）画弧 AD，ADH 即为内轮廓线。需要设仰拱时，取 $R_3 = 2R_1$。

开挖断面积大于 $100\ \text{m}^2$ 的长大隧道，断层、不良地质等影响更大。可考虑设置通风竖井及平行导坑进行通风，使隧道本身断面尽量缩减到最小程度。

3.3.3　衬砌断面几何尺寸的拟定

（1）衬砌内轮廓尺寸拟定

拟定衬砌内轮廓尺寸的各参数如图 3.18 所示。

$$
\left.
\begin{aligned}
r_1 + a \cot \varphi_1 - r_2 \cos \varphi_2 &= f \\
2(r_2 \sin \varphi_2 - a) &= b \\
r_1 + \frac{a}{\sin \varphi_1} &= r_2
\end{aligned}
\right\}
\tag{3.1}
$$

式中：b——公路建筑限界宽度，其值为行车道宽度加上两侧路缘带与人行道宽度的总和，两侧还应分别加上 $5 \sim 10\ \text{cm}$ 的施工误差；

f——拱顶至拱脚的矢高，按通风量所需通风道面积确定，并保证拱轴线受力合理；

φ_1、φ_2——内径 r_1、r_2，画出的圆曲线的终点截面与竖直面的夹角；

a——内径 r_1、r_2 的圆心 O_1 与 O_2 之间的水平距离。

以上 4 个参数必须根据限界要求预先给定，代入式（3.1）后解出其余 3 个参数 r_1、r_2 及 φ_2。其中：r_1、r_2 为第一个内径和第二个内径；φ_3 为拱脚截面与竖直截面的夹角。

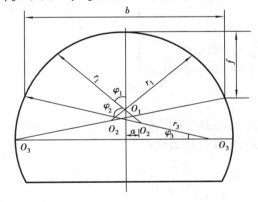

图 3.18　内轮廓线计算图

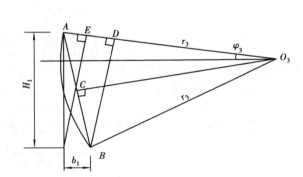

图 3.19　边墙内径 r_3 的计算图

曲墙式边墙内径 r_3 由参数 H_1 及 b_1 确定，如图 3.19 所示。

$$
\left.
\begin{aligned}
r_3 &= \frac{H_1^2 + b_1^2}{2(H_1 \sin \varphi_3 + b_1 \cos \varphi_3)} \\
\varphi_3 &= 90° - \varphi_2
\end{aligned}
\right\}
\tag{3.2}
$$

（2）轴线与外轮廓线

对于拱的轴线和外轮廓线的计算不存在困难。等截面拱的计算比较简便，变截面拱圈尺寸的计算则比较烦琐，如图 3.20 所示，可按以下公式计算：

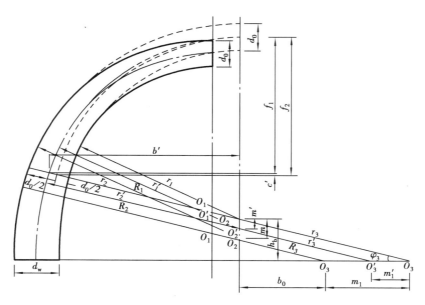

图 3.20　变截面拱圈尺寸的计算图式及水平线以上部分曲边墙尺寸计算图

$$
\left.
\begin{aligned}
R_1 &= m + r_1 + d_0 \\
R_2 &= m + r_2 + d_0 \\
\Delta d &= d_{\mathrm{b}} - d_0 \\
m &= \frac{\Delta d (r_2 + d_0 + 0.5\Delta d)}{(r_2 + d_0)(1 - \cos \varphi_2) - \Delta d \cos \varphi_2} \\
r_1' &= m' + r_1 + 0.5 d_0 \\
r_2' &= m' + r_2 + 0.5 d_0 \\
m' &= \frac{0.5\Delta d (r_2 + 0.5 d_0 + 0.25\Delta d)}{(r_2 + 0.5 d_0)(1 - \cos \varphi_2) - 0.5\Delta d \cos \varphi_2}
\end{aligned}
\right\}
\tag{3.3}
$$

式中:R_1、R_2——外轮廓线半径;

r_1'、r_2'——轴线半径;

r_1、r_2、φ_2 意义同前,均为已知;d_0 为拱顶厚度,d_{b} 为拱脚截面厚度,二者都是预先设定的。

若预先设定 d_0 和 d_{b} 时,则水平线以上部分曲边墙尺寸计算公式如下:

$$
\left.
\begin{aligned}
m_1 &= \frac{m}{\tan \varphi_3} \\
m_1' &= \frac{m'}{\tan \varphi_3} \\
h_{\mathrm{b}} &= (r_3 - r_2) \sin \varphi_3 \\
R_3 &= R_2 + \frac{h_{\mathrm{b}} - m}{\sin \varphi_3} \\
r_3' &= r_2' + \frac{h_{\mathrm{b}} - m'}{\sin \varphi_3} \\
b_0 &= \frac{h_{\mathrm{b}} - m}{\tan \varphi_3} \\
d_{\mathrm{w}} &= R_3 + m_1 - r_3
\end{aligned}
\right\}
\tag{3.4}
$$

若预先设定 d_0 和 d_w 时,则需先计算 m 及 d_b 值:

$$\left.\begin{array}{l} m = \dfrac{d_w - d_0}{1 + \dfrac{\sin \varphi_2 - 1}{\cos \varphi_2}} \\[20pt] d_b = \sqrt{R_2^2 - m^2 \sin^2 \varphi_2} - r_2 - m \cos \varphi_2 \end{array}\right\} \tag{3.5}$$

水平线以下部分曲边墙外缘为斜线时,其斜线与以 R_3 为半径的外轮廓线相切,如图3.21所示,通常 R_3、H_3 和 B_3 为预先设定,有关尺寸按以下公式计算:

$$\left.\begin{array}{l} a = \sqrt{H_3^2 - 2R_3 B_3 + B_3^2} \\[10pt] h_3 = \dfrac{a}{R_3^2 + a^2}\left[aH_3 + R_3(R_3 - B_3)\right] \\[12pt] b_3 = \dfrac{a(H_3 - h_3)}{R_3} \end{array}\right\} \tag{3.6}$$

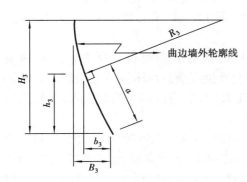

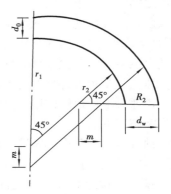

图 3.21　边墙外缘斜线计算图　　　　图 3.22　三心圆平拱外轮廓线计算图

三心圆平拱衬砌外轮廓线的计算,如图3.22所示。通常,d_0、d_w、r_1、r_2 为预先设定,此时

$$\left.\begin{array}{l} m = \dfrac{d_w - d_0}{2 - \sqrt{2}} = 1.707(d_w - d_0) \\[10pt] R_1 = r_1 + d_0 + m \\[6pt] R_2 = r_2 + d_w - m \end{array}\right\} \tag{3.7}$$

3.4　道路隧道勘测设计文件的内容和组成

道路隧道勘测设计的成果是相应的设计文件,应按交通部颁发的《公路基本建设工程设计文件编制办法》和《公路隧道勘测规程》的要求进行。

定测结束后应提出隧道勘测说明书,其内容如下:

①沿线隧道概况及自然概况。

②工程地质(包括地震烈度资料)及水文地质情况。

③气象、环境和有关政策法令情况。

④施工条件(包括施工场地、工程设备、给排水、动力、施工道路、弃渣场、建筑材料来源以

及与附近建筑物或环境的关系等)。

⑤隧道方案(两个或两个以上)的比选情况和在设计中应注意的事项。

⑥对运营通风、运营照明和排水方式的选择建议。

⑦存在问题以及解决办法的建议,有关协议、纪要等。

⑧隧道线路方案平面图:比较方案(两条以上)应绘入图内,并附有方案比较说明,采用方案的理由。

⑨隧道线路地质平面图:显示地质构造、岩层产状、不同地质的分界线、水文地质情况、地物、地貌等。图中应绘出推荐方案。

⑩隧道纵断面图:显示隧道全貌、埋置深度、地质(围岩类别、岩层产状、节理情况、不同地质分界线)和水文地质以及线路条件,图上除注明里程、地面标高外,尚应注明设计坡度,设计标高及线路曲线要素。绘制范围应包括两洞口以外与线路的接线点。图内还应显示钻孔、电探等位置。

⑪隧道洞口地形平面图:显示边坡开挖情况,选定洞口位置,确定明洞长度,布置排水,施工场地及防护工程设施等,一般洞口地形平面图的施测范围为洞口前后及两侧各宽约 60 m 左右,有不良地质现象时,其施测范围应酌情加宽。

⑫洞口纵横断面图:显示洞口地形、地质(覆盖层厚度、岩层产状岩石节理情况、不同地质分界线)、水文地质以及仰坡开挖坡度等。隧道洞口、洞外接线横断面图按路线横断面要求测绘。当隧道通过不良地质或地形、地质条件极为复杂地段时,需绘制洞身横断面图,用以选择衬砌类型及施工方法。

⑬辅助坑道及运营通风风道工程所需地形纵横断面图:当预计设置辅助坑道时,应进行测绘,以显示辅助坑道附近的地形、地质与正洞的关系、具体位置、场地布置、运营通风机房、通风道风向转换阀等设施的位置、运营照明设施的设置位置、安全设施的位置。公用隧管的进口(出口)位置、隧道管理所的位置等。

⑭明洞纵横断面图:用以确定明洞长度、结构类型,施工方法、边仰坡以及防护处理等。当明洞受河岸冲刷或有不良地质现象时,施测范围应适当加宽,一般每 5 m 左右施测一个横断面。

对于长大隧道(2 000 m 以上)和地质复杂的隧道等,还应分工点编写隧道工点说明。主要内容是:

①隧道位置的选定情况和选定洞口的意见;

②地形、地貌、植被情况以及地质、水文地质简况;

③洞身、洞口的特殊问题,以及有关工程的处理措施和意见;

④场地布置、便道引入、弃渣处理及利用的情况和意见;

⑤辅助坑道和运营通风的选定和设置意见;

⑥施工设计中的注意事项。

除上述资料外,对长大隧道或复杂的隧道应将工程地质及水文地质调查成果附于说明书之后。

施工图设计是以上述资料为基础的。较长隧道的施工图设计一般应包括:

①隧道平面图:显示地质平面、隧道平面位置及路线里程和进出口位置等。设 U 形回车场、错车道、爬坡车道时,应显示其位置和长度。

②隧道纵断面图:显示隧道地质概况、衬砌类型(有加宽或设 U 形回车场时,应显示加宽值及加宽段长度)、埋深、路面中心设计标高,有高路肩时显示路肩标高、设计坡度、地面标高、里程桩等。

③隧道进口(出口)纵横断面图:显示设置洞门处的地形、地质情况、边仰坡开挖坡度及高度等。

④隧道进口(出口)平面图:显示洞门附近的地形、洞顶排水系统(有平导时,与平导的相互关系等)、洞门广场的减光设计等。

⑤隧道进口(出口)洞门图:显示洞门的构造、类型及具体尺寸,采用建筑材料、施工注意事项、工程数量等。有遮光棚等构造物时,应显示其与洞身连接关系及完整的遮光棚构造设计图。

⑥隧道衬砌设计图:显示衬砌类型、构造和具体尺寸、采用的建筑材料、施工注意事项、工程数量等。设回车场、错车道、爬坡车道时应单独设计。

⑦辅助坑道结构设计图。

⑧运营通风系统的结构设计图。

⑨运营照明系统的结构设计图。

⑩监控与管理系统的结构设计图。

⑪附属建筑物的结构设计图。

在整个施工图设计文件中应有隧道设计说明书。对隧道概况(路线、工程地质、水文地质、气象、环境等)、设计意图及原则、施工方法及注意事项等作概括说明。中小隧道的设计内容酌减。

思 考 题

3.1　不良地质地段隧道选址时,主要应考虑哪些问题?

3.2　隧道平面、纵断面设计时应注意什么问题?

3.3　什么是隧道建筑限界?

3.4　隧道接线的平面及纵断面线形有何要求?

3.5　什么是衬砌内轮廓线、外轮廓线、实际开挖线?

第 **4** 章
隧道结构构造

道路隧道结构构造由主体构造物和附属构造物两大类组成。主体构造物是为了保持岩体的稳定和行车安全而修建的人工永久建筑物,通常指洞身衬砌和洞门构造物。洞身衬砌的平、纵、横断面的形状由道路隧道的几何设计确定,衬砌断面的轴线形状和厚度由衬砌计算决定。在山体坡面有发生崩坍和落石可能时,往往需要接长洞身或修筑明洞。洞门的构造型式由多方面的因素决定,如岩体的稳定性、通风方式、照明状况、地形地貌以及环境条件等。附属构造物是主体构造物以外的其他建筑物,是为了运营管理、维修养护、给水排水、供蓄发电、通风、照明、通信、安全等而修建的构造物。

4.1　洞身衬砌

4.1.1　衬砌结构的类型

山岭隧道的衬砌结构形式,主要是根据隧道所处的地质地形条件,考虑其结构受力的合理性、施工方法和施工技术水平等因素来确定的。随着人们对隧道工程实践经验的积累,对围岩压力和衬砌结构所起作用的认识的发展,结构形式发生了很大变化,出现各种适应不同的地质条件的结构类型,大致有下列几类。

(1)直墙式衬砌

直墙式衬砌形式通常用于岩石地层垂直围岩压力为主要计算荷载、水平围岩压力很小的情况。一般适用于 Ⅰ、Ⅱ 级围岩,有时也可用于 Ⅳ 级围岩。对于道路隧道,直墙式衬砌结构的拱部,可以采用割圆拱、坦三心圆拱或尖三心圆拱。三心圆拱指拱轴线由三段圆弧组成,其轴线形状比较平坦($r_1 > r_2$)时称为坦三心圆拱,形状较尖($r_2 > r_1$)时称为尖三心圆拱,若 $r_1 = r_2 = r$ 时即为割圆拱,如图 4.1 所示。

如果围岩完整性比较好的 Ⅰ ~ Ⅱ 级围岩中,边墙可以采用连拱或柱,称为连拱边墙或柱式边墙,如图 4.2 所示。

为了节省圬工,也可以采用大拱脚薄边墙衬砌,见图 4.3。如果具备喷混凝土条件时,边墙可以用喷混凝土代替。该法是个有局限性的方法,最大的问题是大拱脚支座施工困难,在非

50

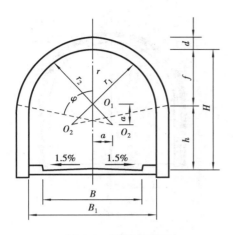
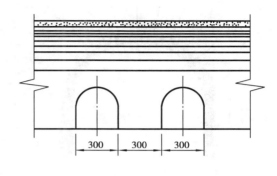

图 4.1　直墙式衬砌　　　　　　　　图 4.2　连拱边墙或柱式边墙

均质岩层中很难用钻爆法做出整齐稳定的支座。因此,在这种较好围岩中,不如优先考虑喷锚支护。

(2)曲墙式衬砌

通常在Ⅳ级以下围岩中,水平压力较大,为了抵抗较大的水平压力把边墙也做成曲线形状。当地基条件较差时,为防止衬砌沉陷,抵御底鼓压力,使衬砌形成环状封闭结构,可以设置仰拱,如图 4.4 所示。

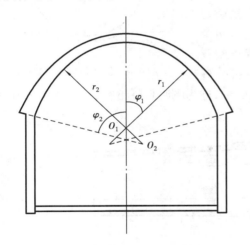
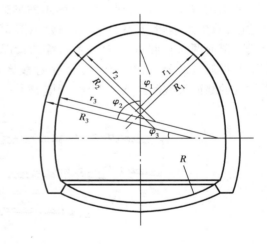

图 4.3　大拱脚薄边墙衬砌　　　　　　　图 4.4　曲墙式衬砌

(3)喷混凝土衬砌、喷锚衬砌及复合式衬砌

这些衬砌与上述传统的衬砌方法有本质上的区别,关于这方面的概念,将在第 7 章作较系统的阐述,这里仅介绍其结构形式。

为了使喷混凝土结构的受力状态趋于合理化,要求用光面爆破开挖,使洞室周边平顺光滑,成型准确,减少超欠挖。然后在适当的时间喷混凝土,即为喷混凝土衬砌。根据实际情况,需要安装锚杆的则先装设锚杆,再喷混凝土,即为喷锚衬砌。如果以喷混凝土、锚杆或钢拱支架的一种或几种组合作为初次支护对围岩进行加固,维护围岩稳定防止有害松动。待初次支护的变形基本稳定后,进行现浇混凝土二次衬砌,即为复合式衬砌。为使衬砌的防水性能可

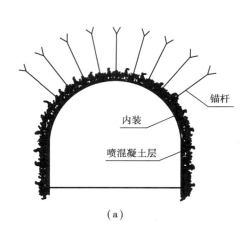
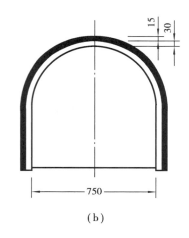

（a）　　　　　　　　　　　　　　（b）

图 4.5　喷锚衬砌与复合衬砌

靠,保持无渗漏水,采用塑料板作复合式衬砌中间防水层是比较适宜的,如图 4.5 所示。

（4）偏压衬砌

当山体地面坡陡于 1∶2.5,线路外侧山体覆盖较薄,或由于地质构造造成的偏压,衬砌为承受这种不对称围岩压力而采用,如图 4.6 所示。

（5）喇叭口隧道衬砌

在山区双线隧道,有时为绕过困难地形或避开复杂地质地段,减少工程量,可将一条双幅公路隧道分建为两个单线隧道或两条单线并建为一条双幅的情况,(或车站隧道中的过渡线部分),衬砌产生了一个过渡区段,这部分隧

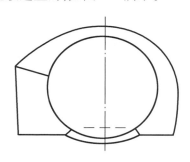

图 4.6　偏压衬砌示意图

道衬砌的断面及线间距均有变化,相应成了一个喇叭形,称为喇叭口隧道衬砌,如图 4.7 所示。

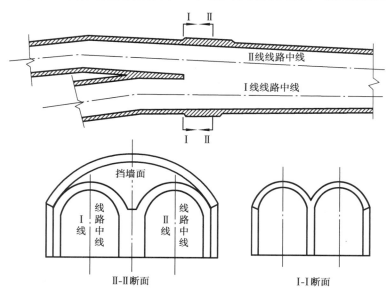

图 4.7　喇叭口隧道衬砌示意图

（6）圆形断面隧道

为了抵御膨胀性围岩压力，山岭隧道也可以采用圆形或近似圆形断面，因为需要较大的衬砌厚度，所以多半在施工时进行二次衬砌。对于水底隧道，由于水压力较大，采用矿山法施工时，也多采用二次衬砌，或者采用铸铁制的方形节段。水底隧道广泛使用盾构法施工，其断面为全圆形。通常用预制的方形节段在现场拼装。此时，在顶棚以上的空间和路面板以下的空间可以用作通风管道，车行道两侧的空间可以设置人行道或自行车道，有剩余空间时还可以设置电缆管道等。水底隧道的另一种施工方法是沉管法，有单管和双管之分，其断面可以是圆形，也可以是矩形。

岩石隧道掘进机是开挖岩石隧道的一种机械化切削机械，其开挖断面通常为圆形，开挖后可以用喷混凝土衬砌、喷锚衬砌或拼装预制构件衬砌等多种形式。

（7）矩形断面衬砌

用沉管法施工时，其断面可以用矩形形式。用明挖法施工时，尤其在修筑多车道隧道时，其断面广泛采用矩形。这种情况，回填土厚度一般较小，加之在软土中修筑隧道时，软土不能抵御较大的水平推力，因而不应修筑拱形隧道。另一方面，矩形断面的利用率也较高，如图4.8所示。城市中的过街人行地道，通常都在软土中通过，其断面也是以矩形为基础组成的。

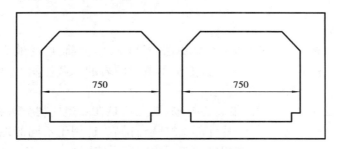

图 4.8　矩形隧道断面衬砌

4.1.2　支护结构

在隧道及地下工程中，支护结构通常分为初期支护（一次支护）和永久支护（二次支护、二次衬砌）。一次支护是为了保证施工的安全、加固岩体和阻止围岩的变形、坍塌而设置的临时支护措施，常用支护形式有木支撑、型钢支撑、格栅支撑、锚喷支护等，其中型钢支撑、格栅支撑、锚喷支护一般作为永久支护的一部分，与永久支护共同工作。二次支护是为了保证隧道使用的净空和结构的安全而设置的永久性衬砌结构。常用的永久衬砌形式有整体衬砌、复合式衬砌、拼装衬砌及锚喷衬砌等。

隧道所处的工程地质条件是多种多样的，围岩情况十分复杂，既有良好的，也有很差的。隧道在岩土中埋置位置不同，其结构受力和围岩的稳定性也不同。有些隧道初期围岩较稳定，但随着时间的推移，风化剥落、掉块，随着水文状况的改变，围岩松弛，出现小坍塌，以至失去稳定。这时，要补做衬砌就很困难，技术经济方面更不合理。因此，不提倡完全不衬砌的隧道，而提出隧道应做衬砌的要求。就是很好的围岩，如Ⅰ级围岩，也应清除松动岩块后喷射薄层细粒混凝土支护或水泥砂浆防护，以防止岩体风化，保证隧道的安全可靠使用。

隧道衬砌是永久性的重要结构物，应有相当的可靠性和保证率，一旦受到破坏，运营中很难恢复。因此,要求衬砌密实,抗渗,抗侵蚀,不产生病害,衬砌能够长期、安全地使用。

公路隧道与铁路、水工隧道相比,其使用目的有许多不同的地方。公路隧道使用目的和要求更具多样化,范围更广泛。道路行驶车辆有小汽车、大型卡车、民用及军用大型拖车、各种慢速机动车、非机动车等,在隧道内同一孔混合行驶,也有在多孔内多层内分道通过,还有专用隧道等。因此,设计隧道衬砌应与道路等级、交通功能及性质相适应,即与使用目的相适应,设计出相应的衬砌断面。如城市及郊区、高等级公路隧道,就要考虑与内装相结合;设计技术标准要求较高的隧道,其衬砌可靠性和防水性也要求较高等。本节主要介绍永久支护的作用原理和适用条件,有关临时支护的内容参考其他书籍。

当地质条件较好,围岩稳定,地下水很少,有场地,施工单位又有制造、运输和拼装衬砌的设备,并控制开挖和拼装工艺有一定的经验时,可采用拼装衬砌。当采用盾构施工,又考虑二次衬砌时,也宜采用拼装式衬砌,快速形成一次衬砌的强度。在山岭隧道建设中,很少采用拼装式衬砌。

洞口一般较洞身围岩条件差,节理裂隙发育,风化较重;再加隧道埋置浅薄,受地形、地表水、地下水、风化冻裂影响明显;容易形成偏压,甚至受仰坡后围岩纵向推力的影响,围岩容易失去稳定,使衬砌产生病害。故洞口一般采用加强的衬砌形式,包括复合式衬砌,而不采用锚喷衬砌。

(1) 整体式衬砌

整体式衬砌是传统衬砌结构形式,在新奥法(NATM)闻世前,广泛地应用于隧道工程中,目前在山岭隧道中还有不少工程事例。该方法不考虑围岩的承载作用,主要通过衬砌的结构刚度抵御地层的变形,承受围岩的压力。

整体式衬砌采用就地整体模筑混凝土衬砌,其方法是在隧道内树立模板、拱架,然后浇灌混凝土而成。它作为一种支护结构,从外部支撑隧道围岩,适用于不同的地质条件,易于按需成形,且适合多种施工方法,因此,在我国隧道工程中广泛使用。

公路隧道一般跨度较大,内轮廓接近限界的高宽比较铁路双线隧道为小,拱部一般较铁路隧道平坦,墙高稍低。为减少拱肩及墙部的拉应力,提高围岩及结构的稳定性,衬砌结构形式宜采用曲墙式衬砌。

Ⅲ级及以上围岩,由于围岩稳定或基本稳定,拱部围岩荷载较小,且往往呈现较小的局部荷载。施工时,临时支撑,尤其是纵横梁一般都能撤走,超挖空间容易回填密实,不易形成偏载,衬砌工作条件较好,故衬砌截面可以采用等截面形式。而Ⅲ级以下围岩与上述情况往往相反,故以采用变截面形式为宜。

对Ⅲ级及以上围岩,墙部是稳定的,侧压力较小,故一般地区也可采用直墙式衬砌,便利施工,并可减少墙部开挖量。

严寒地区修建隧道,由于地下水随季节温度发生变化,围岩易产生冻胀压力,使侧墙内移或开裂;曲墙式衬砌其抗冻胀能力较强,墙部破坏的情况远小于采用直墙式衬砌的隧道,故严寒地区隧道,不管围岩等级如何,只要有地下水存在,衬砌形式仍应采用曲墙式衬砌。严寒地区隧道衬砌施工特别要强调根据情况设置伸缩缝,防止或减少衬砌因温度降低而收缩,引起衬砌开裂和破坏,造成病害。

Ⅳ级及以下围岩,地基松软,往往侧压力较大,故宜采用曲墙带仰拱的衬砌。设置仰拱不仅是满足地基承载力的要求,更重要的是使结构及时封闭,提高结构的整体承载力和侧墙抵抗侧压力的能力,抵御结构的下沉变形,达到调整围岩和衬砌的应力状态的目的,使衬砌处于稳定状态。

内轮廓形状对隧道衬砌轴线形状,受力轴线的合理性、衬砌厚度、施工方法、开挖数量产生直接影响,同时,所采用的通风方式也控制着衬砌的净高大小。隧道衬砌轴线形状还应与围岩压力大小、压力图形与衬砌周边约束条件相适应,力求接近围岩对衬砌作用的压力线。因此,应根据地质条件、围岩压力和施工条件,通过技术经济比较,合理地确定内轮廓形状和尺寸,获得一个既实用且总造价最低、施工又方便的最小净空断面。

为了避免围岩和衬砌的应力集中,造成围岩压力增加和衬砌的局部破坏,应注意衬砌内外轮廓的圆顺,避免急剧弯曲和棱角。

(2)复合式衬砌

复合式衬砌是目前隧道工程常采用的衬砌形式。其设计、施工工艺过程与其相应的衬砌及围岩受力状态均较合理;其质量可靠,能够达到较高的防水要求;也便于采用锚喷、钢支撑等工艺。它既能够充分发挥锚喷支护的优点,又能发挥二次衬砌永久支护的可靠作用。复合式衬砌是由初期支护和二次支护组成的。初期支护是限制围岩在施工期间的变形,达到围岩的暂时稳定;二次支护则是提供结构的安全储备或承受后期围岩压力。因此,初期支护应按主要承载结构设计;二次支护在Ⅲ级及以上围岩时按安全储备设计;在Ⅳ级及以下围岩时按承载(后期围压)结构设计,并均应满足构造要求。

复合衬砌的设计,目前以工程类比为主,理论验算为辅。结合施工,通过测量、监控取得数据,不断修改和完善设计。复合衬砌设计和施工密切相关,应通过量测及时支护,并掌握好围岩和支护的形变和应力状态,以便最大限度发挥由围岩和支护组成的承载结构的自承能力。通过量测,掌握好断面的闭合时间,保证施工期安全。确定恰当的支护标准和合适的二次衬砌时间,达到作用在承载结构上的形变压力最小,且又十分安全和稳定。

Ⅳ级及以下围岩或可能出现偏压时,应设置仰拱。仰拱不仅是解决基础承载力不够,减少下沉,防止底鼓的隆起变形,调整衬砌应力的作用,更重要的是起封闭围岩,制止围岩过大的松弛变形,将围岩塑性变形和形变压力控制在允许范围,还增加底部和墙部的支护抵抗力,防止内挤而产生剪切破坏。

两层衬砌之间宜采用缓冲、隔离的防水夹层,其目的是,当第一层产生形变及形变压力较大时,仍给予极少量形变的可能,可降低形变压力。而当一次衬砌支护力不够时,可将少量形变压力均匀的传布到二次衬砌上,并依靠二次衬砌进一步制止继续变形,且不使一次衬砌出现裂缝时,二次衬砌也出现裂缝。由于二层衬砌之间有了隔离层(即防水夹层),则防水效果良好,且可减少二次衬砌混凝土的收缩裂缝。

在确定开挖尺寸时,应预留必要的初期支护变形量,以保证初期支护稳定后,二次衬砌的必要厚度。当围岩呈"塑性"时,变形量是比较大的。由于预先设定的变形量与初期支护稳定后的实际变形量往往有差距,故应经常量测校正,使延续各衬砌段预留变形量更符合围岩及支护变形实际。

(3)喷锚衬砌

锚喷支护作为隧道的永久衬砌,一般考虑是在Ⅲ级及以上围岩中采用。在Ⅳ级及以下围岩中,采用锚喷支护经验不足,可靠性差。按目前的施工水平,可将锚喷支护作为初期支护配合第二次模注混凝土衬砌,形成复合衬砌。当围岩良好、完整、稳定的地段,如Ⅱ级及以上,只需采用喷射混凝土衬砌即可,此时喷射混凝土的作用为:局部稳定围岩表层少数已松动的岩块;保护和加固围岩表面,防止风化;与围岩形成表面较平整的整体支承结构,确保营运安全。

在层状围岩中,其结构面或产状可能引起不稳定,开挖后表面张裂、岩层沿层面滑移或受挠折断,可能引起坍塌。块状围岩受软弱结构面交叉切割,可能形成不稳定的危石。应加入了锚杆支护,通过联结作用、组合原理保护和稳定围岩,并通过喷射混凝土表面封闭和支护的配合,使围岩和锚杆喷射混凝土形成一个稳定的承载结构。锚杆与层面垂直,就能够充分发挥锚杆的锚固作用,有效地增加层面或结构面间压应力和抗滑动摩擦阻力。锚杆应与稳定围岩联结,与没有松动的较完整的稳定的围岩体相联结,锚杆应有足够锚固长度,伸入松动围岩以外或伸入承载环以内一定深度。

当围岩呈块(石)碎(石)状镶嵌结构,稳定性较差时,锚喷混凝土的主要作用原理是整体加固作用。依靠锚杆和钢筋网喷混凝土的支护力和锚杆的联结及本身的抗剪强度,提高围岩承载圈的抗压强度和抗剪强度,达到对围岩的整体加固作用,使围岩和锚喷支护共同成为一个承载结构。当围岩块度较小,围岩的稳定性较差时,围岩内缘及锚杆之间会出现松弛带,要通过钢筋网喷混凝土来保证其稳定性,使其不进一步松弛,甚至坍落,保证承载圈的有效性。而且在支护过程中也可能产生较大的形变和形变压力,因而加强喷层结构,提高其强度和变形能力都是必要的。要加入钢筋网,以提高其抗拉强度和整体强度,减少裂缝,并避免过厚的喷层厚度,且使结构更可靠。

锚喷衬砌的内轮廓线,宜采用曲墙式的断面形式,是为了使开挖时外轮廓线圆顺,尽可能减少围岩中的应力集中,减小围岩内缘的拉应力,尽可能消除围岩对支护的集中荷载,使支护只承受较均匀的形变压力,使喷层支护都处在受压状态而不产生弯矩。锚喷衬砌外轮廓线除考虑锚喷变形量外宜再预留 20 cm。其理由是:锚喷支护作为永久衬砌,目前在设计和施工方面都经验不足,需要完善的地方还很多,尤其是公路部门,这样的施工实例还不多。锚喷支护作为柔性支护结构,厚度较薄,变形量较大,预留变形量能保证以后有可能进行补强和达到应有的补强厚度而留有余地。另外,还估计到如锚喷衬砌改变为复合衬砌时,能保证复合衬砌的二次衬砌最小厚度 20 cm。

采用锚喷衬砌后,内表面是不太平整顺直,美观性差,影响司机在行车中视觉感观。在高等级道路或城镇及附近的隧道,应根据需要考虑内装,以消除上述缺点外,也便于照明、通风的安装,提高洞内照明、防水、通风、视线诱导,减少噪声等的效果。

在某些不良地质、大面积涌水地段和特殊地段,不宜采用锚喷衬砌作为永久衬砌。大面积涌水地段,喷射混凝土很难成型,且即使成型,其强度及与围岩的黏结力无法保证。锚杆与围岩的黏结,锚杆的锚固力也极难保证,难于发挥锚喷支护所应有的作用。膨胀性围岩和不良地质围岩,如黏土质胶结的砂岩、粉砂岩、泥砂岩、泥岩等软岩,开挖后极易风化、潮解、遇水泥化、软化、膨胀,造成大的围岩压力,稳定性极差,甚至流坍。堆积层、破碎带等不良地质,往往有水,施工时缺乏足够的自稳能力和一定的稳定时间。这样,锚杆无法同膨胀性围岩和有水堆积层、破碎带形成可靠的黏结,喷射混凝土与围岩面也很难形成良好的粘贴。因此,锚喷支护就难于阻止围岩的迅速变形和通过锚喷支护形成可靠、稳定的承载圈。

不宜采用锚喷支护作为永久衬砌的情况还包括:对衬砌有特殊要求的隧道或地段,如洞口地段,要求衬砌内轮廓很整齐、平整;辅助坑道或其他隧道与主隧道的连接处及附近地段;有很高的防水要求的隧道;还有围岩及覆盖太薄,且其上已有建筑物,不能沉落或拆除者等;地下水有侵蚀性,可能造成喷射混凝土和锚杆材料的腐蚀;寒冷和严寒地区有冻害的地方等。

4.2　洞　门

4.2.1　概述

洞门是隧道两端的外露部分,也是联系洞内衬砌与洞口外路堑的支护结构,其作用是保证洞口边坡的安全和仰坡的稳定,引离地表流水,减少洞口土石方开挖量。洞门也是标志隧道的建筑物,因此,洞门应与隧道规模、使用特性以及周围建筑物、地形条件等要相协调。

洞门附近的岩(土)体通常都比较破碎松软,易于失稳,形成崩塌。为了保护岩(土)体的稳定和使车辆不受崩塌、落石等威胁,确保行车安全,应该根据实际情况,选择合理的洞门形式。洞门是各类隧道的咽喉,在保障安全的同时,还应适当进行洞门的美化和环境的美化。

山岭隧道常用的洞门形式主要有端墙式、翼墙式和环框式。水底隧道的洞门通常与附属建筑物,如通风站,供、蓄、发电间,管理所等结合在一起修建,城市隧道既可能是山岭隧道,也可能是水底隧道,不过,一般情况下交通量都比较大,对建筑艺术上的要求也较高。

道路隧道在照明上有相当高的要求,为了处理好司机在通过隧道时的一系列视觉上的变化,有时考虑在入口一侧设置减光棚等减光构造物,对洞外环境作某些减光处理。这样洞门位置上就不再设置洞门建筑,而是用明洞和减光建筑将衬砌接长,直至减光建筑物的端部,构成新的入口。

洞门还必须具备拦截、汇集、排除地表水的功能,使地表水沿排水渠道有序排离洞门,防止地表水沿洞门流入洞内。因此,洞门上方女儿墙应有一定的高度,并有排水沟渠。

当岩(土)体有滚落碎石可能时,一般应接长明洞,减少对仰、边坡的扰动,使洞门墙离开仰坡底部一段距离,确保落石不会滚落在车行道上。

4.2.2　洞门与洞口段

对于隧道洞口设计和施工,必须掌握隧道洞口附近的地形、地下水、气象等自然条件以及房屋、结构物等社会条件,分析其对坡面稳定、气象灾害、景观调和、车辆运行的影响,从而得到经济、安全、合理的隧道洞门结构、施工方法和洞口养护管理措施等。

隧道洞口,包括隧道的洞口段,洞门及其前后一部分线路区间的总体设计。对于每一个特点的隧道,由于所处的地质及线路位置等设计条件不同,所以很难明确表示隧道洞口的范围。但为了设计和研究隧道洞口问题的需要,借鉴已有的工程经验,可以将隧道洞口的范围大致定义如图 4.9 所示,而将隧道施工可能影响的坡面和地表的范围称为洞口段。一般将隧道洞口段定义为洞门向洞内延伸到可能形成承载拱的 $1 \sim 2D$(D 为隧道开挖宽度)埋深的范围,而且洞口处至少应保证 $2 \sim 3$ m 的覆盖土。

隧道洞口段不仅受围岩内部条件支配,而且受地形、地质、周边环境及气象等外部条件支配,因此,它是隧道洞门设计和施工的难点。

(1)端墙式洞门

端墙式洞门适用于岩质稳定的Ⅲ级以上围岩和地形开阔的地区,是最常使用的洞门形式,

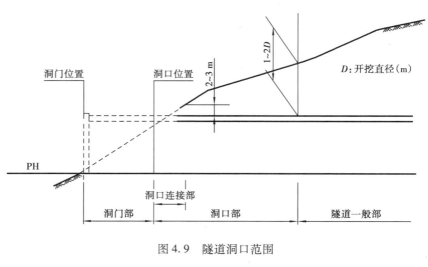

图 4.9　隧道洞口范围

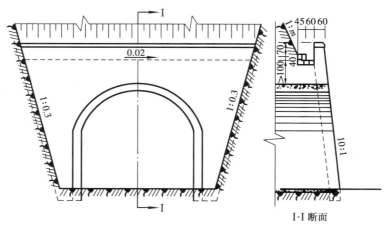

图 4.10　端墙式洞门

如图 4.10 所示。

（2）翼墙式洞门

翼墙式洞门适用于地质较差的Ⅳ级以下围岩,以及需要开挖路堑的地方。翼墙式洞门由端墙及翼墙组成。翼墙是为了增加端墙的稳定性而设置的,同时对路堑边坡也起支撑作用。其顶面通常与仰坡坡面一致,顶面上一般均设置水沟,将端墙背面排水沟汇集的地表水排至路堑边沟内,如图 4.11 所示。

（3）环框式洞门

当洞口岩层坚硬、整体性好,节理不发育,且不易风化,路堑开挖后仰坡极为稳定,并且没有较大的排水要求时采用。环框与洞口衬砌用混凝土整体灌筑,如图 4.12 所示。

当洞口为松软的堆积层时,通常应避免大刷仰、边坡,一般宜采用接长明洞,恢复原地形地貌的办法。此时,仍可采用洞口环框,但环框坡面较平缓,一般与自然地形坡度相一致。环框两翼与翼墙一样能起到保护路堑边坡的作用。环框四周恢复自然植被原状,或重新栽植根系发达的树木等,以使仰、边坡稳定。在引道两侧,如果具备条件可以栽植高大乔木,形成林阴大

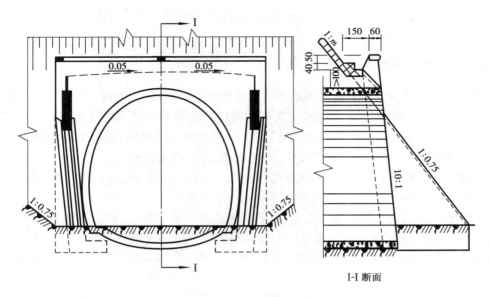

图 4.11　翼墙式洞门

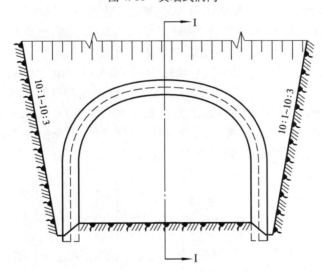

图 4.12　环框式洞门

道,这样的总体绿化,对洞外减光十分有益,也是一个值得推荐的好方法。不过,环框上方及两侧仍应设置排水沟渠,以排除地表水,防止漫流。倾斜的环框还有利于向洞内散射自然光,增加入口段的亮度。

(4) 遮光棚式洞门

当洞外需要设置遮光棚时,其入口通常外伸很远。遮光构造物有开放式和封闭式之分,前者遮光板之间是透空的,后者则用透光材料将前者透空部分封闭。但由于透光材料上面容易沾染尘垢油污,养护困难,因此很少使用后者。形状上又有喇叭式与棚式之分。

除上述基本形式外,还有一些变化形式,如柱式洞门,在端墙上增加对称的两个立柱,不但雄伟壮观,而且对端墙局部加强,增加洞门的稳定性。此种形式一般适用于城镇、乡村、风景区附近的隧道。台阶式洞门,为适应山坡地形,在沿线傍山隧道半路堑情况下常采用这种形式,将端墙做成台阶式。

4.2.3 隧道洞门构造

洞口仰坡坡脚至洞门墙背应有不小于 1.5 m 的水平距离,以防仰坡土石掉落到路面上,危及安全。洞门端墙与仰坡之间水沟的沟底与衬砌拱顶外缘的高度不应小于 1.0 m,以免落石破坏拱圈。洞门墙顶应高出仰坡脚 0.5 m 以上,以防水流溢出墙顶,也可防止掉落土石弹出。水沟底下填土应夯实,否则会使水沟变形,产生漏水,影响衬砌强度。

洞门墙应根据情况设置伸缩缝、沉降缝和泄水孔,以防止洞门变形。洞门墙的厚度可按计算或结合其他工程类比确定,但墙身厚度最小不得小于 0.5 m。

洞门墙基础必须置于稳固地基上,这是因为通常洞口位置的地形、地质条件比较复杂,有的全为松散堆积覆盖层,有的半软半硬,有的地面倾斜陡峻,为了保证建筑物稳固,应视地形及地质条件,洞门墙基础埋置足够的深度。基底埋入土质地基的深度不应小于 1 m,嵌入岩石地基的深度不应小于 0.5 m。

当基础设置在岩石上时,应清除表面强风化层。当风化层较厚,难于全部清除时,可根据地基的风化程度及其相应的容许承载力,将基底埋在风化层中。斜坡岩基应挖台阶,以防墙体滑动,岩基的废渣均应清除干净,这样才能确保洞门稳定。在松软地基上,地基强度偏小时,可根据情况采用扩大基础、换土、桩基、压浆加固地基等措施。

地基为冻胀土层时,冻结时土壤隆起、膨胀力大,而解冻时由于水融作用,土壤变软后沉陷,建筑物相应下沉,产生衬砌变形。根据公路工程一般设置基础的经验,要求基底设在冻结线以下不小于 0.25 m(所指的冻结线为当地最大的冻结深度)。如果冻结线较深,施工有困难,可采取非冻结性的砂石材料换填,也可设置桩基等办法。不冻胀土层中的地基,例如岩石、卵石、砾石、砂等,埋置深度可不受冻结深度的限制。

4.3 明 洞

当隧道埋深较浅,上覆岩(土)体较薄,难采用暗挖法时,则应采用明挖法来开挖隧道。用这种明挖法修筑的隧道结构,通常称明洞。

明洞具有地面、地下建筑物的双重特点,既作为地面建筑物用以抵御边坡、仰坡的坍方、落石、滑坡、泥石流等病害,又作为地下建筑物用于在深路堑、浅埋地段不适宜暗挖隧道时,取代隧道的作用。另外,它还可以利用在与公路、灌溉渠立交处,以减少建筑物之间的干扰。

明洞净空必须满足隧道建筑限界要求,洞门一般作成直立端墙式洞门。

明洞的结构形式应根据地形、地质、经济、运营安全及施工难易等条件进行选择,采用最多的是拱形明洞和棚式明洞。

4.3.1 拱形明洞

隧道进出口两端的接长明洞或在路堑边坡不稳定地段修建的独立明洞等,多采用拱形明洞的形式。拱形明洞整体性好,能承受较大的垂直压力和侧压力。其形式有以下 4 种:

（1）路堑对称型

这类型式适用于洞顶地面平缓,路堑两侧地质条件基本相同,原山坡有少量坍塌、落石以及隧道洞口岩层破碎,洞顶覆盖较薄,难以暗挖法修建隧道的地段,如图 4.13 所示。

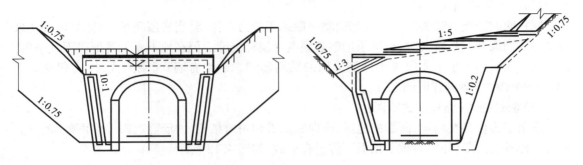

图 4.13　路堑对称型明洞示意图　　　　图 4.14　路堑偏压型明洞示意图

（2）路堑偏压型

适用于两侧山坡高差较大的路堑,高侧边坡有坍塌,落石或泥石流。低侧边坡明洞墙顶以下部分为挖方,且能满足外侧边墙嵌入基岩要求的地段,如图 4.14 所示。

（3）半路堑偏压型

适用于半路堑靠山侧边坡较高,有坍塌、落石或泥石流等不良地质现象,而外侧地面较为宽敞和稳定,上部填土坡面线能与地面相交以平衡山侧压力的地段,如图 4.15 所示。

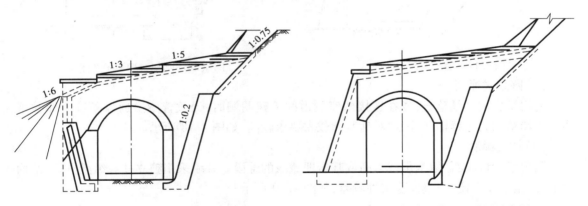

图 4.15　半路堑偏压型明洞示意图　　　　图 4.16　半路堑单压型明洞示意图

（4）半路堑单压型

适用于靠山侧边坡或原山坡有坍塌、落石等情况,外侧地形陡峻无法填土地段,如图4.16所示。

拱形明洞的边墙,一般采用直墙。当半路堑型单压明洞外墙尺寸较厚(可达 3～5 m)为节省圬工量,通常在浆砌片石的外墙上每隔 3～4 m 开设孔洞一个。

采用偏压拱形明洞时,要特别注意处理好外墙基础,以防止因外墙下沉而引起拱圈开裂。故外墙必须设置于稳固地基上,如有困难,则可用桩基(或加深基础)及加固地基等方法进行处理。

4.3.2 棚式明洞

当山坡坍方、落石数量较少、山体侧压力不大，或因受地质、地形条件的限制，难以修建拱形明洞时，可采用棚式明洞。

棚式明洞顶板为梁式结构。内侧边墙一般采用重力式挡墙，当岩层完整、山体坡面较陡采用重力式挡墙开挖量较大时，也可采用钢筋混凝土锚杆挡墙。但在地下水发育地段不宜采用。

棚式明洞的类型主要取决于外侧边墙的结构形式。通常有墙式、刚架式，柱式和悬臂式（不修建外墙时）等棚式明洞之分。

（1）墙式棚洞（墙式棚式明洞）

适用于边坡存在坍塌、落石的地段，横向断面类似桥跨结构，内墙除起挡墙作用外，还承受顶板下传垂直荷载，外墙只承受顶板下传垂直荷载，如图 4.17 所示。

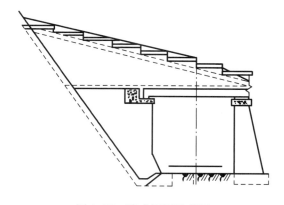 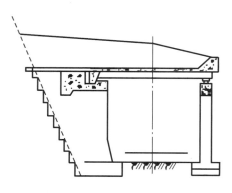

图 4.17　墙式棚洞示意图　　　　图 4.18　刚架式棚洞示意图

（2）刚架式棚洞

适用于边坡小量落石，或在连接两座隧道间需建明洞时，为改善隧道通风条件下而被采用。外墙结构为连续框架，因此对地基承载力要求较高，如图 4.18 所示。

（3）柱式棚洞

适用于少量落石，地基承载力高或基岩埋藏浅的地段。外墙采用独立柱和纵梁方式，结构简单，预制吊装方便，但整体稳定性较差，如图 4.19 所示。

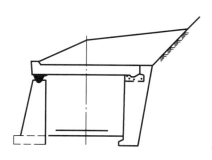 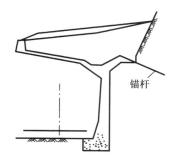

图 4.19　柱式棚洞示意图　　　　图 4.20　悬臂式棚洞示意图

(4)悬臂式棚洞

当山坡较陡,坡面有少量落石,且外侧地基不良或不宜设基础时,可采用悬臂式棚洞,如图4.20所示。

根据山侧岩层的具体条件,内侧可选用重力式边墙或锚杆挡墙等形式。悬臂式棚洞由于结构不对称,抗震性能差,施工要求较高,选用时应慎重。

4.3.3 明洞基础

明洞基础应置于稳固的地基上。当基岩埋深较浅时,基础可设置于基岩上;当基础位于软弱地基上时,基础可采用仰拱,整体式钢筋混凝土底板等结构。外墙基础趾部,应有一定的嵌入深度并应设在冻结线以下0.25 m,且保证一定的护基宽度,见表4.1。

表4.1 明洞墙嵌入深度

岩层种类	埋深 h/m	护基宽 L/m
较完整的坚硬岩层	0.25	0.25~0.5
一般岩层(如砂页岩互层)	0.60	0.6~1.50
松软岩石(如千枚岩等)	1.00	1.0~2.0
砂夹砾石	1.5	1.5~2.5

明洞基础应遵守隧道衬砌基础的有关规定。当两侧边墙地基软硬不均时,应采取措施加以处理,以免引起过大的沉降和不均匀沉陷,使明洞结构产生裂缝或破坏。可采取下述措施:

①基岩不深时可加深基础,设置于基岩上;

②采用钢筋混凝土或混凝土仰拱;

③采用钢筋混凝土底板,修筑整体式基础;

④亦可采用桩基或加固地层等措施。

当地基为完整坚固的岩体时,基础可切割成台阶。台阶平均坡度不陡于1:0.5;坡度线与水平线的夹角不得大于岩层的内摩擦角;台阶宽度不小于0.50 m,最低一层基础台阶宽度不小于2 m。当基础外侧受水流冲刷影响时,为了使基础外侧护基部分岩土稳定或为防止河岸冲刷的影响,应另采取挡墙、护岸、边坡加固等防护、防冲刷措施。

明洞外边墙、棚洞立柱基础埋置位置在路面3 m以下时(一般是指半路堑单压式明洞的外侧边墙及立柱),应在路基处设置钢筋混凝土横向水平拉杆或锚杆,或给立柱加设横撑和纵撑,以减小墙底转角,改善结构受力条件,增加墙柱约束,减小其长细比的影响,以确保整个结构的整体性、外侧边墙及立柱的整体及局部稳定性。

4.3.4 明洞填土

明洞顶设计填土厚度,应根据山坡病害的情况,预计明洞顶可能出现的坍塌量及将来明洞所要起的作用来确定。

在1975年以前,铁路隧道规范曾规定为3.0 m,经过大量的实际调查,新规范确定为1.50 m。公路隧道跨度一般比铁路单线隧道跨度大,公路系统设计施工经验少,养护力量弱,故规定不小于2.0 m。明洞顶填土横坡以能顺畅排除坡面水为原则,不小于2%。但山坡崩落的石块,边坡冲刷的泥石,坡面坍塌多堆积于坡脚附近,因此,设计填土坡应较实际填土坡适当加大,作为安全的储备。一般只考虑边坡的少量坍塌,故明洞顶设计填土坡度可为 1:5 ~ 1:3。1:5 是对称式明洞边坡基本稳定的情况,实际填土坡可为 1:10 ~ 1:5。

当边坡有病害,未来可能发生较大的坍塌,而该隧道又处于地震烈度 8 度以上地区,地震时增加了坍塌的数量,应酌情增加填土厚度,如洞顶设计填土厚度可采用 2.50 ~ 3.0 m,设计填土坡度可为 1:3 ~ 1:2,实际填土坡可为 1:3 ~ 1:5。

当洞顶填土目的主要是为了支挡边坡的滑坍和为了防护山坡可能发生的大量坍方、泥石流时,则应将边坡的稳定情况、边坡的刷坡情况结合设计回填坡度,综合分析确定回填厚度,确保边坡和明洞的稳定与安全。一般设计回填坡度为 1:3 ~ 1:1.5,实际填土坡度为 1:5 ~ 1:3。

当明洞是为保护洞口自然环境,则应将明洞完全伸出自然山坡坡面,以不破坏自然地面及其景观为原则。开挖部分回填至原自然地面坡度,必要时可在其上采取植保。

明洞应重视拱背和墙背的回填,其中重视拱背的回填是为了保护拱背及拱脚,增强拱脚的固结,增加其稳定性,起加强的作用。墙背回填质量的好坏,直接影响到墙背岩土的稳定,侧压力的大小,也影响到墙背抗力的大小。实际采用回填措施时,应根据明洞类型、山坡岩土类别、设计要求、施工方法确定。一般 Ⅱ、Ⅲ、Ⅳ 级围岩其回填要求用片石混凝土或浆砌片石回填密实,并与围岩面的接合良好。对 Ⅴ 级及 Ⅵ 级围岩,墙背回填料的内摩擦角也应高于围岩的内摩擦角,如浆砌片石、干砌片石回填。

计算明洞墙背围岩主动土压力时,是按围岩计算摩擦角计算的,因此,墙背回填料的内摩擦角应不低于围岩的计算摩擦角,不然,实际墙背的侧压力较计算的要大。另一意义是,较好的围岩与衬砌之间有低摩擦角的回填"软弱夹层",陡然增加土压力和减小弹性抗力,技术、经济效益方面都是不适宜的。因此,要提高回填的质量,另外,墙背回填料的内摩擦角,应不低于设计回填料计算的摩擦角,表示设计、施工措施应符合(或高于)设计要求,使之可靠。否则,墙背侧压力将比设计侧压力增大,影响结构安全。

4.4 竖井、斜井

一般隧道开挖是从两洞口或从其中一个方向洞口进行。但在长大隧道因工期限制、经济、施工、地形、环境等条件,有必要分成几个工程区段进行施工,多数情况下要设工作坑道。

工作坑道按坡度区分为横洞、斜井、竖井和平行导坑。选择哪种形式,决定于地形、地质、工期,运输能力,设置地点的当地条件。

横洞可考虑是主体坑道导坑的分叉和延长。它比斜井、竖井在作业与安全方面都优越。没有必要采用特殊的机械和设备。因此,除因地形等条件和长度需很大外,应尽量采用横洞作为工作坑道。

竖井与斜井比较,当高差相同时,长度约为斜井的 1/4 左右,在遇不良地质和涌水等几率低时是有利的。但是,从运输效率方面比起斜井来,就需加大断面才能满足。而且对于大型机械进入也较困难。另外开挖中处理涌水也困难,开挖能力受地质和涌水状况变化影响大。除作业中的坠落、落石等外,在隧道主坑道开挖时万一出现大涌水、停电等事故时,安全度均较低。因此应考虑这些因素后,才决定采用斜井或是竖井。除在覆盖层不厚的地点,设置 30 m

左右的辅助竖井有特别理由的情况外,为保证工程的可靠性多数情况下采用斜井。

竖井、斜井除作为施工作业坑道外,常使用于公路隧道的通风井,水底隧道的扬排水和维修保养通道,扬水式发电站的调压水槽和压力管道闸门等。最近还使用于石油和液化气的地下储藏的永久性洞库。

4.4.1 竖井

竖井的位置选择必须考虑地形、地质,与主坑道的衔接,完工后的处理等条件来决定。特别是设在山谷部分的竖井多数延长短,要研究防止井口附近地表水和泥沙的流入措施。当存在平面位置稍偏离一点,即有可能产生大的地质变化的情况时,必须重视地质调查。

竖井与主坑道的衔接方式有设置在主坑道的正上方和不从主坑道设置两种。若设在主坑道正上方时,坑底设备必须设在主坑道内,而且与主坑道联结处理上会产生困难。一般在竖井深度小时,可设于主坑道上方,在山岭隧道则不设于主坑道上方比较合理。

竖井断面的内部空间,考虑搬运设备,作业通路,其他各种设备等的大小和形状来决定。断面形式普通为圆形,但深度小时,也有矩形的情况。最小断面尺寸由升降车,吊桶等搬运设备,通过竖井机械的最大尺寸,电梯,非常时期使用的出入井设备,给排水管路,压缩空气管路等的大小、配置,竖井和联络坑道的衔接部分的构造等来研究决定,如图4.21所示。

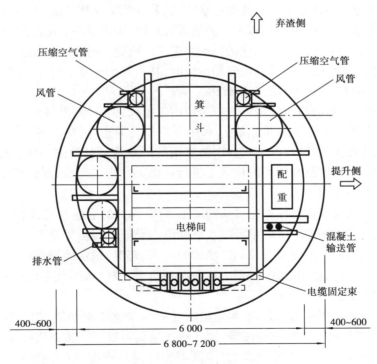

图4.21　竖井断面规划示例示意图(单位:mm)

竖井的支护和衬砌,应考虑地质、深度、断面形状、使用时间、目的、施工方法等进行设计。圆形断面时,支撑多数采用四根"H"形钢组成的环接杆件,也有采用衬圈板的例子。另外,在固结度低的浅地层竖井,一般采用挡土结构明挖法施工。关于衬砌厚度设计没有权威性的计算公式,但对直径6 m左右的竖井实际采用40～60 cm。

在竖井中主坑道开挖的出渣方式有升降车和箕斗方式两种。升降车方式是向箱形的升降车直接装载运渣推车,用卷扬机提升至地面。工作人员和材料也以升降车运送。箕斗方式是用钢制的吊斗、渣罐,上下间隔向井外运送的方式。工作人员和材料以另外升降车设备运送。升降车方式不需要进行渣石倒装,但需大型的卷扬设备。箕斗方式要箕斗到达坑底才能装渣,当竖井深度大时,是有缺点的。因此一般采用升降车方式。

坑底设备有装渣设备和抽水设备。在使用箕斗方式时,装渣设备由渣罐、手推车倒转装置、装渣设备组成。规模和容量决定于地质、主坑道的施工方法、掘进工期等因素。

在使用升降车方式时,因直接向推车装渣,就不需要特别的设备。抽水设备要根据预测的涌水量,并考虑设备的保养、故障、停电等来决定贮水榴、抽水泵、排水管、泵室的配置。

4.4.2 斜井

确定斜井位置时,考虑以下因素:洞口设置在地形简单,地质良好,涌水量不大,能保证洞外渣罐、卷扬机安装等洞外设备布置的用地需要;与主坑道连接要合适,长度尽可能短,能提供适合运输方式的坡度。在规划坡度和断面时,重要的是要注意不给主坑道的作业造成障碍和制约。

斜井坡度如过陡,接近竖井,在运输上不方便,过缓则存在加长延长的问题,因此,坡度是否适当,主要应决定于主坑道开挖出渣的运输方式,若采用输送带方式时,决定于限制渣石滑滚的条件,一般标准在1/4(约14°)以下。斜坡道方式时,采用箕斗和渣罐用卷扬机提升,坡度可比输送带时陡些,但必须从安全和卷扬机能力来考虑决定。另外,当主坑道开挖方式是全断面或上部半断面超前施工法,斜井采用轮胎运输时,从自卸汽车走行性能和通风来考虑,希望坡度缓些,采用1/7左右(约9°)的实例较多。

斜井的断面由出渣运输设备、搬入主坑道使用的机械、钢支撑、混凝土输送、扬排水用的配管、送排风管、电气配线(电力、照明、信号)和用于工作的通道等,同时考虑各种余量,综合研究得出必要的最低限度的尺寸大小。另外,施工用的斜井是临时设施,因此,没有必要做全断面衬砌,可以根据地质情况,在需要的位置上进行衬砌。在未进行设计前,计划时衬砌厚度原则上可按30 cm左右考虑。

安装在主坑道的坑底设备根据主坑道的施工方法,斜井的运输方式的不同,在构造上是有差别的。采用输送带方式时,在斜井底部水平坑道内设渣石转运等设备,水平坑道部分的长度,除考虑渣石转运设备外,还要考虑临时堆放的材料、充电、集水槽等设施来决定,一般多在50～100 m。斜坡道有轨运输方式时,因为坑底设备简单,所以水平坑道可短些。轮胎运输方式时更简单,有10 m就够充分了。

出渣倒装设备如采用输送带方式,构造稍微复杂些,必须具备渣罐、粉碎设备、输送带坑道等。在斜坡道采用箕斗方式时,仅有渣罐、箕斗和坑道就可以了。当采用推车提升倾倒式时,就更不需要什么设备。坑底渣罐的容量,最低限度应为一列推车的装载量,一般需要80～200 m以上。考虑输送带效率的充分发挥,要求能均匀供应渣石,常采用闸箱送料器和集装送料器设备。粉碎设备一般使用碎石机或大块石扎碎机。斜井与主坑道连接部分的交角,从相交部分的构造,施工难易程度,运输作业方便程度考虑;一般在30°～60°较适宜。扬排水设备与竖井规划基本相同。斜井实际采用的断面实例如图4.22所示。

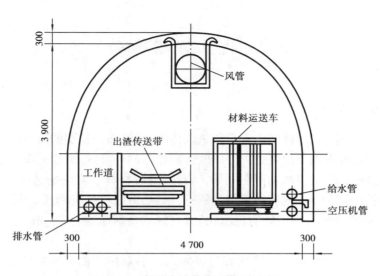

图4.22　斜井实际使用的断面示意图

4.4.3　使用于通风的竖井

公路隧道通风设备的规模的决定,是以汽车排放的有害物质即对生理上有害的一氧化碳和行走上时产生视觉障碍的烟雾为对象的,因此, 随着隧道长度和交通量的增加,所需通风设备的送风量也增加。所需通风管道设在中间竖井(包含斜井和横洞)中,并由它进行被污染空气和新鲜空气交换处理。公路隧道的通风方式,随着隧道长度、交通量的增大, 在通风效果方面一向认为较为有利的是半横向、横向通风方式,而采用竖井的横向通风方式的竖井位置,决定着最佳通风设备的选择。但是最近几年来,在单向交通的公路隧道,为最大限度的利用汽车的活塞作用,并采用竖井和集尘机等组合的纵向通风方式,被应用于长大隧道,替代了半横向、横向方式。

通风竖井的位置在横向通风时,最恰当的地点是在通风量的分区点上。纵向通风方式时,是在污染空气(CO 或烟雾)容许浓度界限的位置。另外,山岭隧道的竖井位置是受地形、地质条件、周围的环境条件、气象条件等各种制约,也有必要将竖井选定在能限制通风动力损失最低的位置上。再有通风动力设备由于竖井延长加大而增大,将需要建立地下通风站。因此,设置通风竖井的隧道将成为大断面的地下结构,这在地质条件存在困难时,竖井位置选择就必须进行综合的研究。

通风竖井的断面,一般采用圆形,其大小由隧道所需的通风量来决定。管道内的风速一般为 20 m/s 左右。但断面除按通风决定的面积外,同时要考虑通风竖井内的电缆布设。在延长较短的竖井设地面通风站时,应设置检查通道(升降电梯)等的空间,规划时必须综合考虑决定。

4.5　内装、顶棚及路面

4.5.1　内装

为了确保行车安全,在道路隧道中必须采取措施,使墙面在长期的运营中保持在必要的亮度,墙面须用适当的材料加以内装处理。以改善隧道内的环境,提高能见度和吸收噪声。

提高墙面的反射率,可以增加照明效果。因此,内装材料表面应当是光洁的,颜色应当是明亮的。人眼对波长 555 nm 的黄绿光最为敏感,所以,内装材料应尽量采用淡黄和浅绿色,作为背景的墙面,要能衬托出障碍物的轮廓,具有良好的反射率,减少眩光,并使这种反射呈漫反射。

未经内装的混凝土衬砌表面,特别容易吸附汽车引擎排出的废气中的黏稠油分,并与烟雾、尘埃一起沾在表面上。在隧道内潮湿、漏水的情况下,这种污染的过程出人意料的快,能使墙面的反光率降到极低的水平。

经过内装的墙面,污染仍然是不可避免的。但要求装修材料具有不易污染、易清洗、耐刷、耐酸碱、耐腐蚀、耐高温以及便于更换或修复等特点,表面应该光滑、平整和明亮。

装修材料还应具有吸收噪声的作用。消除隧道内的噪声是极其困难的课题之一。隧道内噪声源主要来自两方面:通风机产生的噪声和汽车行驶时引擎发出的噪声。

内装的作用,包括美化洞室,使隧道漏水不露出墙面,隐藏各种管线,提高照明和通风效果,吸收噪声等。

声波是在三维空间中波动,它与光波一样可以屏蔽、聚焦和定向。在均匀截面的管道中行进的波,常常是平面波,这种波从波源出发,在无阻碍地进行很长一段距离后,仍近似地为平面波,平面波的衰减很慢;由于管径与铺贴吸声材料的吸声效果成倒数关系,在大管道中铺贴吸声材料几乎无效,因此,内装材料的消声效果一般不理想。

通常用于隧道的张贴内装材料有:

①块状混凝土材料。其表面粗糙,容易污染而且不好清洗,但衬砌表面不需特殊处理即可设置,比较经济。

②饰面板、镶板等质地致密材料。不容易污染,清洗效果好,洗净率高。板背后的渗漏水很隐蔽,即使外露也容易洗净。各种管线容易在板背后隐蔽设置,板背后的空间有利于吸收噪声。

③瓷砖镶面材料。表面光滑,容易洗净且效果良好;要求衬砌平整,以便镶砌整齐;隧道漏水部位可以考虑用排水管道疏导;镶面后面可以埋设小管线;但这种材料没有任何吸声作用。

④油漆材料。比块状混凝土材料容易清洗,但不及其他两种材料,对衬砌表面要求很高,需要压光、平整;隧道不能有漏水现象,浸湿的油漆损坏很快;这种材料也没有吸声作用。

随着建筑材料工业技术的发展,新材料相继出现,许多新型材料都可以使用。但用于内装的新材料应该具有:耐火性,在高温条件下仍能维持原状,不燃烧、不分解有害成分等;耐蚀性,长期在油垢及有害气体作用下不变质,在洗涤剂等化学物质作用下不被侵蚀;不怕水,大多数隧道都存在漏水问题,在水的浸泡下,在潮湿环境中不变质、不霉烂;材料来源广泛,价格相对便宜,隧道是大型构造物,用材量很大,价格高昂的材料不适于作隧道内装。

4.5.2　顶棚

顶棚的反射率对提高照明效果有利,经过顶棚的反射光使路面产生二次反射,能明显的增加路面亮度。顶棚用漫反射材料可以避免产生眩光,其颜色的明亮程度直接影响到路面亮度,因此,应该是浅色的,但是又应有别于墙面,在色调和饱和度上可以有所不同。

顶棚是背景的一部分,特别是在有坡度处和变坡点附近对识别障碍物和察觉隧道内异常现象颇有帮助。

美国在改造早期修建的旧隧道时,为了提高隧道内的亮度水平,曾在顶棚上用瓷砖镶面。其结果是一方面产生严重的闪烁现象,另一方面顶棚很快变脏,清洗工作又很不方便。由于脏的过程很快,所以,不能获得稳定的反射亮度,这是需要今后进一步探索的问题。

顶棚可以美化隧道,特别是与整齐排列的灯具相互衬托,更可以起到美化的效果,并有明显的诱导作用。

根据实际需要可以把顶棚做成平顶或者拱顶。在自然通风或诱导通风时,可以用拱顶。在半横向或横向通风时可以用平顶。顶棚以上可以作为通风道和供管理人员使用的通道,因此设计荷载可按(据国外资料)10 MPa 考虑。

4.5.3　路面

对隧道内路面的讨论是在其具有足够强度和耐久性的前提下进行的。作为特殊要求,有以下各点:

①路面材料应具有抵御水的冲刷和含有化学物质的水的浸蚀能力。尤其地下水可能为承压水时,更为突出。路面的坡度应能迅速排除清洗用水。

②因为车辆在隧道内的减速及制动次数较高,横向抗滑要求更高,以确保车体横向稳定。

③容易修补。

④路面漫反射率高,颜色明亮,才能获得良好的照明效果。路面作为发现障碍物的背景,比墙面和顶棚有更大的、关键性的作用。

路面材料主要有两种,即混凝土和沥青混凝土。由于混凝土的反射率较沥青混凝土路面高,横向抗滑性好,是过去广泛使用的材料。其最大缺点是产生裂缝时不容易修补,更换时要停止交通。在高寒地区还要受到防滑链的损害,必须考虑设置磨耗层。沥青路面的反射率较低,为了改善路面亮度,需要在面层加入石英和铝的混合物。有的加入浅色石子和氧化钛做填充料。

路面与车道分隔线等交通标志之间应保证有明显的亮度对比和鲜明的颜色对比。

隧道内的路基应具有足够的承载力,尤其要求在有丰富地下水的条件下也能满足要求,这就要求有良好的排水设施。衬砌背后应设置盲沟和导水管,在车道板下面铺设透水性好的路基材料,必要时设置仰拱。在确定隧道纵坡时保证排水沟排水顺畅,保证路面有1% ~1.5%的横坡等。

4.5.4　噪声的消减

隧道内的混响时间(噪声源发音瞬间的声能衰减到 10^{-6} 时所需时间,即衰减 60 dB 所需时间)为洞外的数千倍,竟达到 7~11 s,在噪声级相当高的隧道内,震耳欲聋,乱作一团,难以忍受,而洞外仅为数百分之一秒。对于交通量大的重要隧道,往往需要设置应急电话等安全设备,这种隧道,噪声至少应当控制在可以用电话与管理所通话的程度。由表 4.2 中可知,噪声超过 65 dB 时,已经很难利用电话。从使用电话的角度看,噪声水平应保持在 60 dB 以下。

表 4.2

噪声水平/dB	状 况
40	极安静
45	安静,10 m 距离可以对话
50	电话无困难,4 m 距离可以对话
55	电话有时困难,2 m 可以对话,4 m 大声对话
60	电话少许困难,2 m 大声对话
66	电话很困难

噪声水平 SL 与汽车交通量 N 之间的关系可按下式计算,即

$$SL = 18 \lg N + 13$$

式中:N——小时交通量,辆/h;其关系曲线用图 4.23 表示。

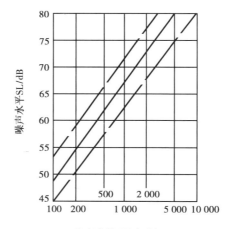

图 4.23 噪声与交通量的关系

噪声水平也可以从下列表中查得。噪声水平除了受车速与车流组成影响外,交通量、坡度和车辆技术状态的好坏等都有影响。各种类别车辆可以达到的噪声级(dB),见表 4.3。车速与车流组成不同时,其噪声级(dB)可参考表 4.4。交通量修正值(dB)见表 4.5。交通条件修正值(dB)如下:

车行道纵坡每增加 2%	+1	沥青混凝土	0
柴油机卡车每加 10%	+1	混凝土	+2
路面种类		碎 石	+4

表 4.3

车辆类别	噪声级/dB	车辆类别	噪声级/dB
大载重量柴油机卡车	92 ~ 100	摩托车	88 ~ 98
汽油机卡车	82 ~ 86	无轨电车	76 ~ 90
柴油机公共汽车	90 ~ 98	轻型汽车	75 ~ 85
汽油机公共汽车	80 ~ 86	轻便摩托车	84 ~ 102

表 4.4

平均车速/(km·h^{-1})	车流组成中卡车及公共汽车数量/%								
	100	90	80	70	60	50	40	30	20
30	80.5	79.5	78.5	77.5	76.5	75.5	74.5	73.5	72.5
40	82.5	81.0	80.0	79.0	78.0	77.0	76.0	75.0	74.0
50	83.5	82.5	81.5	80.5	79.5	78.5	77.5	76.5	75.5
60	85.0	84.0	83.0	82.0	81.0	80.0	79.0	78.0	77.0
70	86.5	85.5	84.5	83.5	82.5	81.5	80.5	79.5	78.5
80	88.0	87.0	86.0	85.0	84.0	83.0	82.0	81.0	80.0
90	89.5	88.5	87.5	86.5	85.5	84.5	83.5	82.5	81.5
100	91.0	90.0	89.0	88.0	87.0	86.0	85.0	84.0	83.0
110	92.5	91.5	90.5	89.5	88.5	87.5	86.5	85.5	84.5

表 4.5

交通量/(辆·h^{-1})	100	200	300	500	700	1 000	2 000	3 000	4 000
修正值	−10	−7.5	−5.5	−3.0	−1.5	±0	±1.5	±2.0	±2.5

4.6　隧道的防水与排水

　　水,不仅是影响隧道正常施工的因素之一,也是影响隧道正常运营的重要因素之一。在施工期间,地下水的作用不仅降低围岩的稳定性(尤其是对软弱破碎围岩影响更为严重),增加开挖难度,且增加了支护的难度和费用,甚至需采取超前支护或预注浆堵水和加固围岩。此外,若对地下水处理不当,则可能造成更大的危害。如地下、地上水位下降及水环境的改变,影响农业生产和生活用水,或被迫停工,影响工程进展等。

　　在运营期间,地下水常从混凝土衬砌的施工缝、变形缝(伸缩缝和沉降缝)、裂缝甚至混凝土孔隙等通道渗漏进隧道中。造成洞内通信、供电、照明等设备处于潮湿环境而发生锈蚀。使路面积水或结冰,造成打滑,危及行车安全。由于结冰膨胀和侵蚀性地下水的作用,不仅使衬砌受到破坏,而且使得以上危害更加严重。总之,隧道工程中,地下水的存在是必然的,但它对工程的危害却是可以避免和减少的。

为避免和减少水的危害,我国隧道工作者已总结出"截、堵、排相结合"的综合治水原则,并以模筑混凝土衬砌作为防水(堵水)的基本措施。

截,就是在隧道以外将地表水和地下水疏导截流,使之不能进入隧道工程范围内。

堵,就是以衬砌混凝土为基本防水层,以其他防水材料为辅助防水层,阻隔地下水,使之不能进入隧道内的防水措施,必要时还可以采用注浆堵水措施。堵水措施可以较好地保护地下水环境。

排,就是人为设置排水系统,将地下水排出隧道。

结合,就是因地制宜,综合考虑,适当选择治水方案,做到技术可行,费用经济,效果良好,保护环境。这要根据围岩的工程地质条件,地下水的水量大小及埋藏和补给条件,工程结构的设计使用要求,施工技术水平及环境保护要求等情况来选择确定。结合的又一层含义是,设计、施工、维修相结合,但以施工为主,充分结合现场实际,实行点面结合,将大面积渗漏水汇集为局部出水,进行有组织排水。应尽可能在施工中就将水治理好,保护地下及地表水的自然环境,减少对水环境的破坏并尽量恢复其自然环境。

下面根据以上原则,介绍治水的常用方法。

(1)截水措施

截水措施有:在地表水上游设截水导流沟,地下水上游设泄水洞或洞外井点降水如图4.24所示。

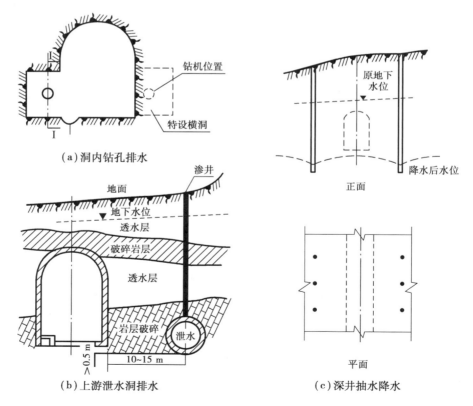

(a)洞内钻孔排水

(b)上游泄水洞排水

(c)深井抽水降水

图4.24 截水措施

如某隧道在运营 10 年后,因水害严重影响行车,后又设计施工了上游泄水洞。

截水导流沟和泄水洞完成后即可自行永久发挥作用,而洞外井点降水,则需用水泵抽水,因此,它只能解决浅埋隧道在施工期间的降水问题。当隧道埋深较大时,可在洞内设井点降水,以解决洞内局部区段的降水问题。此外辅助坑道中的平行导坑、横洞、斜井、竖井均可以作为泄水洞。

(2)堵水措施

常用的堵水措施有:喷射混凝土堵水,塑料板堵水,混凝土衬砌堵水。当水量大、压力大时,则可采取注浆堵水,注浆既可以堵水也可以起到加固围岩的作用。

应当注意的是,绝对堵死地下水是很困难的,因此要求在设计和施作堵水设施时,就要充分考虑到排水的组织,做到堵排结合,边排边堵。

1)喷射混凝土堵水

当围岩有大面积裂隙渗水,且水量、压力较小时,可结合初期支护采用喷射混凝土堵水。但应注意此时需加大速凝剂用量,进行连续喷射,且在主裂隙处不喷射混凝土,使水流能集中于主裂隙流入盲沟,通过盲沟排出。盲沟排水待后介绍。

2)塑料板堵水

当围岩有大面积裂隙滴水、流水,且水量压力不太大时,可于喷射混凝土等初期支护施作完毕后,二次支护施作前,在岩壁大面积铺设塑料板堵水。

塑料板防水层是近十多年国际上发展起来的一项防水新技术,它具有优良的防水,耐腐蚀性能,在隧道及地下工程中得到了日益广泛的应用。

塑料板铺设固定时不能绷得太紧,要预留一定的松弛度,使得在灌筑二次支护混凝土时,塑料板能向凹处变形、紧贴岩面,不产生过度张拉和破坏。

3)模筑混凝土衬砌堵水

模筑混凝土本身就具有一定的抗渗阻水性能,但普通混凝土的抗渗性较差,尤其是在施工质量不高的情况下,如振捣不密实,施工缝、沉降缝、伸缩缝处理不好,配比不当等,则更易形成水的渗漏、漫流。当地下水有侵蚀性时,对混凝土的腐蚀就更为严重。

如果能保证混凝土衬砌的抗渗防水性能,则不需要另外增加其他防水堵水措施。因此,充分利用混凝土衬砌的防水性能,是经济合算的和最基本的防水措施。

在工程中,改善和利用混凝土衬砌的抗渗防水性能,可以从两个方面来考虑:

其一,是防水混凝土的抗渗标号及抗压强度应满足设计要求。其配合比选择应注意以下几点:①水灰比不得大于 0.6;②水泥用量不得少于 280 kg/m³;③砂率应适当提高,并不得低于 35%。

其二,是防水混凝土衬砌施工必须采用机械振捣。施工缝、沉降缝及伸缩缝则可以采用中埋式塑料或橡胶止水带,或采用背贴塑料止水带止水。

4)注浆堵水

注浆在加固围岩的同时,实际上也起到了堵水作用。由此看来,一种方法或措施,其效用有时是多方面的。因此,在隧道施工工序安排和方法(措施)选择时,一定要充分考虑到它们彼此之间的相互关系和相互影响。

此外,若二次支护因混凝土质量欠佳而产生渗漏,则可以对其进行结构注浆堵水。

在地下水较丰富的地区,衬砌接缝处常用止水带防水。其类型很多,如金属(铜片)止水带、聚氯乙烯止水带以及橡胶止水带等,金属止水带已经很少使用了,聚氯乙烯止水带的弹性较差,只能用于相对变形较小的场所,橡胶止水带则可用于变形幅度较大的场合。在水底隧道中,20世纪50年代以后广泛使用钢边止水带,它是在两侧镶有0.6~0.7 mm厚的钢片翼缘的一种橡胶止水带,刚度较高,便于安装。

(3)排水措施

排水是利用盲沟、泄水管、渡槽、中心排水沟或排水侧沟等,将水排出洞外。盲沟可用片石或卵石干砌而成的厚30~40 cm,宽100~150 cm的排水通道,如图4.25所示。盲沟可以根据需要砌至拱脚或砌至边墙底部,然后用泄水管将水引入隧道的排水沟内。盲沟间距应因地制宜的设置。渡槽是在衬砌内表面设置的环向槽,其尺寸按水量大小确定,其间距一般应与筑拱环节长度配合,施工缝往往是漏水最多的位置。

隧道内的排水一般均采用排水沟方式,类型主要有中心排水沟和路侧排水沟,在严寒地区应设置防冻水沟,如图4.26所示。排水沟断面可为矩形或圆形,通常为矩形,并便于清理和检查。过水面积应根据水量大小确定。沿纵向在适当间隔处应设置检查坑和汇水坑,但不应设在车道中心。

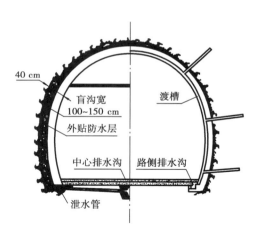

图4.25　排水盲沟、泄水管、渡槽、路侧排水沟

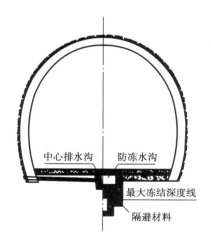

图4.26　中心排水沟、防冻水沟

1)盲沟

盲沟的作用是在衬砌与围岩之间提供过水通道,并使之汇入泄水孔。它主要用于引导较为集中的局部渗流水。

我国较为传统的盲沟有灌砂木盒、灌砂竹简。因其加工、安装均较麻烦,且接头处易被混凝土阻塞,因此,现在逐步被新型柔性盲沟所替代。

柔性盲沟通常由工厂加工制造。它具有现场安装方便,布置灵活,连接容易,接头不易被混凝土阻塞,过水效果良好,成本也不太高等优点。其构造形式有以下几种:

①弹簧软管盲沟。这种盲沟一般是采用10号铁丝缠成直径5~8 cm的圆柱形弹簧或采用硬质又具有弹性的塑料丝缠成半圆形弹簧,或带孔塑料管,以此作为过水通道的骨架,安装时外覆塑料薄膜和铁窗纱,从渗流水处开始沿环向铺设并接入泄水孔,如图4.27所示。

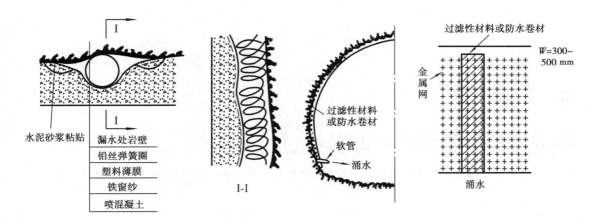

图 4.27　弹簧软管盲沟引排局部渗水　　　图 4.28　渗滤布盲沟汇集引排大面积渗透

②化学纤维渗滤布盲沟。这种盲沟是以结构疏松的化学纤维布作为水的渗流通道,其单面有塑料敷膜,安装时使敷膜朝向混凝土一面,可以阻止水泥浆渗入滤布。这种渗滤布式盲沟质量轻,便于安装和连续加垫焊接,宽度和厚度也可以根据渗排水量的大小进行调整。是一种较理想的渗水盲沟,如图 4.28 所示。

2)排水沟

排水沟承接泄水孔泄出的水,并将其排出隧道。隧道纵向排水沟有单侧、双侧、中心式三种形式。它是根据线路坡度、路面形式、水量大小等因素确定的。洞外排水应根据地形、地质、气象情况,结合农田水利情况全面规划,综合治理,因地制宜地设置疏水、截水、引水设施。

3)泄水孔

泄水孔是设于衬砌边墙下部的出水孔道,它将盲沟流来的水直接泄入隧道内的纵向排水沟。泄水孔的施作,有两种方法:

①在立边墙模板时,就安设泄水管,并特别注意使其里端与盲沟接通,外端穿过模板。泄水管可用钢管、竹管、塑料管、蜡封纸管等,这种方法主要用于水量较大时。

②当水量较小时,则可以待模筑边墙混凝土拆模后,再根据记录的盲沟位置钻泄水孔。泄水孔的位置应按设计要求设置。

思　考　题

4.1　整体衬砌、复合式及锚喷衬砌各适用于什么场合?

4.2　洞门有何作用,有哪些洞门形式,各适用于什么地质条件?

4.3　什么是明洞? 明洞有哪几种类型?

4.4　明洞基础和洞顶填土有些什么要求?

4.5　什么情况下要考虑采用斜井和竖井?

4.6　如何做好隧道的防水与排水?

第 **5** 章
隧道围岩分级与围岩压力

隧道作为土木工程的一种结构体系,与建筑在地面的结构有着明显的差异。主要表现在存在的环境和力学作用机理等方面。地面结构体系一般都是由结构和地基所组成,地基在结构底部起约束作用,除了自重外,荷载都是来自外部,如人群、货物、设备、水力等。而地下结构体系则是由地层和支护结构所组成,其中以地层为主,支护用来约束地层,不使它产生过大的变形而破坏、坍塌。在地层稳固的情况下,体系中甚至可以不设支护结构而只留下地层,如我国陕北的黄土窑洞。地下结构所承受的荷载又主要是结构体系的本身——地层,称为地层压力或围岩压力,因此,在地下结构体系中,地层是承载结构的基本组成部分,又是造成荷载的主要来源,这种合二为一的作用机理与地面结构是完全不同的。

可见,在隧道工程这样的地下结构,地层是起主要作用。隧道工程的建设,包括开挖方法、支护形式、衬砌结构类型、隧道位置、施工管理及能否顺利地建成、工期长短、投资多少以及使用中是否会出现问题等,都与隧道所在区域的地层条件,也就是它所赋存的地质环境息息相关。

隧道工程所赋存的地质环境的内涵很广,包括地层特征、地下水状况、开挖隧道前就存在于地层中的原始地应力状态、地温梯度等。但对隧道工程建设来说,最关心的问题则是地层被开挖形成隧道后的稳定程度。因此,隧道围岩的稳定性是反映地质环境的综合指标。也是我们修建隧道工程对围岩特征研究的重要内容之一。

隧道所穿过的地层是千变万化的,可能遇到各种各样的地质现象。因此,为了正确地提供进行隧道设计及施工的基础资料。从工程角度出发,对隧道围岩加以研究并给以分级,以指导隧道工程建设十分必要。

隧道围岩是指隧道(坑道)周围一定范围内,对隧道(坑道)稳定性能产生影响的岩(土)体。隧道周围的地层可以是软硬不一的岩石,也可以是松散的土,把土视为一种特殊的(风化破碎严重的)岩石,所以隧道周围的地层,不管是土体还是岩体,统称为围岩。

隧道围岩压力是指隧道开挖后,围岩作用在隧道支护上的压力,是隧道支撑或衬砌结构的主要荷载之一。其性质、大小、方向以及发生和发展的规律,对正确地进行隧道设计与施工有很重要的影响。

5.1　隧道围岩分级及其应用

隧道围岩分级是正确地进行隧道设计与施工的基础。一个较好的、符合地下工程实际情况的围岩分级,多改善地下结构设计,发展新的隧道施工工艺,降低工程造价,多快好省地修建隧道,有着十分重要的意义。

近年来,由于各种类型地下工程的大量修建,隧道围岩分级的研究也得到了很大的发展,出现了各种各样不同的围岩分类,但都是为一定的工程目的服务的。如提供选择施工方法的根据和开挖的难易程度,确定结构上的荷载或给出隧道临时支撑与衬砌结构的类型和参考尺寸等。

人们对围岩及其自然规律的认识是不断深化的,因此,对围岩分类也有一个发展过程。在早期,从国外情况来看,如日本最初主要借用适合于土石方工程的"国铁土石分类"来进行隧道的设计与施工,主要是根据开挖岩(土)体的难易程度(强度)来划分的。苏联在很长的时期内采用以岩石的坚固性来分类,采用一个综合性的指标 f 值,称为岩石坚固性系数。理论上坚固性是岩体抵抗任何外力作用及其造成破坏的能力,不同于强度和硬度,而实际上只反映岩石抗压强度的性能,很少考虑岩体的构造特征。在英、美等国,主要沿用泰沙基(K. Terzaghi) 提出的分级法,其中考虑到一些岩体的构造和岩性等影响,比较好地反映隧道围岩的稳定状况。目前美国也有用岩石质量指标(RQD)或隧道围岩在不支护条件下,暂时稳定的时间作为分级依据。我国在 20 世纪 50 年代初期,铁路隧道围岩分级,基本上是沿用 50 年代前的以岩石极限抗压强度与岩石天然容重为基础,这种分级仅运用土石方工程的土石分级法,没有适合隧道围岩的专门分类,只是把隧道围岩分为坚石、次坚石、松石及土质四类。以后,借用苏联的岩石坚固系数进行分类,即通常所谓的"普氏系数"(f 值)。在长期大量的地下工程实践中发现:这种单纯以岩石坚固性(主要是强度)指标为基础的分类方法,不能全面反映隧道围岩的实际状态。逐渐认识到:隧道的破坏,主要取决于围岩的稳定性,而影响围岩稳定性的因素是多方面的,其中隧道围岩结构特征和完整状态,是影响围岩稳定性的主要因素。隧道围岩体的强度,对隧道的稳定性有着重要的影响,地下水、风化程度也是隧道围岩丧失稳定性的重要原因。

从围岩的稳定性出发,1975 年编制了我国《铁路隧道围岩分类》,这个分类由稳定到不稳定共分六类,代替了多年沿用的从岩石坚固性系数来分级的方法。

我国公路隧道围岩分级起步较晚,随着我国经济的发展,公路交通得到较大的发展,大量的公路隧道修建,需要有一个适合我国工期的公路隧道围岩分级,于1990 年,根据我国铁路隧道的围岩分级为基础,编制了我国"公路隧道围岩分级"。

从国内外的发展中可以看出,以隧道围岩的稳定性为基础进行分级是总的趋势。但分级指标方面,大多数正在从定性描述、经验判断向定量描述发展。

5.1.1　隧道围岩分级的因素指标及其选择

围岩分级的指标,主要考虑影响围岩稳定性的因素或其组合的因素,大体有以下几种:

(1) 单一的岩性指标

一般有岩石的抗压和抗拉强度、弹性模量等物理力学参数;岩石的抗钻性、抗爆性等工程指标。在一些特定的分级中,如确定钻眼功效、炸药消耗量等,土石方工程中划分岩石的软硬、开挖的难易,均可采用岩石的单一岩性指标进行分级。一般多采用岩石的单轴饱和极限抗压强度作为基本的分级指标,具有试验简单,数据可靠的优点。但单一岩性指标只能表达岩体特征的一个方面,用来作为分级的唯一指标是不合适的。如老黄土地层,在无水的条件下,强度虽然低,但稳定性却很高。

(2)单一的综合岩性指标

以单一的指标反映岩体的综合因素。这些指标有:

岩体的弹性波传播速度　弹性波传播速度与岩体的强度和完整性成正比,其指标反映了岩石的力学性质和岩体的破碎程度的综合因素。

岩石质量指标(RQD)　是综合反映岩体的强度和岩体的破碎程度的指标。所谓岩石质量指标,是指钻探时岩心复原率,或称为岩心采取率。钻探时岩心的采取率、岩心的平均和最大长度是受岩体原始的裂隙、硬度、均质性影响的,岩体质量的好坏主要取决于岩心采取长度小于 10 cm 以下的细小岩块所占的比例。因此,岩心采取率是以单位长度钻孔中 10 cm 以上的岩心占有的比例来判断的,即

$$\text{RQD}(\%) = \frac{10 \text{ cm 以上岩芯累计长度}}{\text{单位钻孔长度}} \times 100\% \tag{5.1}$$

岩石质量指标分级认为:

$$\begin{array}{ll} \text{RQD} > 90\% & \text{优质} \\ 75\% < \text{RQD} < 90\% & \text{良好} \\ 50\% < \text{RQD} < 75\% & \text{好} \\ 25\% < \text{RQD} < 50\% & \text{差} \\ \text{RQD} < 25\% & \text{很差} \end{array}$$

围岩的自稳时间　以被认为是综合岩性指标,隧道开挖后,围岩通常都有一段暂时稳定的时间,不同的地质环境,自稳时间是不同的,劳费(H. Lauffer)认为隧道围岩的自稳时间 t_s 可用下式表示:

$$t_s = \text{常数} \times L^{-(1+a)} \tag{5.2}$$

式中:L——隧道未支护地段的长度;

a——视围岩情况在 $0 \sim 1$ 之间变化,好的岩体可取 $a = 0$;极差的 $a = 1$。

劳费(H. Lauffer)根据围岩的自稳时间和未支护地段的长度,将围岩分为稳定的、易掉块的、极易掉块的、破碎的、很破碎的、有压力的、有很大压力的七级。具体的取值标准可参考有关专著。

单一综合岩性指标一般与地质勘察技术的水平有关,因此,其应用受到一定的限制。

(3)复合指标

是一种用两个或两个以上的岩性指标或综合岩性指标所表示的复合性指标。

具有代表性的复合指标分级,是巴顿(N. Barton)等人提出的岩体质量 Q 指标,Q 综合表达了岩体质量的六个地质参数,见下式:

$$Q = \frac{\text{RQD}}{J_h} \cdot \frac{J_r}{J_a} \cdot \frac{J_w}{\text{SRF}} \tag{5.3}$$

式中:RQD——岩石质量指标,其取值方法见式(5.1);

J_h——节理组数目,岩体越破碎,J_h 取值越大,可参考下列经验数值;

　　　没有或很少节理,$J_h = 0.5 \sim 1.0$;

　　　两个节理组时,$J_h = 4$;

　　　破碎岩体时,$J_h = 20$。

J_r——节理粗糙度,节理越光滑,J_r 取值越小,可参考下列经验数值;

　　　不连续节理,$J_r = 4$;

　　　平整光滑节理,$J_r = 0.5$ 等。

J_a——节理蚀变值,蚀变越严重,J_a 取值越大,可参考下列经验数值;

　　　节理面紧密结合,节理中填充物坚硬不软化,$J_a = 0.75$;

　　　节理中填充物是膨胀性黏土,如蒙脱土,J_a 为 $8 \sim 12$ 等。

J_w——节理含水折减系数,节理渗水量越大,水压越高,J_w 取值越小,可参考下列经验数值;微量渗水,水压 <0.1 MPa,$J_w = 1.0$;

　　　渗水量大,水压特别高,持续时间长,J_w 为 $0.05 \sim 0.1$ 等。

SRF——应力折减系数,围岩初始应力越高,SRF 取值越大。可参考下列经验数值;

　　　脆性而坚硬、有严重岩爆现象的岩石,SRF 取 $10 \sim 20$;

　　　坚硬、有单一剪切带的岩石,SRF $= 2.5$。

　　以上 6 个参数的详细说明和取值标准可参考有关专著。这 6 个地质参数表达了岩体的岩块大小(RQD/J_h)、岩块的抗剪强度(J_r/J_a)、作用应力(J_w/SRF)。因此,岩体质量 Q 实际上是岩块尺寸、抗剪强度、作用应力的复合指标。根据不同的 Q 值,岩体质量评为九级,见表 5.1。

表 5.1　岩体质量评估

岩体质量	特别好	极　好	良　好	好	中　等	不　良	坏	极　坏	特别坏
Q	$400 \sim 1\,000$	$100 \sim 400$	$40 \sim 100$	$10 \sim 40$	$4 \sim 10$	$1 \sim 4$	$0.1 \sim 1$	$0.001 \sim 0.1$	$0.001 \sim 0.01$

　　复合指标是考虑多种因素的影响,对判断隧道围岩的稳定性是比较合理可靠的,它可以根据工程对象的要求,选择不同的指标。但是,复合指标的定量数值,一般是通过试验、现场实测或凭经验确定的,带有较大的主观因素。

　　通过以上分析,对隧道围岩的分级,首先应考虑选择的围岩稳定性有重大影响的主要因素,如岩石强度、岩体的完整性、地下水、地应力、结构面产状,以及他们的组合关系作为分级指标;其次选择测试设备比较简单、人为因素小、科学性较强的定量指标;在考虑分级指标要有一定的综合性,如复合指标等。总之,应有足够的实测资料为基础,能全面反映围岩的工程性质。

5.1.2　隧道围岩分级的方法

　　国内外隧道围岩分级的方法较多,所采用的指标也不同,但都是在隧道工程的实践基础上逐步建立起来的,随着人们对隧道工程、地质环境之间相互关系的认识和理解,其围岩分级方法也在逐步深化和提高。发展过程大体有以下几种类型:

　　①按岩石强度为单一岩性指标的分级法,具有代表意义的是我国工程界广泛采用的岩石

坚固系数"f"值分级法。这种方法的优点是指标单一,使用方便,尤其是在f值分类法中,还特定量指标f值与作用在支护结构上的围岩压力直接联系起来,给设计和施工带来较大的方便。缺点是不能全面地反映岩体固有的性态。

②按岩体构造和岩性特征为代表的分级法,如泰沙基分级法,1975年我国铁路工程技术规范中所采用的铁路隧道围岩分级法,属于这一类。这类方法的优点是正确地考虑了地质构造特征、风化状况、地下水情况等多种因素对隧道围岩稳定性的影响,并建议了各类围岩应采用的支护类型和施工方法。缺点是分级指标还缺乏定量描述,没有提供可靠的预测隧道围岩级别的方法,在一定程度上要等到隧道开挖后才能确定。

③与地质勘察手段相联系的分级法。如1979年前后日本提出的按围岩弹性波速度进行分级方法、岩芯复原率分级法等,属于这一范畴。这类方法的优点是分级指标大体上是半定量的。同时考虑了多种因素的影响。缺点是分级的判断还带有一定的主观性,如弹性波速度低,可能是有岩体完整,但岩质松软;地质坚硬,但比较破碎;地形上局部高低相差悬殊等几种原因引起的,就弹性波速度这一个指标,就很难客观地得出正确的结论。

④多种因素的组合分级法。如岩体质量"Q"法,我国国防工程围岩分级法等,属于这个范畴。这类方法是当前围岩分类法的发展方向,优点很多,只是部分定量指标仍需凭经验确定。

⑤以工程对象为代表的分类法。如专门适用于喷锚支护的原国家建委颁布的围岩分类法(1979年),苏联在巴库修建地下铁道时所采用的围岩分级法(1966年),属于这一范畴。这类方法的优点是目的明确,而且和支护尺寸直接挂钩,使用方便,能指导施工。但分级指标以定性描述为主,带有很大的人为因素。

根据上述介绍可知,隧道围岩分类方法有简有繁,并无统一格式。目前,国内外许多学者都认为,隧道围岩分级的详细程度,在工程建设的不同阶段应有所不同。在工程规划和初步设计阶段的围岩分级,可以定性评价为主,判别的依据主要来源于地表的地质测绘以及部分的勘察工作,在工程设计和施工阶段,围岩分级应为专门的目的服务。如为设计提供依据的围岩分级,其判别依据主要是地质测绘资料、地质详勘资料、岩石和岩体的室内和现场试验数据。分级指标一般是半定量和定性的。为隧道施工钻爆提供依据的围岩分级,主要利用各种量测和观测到的实际资料对围岩分级进行补充修正,此时的分级的依据是岩体暴露后的实际值。

围岩分级的分阶段实施,是因为围岩分级除了取决于地质条件外,还和工程规模、形状、施工工艺等技术条件有关。不同阶段的地质勘察、试验研究、工作顺序可用图5.1所示的框图来表示。

5.1.3 我国公路隧道围岩分级

我国公路隧道围岩分级标准根据《公路隧道设计规范》(JTG D70—2004)的规定,分级方法与国家标准一致,采用《工程岩体分级标准》规定的方法、级别和顺序,即岩石隧道围岩稳定性等级由好至坏分为Ⅰ级、Ⅱ级、Ⅲ级、Ⅳ级和Ⅴ级。考虑到土体中隧道的围岩分级,将松软的土体围岩定为Ⅵ级。

国内外现有的围岩分级法有定性、定量、定性与定量相结合的3种方法。定性分级的做法是:在现场对影响岩体质量的诸因素进行定性描述、鉴别、判断,或对主要因素作出评判、打分,有的还引入部分量化指标进行综合分级。如原有的公路、铁道、隧道围岩分类(分级)等方法

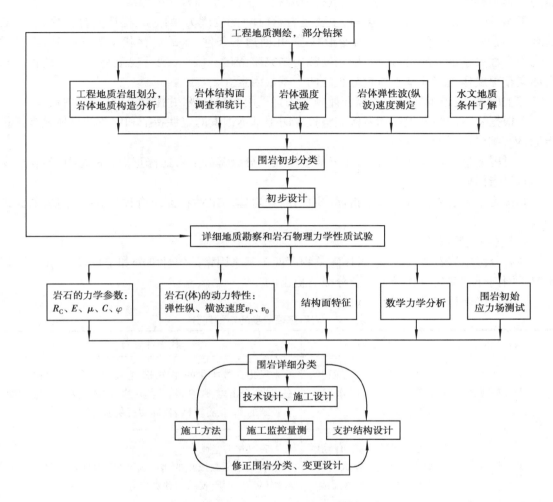

图 5.1　工程各阶段围岩分级系统框图

经验的成分较大,有一定的人为因素和不确定性,在使用中往往存在不一致,随勘察人员的认识和经验的差别,对同一围岩作出级别不同的判断。采用定性分级的围岩级别经常出现与实际差别 1~2 级的情况。定量分级的做法是:根据对岩体(或岩石)性质进行测试的数据或对各参数打分,经计算获得岩体质量指标,并以该指标值接进行分级。但由于岩体性质和赋存条件十分复杂,分级时仅采用少数参数和某个数学公式难以全面准确地概括所有情况,而且参数测试数量有限,数据的代表性和抽样的代表性均存在一定的局限,实施时难度较大。因此,现行规范采用定性划分和定量相结合的综合评判方法,两者可以互相校核和检验,以提高分级的可靠性。

　　根据隧道工程建设的不同阶段,公路线路等级和隧道长度不同,所进行的调查和测试工作的深度不同,对围岩分级精度的要求也不尽相同。一般在可行性研究和初勘阶段及线路等级三级以下,长度短于 500 m 的隧道,围岩初步分级可以定性分级为主,或以定性与少量测试数据所确定的岩体基本质量指标 BQ 值相结合进行围岩基本质量分级。在详勘阶段和施工设计阶段,特别是施工期间,必须进行定性与定量相结合的分级,并应根据勘测测试资料和开挖揭露的岩体观察量测资料,对初步分级进行检验和修正,确定围岩详细分级。

影响围岩稳定的因素多种多样,主要是岩石(体)的物理力学性质、构造发育情况、承受的荷载(工程载荷和初始应力)、应力变形状态、几何边形条件、水的赋存状态等,这些因素中对围岩稳定性关系最大的是岩石坚硬程度和岩体完整程度。因此,现行规范将岩石坚硬程度和岩体完整程度作为岩体基本质量分级的两个基本因素。

综上所述,隧道围岩分级的综合评判方法宜采用两步分级,并按以下的顺序进行:

①根据岩石的坚硬程度和岩体完整程度两个基本因素的定性特征和定量的岩体基本质量指标 BQ,综合进行初步分级。

②对围岩进行详细定级时,应在岩体基本质量分级基础上考虑修正因素的影响,修正岩体基本质量指标值。

③按修正后的岩体基本质量指标[BQ],综合岩体的定性特征综合评判,确定围岩的详细分级。

(1)岩石坚硬程度

围岩分级中岩石坚硬程度、岩体完整程度两个基本因素的定性划分和定量指标,是在分析比较了国内外相关规范和众多围岩分级后提出的。

①岩石坚硬程度可按表 5.2 定性划分。

表 5.2　岩石坚硬程度的定性划分

名 称		定性鉴定	代表性岩石
硬质岩	坚硬岩	锤击声清脆,有回弹,震手,难击碎,浸水后大多无吸水反应	未风化~微风化的花岗岩、正长岩、闪长岩、辉绿岩、玄武岩、安山岩、片麻岩、石英片岩、硅质板岩、石英岩,硅质胶结的砾岩、石英砂岩、硅质石灰岩等
	较坚硬岩	锤击声较清脆,有轻微回弹,稍震手,较难击碎,浸水后有轻微吸水反应	①弱风化的坚硬岩 ②未风化~微风化的熔结凝灰岩、大理岩、板岩、白云岩、石灰岩、钙质胶结的砂页岩等
软质岩	较软岩	锤击声不清脆,无回弹,较易击碎,浸水后指甲可刻出印痕	①强风化的坚硬岩 ②弱风化的较坚硬岩 ③未风化~微风化的凝灰岩、千枚岩、砂质泥岩、泥灰岩、泥质砂岩、粉砂岩、页岩等
	软岩	锤击声哑,无回弹,有凹痕,易击碎,浸水后手可掰开	①强风化的坚硬岩 ②弱风化~强风化的较坚硬岩 ③弱风化的较软岩 ④未风化的泥岩等
	极软岩	锤击声哑,无回弹,有较深凹痕,手可捏碎;浸水后可捏成团	①全风化的各种岩石 ②各种半成岩

岩石坚硬程度的定性划分,主要应考虑岩石的成分、结构及其成因,还应考虑岩石内化作用的程度以及岩石受水作用后的软化、吸水反应情况。为便于现场鉴别岩石坚硬程度,在"定性鉴定"中规定了用锤击难易、回弹强度、手触感受和吸水反应等方法。在表 5.2 中规定了用"定性鉴定"和"代表性岩石"两项作为定性评价岩石坚硬程度的依据。在定性划分时,应注意作综合评价,在相互检验中确定坚硬程度并命名,在表 5.2 中岩石风化程度的划分和定义可按表 5.3 进行。

表 5.3　岩石风化程度的划分

名　称	风化特征	名　称	风化特征
未风化	结构构造未变,岩质新鲜	强风化	结构构造大部分破坏,矿物色泽明显变化,长石、云母等多风化成次生矿物
微风化	结构构造、矿物色泽基本未变,部分裂隙面有铁锰质渲染	全风化	结构构造全部破坏,矿物成分除石英外,大部分风化成土状
弱风化	结构构造部分破坏,矿物色泽较明显变化,裂隙面出现风化矿物或存在风化夹层		

②岩石坚硬程度定量指标用岩石单轴饱和抗压强度 R_C 表达。R_C 一般采用实测值,若无实测值时,可采用实测的岩石占荷载强度指数 $I_s(50)$ 的换算值,即按式(5.4)计算。

$$R_C = 22.82 I_{S(50)}^{0.75} \tag{5.4}$$

在岩石坚硬程度划分中,将岩石划分为硬质岩和软质岩两大档次。以定量指标 $R_C = 30$ MPa,作为硬质岩与软质岩的划分界限。再进一步划分,将硬质岩划分为坚硬岩、较坚硬岩,以及软质岩划分为较软岩、软岩和极软岩,共五个档次。岩石坚硬程度的定性划分和 R_C 的关系可按表 5.4 确定。

表 5.4　R_C 与岩石坚硬程度定性划分的关系

R_C/ MPa	>60	60 ~ 30	30 ~ 15	15 ~ 5	<5
坚硬程度	坚硬岩	较坚硬岩	较软岩	软岩	极软岩

(2)岩体完整程度

岩体完整程度也以定性划分和以定量指标来描述的两种情况。岩体完整程度的定性划分可按表 5.5 确定。

定性划分时,采用结构面发育程度、主要结构面的结合程度和主要结构面类型作为划分依据,应注意上述三项依据的综合分析评价,在此基础上对岩体完整度进行定性划分并定名,表 5.5 中"主要结构面"是指相对发育的结构面或对围岩稳定性影响较大的结构面,结构面发育程度由结构面组数和平均间距来反映,间距的确定主要参考了我国工程实践和有关规范的划分情况。

结构面的结合程度应从结构面特征(即张开度)、粗糙状况、充填物性质及其性状等方面进行评价。还应注意描述结构面两侧壁岩性的变化,充填物性质(来源、成分、颗粒大小),胶结情况及赋水状态等,综合分析评价它们对结合程度的影响。

表 5.5　岩体完整程度的定性划分

名　称	结构面发育程度		主要结构面的结合程度	主要结构面类型	相应结构类型
	组　数	平均间距/m			
完整	1~2	>1.0	好或一般	节理、裂隙、层面	整体状或巨厚层结构
较完整	1~2	>1.0	差	节理、裂隙、层面	块状或厚层状结构
	2~3	1.0~0.4	好或一般		块状结构
较破碎	2~3	1.0~0.4	差	节理、裂隙、层面、小断层	裂隙块状或中厚层结构
	>3	0.4~0.2	好		镶嵌碎裂结构
			一般		中、薄层状结构
破碎	>3	0.4~0.2	差	各种类型结构面	裂隙块状结构
		<0.2	一般或差		碎裂状结构
极破碎	无序		很差		散体状结构

注:平均间距指主要结构面(1~2组)间距的平均值。

岩体完整程度的定量指标,国内外普遍采用的有:岩体完整性指数 K_V,岩体体积节理数 J_V、岩石质量指标 RQD、节理平均间距、岩体与岩块的动静弹模比、岩体龟裂系数等。目前国内诸多围岩分级(分类)方法中,大多数认为 K_V、J_V 和 RQD 三项指标能较全面体现岩体的完整状态。其中 K_V 和 J_V 两项具有应用广泛、测试和量测方法简便的特点,因此,《公路隧道设计规范》中选用 K_V 和 J_V 来定量评定岩体的完整程度。

根据实测的包含有各种结构面及充填物岩体的声波纵波速度 V_{pm} 和基本上不明显结构面的岩块纵波速度 V_{pr},可得出 K_V 值即 $K_V = (V_{pm}/V_{pr})^2$。它既反映了岩体结构面的发育程度,又反映了结构面的性状,是一项能从量上全面反映岩体完整程度的指标。岩体完整程度的定量指标岩体完整性系数 K_V 与定性划分的岩体完整程度的对应关系按表 5.6 确定。

表 5.6　K_V 与定性划分的岩体完整程度的对应关系

K_V	>0.75	0.75~0.55	0.55~0.35	0.35~0.15	<0.15
完整程度	完整	较完整	较破碎	破碎	极破碎

K_V 一般用弹性波探测值,若无探测值时,可用岩体体积节理数 J_V 按表 5.7 确定对应的 K_V 值。

表 5.7　J_V 与 K_V 对照表

J_V/(条·m^{-2})	<3	3~10	10~20	20~35	>35
K_V	>0.75	0.75~0.55	0.55~0.35	0.35~0.15	<0.15

岩体体积节理(结构面)数 J_V 值是国际岩石力学委员会推荐用来定量评价岩体节理化程度和单元岩体的块度的一个指标,而且在勘察各阶段及施工阶段容易获得。又因 J_V 值不能反映结构面的结合程度,特别是结构面的张开程度和充填物性状等,因此,规范规定 J_V 值作为评价岩体完整程度的辅助定量指标。考虑到工程建设的可行性阶段和初勘阶段,以及对三级以下公路的隧道和高等级公路的短隧道往往不进行弹性波探测无法获取 K_V 值时,可按表5.7 将测得的 J_V 值对应换成 K_V 值。

(3)围岩基本质量指标 BQ

围岩基本质量指标 BQ 应根据分级因素的岩石坚硬程度定量指标 R_C 值和岩体完整程度的定量指标 K_V 值按(5.5)计算,即

$$BQ = 90 + 3R_C + 250K_V \tag{5.5}$$

使用式(5.5)时,应遵守下列限制条件:

①$R_C > 90K_V + 30$ 时,应以 $R_C = 90K_V + 30$ 和 K_V 代入计算 BQ 值。

②当 $K_V > 0.04R_C + 0.4$ 时,应以 $K_V = 0.04R_C + 0.4$ 和 R_C 代入计算 BQ 值。

第一个限制条件是对式(5.5)上限的限制,这是注意到岩石的 R_C 过大而岩体的 K_V 不大时,对于这样坚硬但完整性较差的岩体,其稳定性较低,R_C 虽高但对稳定性起不了多大的作用,如果不加区别地将原来测得的 R_C 值代入公式,过大的 R_C 值使得岩体基本质量指标大为增高,造成对岩体质量等级及实际稳定性作出错误的判断。使用这一限制条件可获得经修正过的 R_C 值。例如,当 $K_V = 0.55$ 时,利用限制条件计算得 $90K_V + 30 = 79.5$,当实测值 R_C 大于 79.5 MPa,取用 79.5 MPa;反之,取用实测值。

第二个限制条件是对式(5.5)下限的限制,这是针对岩石的 R_C 很低而相应岩体 K_V 值过高的情况下给定的。这是注意到完整性虽好,但特别软弱的岩体,其稳定性仍然是不好的,将过高的实测 K_V 值代入公式也会得出高于岩于实际稳定性或质量等级的错误判断。使用这一限制条件时,可获得经修正过的 K_V 值。例如,当 $R_C = 10$ MPa 时,利用限制条件 $0.04R_C + 0.4 = 0.8$,而实际 K_V 值大于 0.8 时,取用 0.8,反之,取用实测值。

(4)围岩基本质量指标 BQ 的修正

影响工程岩体稳定性的诸因素中,岩石坚硬程度和岩体完整程度是岩体的基本属性,是各种岩石工程类型的共性,反映了岩体质量的基本特征,但它们远不是影响岩体稳定的全部重要因素。当隧道围岩存在地下水、高初始应力、不利软弱结构面等时,其稳定性要降低,可将它们作为围岩分级的修正因素。围岩详细定级时,若遇上述情况之一,应对岩体基本质量指标 BQ 进行修正。修正值[BQ]可按式(5.6)计算,即

$$[BQ] = BQ - 100(K_1 + K_2 + K_3) \tag{5.6}$$

式中:[BQ]——围岩基本质量指标修正值;

BQ——围岩基本质量指标;

K_1——地下水影响修正系数；

K_2——主要软弱结构面产状影响修正系数；

K_3——初始应力状态影响修正系数。

1）K_1 的确定

地下水是影响岩体稳定的主要因素。水的作用主要表现为溶蚀岩石和结构面中易溶胶结物,溶蚀充填物的细小颗粒,使岩石软化,疏松,充填物泥化,强度降低,增加动、静水压力等。这些作用对岩体质量的影响,有的可在基本质量中反映出来,如对岩石的软化作用,采用了单轴饱和抗压强度。水的其他作用在基本质量中得不到反映,需要用修正措施来反映它们对岩体质量的影响。

目前国内外在围岩分级中考虑水的影响时主要有 4 种方法:修正法、降级法、限制法和不考虑。式(5.6)采用的是修正法,并给出定量的修正系数,这一方法不仅考虑了出水状态,还考虑了岩体基本质量级别。这是由于对岩体质量的影响,不仅与水的赋存状态有关,还与岩石性质和岩体完整程度有关。岩石越致密,强度越高,完整性越好,则水的影响越小;反之,水的不利影响越大。基本质量为 I、II 级的岩体且含水不多无水压时,认为水对岩体质量无不利影响,取修正系数 $K_1=0$。基本质量为 V 级的岩体,呈涌水状出水,水压力较大不利影响最大,取 $K_1=1.0$(即降一级)。对其他中间情况,考虑了在同一出水状态下,基本质量越差的岩体,对其影响程度越大,修正系数也随之加大。K_1 的取值见表5.8。

表 5.8　地下水影响修正系数 K_1

地下水出水状态＼BQ	>450	450~351	350~251	<250
潮湿或点滴状出水	0	0.1	0.2~0.3	0.4~0.6
淋雨状或涌流状出水,水压小于 0.1 MPa 或单位出水量小于 10 L/(min·m)	0.1	0.2~03	0.4~0.6	0.7~0.9
淋雨状或涌流状出水,水压大于 0.1 MPa 或单位出水量大于 10 L/(min·m)	0.2	0.4~0.6	0.7~0.9	1.0

2）K_2 的确定

软弱结构面是影响地下工程岩体稳定的一个重要因素,在引入这一因素时,应注意对稳定影响大、起着控制作用的软弱结构面。所谓起控制作用的软弱结构面,是指成层岩体的泥水层面,一组很发育的裂隙、次生泥水夹层、含断层泥、糜棱岩的小断层等。

由于结构面产状不同,与隧洞轴线的组合关系不同,对地下工程岩体稳定的影响程度亦不同。例如,成层岩体、层面性状较大,为陡倾角且走向与洞轴线夹角很大时,对岩体稳定性无不利影响;反之,倾角较缓且走向与洞轴线夹角很小时,就容易发生沿层面的过大变形,甚至发生拱顶倒塌或侧壁滑移。再如,一条小断层,当其倾角很陡且与洞轴夹角很大时,洞室稳定,基本无影响,反之,侧有很大的影响。这种不利影响在岩体基本质量及其指标中反映不出来。为了反映这种组合关系对稳定性的影响,使用对基本质量进行修正的方法,其修正系数 K_2 是根据表5.9确定。表中的"其他组合"是指结构面倾角小于30°,夹角为任意值;倾角为任意值,夹角为 30°~60°;倾角小于 75°,夹角大于 60°;倾角小于 30°或大于 75°;夹角小于 30°。

表 5.9　主要软弱结构面产状影响修正系数 K_2

结构面产状及其与洞轴线的组合关系	结构面走向与洞轴线夹角小于 30°,结构倾角 30°~75°	结构面走向与洞轴线夹角大于 60°,结构面倾角大于 75°	其他组合
K_2	0.4~0.6	0~0.2	0.2~0.4

3)K_3 的确定

岩体初始应力对地下工程岩体稳定性的影响是众所周知的,特别是高初始应力的存在。岩石强度与初始应力之比(R_c/σ_{max})大于一定值时,可以认为对洞室岩体稳定不起控制作用,当这个比值小于一定值时,再加上洞周边应力集中的结果,对岩体稳定性或变形破坏的影响就表现得显著,尤其岩石强度接近初始应力值时,这种现象就更为突出。采用降低基本质量指标 BQ,从而限制岩体级别的办法来处理,引入修正系数 K_3。在极高应力地区,基本质量为 Ⅲ、Ⅳ级的岩体,将会发生不同程度的塑料挤压、流动变形,基本上没有自稳能力,采取较大幅度地限制岩体的级别。基本质量为 Ⅰ、Ⅱ级的岩体,在极高应力区岩体未丧失自稳能力,但明显地影响了自稳性。在高应力地区,初始应力对岩体稳定性的影响大为减少,但仍影响岩体稳定性,故取较小的修正系数 K_3,适当限制其级别。对初始应力这一修正因素,采用降低岩体 BQ 指标的处理办法,可用于经验方法确定支护参数的设计。若用计算分析方法进行设计时,就无须作上述处理。初始应力状态影响修正系数 K_3 可按表 5.10 选用。

表 5.10　初始应力状态影响修正系数 K_3

初始应力状态 ＼ BQ	>550	550~451	450~351	350~251	<250
极高应力区	1.0	1.0	1.0~1.5	1.0~1.5	1.0
高应力区	0.5	0.5	0.5	0.5~1.0	0.5~1.0

(5)围岩分级

公路隧道围岩分级,可根据调查、勘探、试验等资料,岩石隧道的围岩定性特征,围岩基本质量指标 BQ,或修正的围岩质量指标[BQ]值,土体隧道中的土体类型,以及密实状态等定性特征,按表 5.11 确定围岩级别。

当根据岩体基本质量定性划分与[BQ]值确定的级别不一致时,应重新审查定特征和定量指标计算参数的可靠性,并对它们重新观察和测试。

在工程可行性研究和初步勘测阶段,可采用定性划分和工程类比的方法进行围岩级别划分。

表 5.11　公路隧道围岩分级

围岩级别	围岩或土体主要定性特征	围岩基本质量指标 BQ 或修正的围岩基本质量指标[BQ]
Ⅰ	坚硬岩,岩体完整,巨整体状或巨厚层状结构	>550
Ⅱ	坚硬岩,岩体较完整,块状或厚层状结构 较坚硬岩,岩体完整,块状整体结构	550～451
Ⅲ	坚硬岩,岩体较破碎,巨块(石)碎(石)状镶嵌结构 较坚硬岩或较软硬岩层,岩体较完整,块状体或中厚层结构	450～351
Ⅳ	坚硬岩,岩体破碎,碎裂结构 较坚硬岩,岩体较破碎～破碎,镶嵌碎裂结构 较软岩或软硬岩互层,且以软岩为主,岩体较完整～较破碎,中薄层状结构	350～251
Ⅳ	土体: ①压密或成岩作用的黏性土及砂性土 ②黄土(Q_1、Q_2) ③一般钙质,铁质胶结的碎石土、卵石土、大块石土	
Ⅴ	较软岩,岩体破碎 软岩、岩体较破碎～破碎 极破碎各类岩体、碎、裂状、松散结构	≤250
Ⅴ	一般第四系的半干硬至硬塑的黏性土及稍湿至潮湿的碎石土、卵石土、圆砾、角砾土及黄土(Q_3、Q_4),非黏性土呈松散结构,黏性土及黄土呈松软结构	
Ⅵ	软塑状黏性土及潮湿,饱和粉细砂层、软土等	

注:本表不适用于特殊条件的围岩分级,如膨胀性围岩、多年冻土等。

　　上述围岩分级方法基本执行《工程岩体分级标准》(GB 50218)的方法和思路。主要是考虑到该标准是由我国水利水电部门会同铁道部、冶金部、建设部和总参谋部的有关单位共同制订的,为国家基础标准之一,属强制性国家标准。对统一我国的工程岩体(或围岩)分级方法和标准有利。围岩分级采用定性与定量相结合的方法,将岩石坚硬程度、岩体完整程度两大基本因素和地下水、结构面产状、初始地应力状况作为修正因素,这些分级方法和规定是总结我国大多数围岩分级提出的,并得到了大部分同行的认可。定性与定量的结合,可以提高分级的准确性,同时,可以减少采用定性分级造成的误差。

5.2　围岩压力的确定

5.2.1　围岩压力的概念

人们对围岩压力的认识,是从开挖洞穴后围岩的支护初期坍塌的现象开始的。随着隧道和地下工程的发展,人们从支撑和衬砌的变形,开裂和破坏现象,进一步认识到围岩压力的存在。如在破碎的岩层中开挖坑道,原先互相联系着的一些岩块会由于扰动失去相互支持而松弛、错动位置或坍落;在松散的砂质土中开挖坑道,由于连接不紧密的砂的移动,就会填塞隧道空间,甚至发生地表面的坍陷。在这种不稳定的地层中修建隧道时,出现坍方是常见的;又如在松软地层中修建隧道,常常会看到围岩内挤、支护排架下沉或断裂。在衬砌后混凝土拱顶被压酥掉皮等现象。

在稳定的地层中开挖坑道,由于围岩在爆破后发生松动以及暴露后受到风化,个别落石现象也不可避免。在完整而坚硬的岩层中开挖隧道,也会遇到小块岩石突然脱离岩体向隧道内弹出,人们称为"岩爆",这些都是围岩压力的现象。为了保证隧道有足够的净空,就要修建支护结构,以阻止围岩的移动和崩塌,支护结构就是用来承受围岩压力。本节所阐述的围岩压力系指松动压力,至于所涉及的弹塑性理论在"新奥法"一节中介绍。

5.2.2　围岩压力的产生

围岩压力的产生是隧道工程的一个重要的力学特征,隧道是在具有一定的应力历史和应力场的围岩中修建的。因围岩的初始应力场的状态极大地影响着在其中发生的一切力学现象,这是和地面工程极其不同的。因此,需要研究隧道开挖前后围岩的应力状态,这对指导隧道设计与施工有着重要意义。

(1)围岩的初始地应力场

通常所指的初始应力场,泛指隧道开挖前岩体的初始静应力场,它的形成与岩体构造、性质、埋藏条件以及构造运动的历史等有密切关系。在隧道开挖前是客观存在的,在这种应力场中修建隧道就必须了解它的状态及其影响。

岩体的初应力状态与施工引起的附加应力状态是不同的,它对坑道开挖后围岩的应力分布、变形和破坏有着极其重要的影响。可以说,不了解岩体初应力状态就无法对隧道开挖后一系列力学过程和现象作出正确的评价。

岩体的初应力状态一般受到两类因素的影响:第一类因素有重力、温度、岩体的物理力学性质、岩体的构造、地形等经常性的因素;第二类因素有地壳运动、地下水活动、人类的长期活动等暂时性的或局部性的因素。因此,初应力场是由两种力系构成,即

$$\sigma = \sigma_\gamma + \sigma_\tau \tag{5.7}$$

式中:σ_γ——自重应力分量;

σ_τ——构造应力分量。

在上述因素中,目前主要研究和使用的是由岩体的体力或重力形成的应力场,称为自重应力场。而其他因素只认为是改变了由重力造成的初应力状态。一般来说,重力应力场可以采

用连续介质力学的方法。它的可靠性则决定于对岩石的物理力学性质及岩体的构造——力学性质的研究，其误差通常是较大的。而其他因素造成的初应力场，主要是用实验（现场试验）方法完成的。

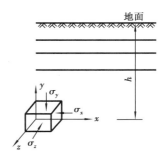

图 5.2　地表水平时的自重应力场

1）自重应力场

我们研究具有水平成层、地面平坦的情况。如图 5.2 所示，设岩体是线性变形的，在 xz 平面内是均质的，沿 y 轴方向是非均质的，设 E、μ 分别为沿垂直方向的岩体弹性模量和泊松比，E_1、μ_1 为沿水平方向的岩体弹性模量和泊松比。因岩体的变形性质沿深度而变，故可假定：

$$E = E(y); \mu = \mu(y); E_1 = E_1(y); \mu_1 = \mu_1(y)$$

单位体积质量也认为是沿深度而变，即 $\gamma = \gamma(y)$；这样，距地表面 h 深处一点的应力状态如图 5.2 所示，其计算式可表示如下：

$$\left. \begin{aligned} \sigma_y &= \int \gamma(y)\,\mathrm{d}y \\ \sigma_x &= \sigma_x(y) \\ \sigma_z &= \sigma_z(y) \\ \tau_{xy} &= \tau_{xz} = \tau_{yz} = 0 \end{aligned} \right\} \tag{5.8}$$

式（5.8）满足了地面的边界条件，$h = 0$，$\sigma_y = 0$。

一般认为，处于静力平衡状态的岩体内，沿水平方向的变形等于零，故

$$\sigma_x = \sigma_z = \frac{(E/E_1)\mu_1}{(1-\mu)}\sigma_y \tag{5.9}$$

当 $E = E_1 =$ 常数，$\mu = \mu_1 =$ 常数时，则得出大家熟知的公式：

$$\sigma_x = \sigma_z = \frac{\mu}{(1-\mu)}\sigma_y \tag{5.10}$$

设 $\lambda = \dfrac{\mu}{(1-\mu)}$，称之为侧压力系数，则上式可写成：

$$\sigma_x = \sigma_z = \lambda\sigma_y \tag{5.11}$$

显然，当垂直应力已知时，水平应力的大小决定于围岩的泊松比。大多数围岩的泊松比变化为 0.15 ~ 0.35，因此，在自重应力场。水平应力通常是小于垂直应力的。

深度对初始应力状态有着重大影响。随深度的增加，σ_y 和 $\sigma_x(\sigma_z)$ 都在增大，但围岩本身的强度是有限的，因此，当 σ_y 和 σ_x 增加到一定值后，各向受力的围岩将处于隐塑性状态。在这种状态下，围岩物性值（E、μ）是变化的，λ 值也是变化的，并随深度的增加，λ 值趋于 1，即与静水压力相似，此时围岩接近流动状态。

上述各式所表达的应力场是理论性的，但在实际情况中，由于地壳运动，岩层会产生各种变动，如形成向斜、背斜、断裂等，在这种情况下，围岩的初始应力场也有所变化。如以垂直成层为例，由于各层的物理力学性质不同，在同一水平面上的应力分布可能是不同的；在背斜情况下，由于岩层成拱状分布，使上层岩层重力向两侧传递，直接处于背斜下的岩层受到较小的应力（图 5.3），在被断层分割的楔形岩块情况中（图 5.4）也可观察到类似情况。在实际工作

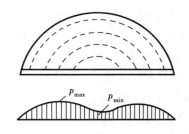

图 5.3　背斜构造的自重应力场　　　　图 5.4　断层构造的自重应力场

的应用中是不能忽视的。

2）构造应力场

地层的应力场是由自重应力场和构造应力场构成的。地质学家认为：地层各处发生的一切构造变形与破裂都是地应力作用的结果，因而地质力学就把构造体系和构造形式在形成过程中的应力状态称为构造应力场。构造应力场是随时间变化的动态场。

由于构造应力场的不确定性，很难用函数形式表达。它在整个初始应力场中的作用只能通过某些量测数据来分析，在实际工程中应用较少。一般认为，构造应力场具有以下特性：

①地质构造形态不仅改变了重力应力场，而且以各种构造形态获得释放，还以各种形式积蓄在岩体内，这种残余构造应力将对隧道工程产生重大影响。

②构造应力场在较浅的地层中已普遍存在，而且最大构造应力场的方向，近似为水平，其值常常大于重力应力场中的水平应力分量，甚至大于垂直应力分量，这与重力应力场有较大的差异。

③构造应力场是不均匀的，它的参数在空间和时间上都有较大的变化，尤其是它的主应力轴的方向和绝对值的变化很大。

用分析方法求解初始应力场，由于构造的、力学形态的和技术的原因，结果常常有极大的偏差。因此，在理论分析中，常把初始应力场按静水应力场来处理。在某些重要的工程中，多采用实地量测的方法，来判断主应力的大小及其方向的变化规律。这些方法中，比较通用的有地震法、水压致裂法、超前钻孔应力解除法、声发射法等。

（2）隧道开挖后的应力场

隧道的开挖，移走了隧道内原来受力的部分岩体，破坏了围岩初始应力场的平衡状态，围岩从相对静止的状态转变为变动的状态。围岩力图达到一个新的平衡，其应力和应变开始一个新的变化运动，运动的结果使得围岩的应力重新分布并向开挖的隧道空间变形。理论和实验证明，隧道开挖后，解除了部分围岩的约束，在隧道周围初始应力将沿隧道一定范围重新分布，一般情况下，应力状态如图 5.5 所示，形成三个区域。

Ⅰ区域称为低应力区，在有裂隙和破碎的岩石中或松软围岩中，由于岩体强度小，隧道开挖后，岩体不能承受急剧增大的周边应力而产生塑性变形，使隧道周边的围岩应力松弛而形成一个应力降低的区域，使高应力向岩体深处转移，被扰动的这部分岩体就开始向隧道内变形。变形值超过一定数值，岩体则出现移动、坍塌或处于蠕动状态。

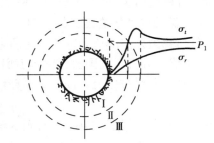

图 5.5　隧道开挖后的应力状态

91

Ⅱ区域称为高应力区,这一部分岩体也受到了扰动,在应力重分布的过程中使这个范围内岩体的应力升高,但强度尚未被破坏,实际相当于形成了一个承载环,起到承载的作用。

Ⅲ区域为原始应力区,距离隧道较远的岩体未受到开挖的影响,仍处于原始的应力状态。

在极坚硬而完整的围岩中,隧道周边应力急剧增高,由于岩体强度大,未形成如松软破碎岩体那种变形过大和开裂坍塌的情况,因而不存在应力降低区,而只有高应力向原始应力过渡的重分布特点,因此,往往不需要设置支护结构来提供外加平衡力。换句话说,这种隧道是自稳的。

综上所述,隧道的开挖,破坏了围岩原有的平衡,产生了变形和应力重新分布。但是这种变化发展不是无限的,它总是为了达到新的平衡而处在一种新的应力状态中。对稳定性不同(极稳定的、基本稳定的、不稳定的)的围岩中开挖隧道,情况是有所不同的,围岩变化到一定程度总是要暂时稳定下来。开挖方法和面积所影响的范围也有大有小,根据开挖的条件,有的可达地面,有的只涉及隧道周围一定深度(松动、破坏的范围),有的则影响极小。

上述分析说明,开挖隧道对围岩稳定的影响是较大的,影响的程度视地质条件、隧道形状、施工方法而异。公路隧道设计规范规定,隧道开挖破坏了的岩体的重力就是作用在支护结构上围岩压力的来源。当然,现代隧道施工技术是不会让这种现象自由发展,从爆破手段和初期支护上采取措施,阻止隧道周边岩体过大的变形和坍塌,使围岩成为主要的承载体。

5.2.3 围岩压力的确定方法

围岩压力的确定目前常用有下列三种方法:

①直接量测法。它是一种切合实际的方法,对隧道工程而言,也是研究发展的方向;但由于受量测设备和技术水平的制约,目前还不能普遍采用。

②经验法或工程类比法。它是根据大量以前工程的实际资料的统计和总结,按不同围岩分级提出围岩压力的经验数值,作为后建隧道工程确定围岩压力的依据的方法。也是目前使用较多的方法。

③理论估算法。它是在实践的基础上从理论上研究围岩压力的方法。由于地质条件的不确定性,影响围岩压力的因素又非常多,这些因素本身及它们之间的组合也带有一定的偶然性,企图建立一种完善的和适合各种实际情况的通用围岩压力理论及计算方法是困难的,因此,现有的围岩压力理论都不十分切合实际情况。

在理论计算方法中,考虑几个主要因素,使其结果相对地接近实际围岩压力的情况,是目前隧道工程设计中采用较多的方法。一般来讲,都是以某种简化的假设为前提,或以实际工程的统计分析资料为基础,因此,大都有一定程度的局限性。

(1)深埋隧道围岩压力的确定

目前我国公路隧道和铁路隧道所采用的计算围岩竖向均布压力的计算式,是以工程类比为基础,统计分析了我国数百座隧道坍方调查资料而拟定的。

围岩竖向均布压力 q 按下式计算:

$$q = 0.45 \times 2^{6-s} \times \gamma\omega \tag{5.12}$$

式中:S——围岩级别,如属Ⅱ级,则 $S=2$;

γ——围岩容重,kN/m^2;

$\omega = 1 + i(B-5)$——宽度影响系数;

B——隧道宽度,m;

i——以 $B=5$ m 为基准,B 每增减 1 m 时的围岩压力增减率。

当 $B<5$ m,取 $i=0.2$;当 $B>5$ m, 取 $i=0.1$。

公式(5.12)的适用条件为:

①$H/B<1.7$,式中 H 为隧道高度;

②深埋隧道;

③不产生显著偏压力及膨胀力的一般隧道;

④采用钻爆法施工的隧道。

围岩的水平均布压力 e,按表 5.12 中的经验公式计算,其适用条件同式(5.12)。在确定了围岩压力的数值后,一个重要的问题是考虑压力分布特征。根据我国隧道围岩压力的一些量测结果表明:作用在支护结构上的荷载是不均匀的,这是因为在Ⅱ及Ⅰ级围岩中,局部塌方是主要的,而其他级别的围岩中,岩体破坏范围的形状和大小受岩体结构、施工方法等因素的控制,也是极不规则的。根据统计资料,围岩竖向压力的分布图大致如图 5.6 所示。用等效荷载即非均布压力的总和应与均布压力的总和相等的方法,来确定各种荷载图形的最大压力值。另外,还应考虑围岩水平压力分布情况。

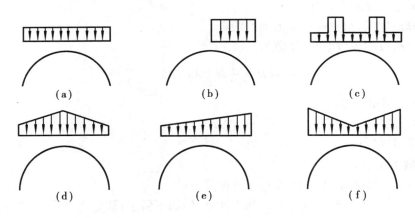

图 5.6　围岩压力分布特征

上述压力分布图形只概括一般情况,当地质、地形或其他原因可能产生特殊荷载时,围岩压力的大小和分布应根据实际情况分析确定。在分析支护结构时,一般以竖向和水平的均布荷载图形为主,并用局部压力、偏压以及非均布的荷载图形进行校核,较好的围岩着重于局部压力校核。

表 5.12　围岩水平均布压力

围岩级别	Ⅰ、Ⅱ	Ⅲ	Ⅳ	Ⅴ	Ⅵ
水平均布压力	0	$<0.15q$	$(0.15\sim0.3)q$	$(0.3\sim0.5)q$	$(0.5\sim1.0)q$

(2)浅埋隧道围岩压力的计算

浅埋隧道一般出现在山岭隧道的洞口附近,埋置深度较浅,深埋和浅埋隧道的分界,按荷载等效高度值,并结合地质条件、施工方法等因素综合判定,接荷载等效高度的判定式为:

$$H_{\mathrm{p}} = (2 \sim 2.5) h_{\mathrm{q}} \tag{5.13}$$

式中:H_{p}——深浅埋隧道分界深度;

h_{q}——荷载等效高度,按下式计算:

$$h_{\mathrm{q}} = \frac{q}{\gamma} \tag{5.14}$$

q——深埋隧道竖向均布压力,$\mathrm{kN/m^2}$;

γ——围岩容重,$\mathrm{kN/m^3}$。

在矿山法施工的条件下,Ⅳ~Ⅵ级围岩取

$$H_{\mathrm{p}} = 2.5 h_{\mathrm{q}} \tag{5.15}$$

Ⅰ~Ⅲ级围岩取

$$H_{\mathrm{p}} = 2 h_{\mathrm{q}} \tag{5.16}$$

浅埋隧道围岩压力分下述两种情况分别计算:

①埋深 H 小于或等于等效荷载高度 h_{q} 时,荷载视为均布竖向压力

$$q = \gamma H \tag{5.17}$$

式中:q——均布竖向压力;

γ——深度上覆围岩容重;

H——隧道埋深,指隧道顶至地面的距离。

侧向压力 e,按均布考虑时,其值为:

$$e = \gamma \left(H + \frac{1}{2} H_{\mathrm{i}} \right) \tan^2 \left(45° - \frac{\phi}{2} \right) \tag{5.18}$$

式中:e——侧向均布压力;

γ——围岩容重;

H——隧道埋深;

H_{i}——隧道高度;

ϕ——围岩计算摩擦角,其值可查有关规范。

②埋深大于 h_{q}、小于等于 H_{p} 时,为便于计算,作如下假定:假定土体中形成的破裂面是一条与水平成 β 角的斜直线,如图 5.7 所示。$EFHG$ 岩(土)体下沉,带动两侧三棱土体(如图中 FDB 及 ECA)下沉,整个土体 $ABDC$ 下沉时,又要受到未扰动岩(土)体的阻力;斜直线 AC 或 BD 是假定的破裂面,分析时考虑内聚力 C,并采用了计算摩擦角 ϕ;另一滑面 FH 或 EG 则并非破裂面,因此,滑面阻力要小于破裂滑面的阻力,若该滑面的摩擦角为 θ,则 θ 值应小于 ϕ 值。

设图 5.7 中隧道上覆岩体 $EFHG$ 的重力为 W,两侧三棱岩体 FDB 或 ECA 的重力为 W_1,未扰动岩体对整个滑动土体的阻力为 F,当 $EFEG$ 下沉,两侧受到的阻力为 T 或 T',可见作用于 HG 面上的垂直压力总值 $Q_{\text{浅}}$ 为:

$$Q_{\text{浅}} = W - 2T' = W - 2T \sin \theta \tag{5.19}$$

三棱中自重为:

$$W_1 = \frac{1}{2} \gamma h \cdot \frac{h}{\tan \beta} \tag{5.20}$$

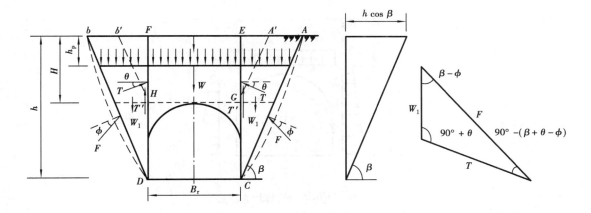

图 5.7　浅埋隧道围岩压力

式中：γ——围岩容重；

　　　h——隧道底部到地面的距离；

　　　β——破裂面与水平位置的夹角。

由图据正弦定律可得：

$$T = \frac{\sin(\beta - \phi)}{\sin[90° - (\beta - \phi + \theta)]} \cdot W_1 \tag{5.21}$$

将式（5.20）代入可得：

$$T = 1/2\gamma h^2 \lambda / \cos\theta \tag{5.22}$$

$$\lambda = \frac{\tan\beta - \tan\phi}{\tan\beta[1 + \tan\beta(\tan\phi - \tan\theta) + \tan\phi\tan\theta]} \tag{5.23}$$

$$\tan\beta = \tan\phi + \sqrt{\frac{(\tan^2\phi + 1)\tan\phi}{\tan\phi - \tan\theta}} \tag{5.24}$$

式中：λ——侧压力系数；

　　　其他符号意义同前。

至此，极限最大阻力 T 值可求得。得到 T 值后，代入式（5.17），可求得作用在 HG 面上的总竖向压力 $Q_{浅}$：

$$Q_{浅} = W - 2T\sin\theta = W - \gamma h^2\lambda\tan\theta \tag{5.25}$$

由于 GC、HD 与 EG、FH 相比往往较小，而且衬砌与土之间的摩擦角也不同，前面分析时按 θ 计，当中间土块下滑时，由 FH 及 EG 面传递，考虑压力稍大些对设计的结构也偏于安全，因此，摩擦力不计隧道部分而只计洞顶部分，即在计算中用埋深 H 代替 h，式（5.26）为：

$$Q_{浅} = W - \gamma H^2\lambda\tan\theta$$

由于　$W = B_t H \gamma$

故

$$Q_{浅} = \gamma H(B_t - H\lambda\tan\theta) \tag{5.26}$$

式中：B_t——隧道宽度；

　　　H——洞顶至地面距离，即埋深；

　　　其他符号意义同前。

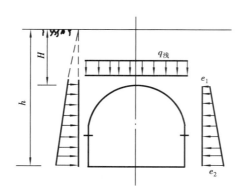

图 5.8 浅埋隧道换算均布荷载

换算为作用在支护结构上的均布荷载如图5.8所示。

$$q_{浅} = \frac{Q_{浅}}{B_t} = \gamma H \left(1 - \frac{H}{B_t \cdot \lambda \tan \theta} \right) \tag{5.27}$$

式中：$q_{浅}$——作用在支护结构上的均布荷载；

其他符号意义同前。

作用在支护结构两侧的水平侧压力为：

$$\left. \begin{array}{l} e_1 = \gamma H \lambda \\ e_2 = \gamma h \lambda \end{array} \right\} \tag{5.28}$$

式中，符号意义同前。侧压力视为均布时，侧压力为：

$$e = \frac{1}{2}(e_1 + e_2) \tag{5.29}$$

（3）围岩应力的现场量测

前述的围岩应力的计算理论，都是以一定的工程实践为基础的。长期以来，从事隧道工程的人们都想直接量测作用在隧道上的围岩应力及围岩变形，从而为隧道结构的设计和施工提供可靠数据，并验证现有的地压计算理论。为此，发展了各种实地量测的方法，并在实验室内作了大量的模拟试验分析研究工作，取得了不少有实用价值的成果。

实测作用在支护结构上的围岩压力的方法很多，归纳起来可分为两类：直接量测法和间接量测法。直接量测作用在支护结构上的压力（接触压力）的方法，主要采用各种类型的压力盒。压力盒按工作原理分为机械作用式、电测式和液压式等。机械式的压力盒性能比较稳定可靠，设备简单，缺点是不能远距离读数，灵敏度较差。电测式压力盒又分为电阻式、电容式、电压式和钢弦式几种。电阻式压力盒靠电阻的变化来量测作用在压力盒上的压力变化。在地下的条件下，不易做到良好的绝缘，因此，其可靠性和稳定性往往难以保证。目前使用较多的是钢弦式压力盒。各类电测式压力盒都需要专门的接收器。液压式压力盒的优缺点与机械式相似。

在隧道施工阶段中量测临时支护上的压力，从而推断作用在结构上的压力的方法得到普遍应用。这种方法采用各种类型的支柱测力计。支柱测力计按工作原理分为机械式、电测式和液压式等。

利用量测隧道衬砌的应变来推算作用在其上的围岩压力的方法，是一种间接量测方法。这种方法需要在衬砌内埋设各种应变量测元件。如电阻应变片、钢筋应变计、遥测应变计、混凝土应变砖等。这些量测元件,都是基于电阻的变化来量测应变的,应变量测元件都需要有相应的接收器。

围岩压力的实测一般都要与围岩的物理力学性质的试验、围岩的变形量测、围岩的初始应力量测等相配合。

5.3　影响围岩稳定性的因素

隧道围岩的分级是对隧道开挖后围岩稳定程度的分级和评价。构成围岩分级的前提是大量的隧道工程实践,在归纳、统计分析类似地质条件的基础上,通过定量和定性确定影响隧道围岩稳定性的因素,就得到隧道围岩的分级。因此,围岩分级的因素,也就是影响隧道围岩稳定性的因素。

影响坑道围岩稳定性的因素一般认为有两类,一类是客观存在的地质因素,另一类是设计和施工因素(或称为人为因素)。前者是基本的,后者是通过前者而起作用的。包括的内容如图 5.9 所示。

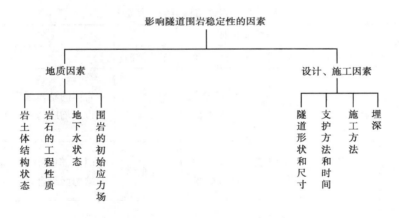

图 5.9　影响隧道围岩稳定性的因素

5.3.1　地质因素的影响

岩土体结构状态　岩土体结构是长时间地质运动的产物,在地质因素的影响中起着主要作用。

围岩的结构状态通常用其破碎程度或完整状态来表示。处于原始状态的岩土体,在长期的地质构造运动的作用下,产生各种结构面、形变、错动、断裂等使其破碎,在不同程度上丧失了其原有的完整状态。因此,结构状态的完整程度或破碎状态,在一定程度上是表征岩土体受地质构造运动作用的严重程度。对隧道围岩的稳定与否,起着主导作用。实践指出,在相同岩性的条件下,岩体越破碎,隧道就越易于失稳。因此,在各种分级方法中,都把岩体的破碎程度作为分类的基础指标。

岩体的完整状态或破碎程度有两个含义:一是构成岩体的岩块大小,二是这些岩块的组合形态。前者一般是采用裂隙的密集程度(裂隙率、裂隙间距、体裂隙率等)来表达,即沿结构面法线方向上每单位长度内结构面的数目或结构面的平均间距,或采用单位体积中的裂隙数等来表示。后者主要考虑构成岩体的完整状态的各种岩块的组合比例。

按结构面切割的岩块大小,可将岩土体分成图 5.10 所示的几种类型。

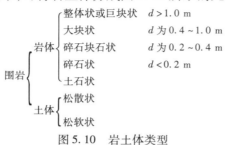

图 5.10　岩土体类型

图中 d 为裂隙间距,所指的裂隙是广义的,它包括层理、节理、断裂及夹层等;具有很大节理强度的裂隙不包括在内,如硅质、钙质胶结的等。

考虑到岩体的结构形态、岩块的大小以及结构面的特征,隧道围岩分级采用的岩体构造特征及其分类见表 5.13。表中简要地对各类岩体结构的工程地质进行评价。对土体的分类及其评价见表 5.14。

表 5.13　岩体结构类型及特征

类型	状态	结构面特征				工程地质评价
		间距/m	性质	张开程度	充填情况	
整体结构	巨块状	多数大于 1.0	多为原生型或构造型	多密闭延展不长		岩体的整体强度较大,变形特征接近于均质,弹性、各向同性体
砌体结构	大块状	多数大于 0.4	以构造型为主	多密闭部分微张	少有充填	同上,但要注意不利于岩体稳定的结构面组合,如平缓节理
镶嵌结构	块(石)碎(石)状	多数小于 0.2	以构造型或风化型为主	大部分微张或部分张开	部分为黏性土充填	岩体在整体上强度仍高,但不连续性较为显著,受过度震动易坍方
压碎结构	碎石状	多数小于 0.2	以风化型或构造型为主	微张或张开	部分为黏性土充填	岩体完整性破坏较大,强度受断层及弱面控制,并易受地下水影响,岩体稳定性差
松散结构	角砾碎石状					岩体强度遭到极大破坏,接近松散介质,稳定性极差
松软结构	泥沙角砾状					同上,但黏性土成分较多,易于蠕动

表 5.14　土体类型及其评价

类　型	土体状态		工程地质评价
	黏性土	非黏性土	
硬土类	略具压密或成岩作用的黏性土,老黄土	略具压密或成岩作用的非黏性土,泥质胶结的碎、卵石土,大块石或大漂石土	结构密实,具有一定的结构强度,小跨度时土体稳定
普通土类	一般第四纪成因的可塑的黏性土,新黄土	一般第四纪成因的稍湿至潮湿的非黏性土,包括一般碎、卵、砾石土	结构中等密实,结构强度较小,土体不够稳定
极软土类	软塑状黏性土	潮湿的粉细砂	易蠕动,液体,土体稳定性最差

岩体结构状态的特征是相互联系的,构成了裂隙岩体的基本特性,它是影响围岩分级的重要因素。

(1)岩石的工程性质

岩石的工程性质是多方面的,一般主要指岩石的强度或坚固性。在岩体结构状态成为控制围岩稳定的主要因素时,强调岩石强度意义是不大的。例如,在碎块状岩体中,岩石强度再大也阻止不了隧道围岩的坍落。但在较为完整的岩体结构中,如整体的巨块状结构或大块状结构,岩石强度就具有一定的意义。在这类围岩中因裂隙少,结构面强度也高,故岩石强度在一定程度上与岩体强度相接近,因此,岩石强度在完整的岩体中是起主要作用的。此时,岩石越硬,隧道越稳定。

完整岩体,一般都是认为均质的连续介质。隧道开挖后,围岩强度高,具有极大的稳定性,仅在个别情况下有局部的碎块、剥离现象,在这种情况下进行理论分析也是以岩石强度为依据。此外,在决定某些裂隙岩体的强度,也是要以岩石强度为基础。

在围岩分级中,岩石的坚固性或强度都是以岩石的单轴饱和极限抗压强度为基准,这是因为它的试验方法简便,数据分散性小,且与其他物性指标有着良好的互换性。依岩石试件抗压强度进行岩石分级的基准。

岩石的强度因风化及水的作用会大大降低。风化时,岩石产生风化裂隙使水易于浸入,岩体湿润,减少了岩石晶粒间的联系,因而强度减小,故试验时多以湿饱和强度为基准。

(2)地下水的作用和影响

隧道施工的大量实践证明,水是造成施工坍方和使隧道围岩丧失稳定的重要原因之一,因此,在隧道围岩分级中水的影响是不容忽视的。在不同的围岩中水影响是不相同的,一般有下列几种情况:

①使岩质软化、强度降低,对软岩尤为明显,对土体则可促使其液化或流动。

②在有软弱结构面的围岩中,会冲走充填物或使夹层液化,减少层间摩阻力,促使岩块滑动。

③在某些围岩中,如石膏、岩盐和蒙脱石为主的黏土岩中,遇水后产生膨胀,在未胶结或弱胶结的砂岩中可产生流沙和潜蚀。

因此,在围岩分级中都考虑了水的影响。在同级围岩中,遇水后则适当降低围岩级别。降低的幅度主要视围岩的岩性及结构面的状态、地下水的性质和大小、流通条件以及对围岩浸润状况和危害程度来确定。

在围岩分级中,关于地下水影响的定量可参考表 5.15 和表 5.16。

表 5.15　地下水状态的分级

级　别	状　态	每 10 m 的涌水量/$(L \cdot min^{-1})$
IV	干燥或潮湿	<10
V	偶有渗水	10 ~ 25
VI	经常渗水	25 ~ 325

表 5.16　地下水影响的修正

修正级别 地下水状态	围岩的基本分级					
	I	II	III	IV	V	VI
IV	I	II	IV(III)	IV(V)	VI	—
V	I	III	IV	V	VI	—
VI	II	III	IV	V	VI	

围岩的初应力状态对岩体的构造和力学特征是有一定影响的。它在某些分级中曾有所反映,例如,泰沙基分级,曾把同样是挤压变形缓慢的岩层视其埋深的不同分为两类,其荷载值有很大差异(约差 1 倍),这是考虑初应力状态的结果。又如,岩体质量 Q 法的分级,在考虑初应力状态的影响方面就更进一步了,如将初应力分为低应力(接近地表的)、中等应力的及高应力的几种情况,还划分出在高应力作用下产生塑流的岩体等,但多数分级是没有反应初应力的影响。

在围岩分级中,如何根据地质构造的特征引进初应力的影响,是需要进一步研究的问题。

5.3.2　施工因素的影响

人为的因素也是造成隧道丧失稳定的重要条件,其中隧道的形状和尺寸,尤其是跨度影响较为显著。实践证明,在同类围岩中,跨度越大,隧道围岩的稳定性就越差。因为岩体的破碎程度,相对地说是增大了。例如,大块状岩体是指裂隙间距在 0.4 ~ 1.0 m 的岩体。这是对中等跨度隧道(B 为 5 ~ 15 m)而言的,若跨度较大(大于 15 m)或较小(小于 5 m),岩体的破碎程度就不同,或者变为碎块状,或者变成巨块状,围岩的稳定性就不同。因此,有的分级就明确指出分级的适用跨度范围。如 RQD 分级就是适用于 5 ~ 10 m 跨度。但大多数分级都没有明确指出适用的跨度范围。

在围岩分级中也曾有人建议用相对裂隙间距,即裂隙间距与隧道跨度的比值,来进行隧道围岩稳定性的分级。例如,当相对裂隙间距大于 1/5 时,即可认为岩体是完整的;在 1/5 ~ 1/20范围内,岩体则处于不同的破碎状态;而小于 1/20,则可视为极度破碎的。但应指出,把跨度引进围岩分级中,会造成对岩体结构状态概念的混淆或误解,因此,多数分级还是只考虑绝对裂隙间距。

多数的分级是把跨度的影响放在改变地压值及支护结构的类型和尺寸上,这样就使分级问题简化了。

在施工因素中,支护结构的类型及架设时间也对隧道围岩的稳定性产生重要影响。其中比较重要的是隧道开挖后,围岩在无支护条件下的允许暴露时间及无支护地段的长度,也就是围岩的自稳时间,因此,有的围岩分级就是以这个时间进行分级的。隧道自稳时间是指从开挖后到顶部开始发生可以察觉到的移动、松弛时为止所经历的时间。实际上,它是岩石类型、隧道未支护地段长度、隧道宽度以及开挖时围岩被扰动、破坏程度的函数。

此外,施工方法也有影响,在同类岩体中,采用普通爆破法施工和控制爆破法施工,采用矿山法施工和盾构法或掘进机施工,采用大断面开挖和小断面分部开挖,对隧道稳定性的影响都不相同。例如,小断面分部开挖会造成围岩多次松动,极易坍方。因此,目前大多数分级中,都是建立在相应的施工方法的基础之上的。

埋深的影响也不能忽视。随着埋深的增加,初始应力场也随之增大,在围岩强度不变的情况下,围岩的应力度或围压比也发生了变化,可能会出现高应力场或极高应力场的问题,因而在施工过程中也可能出现诸如岩爆或大变形现象。因此,在高应力场或极高应力场的条件下,围岩级别应适当降低。

这些人为的施工因素,虽然对隧道稳定性有很大影响,但为了使岩分级问题简化,在分级中都是以分级的适用条件来处理的,而围岩分级本身则主要从地质因素去考虑。

隧道围岩稳定性与围岩分级是息息相关的。隧道稳定性的分类对选择和确立围岩的分级指标有直接意义。因此,所作的分析和说明也仅是与其有关的一些方面。有关隧道围岩稳定性的详细讨论请参考有关专著。

思 考 题

5.1　围岩的初始应力场的基本概念,如何评价初始应力场?

5.2　围岩完整性包括什么内容? 在围岩分级中的作用?

5.3　决定隧道围岩稳定性的因素有哪些? 如何认识这些因素的影响?

5.4　为什么要进行围岩分级和怎样进行围岩分级?

5.5　隧道各阶段围岩分级考虑的因素有哪些不同?

第 **6** 章
隧道结构计算

6.1 概　述

6.1.1 引言

隧道结构工程特性、设计原则和方法与地面结构完全不同,隧道结构是由周边围岩和支护结构两者组成共同的并相互作用的结构体系。各种围岩都是具有不同程度自稳能力的介质,即周边围岩在很大程度上是隧道结构承载的主体,其承载能力必须加以充分利用。隧道衬砌的设计计算必须结合围岩自承能力进行,隧道衬砌除必须保证有足够的净空外,还要求有足够的强度,以保证在使用寿限内结构物有可靠的安全度。显然,对不同形式的衬砌结构物应该用不同的方法进行强度计算。

隧道建筑虽然是一门古老的建筑结构,但其结构计算理论的形成却较晚。从现有资料看,最初的计算理论形成于 19 世纪。其后随着建筑材料、施工技术、量测技术的发展,促进了计算理论的逐步发展。最初的隧道衬砌使用砖石材料,其结构形式通常为拱形。由于砖石以及砂浆材料的抗拉强度远低于抗压强度,采用的截面厚度常常很大,所以结构变形很小,可以忽略不计。因为构件的刚度很大,故将其视为刚性体。计算时按静力学原理确定其承载时压力线位置,验算结构强度。

在 19 世纪末,混凝土已经是广泛使用的建筑材料,它具有整体性好,可以在现场根据需要进行模注等特点。这时,隧道衬砌结构是作为超静定弹性拱计算的,但仅考虑作用在衬砌上的围岩压力,而未将围岩的弹性抗力计算在内,忽视了围岩对衬砌的约束作用。由于把衬砌视为自由变形的弹性结构,因而,通过计算得到的衬砌结构厚度很大,过于安全。大量的隧道工程实践表明,衬砌厚度可以减小,因此,后来上述两种计算方法已经不再使用了。进入 20 世纪后,通过长期观测,发现围岩不仅对衬砌施加压力,同时还约束着衬砌的变形。围岩对衬砌变形的约束,对改善衬砌结构的受力状态有利,不容忽视。衬砌在受力过程中的变形,一部分结

102

构有离开围岩形成"脱离区"的趋势,另一部分压紧围岩形成所谓"抗力区",如图 6.1 所示。在抗力区内,约束着衬砌变形的围岩,相应地产生被动抵抗力,即"弹性抗力"。抗力区的范围和弹性抗力的大小,因围岩性质、围岩压力大小和结构变形的不同而不同。但是对这个问题有不同的见解,即局部变形理论和共同变形理论。

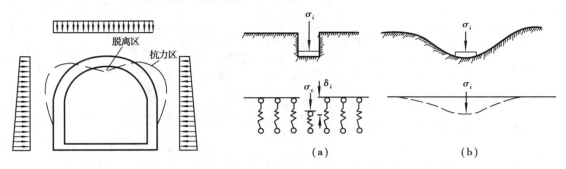

图 6.1　抗力区和脱离区　　　　图 6.2　围岩被视为独立的弹簧(a)和联合的弹簧(b)

局部变形理论是以温克尔(E. Winkler)假定为基础的。它认为应力(σ_i)和变形(δ_i)之间呈直线关系,即 $\sigma_i = k\delta_i$,k 为围岩弹性抗力系数,如图 6.2(a)所示。这一假定,相当于认为围岩是一组各自独立的弹簧,每个弹簧表示一个小岩柱。虽然实际的弹性体变形是互相影响的,施加于一点的荷载会引起整个弹性体表面的变形,即共同变形,如图 6.2(b)所示。但温克尔假定能反映衬砌的应力与变形的主要因素,且计算简便实用,可以满足工程设计的需要。应当指出,弹性抗力系数 k 并非常数,它取决于很多因素,如围岩的性质、衬砌的形状和尺寸以及荷载类型等。不过对于深埋隧道,可以视为常数。

共同变形理论把围岩视为弹性半无限体,考虑相邻质点之间变形的相互影响。它用纵向变形系数 E 和横向变形系数 μ 表示地层特征,并考虑黏结力 C 和内摩擦角 φ 的影响。但这种方法所需围岩物理力学参数较多,而且计算颇为繁杂,计算模型也有严重缺陷,另外还假定施工过程中对围岩不产生扰动等,更是与实际情况不符,因而我国很少采用。

本章将讨论局部变形理论中目前仍有实用价值的方法。

6.1.2　隧道结构体系的计算模型

国际隧道协会(ITA)在 1987 年成立了隧道结构设计模型研究组,收集和汇总了各会员国目前采用的地下结构设计方法,如表 6.1 所示。经过总结,国际隧道协会认为,目前采用的地下结构设计方法可以归纳为以下 4 种设计模型:

①以参照过去隧道工程实践经验进行工程类比为主的经验设计法;

②以现场量测和实验室试验为主的实用设计方法。例如,以洞周位移量测值为根据的收敛约束法;

③作用与反作用模型,即荷载—结构模型。例如,弹性地基圆环计算和弹性地基框架计算等计算法;

④连续介质模型,包括解析法和数值法。数值计算法目前主要是有限单元法。

从各国的地下结构设计实践看,目前在设计隧道的结构体系时,主要采用两类计算模型:一类是以支护结构作为承载主体,围岩作为荷载同时考虑其对支护结构的变形约束作用的模型;另一类则相反,视围岩为承载主体,支护结构则为约束围岩变形的模型。

表 6.1　一些国家采用的设计方法概况

国家＼种类	盾构开挖的软土质隧道	喷锚钢支撑的软土质隧道	中硬石质深埋隧道
奥地利	弹性地基圆环	弹性地基圆环、有限元法、收敛-约束法	经验法
德国	覆盖层厚小于 $2D$,顶部无约束的弹性地基圆环;覆盖层厚大于 $3D$,全支承弹性地基圆环、有限元法	覆盖层厚小于 $2D$,顶部无约束的弹性地基圆环;覆盖层厚大于 $3D$,全支承弹性地基圆环、有限元法	全支承弹性地基圆环、有限元法、连续介质或收敛-约束法
法国	弹性地基圆环有限元法	有限元法、作用-反作用模型、经验法	连续介质模型、收敛-约束法、经验法
日本	局部支承弹性地基圆环	局部支承弹性地基圆环、经验加测试有限元法	弹性地基框架、有限元法、特性曲线法
中国	自由变形或弹性地基圆环	初期支护:有限元法 收敛-约束法 二期支护:弹性地基圆环	初期支护:经验法 永久支护:作用和反作用模型 大型洞室:有限元法
瑞士		作用-反作用模型	有限元法、有时用收敛-约束法
英国	弹性地基圆环缪尔伍德法	收敛-约束法、经验法	有限元法、收敛-约束法、经验法
美国	弹性地基圆环	弹性地基圆环、作用-反作用模型	弹性地基圆环、有限元法、锚杆经验法

前者又称为传统的结构力学模型。它将支护结构和围岩分开来考虑,支护结构是承载主体,围岩作为荷载的来源和支护结构的弹性支承, 故又可称为荷载-结构模型。在这类模型中隧道支护结构与围岩的相互作用是通过弹性支承对支护结构施加约束来体现的,而围岩的承载能力则在确定围岩压力和弹性支承的约束能力时间接地考虑。围岩的承载能力越高,它给予支护结构的压力越小,弹性支承约束支护结构变形的抗力越大,相对来说,支护结构所起的作用就变小了。

这一类计算模型主要适用于围岩因过分变形而发生松弛和崩塌,支护结构主动承担围岩"松动"压力的情况。因此,利用这类模型进行隧道支护结构设计的关键问题,是如何确定作用在支护结构上的主动荷载,其中最主要的是围岩所产生的松动压力,以及弹性支承给支护结构的弹性抗力。一旦这两个问题解决了,剩下的就只是运用普通结构力学方法求出超静定体系的内力和位移了。属于这一类模型的计算方法有:弹性连续框架(含拱形)法、假定抗力法和弹性地基梁(含曲梁和圆环)法等都可归属于荷载结构法。当软弱地层对结构变形的约束能力较差时(或衬砌与地层间的空隙回填,灌浆不密实时),地下结构内力计算常用弹性连续框架法,反之,可用假定抗力法或弹性地基梁法。弹性连续框架法即为进行地面结构内力计算时的力法与变形法。假定抗力法和弹性地基梁法则已形成了一些经典计算方法。由于这个模型概念清晰,计算简便,易于被工程师们所接受,至今仍很通用,尤其是对模筑衬砌。

第二类模型又称为岩体力学模型。它是将支护结构与围岩视为一体,作为共同承载的隧道结构体系,故又称为围岩-结构模型或复合整体模型,见图6.2(b)。在这个模型中围岩是直接的承载单元,支护结构只是用来约束和限制围岩的变形,这一点正好和上述模型相反。复合整体模型是目前隧道结构体系设计中力求采用的并正在发展的模型,因为它符合当前的施工技术水平。在围岩-结构模型中可以考虑各种几何形状,围岩和支护材料的非线性特性,开挖面空间效应所形成的三维状态,以及地质中不连续面,等等。在这个模型中有些问题是可以用解析法求解,或用收敛-约束法图解,但绝大部分问题,因数学上的困难必须依赖数值方法,尤其是有限单元法。利用这个模型进行隧道结构体系设计的关键问题,是如何确定围岩的初始应力场,以及表示材料非线性特性的各种参数及其变化情况。一旦这些问题解决了,原则上任何场合都可用有限单元法分析围岩和支护结构应力和位移状态。

6.2　隧道衬砌上的荷载类型及其组合

围岩压力与结构自重力是隧道结构计算的基本荷载。明洞及明挖法施工的隧道,填土压力与结构自重力是结构的主要荷载。《公路隧道设计规范》(JTG D70—2004)中在对隧道结构进行计算时,列出了荷载类型,如表6.2所示,并按其可能出现的最不利组合考虑。其他各种荷载除公路车辆荷载之外,在结构计算时考虑的几率很小,有的也很难准确地表达与定量,表中所列荷载不论几率大小,力求其全,是为了体现荷载体系的完整,也是为了在结构计算时荷载组合的安全系数取值,并与《铁路隧道设计规范》(TB 10003—2005)的取值保持一致。同时,又本着公路隧道荷载分类向公路荷载分类方法靠的原则,在形式上与《公路桥涵设计通用规范》(JTG D60—2004)保持一致,在取用荷载组合安全系数时又能与铁路隧道荷载分类相对应。表6.2中的永久荷载加基本可变荷载对应于铁路隧道设计规范中的主要荷载,其他可变荷载对应于铁路隧道的附加荷载,偶然荷载对应于铁路的特殊荷载。表6.2所列的荷载及分类不适用于新奥法(NATM)设计与施工的隧道。

表6.2　作用在隧道结构上的荷载

编号	荷载类型		荷载名称
1	永久荷载(恒载)		围岩压力
2			结构自重力
3			填土压力
4			混凝土收缩和徐变影响力
5	可变荷载	基本可变荷载	公路车辆荷载,人群荷载
6			立交公路车辆荷载及其所产生的冲击力和土压力
7			立交铁路列车活载及其所产生的冲击力和土压力
8		其他可变荷载	立交渡槽流水压力
9			温度变化的影响力
10			冻胀力
11	偶然荷载		落石冲击力
12			地震力
13			施工荷载

由于隧道设计中贯彻了"早进晚出"的原则,洞口接长明洞的边坡都不很高,加之落石多为滚滑、跳跃落下,直接砸落在明洞上者极少。而当遇有大量落石和堕落高度较大的石块,可设法避开或者采取清除危石加固坡面等措施,故一般情况下落石冲击力可不考虑。

当有落石危害须验算冲击力时,则只计洞顶实际填土重力(不包括坍方堆积土石重力)和落石冲击力的影响。落石冲击力的计算,目前研究还不深入,实测资料也很少,故对其计算未作规定,具体设计时可通过现场量测或有关计算验证。

设计山岭公路隧道建筑物时,一般不需考虑列车荷载及公路车辆荷载,只有当隧道结构构件承受公路车辆荷载及列车荷载才按有关规定进行计算。

作用在衬砌上的荷载,按其性质也可以区分为主动荷载与被动荷载。主动荷载是主动作用于结构、并引起结构变形的荷载;被动荷载是因结构变形压缩围岩而引起的围岩被动抵抗力,即弹性抗力,它对结构变形起限制作用。

主动荷载包括主要荷载(指长期及经常作用的荷载,有围岩压力、回填土荷载、衬砌自重、地下静水压力等)和附加荷载(指非经常作用的荷载,有灌浆压力、冻胀压力、混凝土收缩应力、温差应力以及地震力等)。计算荷载应根据这两类荷载同时存在的可能性进行组合。在一般情况下可仅按主要荷载进行计算。特殊情况下才进行必要的组合,并选用相应的安全系数验算结构强度。

被动荷载主要指围岩的弹性抗力,它只产生在被衬砌压缩的那部分周边上。其分布范围和图式一般可按工程类比法假定,通常可作简化处理。

6.3 半衬砌的计算

拱圈直接支承在坑道围岩侧壁上时,称为半衬砌,如图6.3所示。常适合于坚硬和较完整的围岩(Ⅱ、Ⅲ级)中,或用先拱后墙法施工时,在拱圈已作好,但马口尚未开挖前,拱圈也处于半衬砌工作状态。

6.3.1 计算图式、基本结构及正则方程

道路隧道中的拱圈,一般矢跨比不大,在垂直荷载作用下拱圈向坑道内变形,为自由变形,不产生弹性抗力。由于支承拱圈的围岩是弹性的,即拱圈支座是弹性的,在拱脚反力的作用下

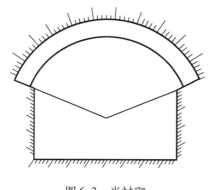

图6.3 半衬砌

围岩表面将发生弹性变形,使拱脚产生角位移和线位移。拱脚位移将使拱圈内力发生改变,因而计算中除按固端无铰拱考虑外,还必须考虑拱脚位移的影响。对于拱脚位移,还可以作些具体分析,使计算图式得到简化。通常,拱脚截面剪力很小,它与围岩之间的摩擦力很大,可以认为拱脚没有沿隧道径向的位移,只有切向位移,所以在计算图式中,在固端支座上用一根径向刚性支承链杆加以约束,如图6.4(a)所示。切向位移可以分解为垂直方向和水平方向两个分位移。在结构对称和荷载对称条件下,两拱脚的位移也是对称的。对称的垂直分

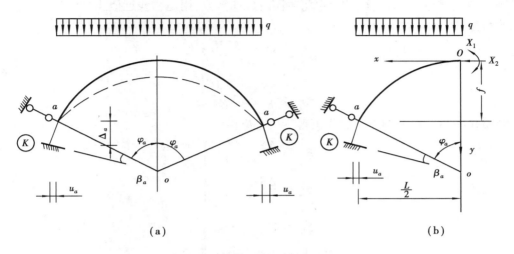

（a）　　　　　　　　　　　　　　　　　　（b）

图6.4　半衬砌基本结构及约束

位移对拱圈内力不产生影响。拱脚的转角 β_a 和切向位移的水平分位移 u_a 是必须考虑的。图中所示为正号方向，即水平分位移向外为正，转角与正弯矩方向相同时为正。采用力法计算时，将拱圈在拱顶处切开，取基本结构如图 6.4（b）所示。固端无铰拱为三次超静定，有三个多余未知力，即弯矩 X_1，轴向力 X_2 和剪力 X_3。结构对称和荷载对称时 $X_3 = 0$，变成二次超静定结构。按拱顶切开处的截面相对变位为零的条件，可建立如下正则方程式：

$$\left.\begin{array}{r} X_1\delta_{11} + X_2\delta_{12} + \Delta_{1p} + \beta_a = 0 \\ X_1\delta_{21} + X_2\delta_{22} + \Delta_{2p} + f\beta_a + u_a = 0 \end{array}\right\} \tag{6.1}$$

式中：δ_{ik}——单位变位，即在基本结构上，因 $\overline{X}_k = 1$ 作用时，在 X_i 方向上所产生的变位；

　　　Δ_{ip}——荷载变位，即基本结构因外荷载作用，在 X_i 方向的变位；

　　　f——拱圈的矢高；

　　　β_a, u_a——拱脚截面的最终转角和水平位移。

如果式（6.1）中的各变位都能求出，则可用结构力学的力法知识解算出多余未知力 X_1 和 X_2，进而求出拱圈内力。

6.3.2　单位变位及荷载变位的计算

由结构力学求变位的方法（轴向力与剪力影响忽略不计）知道：

$$\left.\begin{array}{l} \delta_{ik} = \displaystyle\int \frac{\overline{M}_i\overline{M}_k}{EJ}\mathrm{d}s \\[3mm] \Delta_{ip} = \displaystyle\int \frac{\overline{M}_i M_p^0}{EJ}\mathrm{d}s \end{array}\right\} \tag{6.2}$$

式中：$\overline{M}_i$——基本结构在 $\overline{X}_i = 1$ 作用下所产生的弯矩；

　　　$\overline{M}_k$——基本结构在 $\overline{X}_k = 1$ 作用下所产生的弯矩；

　　　M_P^0——基本结构在外荷载作用下所产生的弯矩；

　　　EJ——结构的刚度。

在进行具体计算时，由于结构对称、荷载对称，只需计算半个拱圈。在很多情况下，衬砌厚

107

度是改变的,给积分带来不便,这时可将拱圈分成偶数段,用抛物线近似积分法代替,式(6.2)可以改写为:

$$
\left.\begin{aligned}
\delta_{ik} &\approx \frac{\Delta S}{E} \sum \frac{\overline{M_i}\,\overline{M_k}}{J} \\
\Delta_{ip} &\approx \frac{\Delta S}{E} \sum \frac{M_i M_p^0}{EJ}
\end{aligned}\right\}
\tag{6.3}
$$

利用式(6.3),参照图6.5容易求得下列变位:

$$
\left.\begin{aligned}
\delta_{11} &\approx \frac{\Delta S}{E} \sum \frac{1}{J} \\
\delta_{12} &\approx \frac{\Delta S}{E} \sum \frac{y}{J} \\
\delta_{22} &\approx \frac{\Delta S}{E} \sum \frac{y^2}{J} \\
\Delta_{1p} &\approx \frac{\Delta S}{E} \sum \frac{M_p^0}{EJ} \\
\Delta_{2p} &\approx \frac{\Delta S}{E} \sum \frac{y M_p^0}{EJ}
\end{aligned}\right\}
\tag{6.4}
$$

式中:ΔS——半拱弧长 n 等分后的每段弧长。

计算表明,当拱厚 $d < l/10$(l 为拱的跨度)时,曲率和剪力的影响可以略去。当矢跨比 $f/l > 1/3$ 时,轴向力影响可以略去。

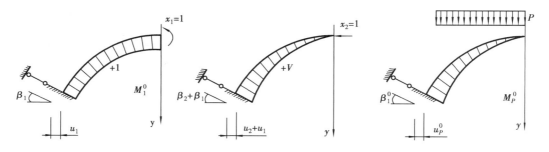

图 6.5　单位荷载和外荷载下的内力图

6.3.3　拱脚位移计算

(1)单位力矩作用时

单位力矩作用在拱脚围岩上时,拱脚截面绕中心点 a 转过一个角度 $\overline{\beta}_1$,如图 6.6 所示,拱脚截面仍保持为平面,其内(外)缘处围岩的最大应力 σ_1 和拱脚内(外)缘的最大沉陷 δ_1 为:

$$
\sigma_1 = \frac{\overline{M}_a}{W_a} = \frac{6}{bh_a^2};\quad \delta_1 = \frac{\sigma_1}{k_a} = \frac{6}{k_a b h_a^2}
$$

拱脚截面绕中心点 a 转过一个角度 $\overline{\beta}_1$,点 a 不产生水平位移,则有:

$$
\overline{\beta}_1 = \frac{\delta_2}{\dfrac{h_a}{2}} = \frac{12}{k_a b h_a} = \frac{1}{k_a J_a};\quad \overline{u}_a = 0
\tag{6.5}
$$

式中:h_a——拱脚截面厚度;

　　　W_a——拱脚截面的截面模量;

　　　k_a——拱脚围岩基底弹性抗力系数;

　　　J_a——拱脚截面惯性矩;

　　　b——拱脚截面纵向单位宽度,取 1 m。

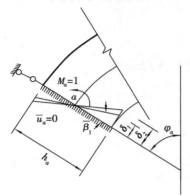

图 6.6　拱脚截面在单位力作用下的变位关系

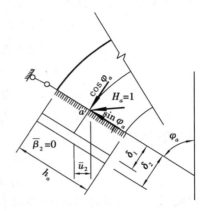

图 6.7　单位轴向分力下的变位关系

(2)单位水平力作用时

单位水平力可以分解为轴向分力($1 \times \cos \varphi_a$)和切向分力($1 \times \sin \varphi_a$),计算时只需考虑轴向分力的影响,如图 6.7 所示。作用在围岩表面的均布应力 σ_2 和拱脚产生的均匀沉陷 δ_2 为:

$$\sigma_2 = \frac{\cos \varphi_a}{b h_a}; \delta_2 = \frac{\sigma_2}{k_a} = \frac{\cos \varphi_a}{k_a b h_a}$$

δ_2 的水平投影即为 a 点的水平位移 $\bar{u}_2$,均匀沉陷时拱脚截面不发生转动,则有:

$$\bar{u}_2 = \delta_2 \cos \varphi_a = \frac{\cos^2 \varphi_a}{k_a b h_a}; \bar{\beta}_2 = 0 \tag{6.6}$$

(3)外荷载作用时

在外荷载作用下,基本结构中拱脚 a 点产生弯矩 M_{ap}^0 和轴向力 N_{ap}^0,如图 6.8 所示,拱脚截面的转角 β_{ap}^0 和水平位移 u_{ap}^0 为:

$$\beta_{ap}^0 = M_{ap}^0 \bar{\beta}_1 + H_{ap}^0 \bar{\beta}_2 = M_{ap}^0 \bar{\beta}_1 ;$$

$$u_{ap}^0 = M_{ap}^0 \bar{u}_1 + H_{ap}^0 \bar{u}_2 = N_{ap}^0 \frac{\cos \varphi_a}{k_a b h_a} \tag{6.7}$$

(4)拱脚位移

拱脚的最终转角 β_a 和水平位移 u_a 可分别考虑 X_1、X_2 和外荷载的影响,按叠加原理求得,可表示为:

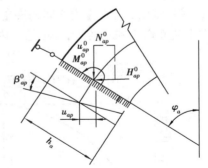

图 6.8　拱脚截面在外荷载下的变位关系

$$\left. \begin{aligned} \beta_a &= X_1 \bar{\beta}_1 + X_2 (\bar{\beta}_2 + f\bar{\beta}_1) + \bar{\beta}_{ap}^0 \\ u_a &= X_1 \bar{u}_1 + X_2 (\bar{u}_2 + f\bar{u}_1) + u_{ap}^0 \end{aligned} \right\} \tag{6.8}$$

6.3.4 拱圈截面内力

将式(6.7)和(6.8)代入正则方程(6.1)可得：

$$X_1(\delta_{11} + \bar{\beta}_1) + X_2(\delta_{12} + \bar{\beta}_2 + f\bar{\beta}_1) + (\Delta_{1p} + \beta_{ap}^0) = 0$$

令

$$X_1(\delta_{21} + \bar{u}_1 + f\bar{\beta}_1) + X_2(\delta_{22} + \bar{u}_2 + f\bar{u}_1 + f\bar{\beta}_2 + f^2\bar{\beta}_1) + (\Delta_{2p} + f\beta_{ap}^0 + u_{ap}^0) = 0 \quad (6.9)$$

$$\left.\begin{aligned}
a_{11} &= \delta_{11} + \bar{\beta}_1 \\
a_{22} &= \delta_{22} + \bar{u}_2 + f\bar{u}_1 + f\bar{\beta}_2 + f^2\bar{\beta}_1 \\
a_{12} &= a_{21} = \delta_{12} + \bar{\beta}_2 + f\bar{\beta}_1 = \delta_{21} + \bar{u}_1 + f\bar{\beta}_1 \\
a_{10} &= \Delta_{1p} + \beta_{ap}^0 \\
a_{20} &= \Delta_{2p} + f\beta_{ap}^0 + u_{ap}^0
\end{aligned}\right\} \quad (6.10)$$

则(6.9)式可简写为：

$$\left.\begin{aligned}
a_{11}X_1 + a_{12}X_2 + a_{10} &= 0 \\
a_{21}X_1 + a_{22}X_2 + a_{20} &= 0
\end{aligned}\right\} \quad (6.11)$$

解此二元一次方程组，可得多余未知力为：

$$\left.\begin{aligned}
X_1 &= \frac{a_{22}a_{10} - a_{12}a_{20}}{a_{12}^2 - a_{11}a_{22}} \\
X_2 &= \frac{a_{11}a_{20} - a_{12}a_{10}}{a_{12}^2 - a_{11}a_{22}}
\end{aligned}\right\} \quad (6.12)$$

则任意截面 i 处的内力（如图6.9所示）为：

$$\left.\begin{aligned}
M_i &= X_1 + X_2 y_i + M_{ip}^0 \\
N_i &= X_2 \cos\varphi_i + N_{ip}^0
\end{aligned}\right\} \quad (6.13)$$

式中：M_{ip}^0 和 N_{ip}^0——基本结构因外荷载作用在任一截面 i 处产生的弯矩和轴力；

y_i——截面 i 的纵坐标；

φ_i——截面 i 与垂直线之间的夹角。

求出截面弯矩和轴力后，即可绘出内力图，如图6.10所示，并确定出危险截面。

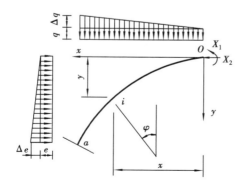

图6.9 基本结构受力图

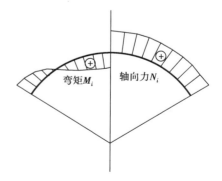

图6.10 半衬砌结构内力图

上述计算是将拱圈视为自由变形得到的计算结果。由于没有考虑弹性抗力，所以弯矩是比较大的，因此截面也较厚。如果围岩较坚硬，或者拱的形状较尖，则可能有弹性抗力。衬砌背后的密实回填是提供弹性抗力的必要条件,但是拱部的回填相当困难,不容易做到密实。仅在起拱线以上 1～1.5 m 范围内的超挖部分,由于是用与拱圈同级的混凝土回填的,可以做到密实以外,其余部分的回填则比较松散,不能有效地提供弹性抗力。拱脚处无径向位移,故弹性抗力为零,最大值在上述的 1～1.5 m 处,中间的分布规律较复杂,为简化计算可以假定为按直线分布。考虑弹性抗力的拱圈计算,可参考曲墙式衬砌进行。

6.4　曲墙式衬砌计算

在衬砌承受较大的垂直方向和水平方向的围岩压力时,常常采用曲墙式衬砌形式。它由拱圈、曲边墙和底板组成,有向上的底部压力时设仰拱。曲墙式衬砌常用于 Ⅳ～Ⅵ 级围岩中,拱圈和曲边墙作为一个整体按无铰拱计算,施工时仰拱是在无铰拱业已受力之后修建的,因此,一般不考虑仰拱对衬砌内力的影响。

6.4.1　计算图式

在主动荷载作用下,顶部衬砌向隧道内变形而形成脱离区,两侧衬砌向围岩方向变形,引起围岩对衬砌的被动弹性抗力,形成抗力区,如图 6.11 所示。抗力图形分布规律按结构变形特征作以下假定:

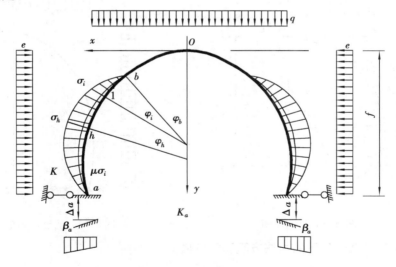

图 6.11　按结构变形特征的抗力图形分布

①上零点 b(即脱离区与抗力区的分界点)与衬砌垂直对称中线的夹角假定为 $\varphi_b = 45°$。

②下零点 a 在墙脚。墙脚处摩擦力很大,无水平位移,故弹性抗力为零。

③最大抗力点 h 假定发生在最大跨度处附近,计算时一般取 $ah \approx \dfrac{2}{3}ab$,为简化计算可假定在分段的接缝上。

④抗力图形的分布按以下假定计算:

拱部 bh 段抗力按二次抛物线分布,任一点的抗力 σ_i 与最大抗力 σ_h 的关系为:

$$\sigma_i = \frac{\cos^2\varphi_b - \cos^2\varphi_i}{\cos^2\varphi_b - \cos^2\varphi_h}\sigma_h \tag{6.14}$$

边墙 ha 段的抗力为:

$$\sigma_i = \left[1 - \left(\frac{y_i'}{y_h'}\right)^2\right]\sigma_h \tag{6.15}$$

式中:φ_i、φ_b、φ_h——分别为 i、b、h 点所在截面与垂直对称轴的夹角;

y_i'——i 点所在截面与衬砌外轮廓线的交点至最大抗力点 h 的距离;

y_n'——墙底外缘至最大抗力点 h 的垂直距离。

ha 段边墙外缘一般都作成直线形,且比较厚,因刚度较大,故抗力分布也可假定为与高度呈直线关系。若 ha 段的一部分外缘为直线形,则可将其分为两部分分别计算,即曲边墙段按式(6.15)计算,直边墙段按直线关系计算。

两侧衬砌向围岩方向的变形引起弹性抗力,同时也引起摩擦力 S_i;其大小等于弹性抗力和衬砌与围岩间的摩擦系数的乘积:

$$S_i = \mu\sigma_i \tag{6.16}$$

计算表明,摩擦力影响很小,可以忽略不计,而忽略摩擦力的影响是偏于安全的。墙脚弹性地固定在地基上,可以发生转动和垂直位移。如前所述,在结构和荷载均对称时,垂直位移对衬砌内力不产生影响。因此,若不考虑仰拱的作用,可将计算简图表示为图 6.12 的形式。

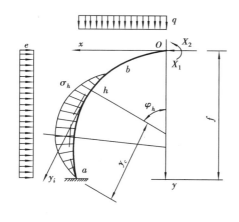

图 6.12　曲墙衬砌计算简图

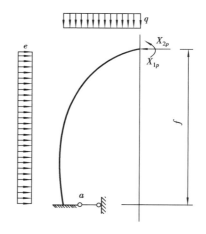

图 6.13　曲墙衬砌基本结构

6.4.2　主动荷载作用下的力法方程和衬砌内力

取基本结构如图 6.13 所示,未知力为 X_{1p}、X_{2p},根据拱顶截面相对变位为零的条件,可以列出力法方程式:

$$\left.\begin{array}{l}X_{1p}\delta_{11} + X_{2p}\delta_{12} + \Delta_{1p} + \beta_{ap} = 0 \\ X_{1p}\delta_{21} + X_{2p}\delta_{22} + \Delta_{2p} + f\beta_{ap} + u_{ap} = 0\end{array}\right\} \tag{6.17}$$

式中:β_{ap}、u_{ap}——分别为墙底位移。分别计算 X_{1p},X_{2p} 和外荷载的影响,然后按照叠加原理相加得到:

$$\beta_{ap} = X_{1p}\overline{\beta_1} + X_{2p}(\overline{\beta_2} + f\overline{\beta_1}) + \beta_{ap}^0 \tag{6.18}$$

由于墙底无水平位移,故 $u_{ap} = 0$,代入式(6.17)整理可得:

$$X_{1p}(\delta_{11} + \overline{\beta}_1) + X_{2p}(\delta_{12} + f\overline{\beta}_1) + \Delta_{1p} + \beta_{ap} = 0$$
$$X_{1p}(\delta_{21} + f\overline{\beta}_1) + X_{2p}(\delta_{22} + f^2\overline{\beta}_1) + \Delta_{2p} + f\beta_{ap}^0 = 0$$

(6.19)

式中：δ_{ik}、Δ_{ip}——基本结构的单位位移和主动荷载位移，可由式(6.2)求得；

$\overline{\beta}_1$——墙底单位转角，可参照式(6.5)计算；

δ_{ap}^0——基本结构墙底的荷载转角，可参照式(6.7)计算；

f——衬砌的矢高。

求得 X_{1p}、X_{2p} 后，在主动荷载作用下，衬砌内力即可参照式(6.13)计算：

$$M_{ip} = X_{1p} + X_{2p}y_i + M_{ip}^0$$
$$N_{ip} = X_{2p}\cos\varphi_i + N_{ip}^0$$

(6.20)

在具体进行计算时，还需进一步确定被动抗力 σ_h 的大小，这需要利用最大抗力点 h 处的变形协调条件。在主动荷载作用下，通过式(6.20)可解出内力 M_{ip}、N_{ip}，并求出 h 点的位移 δ_{hp}，如图 6.14(b)所示。在被动荷载作用下的内力和位移，可以通过 $\overline{\sigma}_h = 1$ 的单位弹性抗力图形作为外荷载时所求得的任一截面内力 $\overline{M}_{i\sigma}$、$\overline{N}_{i\sigma}$ 和最大抗力点 h 处的位移 $\delta_{h\sigma}$，如图 6.14(c)所示，并利用叠加原理求出 h 点的最终位移：

$$\delta_h = \delta_{hp} + \sigma_h\delta_{h\sigma}$$

(6.21)

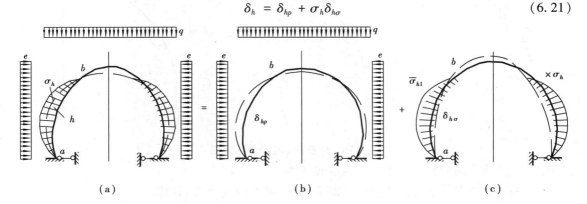

(a)　　　　　　　　　　(b)　　　　　　　　　　(c)

图 6.14　主动荷载与被动荷载叠加

由温克尔假定可以得到 h 点的弹性抗力与位移的关系：$\sigma_h = k\delta_h$，代入(6.21)式可得：

$$\sigma_h = \frac{k\delta_{hp}}{1 - k\delta_{h\sigma}}$$

(6.22)

6.4.3　最大抗力值的计算

由式(6.22)可知，欲求 σ_h 则应先求出 δ_{hp} 和 $\delta_{h\sigma}$。变位由两部分组成，即结构在荷载作用下的变位和因墙底变位(转角)而产生的变位之和。前者按结构力学方法，先画出 M_{ip}、$M_{i\sigma}$ 图，如图 6.15(a)、(b)所示，再在 h 点处的所求变位方向上加一单位力 $p = 1$，绘出 M_{ih} 图，如图 6.15(c)所示，墙底变位在 h 点处产生的位移可由几何关系求出，如图 6.15(d)所示。位移可以表示为：

$$\delta_{hp} = \int\frac{M_p\overline{M}_h}{EJ}\mathrm{d}s + y_{ah}\beta_{ap} \approx \frac{\Delta s}{E}\sum\frac{M_p\overline{M}_h}{J} + y_{ah}\beta_{ap}$$
$$\delta_{h\sigma} = \int\frac{M_\sigma\overline{M}_h}{EJ}\mathrm{d}s + y_{ah}\beta_{a\sigma} \approx \frac{\Delta s}{E}\sum\frac{M_\sigma\overline{M}_h}{J} + y_{ah}\beta_{a\sigma}$$

(6.23)

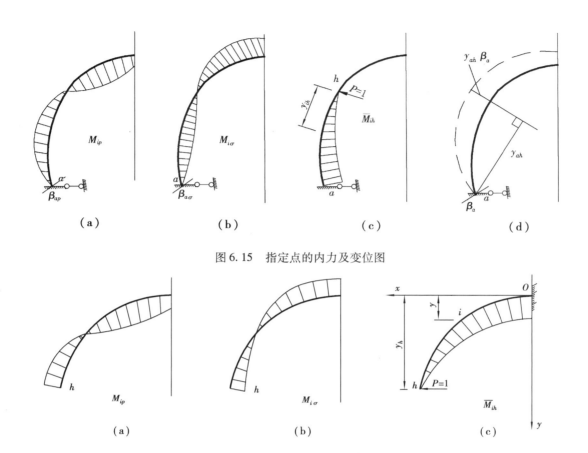

图 6.15　指定点的内力及变位图

图 6.16　外载及单位荷载弯矩图

式中:β_{ap}——因主动荷载作用而产生的墙底转角;

　　　$\beta_{a\sigma}$——因单位抗力作用而产生的墙底转角,可参照式(6.7)计算;

　　　y_{ah}——墙底中心 a 至最大抗力截面的垂直距离。

如果 h 点所对应的 $\varphi_h = 90°$,则该点的径向位移和水平位移相差很小,故可视为水平位移。又由于结构与荷载对称时,拱顶截面的垂直位移对 h 点径向位移的影响可以忽略不计。因此,计算该点水平位移时,可以取如图 6.16 所示的结构,使计算得到简化。按照结构力学方法,在 h 点加一单位力 $P=1$,可以求得 δ_{hp} 和 $\delta_{h\sigma}$,即

$$\left.\begin{aligned}
\delta_{hp} &= \int \frac{M_p(y_h - y)}{EJ} \mathrm{d}s \approx \frac{\Delta s}{E} \sum \frac{M_p}{J}(y_h - y) \\
\delta_{h\sigma} &= \int \frac{M_\sigma(y_h - y)}{EJ} \mathrm{d}s \approx \frac{\Delta s}{E} \sum \frac{M_\sigma}{J}(y_h - y)
\end{aligned}\right\} \quad (6.24)$$

式中:y_h、y——h 点和任一点的垂直坐标。

6.4.4　在单位抗力作用下的内力

将 $\overline{\sigma}_h = 1$ 抗力图视为外荷载单独作用时,未知力 $X_{1\sigma}$ 及 $X_{2\sigma}$ 可以参照 X_{1p} 及 X_{2p} 的求法得出。参照式(6.19)可以列出力法方程:

$$\left.\begin{aligned} X_{1\sigma}(\delta_{11} + \bar{\beta}_1) + X_{2\sigma}(\delta_{12} + f\bar{\beta}_1) + \Delta_{1\sigma} + \beta_{a\sigma}^0 &= 0 \\ X_{1\sigma}(\delta_{21} + f\bar{\beta}_1) + X_{2\sigma}(\delta_{22} + f^2\bar{\beta}_1) + \Delta_{2\sigma} + f\beta_{a\sigma}^0 &= 0 \end{aligned}\right\} \quad (6.25)$$

式中：$\Delta_{1\sigma}$、$\Delta_{2\sigma}$——单位抗力图为荷载所引起的基本结构在 $X_{1\sigma}$ 及 $X_{2\sigma}$ 方向的位移；

$\beta_{a\sigma}^0$——单位抗力图为荷载所引起的基本结构墙底转角，$\beta_{a\sigma}^0 = M_{a\sigma}^0 \bar{\beta}_1$。

其余符号意义同前。

解出 $X_{1\sigma}$ 及 $X_{2\sigma}$ 后，即可求出衬砌在单位抗力图为荷载单独作用下任一截面内力：

$$\left.\begin{aligned} M_{i\sigma} &= X_{1\sigma} + X_{2\sigma}y_i + M_{i\sigma}^0 \\ N_{i\sigma} &= X_{2\sigma}\cos\varphi_i + N_{i\sigma}^0 \end{aligned}\right\} \quad (6.26)$$

6.4.5 衬砌最终内力计算及校核计算结果的正确性

衬砌任一截面最终内力值可利用叠加原理求得：

$$\left.\begin{aligned} M_i &= M_{ip} + \sigma_h M_{i\sigma} \\ N_i &= N_{ip} + \sigma_h N_{i\sigma} \end{aligned}\right\} \quad (6.27)$$

校核计算结果正确性时，可以利用拱顶截面转角和水平位移为零条件和最大抗力点 a 的位移条件：

$$\left.\begin{aligned} \int\frac{M_i\mathrm{d}s}{EJ} + \beta_a &\approx \frac{\Delta s}{E}\sum\frac{M_i}{J} + \beta_a = 0 \\ \int\frac{M_i y_i\mathrm{d}s}{EJ} + f\beta_a &\approx \frac{\Delta s}{E}\sum\frac{M_i y_i}{J} + f\beta_a = 0 \\ \int\frac{M_i y_{ih}\mathrm{d}s}{EJ} + y_{ah}\beta_a &\approx \frac{\Delta s}{E}\sum\frac{M_i y_{ih}}{J} + y_{ah}\beta_a = \frac{\sigma_h}{k} \end{aligned}\right\} \quad (6.28)$$

式中：β_a——墙底截面最终转角，$\beta_a = \beta_{ap} + \sigma_h\beta_{a\sigma}$。

6.5 直墙式衬砌计算

直墙式衬砌的计算方法很多，如力法、位移法及链杆法等，本节仅介绍力法。这种直墙式衬砌广泛用于道路隧道，它由拱圈、直边墙和底板组成。计算时仅计算拱圈及直边墙，底板不进行衬砌计算，需要时按道路路面结构计算。

6.5.1 计算原理

拱圈按弹性无铰拱计算，与 6.3 节所述方法相同，拱脚支承在边墙上，边墙按弹性地基上的直梁计算，并考虑边墙与拱圈之间的相互影响，如图 6.17 所示。由于拱脚并非直接固定在岩层上，而是固定在直墙顶端，所以拱脚弹性固定的程度取决于墙顶的变形。拱脚有水平位移、垂直位移和角位移，墙顶位移与拱脚位移一致。当结构对称和荷载对称时，垂直位移对衬砌内力没有影响，计算中只需考虑水平位移与角位移。边墙支承拱圈并承受水平围岩压力，可看作置于具有侧向弹性抗力系数为 k 的弹性地基上的直梁。有展宽基础时，其高度一般不大，可以不计其影响。由于边墙高度远远大于底部宽度，对基础的作用可以看作是置于具有基底

115

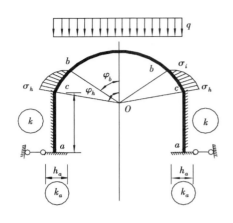

图 6.17　直墙与拱圈的相互影响

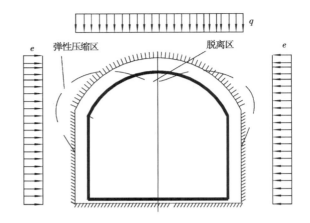

图 6.18　弹性压缩区与脱离区

弹性抗力系数为 k_a 的弹性地基上的刚性梁。

衬砌结构在主动荷载(围岩压力和自重等)的作用下,拱圈顶部向坑道内部产生位移,见图 6.18,这部分结构能自由变形,没有围岩弹性抗力。拱圈两侧压向围岩,形成抗力区,引起相应的弹性抗力。在实际施工中,拱圈上部间隙一般很难做到回填密实,因而拱圈弹性抗力区范围一般不大。弹性抗力的分布规律及大小与多种因素有关。由于拱圈是弹性地基上的曲梁,尤其是曲梁刚度改变时,其计算非常复杂,因而仍用假定抗力分布图形法。直墙式衬砌拱圈变形与曲墙式衬砌拱圈变形近似,计算时可用曲墙式衬砌关于拱部抗力图形的假定,认为按二次抛物线形状分布。上零点 φ_b 位于 45°～55°之间,最大抗力 σ_h 在直边墙的顶面(拱脚)c 处,b、c 间任一点 i 处的抗力为 φ_i 的函数,即

$$\sigma_i = \frac{\cos^2\varphi_b - \cos^2\varphi_i}{\cos^2\varphi_b - \cos^2\varphi_h}\sigma_h$$

当 $\varphi_b = 45°$,$\varphi_h = 90°$时, 可以简化为:

$$\sigma_i = (1 - 2\cos^2\varphi_i)\sigma_h \tag{6.29}$$

弹性抗力引起的摩擦力,可由弹性抗力乘摩擦系数 μ 求得,但通常可以忽略不计。弹性抗力 σ_i(或 σ_h)为未知数,但可根据温克尔假定建立变形条件,增加一个 $\sigma_i = k\delta_i$ 的方程式。

由上述可以看出,直墙式衬砌的拱圈计算原理与本章 6.3 节拱圈计算及 6.4 节曲墙式衬砌计算相同,可以参照相应公式计算。

6.5.2　边墙的计算

由于拱脚不是直接支承在围岩上,而是支承在直边墙上,所以直墙式衬砌的拱圈计算中的拱脚位移,需要考虑边墙变位的影响。直边墙的变形和受力状况与弹性地基梁相类似,可以作为弹性地基上的直梁计算。墙顶(拱脚)变位与弹性地基梁(边墙)的弹性特征值及换算长度 αh 有关,按 αh 可以分为三种情况:边墙为短梁(1 < αh < 2.75)、边墙为长梁($\alpha h \geqslant 2.75$)、边墙为刚性梁($\alpha h \leqslant 1$)。

(1)边墙为短梁(1 < αh < 2.75)

短梁的一端受力及变形对另一端有影响,计算墙顶变位时,要考虑到墙脚的受力和变形的

影响。

设直边墙(弹性地基梁)c 端作用有拱脚传来的力矩 M_c、水平力 H_c、垂直力 V_c 以及作用于墙身的按梯形分布的主动侧压力。求墙顶所产生的转角 β_{cp}^0 及水平位移 u_{cp}^0,然后即可按以前方法求出拱圈的内力及位移。由于垂直力 V_c 对墙变位仅在有基底加宽时才产生影响,而目前直墙式衬砌的边墙基底一般均不加宽,所以不需考虑。根据弹性地基上直梁的计算公式可以求得边墙任一截面的位移 y、转角 θ、弯矩 M 和剪力 H,再结合墙底的弹性固定条件,得到墙底的位移和转角。这样就可以求得墙顶的单位变位和荷载(包括围岩压力及抗力)变位。由于短梁一端荷载对另一端的变形有影响,墙脚的弹性固定状况对墙顶变形必然有影响,所以计算公式的推导是复杂的。下面仅给出结果,如图 6.19 所示。

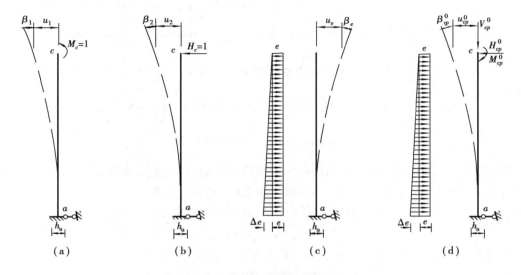

图 6.19　直墙受单位荷载及外载的变位图

墙顶在单位弯矩 $\overline{M}_c = 1$ 单独作用下,墙顶的转角 $\overline{\beta}_1$ 和水平位移 $\overline{u}_1$ 为:

$$\overline{\beta}_1 = \frac{4\alpha^3}{c}(\varphi_{11} + \varphi_{12}A)$$

$$\overline{u}_1 = \frac{2\alpha^2}{c}(\varphi_{13} + \varphi_{11}A)$$

墙顶在单位水平力 $H_c = 1$ 单独作用下,墙顶位移 $\overline{\beta}_2$ 和 $\overline{u}_2$ 为:

$$\overline{\beta}_2 = \overline{u}_1 = \frac{2\alpha^2}{c}(\varphi_{13} + \varphi_{11}A)$$

$$\overline{u}_2 = \frac{2\alpha}{c}(\varphi_{10} + \varphi_{13}A)$$

在主动侧压力(梯形荷载)作用下,墙顶位移 β_e, u_e 为:

$$\beta_e = -\frac{\alpha}{c}(\varphi_4 + \varphi_3 A)e - \frac{\alpha}{c}\left[\left(\varphi_4 - \frac{\varphi_{14}}{\alpha h}\right) + \left(\varphi_3 - \frac{\varphi_{10}}{\alpha h}\right)A\right]\Delta e$$

$$u_e = -\frac{1}{c}(\varphi_{14} + \varphi_{15}A)e - \frac{1}{c}\left(\frac{\varphi_2}{2\alpha h} - \varphi_1 + \frac{\varphi_4}{2}A\right)\Delta e$$

式中：$a = \sqrt[4]{\dfrac{k}{4EJ}}$；$A = \dfrac{k\beta_a}{2a^3} = \dfrac{6}{nh_a^3 a^3}$；$n = \dfrac{k_0}{k}$；$c = (\varphi_9 + \varphi_{10}A)$；

  k_0——基底弹性抗力系数；

  k——侧向弹性抗力系数；

  $\beta_a = 1/k_0 J_a$ 是基底作用有单位力矩时所产生的转角；

  h——边墙的侧面高度；在边墙顶 $x = 0$，在墙底 $x = h$。

$$\varphi_1 = \mathrm{ch}\,\alpha x \cos \alpha x；\quad \varphi_2 = \mathrm{ch}\,\alpha x \sin \alpha x + \mathrm{sh}\,\alpha x \cos \alpha x$$

$$\varphi_3 = \mathrm{sh}\,\alpha x \sin \alpha x；\quad \varphi_4 = \mathrm{ch}\,\alpha x \sin \alpha x - \mathrm{sh}\,\alpha x \cos \alpha x$$

$$\varphi_5 = (\mathrm{ch}\,\alpha x - \mathrm{sh}\,\alpha x)(\cos \alpha x - \sin \alpha x)；\quad \varphi_6 = \cos \alpha x(\mathrm{ch}\,\alpha x - \mathrm{sh}\,\alpha x)$$

$$\varphi_7 = (\mathrm{ch}\,\alpha x - \mathrm{sh}\,\alpha x)(\cos \alpha x + \sin \alpha x)；\quad \varphi_8 = \sin \alpha x(\mathrm{ch}\,\alpha x - \mathrm{sh}\,\alpha x)$$

$$\varphi_9 = \frac{1}{2}(\mathrm{ch}^2\alpha x + \cos^2\alpha x)；\quad \varphi_{10} = \frac{1}{2}(\mathrm{sh}\,\alpha x\,\mathrm{ch}\,\alpha x - \sin \alpha x \cos \alpha x)$$

$$\varphi_{11} = \frac{1}{2}(\mathrm{sh}\,\alpha x\,\mathrm{ch}\,\alpha x + \sin \alpha x \cos \alpha x)；\quad \varphi_{12} = \frac{1}{2}(\mathrm{sh}^2\alpha x - \sin^2\alpha x)$$

$$\varphi_{13} = \frac{1}{2}(\mathrm{ch}^2\alpha x + \sin^2\alpha x)；\quad \varphi_{14} = \frac{1}{2}(\mathrm{ch}\,\alpha x - \cos \alpha x)^2$$

$$\varphi_{15} = \frac{1}{2}(\mathrm{sh}\,\alpha x + \sin \alpha x)(\mathrm{ch}\,\alpha x - \cos \alpha x)$$

墙顶单位变位求出后，由基本结构传来的拱部外荷载，包括主动荷载及被动荷载使墙顶产生的转角及水平位移，即不难求出。当基础无展宽时，墙顶位移为：

$$\left.\begin{aligned} \beta_{cp}^0 &= M_{cp}^0 \overline{\beta_1} + H_{cp}^0 \overline{\beta_2} + e\overline{\beta_e} = 0 \\ u_{cp}^0 &= M_{cp}^0 \overline{u_1} + H_{cp}^0 \overline{u_2} + e\overline{u_e} = 0 \end{aligned}\right\} \tag{6.30}$$

墙顶截面的弯矩 M_c，水平力 H_c，转角 β_c 和水平位移 u_c 为：

$$\left.\begin{aligned} M_c &= M_{cp}^0 + X_1 + X_2 f \\ H_c &= H_{cp}^0 + X_2 \\ \beta_c &= X_1 \overline{\beta_1} + X_2(\overline{\beta_2} + f\overline{\beta_1}) + \beta_{cp}^0 \\ u_c &= X_1 \overline{u_1} + X_2(\overline{u_2} + f\overline{u_1}) + u_{cp}^0 \end{aligned}\right\} \tag{6.31}$$

以 M_c、H_c、β_c 及 u_c 为初参数，即可由初参数方程求得距墙顶为 x 的任一截面的内力和位移。若边墙上无侧压力作用，即 $e = 0$ 时，则

$$\left.\begin{aligned} M &= -u_c \frac{k}{2\alpha^2}\varphi_3 + \beta_c \frac{k}{4\alpha^3}\varphi_4 + M_c\varphi_1 + H_c \frac{1}{2\alpha}\varphi_2 \\ H &= -u_c \frac{k}{2\alpha}\varphi_2 + \beta_c \frac{k}{2\alpha^2}\varphi_3 - M_c\alpha\varphi_4 + H_c\varphi_1 \\ \beta &= u_c\alpha\varphi_4 + \beta_c\varphi_1 - M_c \frac{2\alpha^3}{k}\varphi_2 - H_c \frac{2\alpha^2}{k}\varphi_3 \\ u &= u_c\varphi_1 - \beta_c \frac{1}{2\alpha}\varphi_2 + M_c \frac{2\alpha^2}{k}\varphi_3 + H_c \frac{\alpha}{k}\varphi_4 \end{aligned}\right\} \tag{6.32}$$

（2）墙边为长梁（$\alpha h \geqslant 2.75$）

换算长度 $\alpha h \geqslant 2.75$ 时，可将边墙视为弹性地基上的半无限长梁（简称长梁）或柔性梁，近

似看为 $\alpha h = \infty$。此时边墙具有柔性,可认为墙顶的受力(除垂直力外)和变形对墙底没有影响。这种衬砌应用于较好围岩中,不考虑水平岩压力作用。由于墙底的固定情况对墙顶的位移没有影响,故墙顶单位位移可以简化为:

$$
\left.
\begin{aligned}
\overline{\beta_1} &= \frac{4\alpha^3}{k} \\
\overline{u_1} &= \overline{\beta_2} = \frac{2\alpha^2}{k} \\
\overline{u_2} &= \frac{2\alpha}{k} \\
\beta_e &= -\frac{\alpha}{c}(\varphi_4 + \varphi_3 A) \\
u_e &= -\frac{1}{c}(\varphi_{14} + \varphi_{15} A)
\end{aligned}
\right\}
\tag{6.33}
$$

(3)边墙为刚性梁($\alpha h \leqslant 1$)

换算长度 $\alpha h \leqslant 1$ 时,可近似作为弹性地基上的绝对刚性梁,近似认为 $\alpha h = 0$(即 $EJ = \infty$)。认为边墙本身不产生弹性变形,在外力作用下只产生刚体位移,即只产生整体下沉和转动。由于墙底摩擦力很大,所以不产生水平位移。当边墙向围岩方向位移时,围岩将对边墙产生弹性抗力,墙底处为零,墙顶处为最大值 σ_h,中间呈直线分布。墙底面的抗力按梯形分布,如图 6.20 所示。

由静力平衡条件,对墙底中点 a 取矩,可得:

$$
M_a - \left[\frac{\sigma_h h^2}{3} + \frac{(\sigma_1 - \sigma_2) h_a^2}{12} + \frac{s h_a}{2} \right] = 0 \tag{6.34}
$$

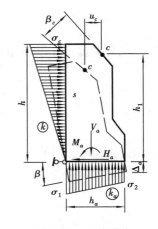

图 6.20　边墙受力

式中:$s = \mu \dfrac{\sigma_h h}{2}$——边墙外缘由围岩弹性抗力所产生的摩擦力;

μ——衬砌与围岩间的摩擦系数;

σ_1、σ_2——墙底两边沿的弹性应力。

由于边墙为刚性,故底面和侧面均有同一转角 β,二者应相等。所以

$$
\beta = \frac{\sigma_1 - \sigma_2}{k_a h_a} = \frac{\sigma_h}{kh} \tag{6.35}
$$

$$
\sigma_1 - \sigma_2 = n\sigma_h \frac{h_a}{h} \tag{6.36}
$$

式中:$n = k_a / k$,对同一围岩,因基底受压面积小,压缩得较密实,可取为 1.25。

将式(6.36)代入式(6.34)得:

$$
\sigma_h = \frac{12 M_a h}{4h^3 n h_a^3 + 3\mu h_a h^2} = \frac{M_a h}{J_a'} \tag{6.37}
$$

式中:$J_a' = \dfrac{4h^3 n h_a^3 + 3\mu h_a h^2}{12}$——刚性墙的综合转动惯量。

墙侧面的转角为:

$$\beta = \frac{\sigma_h}{kh} = \frac{Ma}{kJ'_a} \tag{6.38}$$

由此可求出墙顶(拱脚)处的单位位移及荷载位移:

$M_c = 1$ 作用于 c 点时,则 $M_a = 1$,故

$$\left.\begin{array}{l} \overline{\beta}_1 = \dfrac{1}{kJ'_a} \\[3mm] \overline{u}_1 = \overline{\beta}_1 h_1 = \dfrac{h_1}{kJ'_a} \end{array}\right\} \tag{6.39}$$

式中:h_1——自墙底至拱脚 C 点的垂直距离。

$H_c = 1$ 作用于 c 点时,则 $M_a = h_1$,故

$$\left.\begin{array}{l} \overline{\beta}_2 = \dfrac{h_1}{kJ'_a} = \overline{\beta}_1 h_1 \\[3mm] \overline{u}_2 = \overline{\beta}_2 h_1 = \dfrac{h_1^2}{kJ'_a} = \overline{\beta}_1 h_1^2 \end{array}\right\} \tag{6.40}$$

主动荷载作用于基本结构时,则 $M_a = M_{ap}^0$,故

$$\left.\begin{array}{l} \beta_{cp}^0 = \dfrac{M_{ap}^0}{kJ'_a} = \overline{\beta}_1 M_{ap}^0 \\[3mm] u_{cp}^0 = \beta_{cp}^0 h_1 = \dfrac{M_{ap}^0 h_1}{kJ'_a} \end{array}\right\} \tag{6.41}$$

由此不难进一步求出拱顶的多余未知力和拱脚(墙顶)处的内力,以及边墙任一截面的内力。

6.6 衬砌截面强度验算

为了保证衬砌结构强度的安全性,需要在算出结构内力之后进行强度验算。目前我国公路隧道设计规范规定,隧道衬砌和明洞按破坏阶段验算构件截面强度。即根据混凝土和石砌材料的极限强度,计算出偏心受压构件的极限承载能力,与构件实际内力相比较,计算截面的抗压(或抗拉)强度安全系数 K。检查是否满足规范所要求的数值,即

$$K = \frac{N_{jx}}{N} \geqslant K_{gf} \tag{6.42}$$

式中:N_{jx}——截面的极限承载能力;

N——截面的实际内力(轴向力);

K_{gf}——规范所规定的强度安全系数,见表6.3和6.4。

衬砌的任一截面均应满足强度安全系数要求,否则必须修改衬砌形状和尺寸,重新计算,直到满足要求为止。

表 6.3 混凝土和砌体结构的强度安全系数

圬工种类	混凝土		砌 体	
荷载组合	永久荷载＋基本可变荷载	永久荷载＋基本可变荷载＋其他可变荷载	永久荷载＋基本可变荷载	永久荷载＋基本可变荷载＋其他可变荷载
混凝土或砌体达到抗压极限强度	2.4	2.0	2.7	2.3
混凝土达到抗拉极限强度	3.6	3.0		

表 6.4 钢筋混凝土结构的强度安全系数

荷载组合	永久荷载＋基本可变荷载	永久荷载＋基本可变荷载＋其他可变荷载
钢筋达到设计强度或混凝土达到抗压或抗剪极限强度	2.0	1.7
混凝土达到抗拉极限强度	2.4	2.0

对混凝土和石砌矩形截面构件,当偏心距 $e_0 \leqslant 0.2d$ 时,按抗压强度控制承载能力,并用下式计算:

$$KN \leqslant \varphi \alpha R_a bd \tag{6.43}$$

式中:K——混凝土或石砌结构强度安全系数;

N——轴向力;

b——截面宽度;

d——截面厚度;

φ——构件的纵向弯曲系数,对于隧道衬砌,明洞拱圈及墙背紧密回填的明洞边墙,可取 $\varphi = 1$,其他构件见规范;

α——轴向力的偏心影响系数,可查规范或按 $\alpha = 1 - 1.5e/d$ 求得;

R_a——混凝土或石砌体的抗压极限强度。

从抗裂角度要求,混凝土矩形截面偏心受压构件,当 $e_0 > 0.2d$ 时,按抗拉强度控制承载能力,并用下式计算:

$$KN \leqslant \varphi \frac{1.75R_l bd}{\dfrac{6e_0}{d} - 1} \tag{6.44}$$

式中:R_l——抗拉极限强度。

规范对隧道衬砌和明洞的混凝土偏心受压构件的轴向力偏心距限制为:不宜大于 0.45 倍截面厚度;石料砌体偏心受压构件不宜大于 0.3 倍截面厚度。基底偏心距的限制为:岩石地基不应大于 0.25 墙底厚度;土质地基不应大于 1/6 墙底厚度。

隧道衬砌和明洞的基底应力不得大于地基容许承载力。隧道衬砌地基容许承载力可根据围岩类别用工程类比和经验估算的方法加以确定,有条件的可进行现场实验。

拱脚截面的混凝土为间隙灌注或拱圈为混凝土而边墙用石砌时,按(6.43)式进行验算,其偏心距按石砌构件要求加以限制。

6.7　单元刚度矩阵

隧道衬砌内力分析基本上沿着两个方向发展:一个是将围岩与衬砌分开考虑,作用在衬砌上的围岩压力,由现场实测结果或实验室量测结果确定,衬砌即可用一般结构力学方法求解。另一方向则是将围岩与衬砌作为一个整体来考虑,用有限单元法求解。由于地质条件复杂,有时又不能对每一座隧道进行详细的地质勘探和量测,而这两种方法计算的可靠性往往取决于原始资料的可靠程度,在应用上受到一定限制。因此,有必要选择一种较简单的,精度稍差的,但尚能在一定程度上反映衬砌受力特点的计算方法,以适应隧道衬砌设计之需要。结构矩阵分析就是一种简单易懂便于掌握的计算方法。使用此法配以电子计算机的快速运算,使在分析衬砌内力时,不但能提高计算精度,而且能考虑更多的因素,从而得到较好的计算结果。本节和下一节仅对隧道衬砌结构矩阵分析中的一些主要问题作一介绍。图6.21是荷载和结构均对称的曲墙式衬砌计算的基本结构图式,衬砌单元离散化的说明详见后述的结构刚度方程章节。

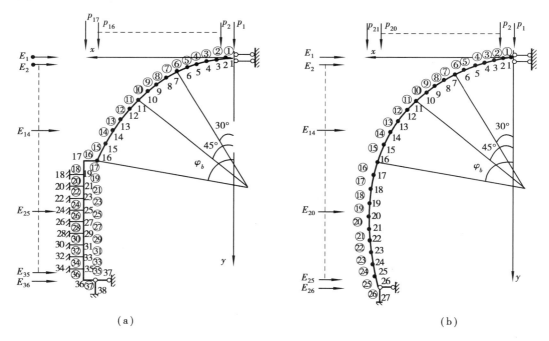

图6.21　曲墙式衬砌计算的基本结构图式

计算衬砌结构所需的单元有三种,一种是代表衬砌结构能承受弯矩、轴向力的等直杆单元,即衬砌单元。一种是模拟围岩与衬砌相互作用的支承链杆单元;另一种则是模拟墙底与围岩共同作用的弹性支座单元。下面就这三种单元分别来讨论如何计算它们的单元刚度矩阵。

6.7.1 衬砌单元刚度矩阵

从中任取一个单元 e，杆长为 l，截面面积为 F，截面惯性矩为 I 来讨论单根杆件的单元刚度矩阵。

图 6.22 所示等截面杆件 ij 是采用直角坐标系，规定杆轴的 $\bar{x}$ 轴方向为正方向，杆轴逆时针转 $90°$ 后的方向取为 $\bar{y}$ 轴的正方向。这个坐标系称为单元坐标系或局部坐标系，并在字母的上面都划上一横，作为局部坐标系的标志。

对局部坐标系而言，单元每个节点有三个位移分量（图 6.22(a)）：

$$\{\bar{\delta}_j^e\} = \begin{pmatrix} \bar{u}_j^e \\ \bar{v}_j^e \\ \bar{\varphi}_j^e \end{pmatrix} \qquad \{\bar{\delta}_i^e\} = \begin{pmatrix} \bar{u}_i^e \\ \bar{v}_i^e \\ \bar{\varphi}_i^e \end{pmatrix}$$

相应的每个节点有三个力的分量（图 6.22(b)）：

$$\{\bar{S}_i^e\} = \begin{pmatrix} \bar{N}_i^e \\ \bar{Q}_i^e \\ \bar{M}_i^e \end{pmatrix} \qquad \{\bar{S}_j^e\} = \begin{pmatrix} \bar{N}_j^e \\ \bar{Q}_j^e \\ \bar{M}_j^e \end{pmatrix}$$

图 6.22 所示方向规定为正方向。其中：$\bar{u}$ 是轴向位移；$\bar{N}$ 是轴力；$\bar{v}$ 是横向位移；$\bar{Q}$ 是剪力；$\bar{\varphi}$ 是转角位移；$\bar{M}$ 是弯矩。

$$\{\bar{S}^e\} = \begin{bmatrix} \bar{S}_i^e \\ \bar{S}_j^e \end{bmatrix} = \begin{bmatrix} \bar{N}_i^e \\ \bar{Q}_i^e \\ \bar{M}_i^e \\ \bar{N}_j^e \\ \bar{Q}_j^e \\ \bar{M}_j^e \end{bmatrix} \qquad \{\bar{\delta}^e\} = \begin{bmatrix} \bar{\delta}_i^e \\ \bar{\delta}_j^e \end{bmatrix} = \begin{bmatrix} \bar{u}_i^e \\ \bar{v}_i^e \\ \bar{\varphi}_i^e \\ \bar{u}_j^e \\ \bar{v}_j^e \\ \bar{\varphi}_j^e \end{bmatrix}$$

因此，每个杆单元在两端共有 6 个节点位移分量和相应的 6 个节点力分量：

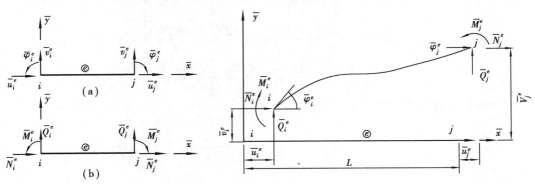

图 6.22　杆单元坐标系　　　　　　图 6.23　单元两端的力和位移

现在讨论它们之间的转换关系。

图 6.23 所示等截面杆件 ij，其两端有杆端位移和相应的杆端力；设 i 端的节点位移为 $\overline{u}_i^e$、$\overline{v}_i^e$ 和 $\overline{\varphi}_i^e$，相应的节点力为 $\overline{N}_i^e$、$\overline{Q}_i^e$ 和 $\overline{M}_i^e$；j 端的节点位移为 $\overline{u}_j^e$、$\overline{v}_j^e$ 和 $\overline{\varphi}_j^e$，相应的节点力为 $\overline{N}_j^e$、$\overline{Q}_j^e$ 和 $\overline{M}_j^e$。节点力和节点位移规定：轴向节点力 N 与 ij 方向一致为正，弯矩 M 以逆时针方向为正，从 N 的正向逆时针转 90°的方向为剪力 Q 的正方向，节点位移的正负号规定与节点力相同。

由转角位移方程，可得杆件两端的节点弯矩为：

$$\left.\begin{array}{l} \overline{M}_i^e = \dfrac{6EI}{l^2}\overline{v}_i^e + \dfrac{4EI}{l}\overline{\varphi}_i^e - \dfrac{6EI}{l^2}\overline{v}_j^e + \dfrac{2EI}{l}\overline{\varphi}_j^e \\[3mm] \overline{M}_j^e = \dfrac{6EI}{l^2}\overline{v}_i^e + \dfrac{2EI}{l}\overline{\varphi}_i^e - \dfrac{6EI}{l^2}\overline{v}_j^e + \dfrac{4EI}{l}\overline{\varphi}_j^e \end{array}\right\} \tag{6.45}$$

根据虎克定律，两杆端轴向力为：

$$\left.\begin{array}{l} \overline{N}_i^e = \dfrac{EF}{l}\overline{u}_i^e - \dfrac{EF}{l}\overline{u}_j^e \\[3mm] \overline{N}_j^e = \dfrac{EF}{l}\overline{u}_i^e + \dfrac{EF}{l}\overline{u}_j^e \end{array}\right\} \tag{6.46}$$

再根据杆件两端的平衡条件：$\sum M_i = 0$ 和 $\sum M_j = 0$ 可得杆件两端的节点剪力为：

$$\left.\begin{array}{l} \overline{Q}_i^e = \dfrac{12EI}{l^3}\overline{v}_i^e + \dfrac{6EI}{l^2}\overline{\varphi}_i^e - \dfrac{12EI}{l^3}\overline{v}_j^e + \dfrac{6EI}{l^2}\overline{\varphi}_j^e \\[3mm] \overline{Q}_j^e = - \dfrac{12EI}{l^3}\overline{v}_i^e - \dfrac{6EI}{l^2}\overline{\varphi}_i^e + \dfrac{12EI}{l^3}\overline{v}_j^e - \dfrac{6EI}{l^2}\overline{\varphi}_j^e \end{array}\right\} \tag{6.47}$$

综合式（6.45）、式（6.46）和式（6.47），即可得节点力和节点位移之间的关系式：

$$\left.\begin{array}{l} \overline{N}_i^e = \dfrac{EF}{l}\overline{u}_i^e - \dfrac{EF}{l}\overline{u}_j^e \\[3mm] \overline{Q}_i^e = \dfrac{12EI}{l^3}\overline{v}_i^e + \dfrac{6EI}{l^2}\overline{\varphi}_i^e - \dfrac{12EI}{l^3}\overline{v}_j^e + \dfrac{6EI}{l^2}\overline{\varphi}_j^e \\[3mm] \overline{M}_j^e = \dfrac{6EI}{l^2}\overline{v}_i^e + \dfrac{4EI}{l}\overline{\varphi}_i^e - \dfrac{6EI}{l^2}\overline{v}_j^e + \dfrac{2EI}{l^2}\overline{\varphi}_j^e \\[3mm] \overline{N}_i^e = - \dfrac{EF}{l}\overline{u}_i^e + \dfrac{EF}{l}\overline{u}_j^e \\[3mm] \overline{Q}_j^e = - \dfrac{12EI}{l^3}\overline{v}_i^e - \dfrac{6EI}{l^2}\overline{\varphi}_i^e + \dfrac{12EI}{l^3}\overline{v}_j^e - \dfrac{6EI}{l^2}\overline{\varphi}_j^e \\[3mm] \overline{M}_j^e = \dfrac{6EI}{l^2}\overline{v}_i^e + \dfrac{2EI}{l}\overline{\varphi}_i^e - \dfrac{6EI}{l^2}\overline{v}_j^e + \dfrac{4EI}{l}\overline{\varphi}_j^e \end{array}\right\} \tag{6.48}$$

式（6.48）写成矩阵形式则有：

$$
\begin{bmatrix} \overline{N_i^e} \\ \overline{Q_i^e} \\ \overline{M_i^e} \\ \overline{N_j^e} \\ \overline{Q_j^e} \\ \overline{M_j^e} \end{bmatrix} = \begin{bmatrix} \dfrac{EF}{l} & 0 & 0 & -\dfrac{EF}{l} & 0 & 0 \\[2mm] 0 & \dfrac{12EI}{l^3} & \dfrac{6EI}{l^2} & 0 & -\dfrac{12EI}{l^3} & \dfrac{6EI}{l^2} \\[2mm] 0 & \dfrac{6EI}{l^2} & \dfrac{4EI}{l} & 0 & -\dfrac{6EI}{l^2} & \dfrac{2EI}{l} \\[2mm] -\dfrac{EF}{l} & 0 & 0 & \dfrac{EF}{l} & 0 & 0 \\[2mm] 0 & -\dfrac{12EI}{l^3} & -\dfrac{6EI}{l^2} & 0 & \dfrac{12EI}{l^3} & -\dfrac{6EI}{l^2} \\[2mm] 0 & \dfrac{6EI}{l^2} & \dfrac{2EI}{l} & 0 & -\dfrac{6EI}{l^2} & \dfrac{4EI}{l} \end{bmatrix} \begin{bmatrix} \overline{u_i^e} \\ \overline{v_i^e} \\ \overline{\varphi_i^e} \\ \overline{u_j^e} \\ \overline{v_j^e} \\ \overline{\varphi_j^e} \end{bmatrix} \tag{6.49}
$$

上式缩写成：

$$
\{\overline{S^e}\} = [\overline{K^e}]\{\overline{\delta^e}\} \tag{6.50}
$$

式（6.50）即为局部坐标系单根杆件的单元刚度方程。其中 $[\overline{K^e}]$ 是一个 6×6 阶矩阵，称为局部坐标系中的单位刚度矩阵。从矩阵 $[\overline{K^e}]$ 可以看出，它的行数等于节点力列向量的分量数，而其列数则等于节点位移列向量的分量数。由于节点力列向量的分量数和节点位移列向量的分量数总是相同的，所以刚度矩阵 $[\overline{K^e}]$ 为方阵。

刚度矩阵 $[\overline{K^e}]$ 有两个重要性质：

①刚度矩阵 $[\overline{K^e}]$ 是一个对称矩阵，这是因为在刚度矩阵 $[\overline{K^e}]$ 中位于斜对角线两边处于对称位置的两个元素是相等的。

②刚度矩阵 $[\overline{K^e}]$ 是奇异矩阵，显然，在 $[\overline{K^e}]$ 中若将第 4 行的元素与第 1 行的元素相加，则等于零，因此，根据行列式的性质可知，与矩阵 $[\overline{K^e}]$ 相应的行列式等于零，故刚度矩阵 $[\overline{K^e}]$ 是奇异的。

由于刚度矩阵 $[\overline{K^e}]$ 是奇异的，它的逆矩阵不存在，所以不能由节点力列向量反求节点位移列向量。通过刚度矩阵的推导，不难理解 $[\overline{K^e}]$ 中各个元素的物理意义：即 $[\overline{K^e}]$ 中每个素代表由于单位节点位移而引起的节点力。

必须注意：节点力列向量和节点位移列向量的各个分量应按式（6.49）所表明那样，沿坐标轴的正向，从 i 到 j 的顺序——对应排列。否则单元刚度矩阵 $[\overline{K^e}]$ 将有变化。

以上讲的是建立局部坐标系的单元刚度矩阵。采用局部坐标系，从单元分析的角度看，是方便的。但从整体分析的角度看，却又带来麻烦。因此，在研究结构的平衡条件和变形连续条件时，必须选定一个统一的坐标系，即结构坐标系，同时把按局部坐标系建立的单元刚度矩阵转换到结构坐标系中去，以建立结构坐标系中的单元刚度矩阵。

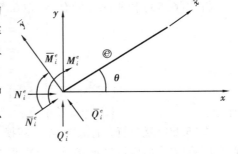

图 6.24 表示单元一端的节点力在两种坐标系中的分量。其中在局部坐标系中的三个分量是 $\overline{N_i^e}$、$\overline{Q_i^e}$、$\overline{M_i^e}$，在结构坐标系中的三个分量是 $\overline{N_i^e}$、$\overline{Q_i^e}$、$\overline{M_i^e}$。

从图中可得出：

图 6.24　坐标变换

$$\left.\begin{array}{l} \overline{N}_i^e = N_i^e \cos\theta + Q_i^e \sin\theta \\ \overline{Q}_i^e = -N_i^e \sin\theta + Q_i^e \cos\theta \end{array}\right\} \tag{6.51}$$

由于在两种坐标系中,弯矩都作用在同一平面上,是垂直于坐标平面的矢量,故不受坐标变换的影响,则

$$\overline{M}_i^e = M_i^e \tag{6.52}$$

同理,对单元 j 端的节点力也可得出类似的关系式:

$$\left.\begin{array}{l} \overline{N}_j^e = N_j^e \cos\theta + Q_j^e \sin\theta \\ \overline{Q}_j^e = -N_j^e \sin\theta + Q_j^e \cos\theta \\ \overline{M}_j^e = M_j^e \end{array}\right\} \tag{6.53}$$

将式(6.7.7)式(6.7.8)和式(6.7.9)汇聚起来,并用矩阵形式表示如下:

$$\begin{bmatrix} \overline{N}_i^e \\ \overline{Q}_i^e \\ \overline{M}_i^e \\ \overline{N}_j^e \\ \overline{Q}_j^e \\ \overline{M}_j^e \end{bmatrix} = \begin{bmatrix} \cos\theta & \sin\theta & 0 & 0 & 0 & 0 \\ -\sin\theta & \cos\theta & 0 & 0 & 0 & 0 \\ 0 & 0 & 1 & 0 & 0 & 0 \\ 0 & 0 & 0 & \cos\theta & \sin\theta & 0 \\ 0 & 0 & 0 & -\sin\theta & \cos\theta & 0 \\ 0 & 0 & 0 & 0 & 0 & 1 \end{bmatrix} \begin{bmatrix} N_i^e \\ Q_i^e \\ M_i^e \\ N_j^e \\ Q_j^e \\ M_j^e \end{bmatrix} \tag{6.54}$$

上式缩写成:

$$\{\overline{S}^e\} = [T]\{S^e\} \tag{6.55}$$

式(6.55)就是在两种坐标系中单元节点力的转换式。其中,$[T]$ 称为单元的坐标转换矩阵。

显然,节点力之间的这种转换关系,同样也适用于节点位移之间的转换关系。设在局部坐标系和结构坐标系中的单元节点位移分别为 $\{\overline{\delta}^e\}$ 和 $\{\delta^e\}$,则它们之间的关系式为:

$$\{\overline{\delta}^e\} = [T]\{\delta^e\} \tag{6.56}$$

注意到坐标转换矩阵 $[T]$ 是一个正交矩阵,其逆矩阵就等于其转置矩阵,即 $[T]^{-1} = [T]^\tau$。故式(6.56)可写成如下形式:

$$\{\delta^e\} = [T]^\tau\{\overline{\delta}^e\} \tag{6.57}$$

同样,式(6.55)可写成:

$$\{S^e\} = [T]^\tau\{\overline{S}^e\} \tag{6.58}$$

将式(6.50)和式(6.56)代入式(6.58)得:

$$\begin{aligned} \{S^e\} &= [T]^\tau\{\overline{S}^e\} \\ &= [T]^\tau[\overline{K}^e]\{\overline{\delta}^e\} \\ &= [T]^\tau[\overline{K}^e][T]\{\delta^e\} \end{aligned} \tag{6.59}$$

令 $$[K^e] = [T]^\tau[\overline{K}^e][T] \tag{6.60}$$

则 $$\{S^e\} = [K^e]\{\delta^e\} \tag{6.61}$$

式(6.60)就是杆件刚度矩阵的转换公式。利用这一公式,即可由杆件在局部坐标系中的刚度矩阵 $[\overline{K}^e]$ 和坐标转换矩阵 $[T]$ 求得在结构坐标系中的刚度矩阵 $[K^e]$。

式(6.61)即为由局部坐标系转换到结构坐标系中的杆单元刚度方程式。

为便于建立节点的平衡方程,根据单元刚度矩阵的分块性质,将式(6.61)写成:

$$\begin{bmatrix} S_i^e \\ S_j^e \end{bmatrix} = \begin{bmatrix} K_{ii}^e & K_{ij}^e \\ K_{ji}^e & K_{jj}^e \end{bmatrix} \begin{bmatrix} \delta_i^e \\ \delta_j^e \end{bmatrix} \tag{6.62}$$

式中:K_{ii}^e、K_{ij}^e、K_{ji}^e、K_{jj}^e分别为刚度矩阵$[K^e]$的四个子阵,$\{S_i^e、S_j^e\}^T$和$\{\delta_i^e、\delta_j^e\}^T$分别代表杆单元两端的六个单元节点力和对应的六个单元节点位移。

式(6.62)也可以写成:

$$\left.\begin{aligned} \{S_i^e\} &= [K_{ii}^e]\{\delta_i^e\} + [K_{ij}^e]\{\delta_j^e\} \\ \{S_j^e\} &= [K_{ji}^e]\{\delta_i^e\} + [K_{jj}^e]\{\delta_j^e\} \end{aligned}\right\} \tag{6.63}$$

式中:

$$[K_{ii}^e] = \begin{bmatrix} \dfrac{12EI\sin^2\theta}{l^3} + \dfrac{EF\cos^2\theta}{l} & & （对称） \\ -\sin\theta\cos\theta\left(\dfrac{12EI}{l^3} - \dfrac{EF}{l}\right) & \dfrac{EF\sin^2\theta}{l} + \dfrac{12EI\cos^2\theta}{l^3} & \\ \dfrac{6EI\sin\theta}{l^2} & -\dfrac{6EI\cos\theta}{l^2} & \dfrac{4EI}{l} \end{bmatrix}$$

$$[K_{ij}^e] = \begin{bmatrix} -\dfrac{12EI\sin^2\theta}{l^3} - \dfrac{EF\cos^2\theta}{l} & \sin\theta\cos\theta\left(\dfrac{12EI}{l^3} - \dfrac{EF}{l}\right) & \dfrac{6EI\sin\theta}{l^2} \\ \sin\theta\cos\theta\left(\dfrac{12EI}{l^3} - \dfrac{EF}{l}\right) & -\dfrac{EF\sin^2\theta}{l} - \dfrac{12EI\cos^2\theta}{l^3} & -\dfrac{6EI\cos\theta}{l^2} \\ -\dfrac{6EI\sin\theta}{l^2} & \dfrac{6EI\cos\theta}{l^2} & \dfrac{2EI}{l} \end{bmatrix}$$

$$[K_{ij}^e] = \begin{bmatrix} -\dfrac{12EI\sin^2\theta}{l^3} - \dfrac{EF\cos^2\theta}{l} & \sin\theta\cos\theta\left(\dfrac{12EI}{l^3} - \dfrac{EF}{l}\right) & -\dfrac{6EI\sin\theta}{l^2} \\ \sin\theta\cos\theta\left(\dfrac{12EI}{l^3} - \dfrac{EF}{l}\right) & -\dfrac{EF\sin^2\theta}{l} - \dfrac{12EI\cos^2\theta}{l^3} & \dfrac{6EI\cos\theta}{l^2} \\ -\dfrac{6EI\sin\theta}{l^2} & -\dfrac{6EI\cos\theta}{l^2} & \dfrac{2EI}{l} \end{bmatrix}$$

$$[K_{jj}^e] = \begin{bmatrix} \dfrac{12EI\sin^2\theta}{l^3} + \dfrac{EF\cos^2\theta}{l} & & （对称） \\ -\sin\theta\cos\theta\left(\dfrac{12EI}{l^3} - \dfrac{EF}{l}\right) & \dfrac{EF\sin^2\theta}{l} + \dfrac{12EI\cos^2\theta}{l^3} & \\ -\dfrac{6EI\sin\theta}{l^2} & \dfrac{6EI\cos\theta}{l^2} & \dfrac{4EI}{l} \end{bmatrix}$$

如果在$[K_{ii}^e]$、$[K_{ij}^e]$、$[K_{ji}^e]$、$[K_{jj}^e]$四个子阵中去掉与EF有关的各项,则可得到不考虑轴向变形影响时的单元刚度矩阵$[K^e]$的四个子阵。

以上,是利用转角位移方程,经过坐标转换推导出结构坐标系中的单根杆件单元刚度矩阵的。实际上推求单元刚度矩阵还有其他方法。例如,可以只有三个量$\overline{\varphi_i^e}$、$\overline{\varphi_j^e}$、$\overline{u^e}$来描述杆件的变形,利用虚功原理找出节点变形向量与节点力向量的关系式,然后经过一系列运算,即可求得单元刚度矩阵。还可以利用材料力学建立杆件挠曲微分方程,根据已知的边界条件得到单元节点力和相应的节点位移之间的表达式,进而推导出杆单元刚度矩阵。

用上面几种方法推导出杆单元刚度矩阵的表达式没有实质性差别,但使用不同的方法运算量将有很大差异,因此要酌情选用。

6.7.2 链杆单元刚度矩阵

上面已经指出,为了体现围岩对衬砌的约束作用,在围岩与衬砌相互作用的区域内设置若干根支承链杆,而这种链杆应服从局部变形的假定。

当衬砌结构在垂直与水平荷载作用下,只在结构节点有水平位移时,链杆端点才产生相应的水平位移和节点力。

现取一根支承链杆来讨论,如图 6.25 所示。设衬砌变形后支承链杆端点的压缩位移为 u_i,而围岩对衬砌的弹性抗力为 R_i,根据温克尔假定,它们有如下关系式:

$$R_i = Kbh_iu_i \tag{6.64}$$

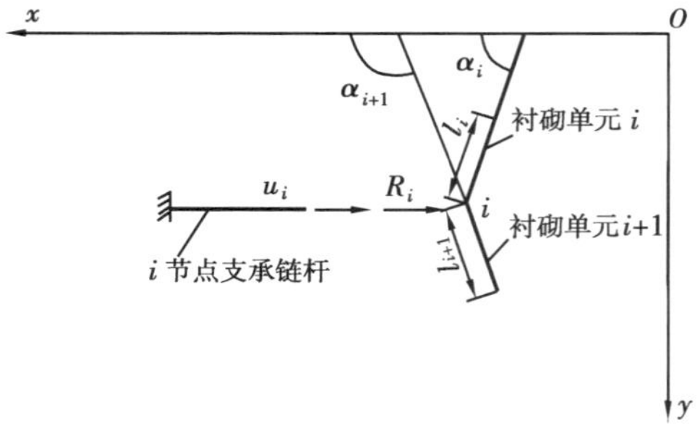

式中:R_i——支承链杆的弹性抗力;

K——围岩弹性抗力系数;

h_i——相邻两衬砌单元长度在 y 轴投影之半的和,即 $h_i = \dfrac{1}{2}(l_i \sin \alpha_i + l_{i+1}\sin \alpha_{i+1})$;

b——隧道计算宽度,一般取 1 m;

u_i——支承链杆端点在结构坐标系中的水平压缩位移。

对于水平支承链杆,因边墙的衬砌单元等分,$\alpha_i = \alpha_{i+1} = 90°$,$b$ 取为 1 m,故式(6.64)可改为:

$$R_i = Kl_iu_i \tag{6.65}$$

式中:l_i——边墙衬砌单元的长度。

为了在理论上阐明结构刚度方程的形成过程,将式(6.65)扩充改写成如下形式:

$$\begin{bmatrix} R_i \\ q_i \\ m_i \end{bmatrix} = \begin{bmatrix} Kl_i & 0 & 0 \\ 0 & 0 & 0 \\ 0 & 0 & 0 \end{bmatrix} \begin{bmatrix} u_i \\ v_i \\ \varphi_i \end{bmatrix} \tag{6.66}$$

于是,上式可缩写为:$\{R_i\} = [K_{ri}]\{\Delta_i\}$

矩阵 $[K_{ri}]$ 即是支承链杆单元对结构坐标系的刚度矩阵。

图 6.25 链杆单元

6.7.3 墙底弹性支座单元刚度矩阵

在进行隧道衬砌内力分析时,要考虑墙底围岩产生的弹性抗力的影响。由于墙底与围岩之间有较大的摩擦力和黏着力,故假定墙底不产生水平位移。

在经由边墙传递轴力和弯矩的作用下,墙底产生下沉和转动,而墙底的弹性支座单元相应地产生位移和转角。根据墙底变形协调条件,墙底的位移和转角应与弹性支座单元端点的位移和转角相等。

如图 6.26(a)所示,沿路线方向取隧道计算宽度 b 为 1 m,墙底的弹性抗力合力为:

$$N_B = B\sigma_0$$
$$M_B = \int_{-\frac{B}{2}}^{\frac{B}{2}} \sigma_x x \mathrm{d}x \qquad (6.67)$$

式中:B——墙底宽度;

σ_0, σ_x——沿墙底宽分布的弹性抗力。

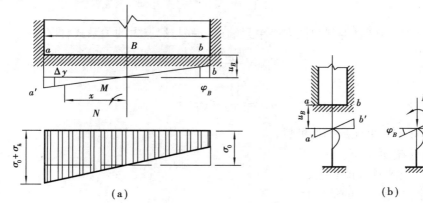

图 6.26　弹性支承单元

根据温克尔假定,又考虑到墙底变形微小,故可写出:

$$\sigma_x = \Delta y K_B = x\varphi_B K_B$$
$$\sigma_0 = u_B K_B \qquad (6.68)$$

将式(6.68)代入式(6.67)即得:

$$N_B = B K_B u_B$$
$$M_B = \frac{1}{12} B^3 K_B \varphi_B \qquad (6.69)$$

式中:u_B——由轴向力引起的墙底垂直方向位移;

φ_B——由弯矩引起的墙底转角位移;

K_B——墙底围岩弹性抗力系数,通常取 $K_B = 1.2K$,K 为侧向围岩弹性抗力系数。

根据墙底的变形协调条件及力的传递作用,弹性支座单元的端点位移和端点力应与墙底位移和墙底力相对应,如图 6.26(b)所示,由于弹性支座单元的局部坐标系与结构坐标系一致,不需进行坐标转换,故可按结构坐标系直接写出弹性支座单元端点位移与端点反力关系式,即式(6.69)的矩阵形式:

$$\begin{bmatrix} N_B \\ M_B \end{bmatrix} = \begin{bmatrix} K_B B & 0 \\ 0 & \dfrac{K_B B^3}{12} \end{bmatrix} \begin{bmatrix} u_b \\ \varphi_B \end{bmatrix} \qquad (6.70)$$

为了在理论上阐明结构刚度方程的形成过程,也将式(6.70)扩充改写成下列形式:

$$\begin{bmatrix} N_B \\ Q_B \\ M_B \end{bmatrix} = \begin{bmatrix} K_B B & 0 & 0 \\ 0 & 0 & 0 \\ 0 & 0 & \dfrac{K_B B^3}{12} \end{bmatrix} \begin{pmatrix} u_B \\ v_B \\ \varphi_B \end{pmatrix} \qquad (6.71)$$

上式缩写成：
$$\{S_B\} = [K_{rB}]\{\Delta_B\} \tag{6.72}$$

其中，墙底弹性支座单元刚度矩阵为：

$$[K_{rB}] = \begin{pmatrix} K_B B & 0 & 0 \\ 0 & 0 & 0 \\ 0 & 0 & \dfrac{K_B B^3}{12} \end{pmatrix} \tag{6.73}$$

根据虎克定律，还可以得到弹性支座单元端点位移与端点力的关系式，即

$$\left. \begin{array}{l} N_B = \dfrac{E_B F_B}{l_B} u \\[2mm] M_B = \dfrac{4 E_B I_B}{l_B} \varphi_B \end{array} \right\} \tag{6.74}$$

式中：E_B——弹性支座单元的弹性模量；

F_B——墙底截面积，$F_B = b \cdot B = B$；

l_B——弹性支座单元的长度；

I_B——弹性支座单元的惯性矩。

由式（6.69）及式（6.74）可得：

$$K_B = \dfrac{E_B}{l_B} \tag{6.75}$$

$$I_B = \dfrac{1}{48} B^3 \tag{6.76}$$

取 $l_B = 1$，代入式（6.75）得：

$$E_B = K_B \tag{6.77}$$

由此可见，墙底弹性支座单元的几何特性参数为：

$$\left. \begin{array}{l} F_B = B \\ E_B = K_B \\ I_B = \dfrac{1}{48} B^3 \end{array} \right\} \tag{6.78}$$

6.7.4　刚性单元

在直墙式隧道衬砌中，为调整拱圈和边墙的压力曲线，常使拱脚和墙顶的轴线不连续或者是墙底需扩大基础。对于这种形式的结构要添加一个特殊的衬砌单元，即刚性单元。这种单元能承受部分垂直荷载和水平荷载的作用，其单元本身可看作刚性的。所谓刚性单元，在理论上讲单元的 *EF* 和 *EI* 均为无穷大。但在实际数值计算中，刚度不能取无限大。一般两相邻杆件，当它们的刚度比超过 8 ~ 10 倍时，则刚度大的杆件可视为是绝对刚性的。

6.8　结构刚度方程

6.8.1　结构刚度方程的形成

直接刚度法是在将单元刚度矩阵进行坐标转换和分块的基础上,利用各节点的平衡条件和变形连续条件,来建立结构刚度方程的一种方法。下面以图 6.21(a)为例,介绍用直接刚度法来形成结构刚度方程的过程。

如图 6.21(a)所示,设结构离散为 25 个衬砌单元,其中拱部衬砌有 15 个单元,边墙衬砌有 10 个单元。若考虑拱脚与墙顶的轴线不连续,而墙基又须扩大时,可增设 16 和 36 两个刚性单元。

除此之外,为体现围岩与衬砌的共同作用,另在墙身布置 9 根支撑链杆和墙底设一弹性支座。与此同时,还在拱顶截面切开处和墙基部位加设约束条件,以反映原结构在垂直荷载和水平荷载作用下的受力状态。

单元和节点编号,如图 6.21(a)所示。

根据式(6.63)可写出各衬砌单元在结构坐标系中的单元刚度方程式:

$$
\left.
\begin{aligned}
\{S_1^1\} &= [K_{11}^1]\{\delta_1^1\} + [K_{12}^1]\{\delta_2^1\} \\
\{S_2^1\} &= [K_{21}^1]\{\delta_1^1\} + [K_{22}^1]\{\delta_2^1\} \\
\{S_2^2\} &= [K_{22}^2]\{\delta_2^2\} + [K_{23}^2]\{\delta_3^2\} \\
\{S_3^2\} &= [K_{32}^2]\{\delta_2^2\} + [K_{33}^2]\{\delta_3^2\} \\
\{S_3^3\} &= [K_{33}^3]\{\delta_3^3\} + [K_{34}^3]\{\delta_4^3\} \\
\{S_4^3\} &= [K_{43}^3]\{\delta_3^3\} + [K_{44}^3]\{\delta_4^3\} \\
&\vdots \qquad\qquad \vdots \qquad\qquad \vdots \\
\{S_{33}^{33}\} &= [K_{3\,333}^{33}]\{\delta_{33}^{33}\} + [K_{3\,335}^{33}]\{\delta_{35}^{33}\} \\
\{S_{35}^{33}\} &= [K_{3\,533}^{33}]\{\delta_{33}^{33}\} + [K_{3\,535}^{33}]\{\delta_{35}^{33}\} \\
\{S_{35}^{35}\} &= [K_{3\,535}^{35}]\{\delta_{35}^{35}\} + [K_{3\,536}^{35}]\{\delta_{36}^{35}\} \\
\{S_{36}^{35}\} &= [K_{3\,635}^{35}]\{\delta_{35}^{35}\} + [K_{3\,636}^{35}]\{\delta_{36}^{35}\} \\
\{S_{36}^{36}\} &= [K_{3\,636}^{36}]\{\delta_{36}^{36}\} + [K_{3\,637}^{36}]\{\delta_{37}^{36}\} \\
\{S_{37}^{36}\} &= [K_{3\,736}^{36}]\{\delta_{36}^{36}\} + [K_{3\,737}^{36}]\{\delta_{37}^{36}\}
\end{aligned}
\right\}
\tag{6.79}
$$

式(6.79)中,上角标代表单元编号,下角标代表节点编号。

同样,根据式(6.68)可将各支撑链杆的单元刚度方程式写出如下:

$$
\left.
\begin{aligned}
\{R_{19}^{18}\} &= [K_{r19}^{18}]\{\Delta_{19}\} \\
\{R_{21}^{20}\} &= [K_{r21}^{20}]\{\Delta_{21}\} \\
&\vdots \qquad\qquad \vdots \\
\{R_{35}^{34}\} &= [K_{r35}^{34}]\{\Delta_{35}\}
\end{aligned}
\right\}
\tag{6.80}
$$

式中:$\{\Delta_i\}$——结构节点位移。

根据变形连续条件,汇交于同一节点的各单元,在此节点一端可能产生的端点位移应与结构节点位移相等。因此有

$$
\left.
\begin{aligned}
\{\delta_1^1\} &= \{\Delta_1\} \\
\{\delta_2^1\} &= \{\delta_2^2\} = \{\Delta_2\} \\
\{\delta_3^2\} &= \{\delta_3^3\} = \{\Delta_3\} \\
\{\delta_4^3\} &= \{\delta_4^4\} = \{\Delta_4\} \\
&\vdots \qquad\quad \vdots \qquad\quad \vdots \\
\{\delta_{32}^{31}\} &= \{\delta_{33}^{33}\} = \{\Delta_{33}\} \\
\{\delta_{35}^{33}\} &= \{\delta_{35}^{35}\} = \{\Delta_{35}\} \\
\{\delta_{36}^{35}\} &= \{\delta_{36}^{36}\} = \{\Delta_{36}\} \\
\{\delta_{37}^{36}\} &= \{\Delta_{37}\}
\end{aligned}
\right\}
\tag{6.81}
$$

根据力的平衡条件,在同一节点上作用的各单元节点力的总和应与该节点的节点荷载相平衡。故有:

$$
\left.
\begin{aligned}
\{P_1\} &= \{S_1^1\} \\
\{P_2\} &= \{S_2^1\} = \{S_2^2\} \\
\{P_3\} &= \{S_3^2\} = \{S_3^3\} \\
&\vdots \qquad\quad \vdots \qquad\quad \vdots \\
\{P_{35}\} &= \{S_{35}^{33}\} + \{S_{35}^{35}\} + \{R_{35}^{34}\} \\
\{P_{36}\} &= \{S_{36}^{35}\} + \{S_{36}^{36}\} \\
\{P_{37}\} &= \{S_{37}^{36}\} + \{S_{37}^{37}\}
\end{aligned}
\right\}
\tag{6.82}
$$

将式(6.73)、式(6.79)、式(6.80)、式(6.81)代入式(6.82),可得:

$$
\left.
\begin{aligned}
\{P_1\} &= [K_{11}^1]\{\Delta_1\} + [K_{12}^1]\{\Delta_2\} \\
\{P_2\} &= [K_{21}^1]\{\Delta_1\} + [K_{22}^1]\{\Delta_2\} + [K_{22}^2]\{\Delta_2\} + [K_{23}^2]\{\Delta_3\} \\
&= [K_{21}^1]\{\Delta_1\} + ([K_{22}^1] + [K_{22}^2])\{\Delta_2\} + [K_{23}^2]\{\Delta_3\} \\
\{P_3\} &= [K_{32}^2]\{\Delta_2\} + [K_{33}^2]\{\Delta_3\} + [K_{33}^3]\{\Delta_3\} + [K_{34}^3]\{\Delta_4\} \\
&= [K_{32}^2]\{\Delta_2\} + ([K_{33}^2] + [K_{33}^3])\{\Delta_3\} + [K_{44}^3]\{\Delta_4\} \\
&\cdots\cdots\cdots\cdots\cdots\cdots\cdots\cdots\cdots\cdots\cdots\cdots\cdots\cdots\cdots\cdots\cdots \\
\{P_{35}\} &= [K_{3533}^{32}]\{\Delta_{33}\} + [K_{3535}^{33}]\{\Delta_{35}\} + [K_{3535}^{35}]\{\Delta_{35}\} + [K_{3636}^{35}]\{\Delta_{35}\}[K_{3636}^{35}]\{\Delta_{36}\} \\
&= [K_{3533}^{32}]\{\Delta_{33}\} + ([K_{3535}^{33}] + [K_{3535}^{35}] + [K_{3536}^{35}])\{\Delta_{35}\} + [K_{3636}^{35}]\{\Delta_{36}\} \\
\{P_{36}\} &= [K_{3635}^{35}]\{\Delta_{35}\} + [K_{3636}^{35}]\{\Delta_{36}\} + [K_{3636}^{36}]\{\Delta_{36}\} + [K_{3637}^{37}]\{\Delta_{36}\}[K_{3737}^{36}]\{\Delta_{37}\} \\
&= [K_{3635}^{35}]\{\Delta_{35}\} + ([K_{3636}^{35}] + [K_{3636}^{36}] + [K_{3737}^{37}])\{\Delta_{36}\} + [K_{3737}^{36}]\{\Delta_{37}\} \\
\{P_{37}\} &= [K_{3736}^{36}]\{\Delta_{36}\} + [K_{3737}^{36}]\{\Delta_{37}\} + [K_{3737}^{37}]\{\Delta_{37}\} \\
&= [K_{3736}^{36}]\{\Delta_{36}\}[K_{3737}^{36}] + [K_{3737}^{37}]\{\Delta_{37}\}
\end{aligned}
\right\}
\tag{6.83}
$$

式(6.83)就是对结构节点建立的静力平衡方程式。它就是用节点位移表示的所有节点的平衡方程。

令式(6.83)中：

$$[K_{11}] = [K_{11}^1]$$

$$[K_{22}] = [K_{22}^1] + [K_{22}^2]$$

$$[K_{33}] = [K_{33}^2] + [K_{33}^3]$$

$$\cdots\cdots\cdots\cdots\cdots\cdots\cdots\cdots\cdots\cdots\cdots\cdots\cdots$$

$$[K_{3\,535}] = [K_{3\,535}^{33}] + [K_{3\,535}^{35}] + [K_{3\,535}^{34}]$$

$$[K_{3\,636}] = [K_{3\,636}^{35}] + [K_{3\,636}^{36}]$$

$$[K_{3\,737}] = [K_{3\,737}^{36}] + [K_{3\,737}^{37}]$$

将式(6.83)写成矩阵形式为：

$$
\begin{Bmatrix} P_1 \\ P_2 \\ P_3 \\ \vdots \\ P_{35} \\ P_{36} \\ P_{37} \end{Bmatrix}
=
\begin{bmatrix}
[K_{11}][K_{12}^1] & & & \\
[K_{21}^1][K_{22}][K_{23}^2] & & & \\
\quad [K_{32}^2][K_{33}][K_{34}^3] & & 0 & \\
& \ddots & & \\
0 & & [K_{3\,533}^{33}][K_{3\,535}][K_{3\,536}^{35}] & \\
& & [K_{3\,635}^{35}][K_{3\,636}][K_{3\,637}^{36}] & \\
& & [K_{3\,736}^{36}][K_{3\,737}^{37}] &
\end{bmatrix}
\begin{Bmatrix} \Delta_1 \\ \Delta_2 \\ \Delta_3 \\ \vdots \\ \Delta_{35} \\ \Delta_{36} \\ \Delta_{37} \end{Bmatrix}
\qquad (6.84)
$$

上式缩写成

$$\{P\} = [K]\{\Delta\} \qquad (6.85)$$

式(6.85)即是表示作用在衬砌结构上的节点荷载与节点位移之间的关系的结构刚度方程式,通常称为结构的原始刚度方程,$[K]$ 则称为结构的原始刚度矩阵,它是一个以子阵形式表示的对称方阵。所谓"原始"两字是强调式(6.85)所示的刚度方程和刚度矩阵 $[K]$ 尚未进行边界条件处理的意思。

由式(6.84)和刚度矩阵 $[K]$ 可以看出,以节点为单位进行分块的结构原始刚度矩阵,有以下两个特点：

①只有汇交于 i 节点的单元才可能对结构原始刚度矩阵第 i 行的子阵提供维持节点平衡的杆端力。因此,在组成结构原始刚度矩阵第 i 行中的子阵时,只须考虑共有节点 i 的各单元的影响。如刚度矩阵 $[K]$ 中的第 3 行,$[K_{32}^2]$ 和 $[K_{34}^3]$ 就是 2、3 单元对第 3 号节点的影响。

②各单元对结构原始刚度矩阵有影响的子阵的两个下标,与结构原始刚度矩阵中同一个子阵的两个下标完全相同,如第 2、3 号单元的子阵 $[K_{33}^2]$ 与 $[K_{33}^3]$ 结构原始刚度矩阵中同一个子阵 $[K_{33}]$ 的两个下角标完全相同,并由 $[K_{33}^2]$ 和 $[K_{33}^3]$ 相加得到 $[K_{33}]$。

这样,只要将在结构坐标系中每个单元的刚度矩阵的四个子阵按其下角标在以节点为单位进行分块的结构原始刚度矩阵中就位,即所谓的"对号入座",则可得到结构原始刚度矩阵。

6.8.2　结构刚度矩阵的特点

在有限单元法中,结构刚度矩阵的阶数通常是很高的,而电子计算机的存储容量总有限的。因此,经常遇到矩阵阶数高和存储容量小的矛盾。为了解决这个矛盾,需要采取各种措施来节省存储容量。不过随着计算机的发展,这一矛盾相对得到了缓解。

学习结构刚度矩阵的特点,正是为了寻找节省存储容量的途径。结构刚度矩阵具有如下特点：

①结构刚度矩阵是一个对称矩阵。利用对称性，可以只存储矩阵的上三角部分，并且把这上三角部分展开成一维数组存放起来。这样做既节省近一半的存储容量，又减少运算时间。利用这一性质又可校对结构刚度矩阵的正确性。

②结构刚度矩阵是一个高度稀疏的矩阵，矩阵内绝大多数元素都是零，而非零元素的个数一般只占元素总数的 5% 左右，并且都集中在主对角线的周围的一个狭窄的带内，数学上把这种矩阵称为带状矩阵，如式(6.85)中原始刚度矩阵 $[K]$。因此，利用结构刚度矩阵的稀疏性，设法只存储非零元素，就可大量地节省存储容量。

③结构刚度矩阵的奇异性

用直接刚度法按所有节点都可能产生位移而建立起来的结构矩阵是奇异矩阵。这就是说矩阵的行列式应等于零，即 $[K]=0$，或者说它不存在逆矩阵。

结构刚度矩阵这个特性的物理意义是不难理解的。从图 6.22 来看，如果端点 i、j 的位移已给定，则节点力也跟着确定了。但若只给定了节点力，则节点位移并不能唯一确定，因为这时单元的两端根本没有支承，因此，除杆件本身产生弯曲和轴向变形外，还可产生任意的刚体位移。这一部分刚体位移分量根据给定的节点力显然是无法唯一确定的。所以在求解结构刚度方程时，必须有足够的约束条件以限制结构的刚体位移，这样方程才能得到唯一的解。

6.8.3 直接刚度法的求解

到目前为止，已掌握了用直接刚度法建立的结构原始刚度方程式(6.85)：

$$\{P\} = [K]\{\Delta\}$$

式中：$\{P\}$——作用在结构节点上的荷载，对一个在空间未被约束的结构来说，它应包括荷载和支座反力；

$[K]$——未被空间约束的结构原始刚度矩阵；

$\{\Delta\}$——结构节点位移。

有了结构的原始结构刚度方程式(6.85)并不能马上求解，因为方程是将整个结果当作无支座约束的体系而推导出来的。对于一个在空间未被约束、完全自由的结构来说，结构没有受任何位移约束，它可以作刚体运动，因此节点位移的解答不是唯一的。同时，列矩阵 $\{P\}$ 应包含外荷载 $\{P_a\}$ 和反力 $\{P_B\}$，二者必然构成平衡条件，原始刚度矩阵 $[K]$ 显然是一个奇异矩阵。由此可见，只有引入边界条件，修改结构原始刚度方程和刚度矩阵以后，才能进一步求解未知的节点位移。

修改结构原始刚度方程和原始刚度矩阵的方法有两种：一是调整矩阵中行和列的位置，即将式(6.84)中的节点位移和相应的节点荷载重新排列，使未知的节点位移和相应的节点力排在矩阵前面，而已知的节点位移和相应的节点力排在矩阵后面，得到新的结构刚度方程；另一种方法是考虑支座约束条件即边界条件，从原始刚度方程(6.84)中，去掉已知位移对应的行和列，这样所得到的新的结构刚度方程与第一种方法完全一样。

下面就讨论前一种方法的计算过程：

首先，按边界条件可将列矩阵 $\{\Delta\}$ 分解为 $\{\Delta_a\}$ 和 $\{\Delta_B\}$ 两个子矩阵，其中 $\{\Delta_a\}$ 代表所有的未知节点位移，$\{\Delta_B\}$ 代表由边界条件给定的已知节点位移。同样，可将列矩阵 $\{P\}$ 相应地分解成 $\{P_a\}$ 和 $\{P_B\}$。$\{P_a\}$ 对应于 $\{\Delta_a\}$，代表作用的外荷载；$\{P_B\}$ 与 $\{\Delta_B\}$ 相对应，代表未知反

力。然后将结构的原始刚度矩阵[K]按已知的位移条件进行分块,即:

$$\left[\Delta\frac{P_\alpha}{P_\beta}\Delta\right] = \Delta\left[\frac{K_{\alpha\alpha}\ K_{\alpha\beta}}{K_{\beta\alpha}\ K_{\beta\beta}}\right]\left[\Delta\frac{\Delta_\alpha}{\Delta_\beta}\Delta\right] \tag{6.86}$$

将矩阵按乘法展开,得:

$$\{P_\alpha\} = [K_{\alpha\alpha}]\{\Delta_\alpha\} + [K_{\alpha\beta}]\{\Delta_\beta\} \tag{6.87}$$

$$\{P_\beta\} = [K_{\beta\alpha}]\{\Delta_\alpha\} + [K_{\beta\beta}]\{\Delta_\beta\} \tag{6.88}$$

从方程式(6.87)可求得未知的节点位移 $\{\Delta_\alpha\}$,即

$$\{\Delta_\alpha\} = [K_{\alpha\alpha}]^{-1}(\{P_\alpha\} - [K_{\alpha\beta}]\{\Delta_\beta\}) \tag{6.89}$$

若已知边界条件 $\{\Delta_\beta\} = 0$,则

$$\{\Delta_\alpha\} = [K_{\alpha\alpha}]^{-1}\{P_\alpha\} \tag{6.90}$$

将求得的 $\{\Delta_\alpha\}$ 代入式(6.88),求得未知反力 $\{P_\beta\}$:

$$\{P_\beta\} = [K_{\beta\alpha}][K_{\alpha\alpha}]^{-1}(\{P_\alpha\} - [K_{\alpha\beta}]\{\Delta_\beta\}) + [K_{\beta\beta}]\{\Delta_\beta\}$$
$$= [K_{\beta\alpha}][K_{\alpha\alpha}]^{-1}\{P_\alpha\} \tag{6.91}$$

于是未知反力和未知位移可全部求得。

正如上面指出的,如果给定的已知边界条件不在最后几项,于是分块就不便于处理。为此,需要把位移的顺序和相应节点荷载的顺序重新排列,使未知项和已知项按前后次序分开。

由图6.21(a)可知,节点1的水平位移 u_1 和转角位移 φ_1 均为零,而节点37的水平位移 u_{37} 也为零。将此条件按式(6.86)重新排列,把已知位移为零的几项和相应的节点荷载排在式(6.86)的下面,然后再将对应于已知位移为零的各矩阵中的行、列去掉,即可按式(6.90)求得全部未知位移,进而代入式(6.91)求得未知反力。

注意:式(6.84)中每个结构节点位移有三个位移分量,如 $\{\Delta_1\} = [u_1 v_1 \varphi_1]^T$ 。按照上述步骤求得结构节点位移值后,便可进一步求解衬砌单元内力。

思 考 题

6.1　什么是共同变形理论和局部变形理论?二者有何区别?

6.2　隧道结构计算考虑的主要荷载有哪些?

6.3　试画出半衬砌的计算图式和基本结构。

6.4　试述半衬砌结构内力计算的主要步骤。

6.5　在曲墙式衬砌内力计算中,为什么常不考虑仰拱对衬砌内力的影响?

6.6　在曲墙式衬砌内力计算中,对抗力分布规律有哪些假定?

6.7　在直墙式衬砌计算中,对边墙进行分类的依据是什么?如何对边墙进行分类计算?

6.8　隧道结构常处于地质构造复杂的地层中,且充满节理和裂隙。试述在隧道结构计算中可以通过哪些物理量来反映地质裂隙或节理对计算结果的影响。

6.9　由半衬砌结构简化的底端弹性嵌固的悬臂曲梁,顶端作用水平力 T ,试求该曲梁支承面的位移,并画图表示出来。已知:梁底端截面与垂直轴之间夹角为 φ_a ;支承面围岩弹性抗力系数为足 K_a ;梁底面厚度为 h_a ;纵向宽度为 b ;曲梁矢高为 f 。

第 7 章
锚喷支护结构的设计与施工

7.1 概 述

喷射混凝土是利用高压空气将掺有速凝剂的混凝土混合料通过混凝土喷射机与高压水混合喷射到岩面上迅速凝结而成的,锚喷支护是喷射混凝土、锚杆、钢筋网喷射混凝土等结构组合起来的支护形式,可以根据不同围岩的稳定状况,采用锚喷支护中的一种或几种结构的组合。

工程实践证明,锚喷支护较传统的现浇混凝土衬砌支护优越。由于锚喷结构能及时支护和有效地控制围岩的变形,防止岩块坠落和坍塌的产生,充分发挥围岩的自承能力,所以锚喷支护结构比模注混凝土衬砌的受力更为合理。锚喷支护能大量节省混凝土、木材和劳动力,加快施工进度,工程造价可大幅度降低,并有利于施工机械化程度的改进和劳动条件的改善等。此外,锚喷支护是一种符合岩体加固原理的积极支护方法,加固体具有良好的物理力学性能。即它能及时地支护和加固围岩,与围岩密贴并封闭岩体的张性裂隙和节理,加固围岩结构面,有效地发挥和利用岩块间的镶嵌咬合和自锁作用,从而提高岩体自身的强度、自承能力和整体性。由于锚喷支护结构柔性好,它能同围岩共同变形,构成一个共同工作的承载体系。在变形过程中,它能调整围岩应力,抑制围岩变形的发展,避免岩体坍塌的产生,防止过大的松散压力出现。锚喷支护结构不再把围岩仅仅视作荷载(松散压力),同时还把它视为承载结构的组成部分。

锚喷支护应配合光面爆破等控制爆破技术,使开挖断面轮廓平整、准确,便于锚喷成型,并减少回弹量;减轻爆破对围岩的松动破坏,维护围岩强度和自承能力,使其受力良好。目前,锚喷支护结构的设计和施工,已积累了不少经验。锚喷支护结构设计和施工除了计算之外,还依赖于"经验类比"。还有很多需要进一步研究的问题,例如,支护结构设计理论、支护形式和时间的合理确定、施工控制、低温下喷混凝土的成型等问题。此外,锚喷支护的使用也是有一定条件的,在围岩的自承能力差、有涌水及大面积淋水处、地层松软处就很难成型。

本章将扼要介绍地层中锚喷支护的原理、结构计算和施工。

7.2　锚喷支护结构的受力与计算

锚喷支护结构的设计是基于喷射混凝土与锚杆作为加强和利用围岩自身支承能力的手段。因此,设计时必须从具体围岩的变形、破坏和稳定性出发,进行分析研究。由于不同的围岩,其变形、坍塌的原因和应注意的问题不同,因而锚喷支护结构对于各类围岩所起作用和设计原理也不同。

锚喷支护的设计与施工,大体可按以下五个步骤进行:

①勘察隧道工程地质和水文情况,分析围岩的稳定条件。

②在围岩分类的基础上采用工程类比方法选择支护类型及设计参数,对锚喷支护结构进行受力分析和结构计算,并提出施工注意事项。

③在支护结构施工中,密切注意地质情况的变化,及时修改设计参数,变更施工工序。

④支护完成后,观察隧道的稳定状况,对其长期稳定性作出预测和评价。必要时,可对支护变形和应力进行量测,包括施工阶段的监测。

⑤总结经验,改进设计与施工。掌握岩体变形、坍塌的规律之后,在恰当的时间,采用适当的方法进行支护。

锚喷支护结构的受力情况与围岩的应力状态密切相关,其影响因素比较复杂,虽然有各种计算方法,包括有限元法计算,但需要按经验估计的参数较多,又不能比较完善地反映锚喷支护加固围岩的作用特点,因此,锚喷支护的受力分析和结构计算尚处于半经验半理论阶段,还有很多问题有待今后逐步研究解决。

下面,根据公路隧道的特点,分析锚喷支护的作用原理、受力特点和结构计算。

7.2.1　锚喷支护结构与传统支护结构的差异

锚喷支护是加固隧道围岩的常见的支护形式。用压缩空气喷射砂浆作保护层,在 20 世纪初就已经采用,但在第二次世界大战以后,才将它作为隧道的一种可靠的支护结构。近年来,国内外在不同的地质条件下修建隧道时,都广泛地采用这种结构。

隧道开挖后,围岩松动的过程就是其稳定性不断降低的过程,也就是围压不断增大的过程。因此,保护围岩的稳定性,就应该在围岩松动的初期,及时采取措施制止其继续发展。

传统的支护结构总是在开挖后先支撑,使开挖工作面推进到相当远后,即经过一段相当长的时间后,才能逐步拆除支撑进行衬砌。支撑只能在少数点上与围岩接触,初砌与围岩之间如不经过回填灌浆,是不密贴的。实际上,这就等于允许围岩有较长时间的松动变形,使松弛带发展得很宽,导致衬砌只能是被动地承受围岩松动而形成的极大围压,其厚度很大,开挖断面也大大超过有效断面,既拖延工期又增加了工程造价。

锚喷支护则不同,开挖断面一经形成,便可及时而迅速地支护,随挖随喷。根据需要在喷混凝土的同时,还可配置钢筋网和钢拱架,这样很快就能形成与围岩紧密衔接的连续支护结构。同时,还能将围岩中的空隙填实,使之同支护结构一起构成支承围岩荷载的承载结构,“主动”地制止围岩变形的发展,使围岩能自承。

图 7.1 对比了两种支护结构条件下围岩的应力状态。传统支护由于不能及时可靠地向

围岩提供径向抗力,围岩松动,表现为摩尔圆与破坏包络线相切(图7.1(a))。同时,围岩松动后 C、φ 值下降,包络线位置下移,与摩尔圆相交,造成岩体破坏,形成松动围压。而锚喷支护,一方面由于喷混凝土渗入岩体裂隙,起了加固作用,提高了岩体的 C、φ 值,使包络线上移;另一方面,连续喷射层对围岩表面作用有封护抗力 P_i,使岩体的稳定性得到保证(图7.1(b))。

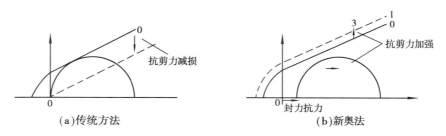

图7.1　传统支护与新奥法围岩表面的应力状态

当洞室横断面加大到一定程度时,薄的喷混凝土层不足以作为一种防护和加固围岩的措施,而必须加设锚杆。断面越大,岩体越软弱,就越需要定型布置锚杆系统,甚至加钢拱架或钢筋网,以提供一个加固拱(或称承重环),锚杆与喷混凝土相结合就构成了喷锚联合支护,图7.2对比了传统支护、喷混凝土支护和锚喷支护的工作条件。

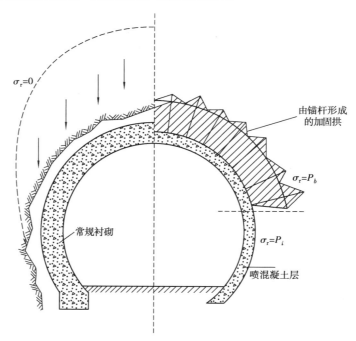

图7.2　传统、喷混凝土和锚喷支护工作状态

7.2.2　锚杆支护结构

砂浆锚杆是依靠注入岩孔中的水泥砂浆将锚杆和岩壁固结起来,靠砂浆的黏结与围岩起锚固作用,如图7.3所示。它使岩层的整体联结作用较好,但只有等砂浆具有一定强度之后,

才能起锚固作用。为了提高锚固效果,可采用楔缝式金属锚杆和树脂黏结型等锚杆。

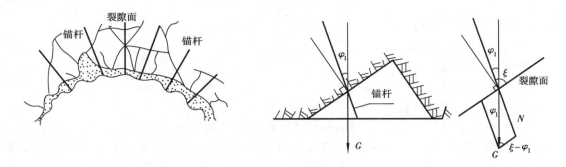

图 7.3　拱部块状围岩的锚杆支护图　　　　图 7.4　块状围岩中锚杆的强度计算

　　锚杆的类型按照作用原理可划分为全长黏结型、端头锚固型、摩擦型和预应力型四类。全长黏结型锚杆应用最广,其价廉、施作简单,适用于围岩变形量不大的各类地下工程的永久性系统支护;端头锚固型锚杆,其安装后能立即提供支护抗力,并能对围岩施加不大的预应力,适用于作坚硬裂隙岩体中的局部支护和系统支护。这类锚杆由于杆体和锚头易发生锈蚀,所以,当作永久性支护时,必须采取灌注水泥砂浆或其他防腐措施;摩擦型锚杆,安装后也可立即提供抗力,其最大特点是能对围岩施加三向预应力,韧性好,适于软弱破碎、塑性流变围岩及经受爆破震动的矿山巷道工程;预应力型锚杆或锚索,由于能对围岩施加较大的预应力,适于大跨度高边墙隧道的系统支护及加固大的不稳定块体的局部支护,但是这类锚杆成本较高。

　　锚杆加固围岩可以根据不同围岩的岩层产状和稳定状况灵活进行。其作用原理主要有联结作用、组合作用、整体加固作用等。在隧道中以哪种为主,要根据地质条件和锚杆的形式综合分析,往往考虑两种或三种的作用,现仅介绍联结作用计算。

　　(1)锚杆的联结作用

　　隧道围岩有不稳定的岩块和岩层时,可用锚杆将它们联结起来,并尽可能的深入到稳定的岩层中。隧道锚杆支护以这种作用为主时,应考虑锚杆承担全部不稳定岩石的重力。

　　1)锚杆承载力计算

　　当块体危石坠落时,除使锚杆受拉外,还对锚杆产生剪切作用,如图 7.4 所示,根据静力平衡有:

$$\left.\begin{array}{l} Q = \dfrac{G \sin \varphi_1}{\sin \xi} \\[3mm] N = \dfrac{G \sin (\xi - \varphi_1)}{\sin \xi} \end{array}\right\} \qquad (7.1)$$

式中:N——锚杆所受拉力;

　　　Q——锚杆所受剪力;

　　　G——危石重力或一根锚杆承担的岩石重力;

　　　ξ——锚杆与地质结构面的夹角;

　　　φ_1——锚杆与垂直线夹角。

　　如果根据地质构造节理或形成的裂隙确定了危石的形状和重量 G,即可根据上述公式计算锚杆强度。以抗拉为例,锚杆直径可用下式计算:

$$d \geqslant 2\sqrt{\frac{kN}{\pi R_g}} \qquad (7.2)$$

式中:k——安全系数,可取 2;

　　R_g——锚杆抗拉强度;

　　N——锚杆所受拉力;

　　d——锚杆直径。

2)砂浆锚杆所需锚固长度

砂浆锚杆在国内是常用的,它的锚固深度越大,锚固力也越大。螺纹钢筋比光圆钢筋锚固力大,而且钢筋直径增加,它与砂浆的接触面加大,其锚固力也随之增大。要保证砂浆锚杆具有足够的锚固力,首先要保证它有一定的锚固深度。一般中等石质围岩条件下,螺纹钢筋的锚固深度应取其直径的 20~30 倍以上,而光面钢筋锚固深度则取大于直径的 30 倍以上,有条件时可在现场进行锚固力试验确定。通常锚固深度可用下式计算:

$$L_1 \geqslant \frac{d^2 R_g}{4kD\tau} \qquad (7.3)$$

式中:d——钢筋直径;

　　D——锚杆钻孔直径;

　　τ——水泥砂浆与岩孔的抗剪强度;

　　k——安全系数,可取 3~5。锚杆长度应为 L_m,则

$$L_m = L_1 + L_2 + L_3 \qquad (7.4)$$

式中:L_1——锚杆锚固深度;

　　L_2——危石或不稳定岩层厚度;

　　L_3——外露长度,应略小于喷射混凝土的厚度。

(2)锚杆的组合作用

锚杆组合作用是依靠锚杆将一定厚度的岩层,尤其是成层的岩层组合在一起,组成组合拱或组合梁,阻止岩层的滑移和坍塌。锚杆提供的抗剪力、抗拉力,以及由于锚杆的锚固力使岩层层面摩擦力增加,使将要滑动的岩块加固稳定,阻止层面的互相错动,提高岩层与锚杆组合的岩石梁或岩石拱的抗弯和抗剪能力, 如图 7.5 和图 7.7 所示。

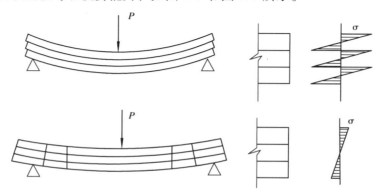

图 7.5　锚杆的组合梁作用

布置锚杆时应注意按垂直层面的方向设置。如对锚杆施加预应力,可提高其支护效果,按

组合作用来进行锚喷支护的受力分析和结构计算时,应注意锚杆的组合作用是主要的,喷混凝土仅是封闭和支护锚杆之间的表层岩体,以避免局部塌落,并提高组合结构内表层的强度。

(3)锚杆支护的整体加固作用

通过有规律布置锚杆群,将隧道四周一定深度的围岩进行挤压和黏结加固,组成一个承载环。在锚杆预应力的作用下(或围岩松弛时,在锚杆中产生的拉力),每根锚杆周围的岩体形成一个两头带圆锥的筒状压缩区,每根锚杆的压缩区彼此联结。形成厚度为 t 的均匀压缩带。由于锚杆支护力的作用,压缩带获得径向支护力 σ_r,使压缩带中的岩体处在三向受压状态,使岩体强度大为提高,从而形成能承受一定荷载的稳定岩体,即承载环。如图 7.6。图示承载环的岩体径向应力由 $\sigma_r=0$ 提高到 σ_r,岩体切向应力破坏强度由 R(单轴抗压强度)提高到 σ_t;岩体沿剪切破坏面滑动时的抗剪切强度也从 τ_1 提高到 τ_2。这就增大了岩体塑性区的卸载作用,使得最后传到喷层支护上的荷载大为减少,此外,锚杆本身在承载环中,也提高了剪切滑动面上的抗剪强度。

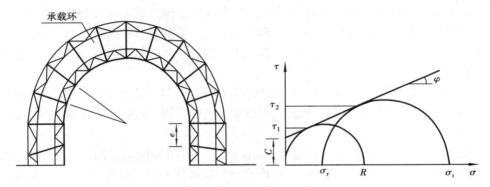

图 7.6　锚杆的加固形成承载环

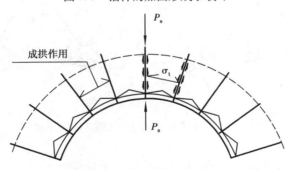

图 7.7　砂浆锚杆的加固作用

砂浆锚杆依靠它周围的水泥砂浆与围岩之间的黏结作用和本身在岩体中的抗剪能力,达到加固和提高围岩强度,增强围岩体承载能力的目的,如图 7.7 所示。砂浆锚杆的承载力可用下式表示:

$$P_s = \pi D L_1 (c_s + \sigma_t \tan \varphi_s) \tag{7.5}$$

式中: P_s——砂浆锚杆的承载力;

　　　D——锚杆孔的直径;

　　　L_1——锚杆的锚固长度;

c_s——砂浆与岩石的黏结力;

σ_t——岩体内切向应力;

φ_s——砂浆与岩石的摩擦角。

当围岩产生位移时,锚杆单位长度上的承载力 P_s/L_1 与 σ_t 的合力阻止围岩位移的发展,产生支护抗力,并使在锚杆间的围岩产生压缩和成拱作用,从而提高了围岩体强度和缩小了围岩承载跨度(等于锚杆间距),达到稳定和加固围岩的目的。

围岩内缘、锚杆之间筒状压缩区以外的岩体,或砂浆锚杆之间的内缘松弛带,应及时喷射混凝土层来保证其稳定性,使其不致进一步松弛、塌落。

7.2.3 喷混凝土支护结构

喷混凝土支护结构通过局部和整体稳定围岩两个方面起支护作用。

(1)局部稳定原理

喷混凝土支护结构通过及时的封闭岩层表面的节理、裂隙,填平或缓和表面的凹凸不平,使洞室内轮廓较为平顺,从而提高节理裂隙间的黏结力、摩擦阻力和抗剪强度,减少应力集中现象出现。防止岩层表面风化、剥落、松动、掉块和坍塌的产生,使围岩稳定下来,发挥围岩体的自承能力。

洞室围岩被节理裂隙分割成块状体,其坍塌的形成往往是因为其中一块危石的掉落,引起邻近的块石相继裂开、错动、脱落,导致全局性的失稳、坍塌,发生恶性连锁反应,如图7.3所示。

喷混凝土只要支护住最先掉落的危石(或称冠石),封闭加固附近的岩体,则洞室就能稳定。而喷混凝土层在危石自重力作用下,可能出现冲切破坏和撕开破坏,如图7.8所示。

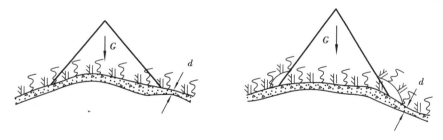

图 7.8 危石坠落时引起的冲切破坏和撕开破坏

1)冲切破坏计算

喷混凝土若被危石冲切破坏时,其喷层厚度可按下式计算:

$$d \geqslant \frac{kG}{R_L u} \qquad (7.6)$$

式中:G——由危石重量引起的作用力,当危石处于拱顶位置时,G 即为危石重量;

u——危石底面周长;

R_L——喷射混凝土的计算抗拉强度。k 为安全系数,可取 3~5。

2)撕开作用计算

喷层受剪切的同时,它与危石周围岩石之间将产生拉应力,当最大拉应力大于喷层的计算黏结强度时,喷层就会在该结合面处撕开,如图7.8所示。简化计算可用下式:

$$d \geqslant \frac{kG}{R_{\mathrm{Lu}} u} \tag{7.7}$$

式中：G——危石重量；

　　R_{Lu}——喷层与岩石间的计算黏结强度。

(2)整体稳定原理

喷混凝土层与围岩体表面紧密黏结、咬合、使洞室表面岩体形成较平顺的整体，依靠结合面处的抗拉、抗压、抗剪能力，与岩体密贴组成"组合结构"或"整体结构物"共同工作。薄的喷层支护柔性大，变形能力强，它能在与围岩共同承载和变形过程中对围岩提供支护力，使围岩变形得到控制，应力得以调整，从而使围岩体获得稳定。作为"整体结构物"一部分的喷层也同时受到来自围岩的压力，这种压力不是由岩体坍塌的岩块重量引起的，而是由围岩的变形引起的，是喷层支护与围岩共同变形中对喷层支护施加的，称为形变压力。

7.2.4　锚喷联合支护的应用

(1)锚喷联合支护修建隧道的基本概念

上面介绍了锚杆支护和喷混凝土支护的作用原理和部分计算，一般在较好的围岩中(如Ⅴ类以上围岩)可将喷混凝土作为主要的支护手段，辅以锚杆加固，而在较差的围岩中，则以锚杆，尤其是预应力锚杆作为主要的岩体加固手段，并与喷混凝土、钢筋网喷混凝土或加钢拱的钢筋网喷混凝土配合使用。

锚喷联合支护不同于传统的开挖、支撑、模注衬砌的施工方法，它是将隧道全断面一次掘出，在开挖洞室的同时，尽可能迅速地连续观测围岩的位移和变形，并以及时的锚喷作为临时支护，称其为第一次衬砌，它起稳定围岩，控制围岩应力和变形，防止松弛、坍塌和产生松散压力等作用。所谓"及时"，对差的围岩是指"尽快"，对好的围岩是指"适时"。凝结后即连续地对支护喷层的变形进行监测。在临时支护基础上逐步增加支护措施，把喷层加厚。或增设(长)锚杆、钢筋网等。待其基本稳定后，再加做模注混凝土二次衬砌。此时，原来的临时支护(锚喷支护)成为永久衬砌的一个组成部分。而二次衬砌基本上是不承载或承载很小的，主要是为了隧道结构物的安全、耐久、防水和饰面的需要。

在施工过程中常常要采用光面爆破、大断面开挖，或采用隧道掘进机开挖，要求对围岩扰动少。围岩与锚喷支护、模注二次衬砌结合在一起，根本改善了支护结构的静力工作条件，通过锚喷支护保护和加固围岩，提高了围岩强度和稳定性，并给围岩以主动支护力，在与围岩共同承载共同变形中承受变形压力(而不是塌方荷载)，保持隧道的稳定和安全。其中围岩自身成为承载结构的一个重要组成部分，而锚喷支护成为一种充分利用和加强围岩自身支承能力，把围岩和支护结构组成一个统一的结构工作体系。

锚喷支护不单纯是一种施工方法，而是一种指导原则和思路。使用时应掌握三个基本点：

①围岩是隧道稳定的基本部分。支护是为了与围岩共同形成能自身稳定的"承载圈"或支承单元，因此应尽量维护围岩体的强度性能，尽量采用控制爆破或无爆破开挖，尽量采用大断面或全断面掘进技术。

②支护、衬砌要薄而具有柔性并与围岩密贴，使因产生弯矩而破坏的可能性达到最小。当需要增加支护衬砌强度时，宜采用锚杆、钢筋网以及钢支撑等加固，而不宜大幅度增加喷层或

衬砌厚度。

③设计施工中要正确地估计围岩特性及其随时间的变化。需要进行必要的试验和量测，以确定围岩类型、自稳时间和位移变形速率等重要参数，选择最合适的支护措施和支护时间。

（2）支护与围岩共同作用原理的力学概念

在锚喷联合支护的方法中，支护结构的设计原理是采用围岩体和柔性支护共同变形的弹塑性理论。当隧道开挖后，将引起一定范围内的围岩应力重分布和局部地层残余应力的释放。在重新分布的应力作用下，一定范围内的围岩产生位移，形成松弛，同时也降低或恶化了围岩的物理力学性质，则隧道围岩将在薄弱处产生局部破坏，局部破坏的扩大，会造成整个隧道的坍塌。

为了分析在新奥法施工中支护与围岩共同作用原理的力学概念，以圆形隧道为例，并作出如下假定：

①围岩为均质的各向同性的连续弹塑性体，岩体在塑性变形和剪切破坏的极限平衡中仍表现有剩余强度。

②隧道初始应力场为自重应力场，侧压力系数为1。

③隧道在一定的埋深条件下，将它看作无限体中的孔洞问题。

当隧道开挖后，围岩发生变形，当内缘的二次应力小于围岩强度时，洞室仍是稳定的，当开挖后的二次应力超过围岩强度时，围岩就产生塑性变形和松弛，如不加支护，隧道将坍塌破坏，下面进行着重研究。

对隧道围岩的变形、应力、周边位移、支护措施及其相互关系进行研究的目的是期望对新奥法中的支护原理的力学进程有一个定性的了解。在围岩体中，尤其是软弱的围岩，可以采用摩尔—库仑准则作为塑性屈服判据，如图7.9。当表征围岩体中的应力状态的应力圆同摩尔滑动包络线相切时，即

$$\sigma_1 - \sigma_3 = \frac{2c \cos \varphi}{1 - \sin \varphi} + \frac{2 \sin \varphi}{1 - \sin \varphi} \sigma_3 \tag{7.8}$$

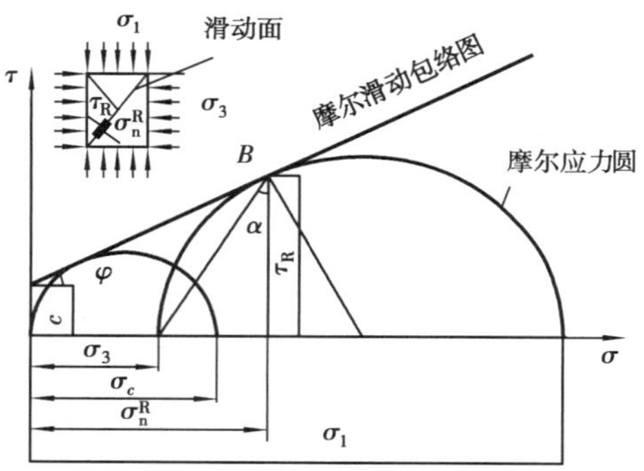

图 7.9　库尔—库仑准则

岩体进入塑性状态，并产生塑性滑移，其滑动面称为摩尔滑动面，它与主应力 σ_1 的夹角为 α，滑面上的正应力为 σ_n^R，剪应力 τ_R 分别是切点 B 的横坐标和纵坐标。式中 σ_1 和 σ_3 分别是岩体中的大、小主应力。

进一步假定岩体进入塑性状态以后，在岩体塑性变形发展中，式（7.8）的关系保持不变。即岩体进入塑性状态后，不论岩体的变形如何发展，岩体塑性区中各点都处于应力圆和破坏包

络线相切的极限平衡状态,而不再松弛。岩体的内摩擦角 φ,黏结力 c 值在塑性滑移中保持不变,并且假定岩体塑性变形中,塑性区内体积保持不变,自重忽略不计。

当隧道周边的围岩应力超过弹性强度极限时,从周边到岩体深处某一范围内将出现塑性变形区。相应半径 R 称为塑性区半径。在它以外为弹性变形区,如图 7.10 所示。

在上述假定下,根据弹塑性理论,可导出塑性区中任一点的应力公式为:

$$\sigma_r = (p_i + c\cot\varphi)\left(\frac{r}{r_0}\right)^{\frac{2\sin\varphi}{1-\sin\varphi}} - c\cot\varphi \tag{7.9}$$

$$\sigma_\theta = (p_i + c\cot\varphi)\left(\frac{r}{r_0}\right)^{\frac{2\sin\varphi}{1-\sin\varphi}}\left(\frac{1+\sin\varphi}{1-\sin\varphi}\right) - c\cot\varphi \tag{7.10}$$

式中:σ_r——塑性区中任一点的径向应力;

σ_θ——塑性区中任一点的切向应力;

p_i——支护对围岩的支护力;

r——塑性区中任一点到洞室中心的径向距离;

r_0——隧道开挖半径。

由式(7.9)和式(7.10)可得出水平轴方向的应力分布曲线(图 7.10 中的实线),与弹性变形条件下的应力分布曲线(图 7.10 中的虚线)对比,可以看到,塑性区中靠近洞室内缘的应力,因满足塑性条件而相对减小,成为应力降低区,而最大的应力集中由洞室周边处转移到围岩内弹性区与塑性区的交界面上。上述塑性条件是指当围岩应力超过围岩弹性抗压强度后,岩体产生塑性变形,相应产生能量(或应力)释放。在塑性滑移中随着变形的增加而应力降低,为了维持力的总平衡,高应力必然向变形较小的围岩深处发展。

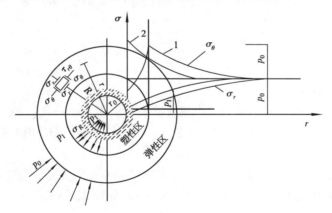

图 7.10　围岩弹塑性状态

1—弹塑性状态应力分布曲线;2—弹性状态($p_i = 0$)应力分布曲线

图 7.10 中,在静水压力条件下,弹性区的外部压力为 p_0,内部压力为 σ_R,根据弹性理论中关于厚壁圆筒(外半径为无穷大)的计算,可得出弹性区中任一点的应力为:

$$\sigma_r = p_0\left(1 - \frac{R^2}{r^2}\right) + \sigma_R\frac{R^2}{r^2} \tag{7.11}$$

$$\sigma_\theta = p_0\left(1 + \frac{R^2}{r^2}\right) - \sigma_R\frac{R^2}{r^2} \tag{7.12}$$

式中:σ_r——弹性区中任一点的径向应力;

    σ_θ——弹性区中任一点的切向应力;

    r——弹性区中任一点的半径。

在弹性区与塑性区的交界面上($r = R$ 处),应力 σ_r 与 σ_θ 应符合塑性平衡条件式(7.9)及式(7.10)和弹性平衡条件式(7.11)及式(7.12)。令两式相等,整理后可得:

$$R = r_0 \left[\frac{(p_0 + c \cot \varphi)}{(p_i + c \cot \varphi)} (1 - \sin \varphi) \right]^{\frac{1-\sin \varphi}{2\sin \varphi}} \tag{7.13}$$

$$p_i = (p_0 + c \cot \varphi)(1 - \sin \varphi) \left(\frac{r_0}{R} \right)^{\frac{2\sin \varphi}{1-\sin \varphi}} - c \cot \varphi \tag{7.14}$$

从式(7.13)和式(7.14)中可以知道围岩体中塑性区半径 R 与支护力 p_i 的关系。给予围岩内缘的支护力 p_i 越小,则围岩体中出现的塑性区越大;若让围岩体中出现的塑性区(相应的塑性半径)越大,则围岩对支护的变形压力 p_a(与支护力 p_i 相平衡)越小。这就是新奥法柔性支护理论的出发点,是设计、施工中采取支护措施时要积极利用的,以便使支护受到尽可能小的变形压力,相应减少支护工程量和降低造价。

洞室所处的原岩一次应力 p_0 越大,则塑性区半径 R 就越大。反映围岩强度性质的两个指标,即黏结力 c 和内摩擦角 φ 值越小,岩体强度越低,则塑性区半径 R 就越大。洞室周边的位移公式,可根据弹塑性条件求得:

$$u = r_0 (1 - \sqrt{1 - A}) \tag{7.15}$$

$$A = \left[\frac{(p_0 + c \cot \varphi)}{(p_i + c \cot \varphi)} (1 - \sin \varphi) \right]^{\frac{1-\sin \varphi}{2\sin \varphi}} B(2 - B)$$

$$B = \frac{1 + \mu}{E} \sin \varphi (p_0 + c \cot \varphi)$$

式中:μ——围岩泊松比;

    E——围岩形变模量。

从式(7.15)可知,洞室周边径向位移的大小主要取决于支护力 p_i。当 p_i 减小时周边径向位移则增大,反之则减小。式(7.15)可表达为 $u = f(p_i)$ 的形式,如图7.11中的曲线称为围岩位移曲线。

为了解作用在支护结构上的变形压力 p_a 与支护结构变形的关系,可把支护结构视为厚度均匀的厚壁圆筒,在外侧均布径向压力作用下,由弹性理论可以求得:

$$p_a = Ku \tag{7.16}$$

$$K = \frac{E_0}{r_0 \left(\frac{a^2 + 1}{a^2 - 1} - \mu_0 \right)}; E_0 = \frac{E}{1 - \mu^2}; \mu_0 = \frac{\mu}{1 - \mu}; a = \frac{r_0}{r_s} 。$$

式中:E——支护结构弹性模量;

    μ——支护结构泊松比;

    r_0——支护结构外半径;

    r_s——支护结构内半径;

    u——支护结构外缘各点径向位移。

式(7.16)表明,对于一定的支护结构(E_0、μ_0、r_0、r_s 等均为常数),作用在支护结构上的变形压力 p_a 与支护结构外缘所产生的径向位移间的比值为一常数 K,称为支护的刚度系数。把式(7.16)画在图 7.11 上,称为支护特性曲线。

由图 7.11 中可以看出:

①隧道开挖后,如支护非常快,且支护刚度又很大,没有或很少变形,则在图中 A 点取得平衡,支护需提供很大支护力 p_{max};围岩仅负担产生弹性变形 u_0 的压力 $p_0 - p_{max}$。故刚度大的支护是不合理的,相反,支护应有相当的柔性变形能力,并也允许围岩产生一定量的变形,适度的变形有助于围岩通过应力调整,形成足够大的塑性区,充分发挥塑性区岩体的卸载作用,使传到支护上的压力大为减小。图中平衡位置由 A 点移至 C 点、E 点;变形压力 p_{max} 减至 p_C 和 p_E。

②若隧道开挖后不加支护,或支护很不及时,也就是允许围岩自由变形,在图中是曲线 DB。这时,洞室周边位移达到最大值 u_{max},变形压力 p_a 很小或接近于零。这种情况在新奥法中是不允许存在的。因为实际上周边位移达到某一位移值(如图中 u_r 时),围岩就出现松弛、散落、坍塌的情况。这时,围岩对支护的压力就不是变形压力,而是围岩坍塌下来的岩石重量,即松散压力(塌方荷载),其大小由曲线 D_a 决定。从时间上和围岩状况上都已不适于作锚喷支护,只能按传统施工方法施作模注混凝土衬砌。

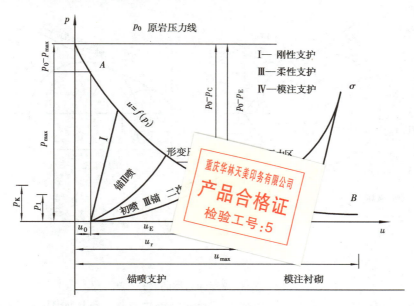

图 7.11 围岩位移支护特性曲线

③较佳的支护工作点应当在 D 点以左,邻近 D 点处,如图中 E 点。该点上,既能让围岩产生较大的变形($u_0 + u_E$),较多的分担岩体压力($p_0 - p_E$),支护分担的变形压力较小(p_E);又保证围岩不产生松动、失稳、局部岩石脱落、坍塌的现象。锚喷支护的设计与施工,就应该掌握在该点附近。这就要掌握好施作时间(相应围岩变形 u_0)和支护刚度 K(支护特性曲线的斜率)。不过,完全通过计算来确定支护的合理刚度和施作时间是很困难的。实际施工中,之所以要分两次支护,是因为洞室开挖后,尽可能及时进行初期支护和封闭,保证周边不产生松动和坍塌;塑性区内岩体保持一定的强度,让围岩在有控制的条件下变形。通过对围岩变形的监测,掌握

洞室周边位移和岩体、支护变形情况,待位移和变形基本趋于稳定时,即达到图中 i 点附近时,再进行第二次支护。在 i 点,围岩和支护的变形处于平衡状态。随着围岩和支护的徐变,支护的变形压力将发展到 p_E。支护和围岩在最佳工作点 E 处共同承受围岩变形压力。围岩承受的压力值为 $(p_0 - p_E)$,支护承受的压力值为 (p_E),支护承载能力尚有值为 $(p_K - p_E)$ 的安全余量。

(3)锚喷支护的结构计算和支护监控

隧道工程新奥法支护设计目前主要采用以下几种方法:

①以工程类比为基础的经验法;

②以现场量测为基础的监控法;

③以理论分析为基础的计算法;

④以上三种方法相结合的综合法。下面介绍新奥法的简单计算和支护监控的概况。

如图 7.12 所示,在新奥法锚喷柔性支护中,支护和围岩黏结紧密,共同工作,形成"无弯矩结构",而支护和围岩的破坏的主要形态是剪切破坏。其稳定的丧失常常是由围岩中产生塑性剪切滑移楔体开始的,如图 7.12 中的剪切体。

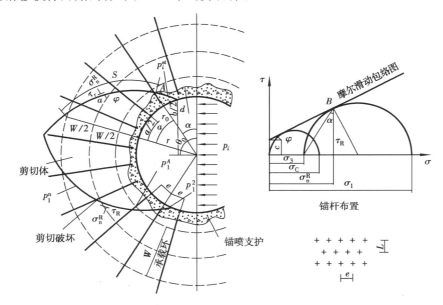

图 7.12 锚杆、喷层和岩体的联合作用

通过锚杆、喷层(包括喷层中的加强结构、钢筋网、钢拱支撑)和其加固的岩体承载环三者的联合作用所提供的支护抗力、抗剪力及总支护力 p_i,防止围岩中剪切楔体沿摩尔滑动面向洞室位移。因此,新奥法中锚喷支护的结构计算是按照锚喷支护对洞室围岩的加固作用和支护作用计算的。

支护结构对围岩的支护力 p_i 可用下述方法计算,如图 7.12 所示,当围岩体在压力作用下,沿着摩尔剪切滑动面产生剪切滑移,此时,围岩内由最大主应力 σ_1 和最小主应力 σ_3 组成的摩尔应力圆与摩尔滑动包络线相切。滑面与 σ_1 作用方向的夹角为 α。如摩尔滑动包络线为一直线,则 $\alpha = 45° - \varphi/2$。过隧道中心作一直线与垂直轴夹角为 α,交隧道壁面于 A 点,由 A

点画出与隧道内壁同心圆成 α 角的曲线,即为隧道侧壁岩体的滑移面。以极坐标表示该曲线方程为:

$$r = r_0 e^{(\theta-\alpha)\tan\alpha}$$
$$b = 2r_0 \cos\alpha \tag{7.17}$$

式中:θ——径向锚杆与垂直面的夹角;

　　r_0——喷层外缘半径;

　　b——剪切楔体高度;

　　r——剪切滑移面曲线半径。

设用锚杆、钢拱、钢筋网、喷混凝土等联合支护来阻止图 7.12 中剪切体的剪切破坏。滑动面上的正应力 σ_n^R,剪应力 τ_R 是随围岩中的 σ_1,σ_3 而改变的。而 σ_1,σ_3 随滑面上的不同位置也是变化的。根据力的平衡,认为 σ_3 等于支护结构所提供的支护力 p_t^s。

沿喷层 A 处剪切面的抗剪阻力 p_i^s,就是喷层给剪切体的水平推力:

$$p_i^s = \frac{2d\tau^s}{b\sin\alpha^s} \tag{7.18}$$

式中:d——喷层厚度;

　　α^s——喷层破坏剪切角;

　　τ^s——喷层的抗剪强度;

　　b——剪切体总高度。

如将模注混凝土二次衬砌考虑进去,则厚度 d 就包括二次衬砌的厚度。喷层内如设有钢筋网、钢拱支撑,喷层将增加抗剪支护力 p_i^{st}:

$$p_i^{st} = \frac{2F^{st}\tau^{st}}{b\sin\alpha^{st}} \tag{7.19}$$

式中:α^{st}——喷层内钢材破坏的剪切角;

　　τ^{st}——喷层内钢材的抗剪强度;

　　F^{st}——每米隧道的钢材当量断面积。

锚杆所提供的支护力计算如下:

$$p_i^A = \frac{q_i^A(\cos\alpha - \cos\theta_0)}{\cos\alpha} \tag{7.20}$$

式中:q_i^A——锚杆的径向平均支护力,如按锚杆体抗拉强度计算,设锚杆的间距为 e 和 t,则

　　$q_i^A = \dfrac{t^{st}\sigma^{st}}{et}$,$t^{st}$,$\sigma^{st}$ 为锚杆的断面积和抗拉强度;若是砂浆锚杆,可能沿孔壁黏结面

　　破坏,则 $q_i^A = \dfrac{A}{et}$,A 为锚杆的抗拔力;

　　θ_0——承载环与剪切滑移面相交处与中心的连线和垂直轴的夹角。

研究图 7.12 所示的围岩中剪切体的平衡,除了上述支护力外,尚有剪切体滑面 S 长度上的抗剪应力 τ_R,正应力 σ_n^R 的水平分力。岩体沿滑面 S 上提供的支护阻力为:

$$p_i^\omega = \frac{2S\tau_R\cos\psi}{b} - \frac{2S\sigma_n^R\sin\psi}{b} \tag{7.21}$$

式中:$\psi = \theta_0 - \alpha/2$——岩体剪切滑面与水平之平均倾角;

p_i^ω——τ_R、σ_n^R 的水平分力之和。

如假定摩尔包络线为直线,岩体内摩擦角为 φ,黏结力为 c,则

$$\left.\begin{aligned}
\tau_R &= \frac{\sigma_1 - \sigma_3}{2} \cos \varphi \\
\sigma_n^R &= \frac{\sigma_1 + \sigma_3}{2} - \frac{\sigma_1 - \sigma_3}{2} \sin \varphi \\
\sigma_1 &= \sigma_3 + 2(c + \sigma_3 \tan \varphi) \frac{1 + \sin \varphi}{\cos \varphi}
\end{aligned}\right\} \tag{7.22}$$

可以认为 σ_3 就是从上述的支护力 p_i^s 提供的。

这样,由岩体和支护所提供的总支护力为:

$$p_i = p_i^s + p_i^{st} + p_i^A + p_i^\omega \tag{7.23}$$

p_i 应大于防止剪切楔体的滑移破坏所提供的最小支护力。最小支护抗力及其相应的支护标准或变形标准 u_a(图 7.11 中的 u_r)目前仍是需要研究的问题。

在实际工作中,支护设计标准的确定,包括支护时间和支护类型的确定,支护后变形数值的判定标准,是否进行二次支护,以及何时进行二次支护等往往要依靠经验确定。新奥法中,通常是结合量测信息决定的。由量测信息给出隧道内壁位移 u_a 或围岩松弛范围(塑性区)R 或者 p_i,就可以对支护结构进行设计及对隧道进行控制施工,充分发挥支护结构的效能。

如阿尔贝格隧道采用双层支护结构时,在隧道周边设置若干测点,量测这些点之间的相对变位,如图 7.13。这种量测在外层支护(喷混凝土层)施作后即开始进行,并规定,如果发现变形发展过快,以至第 10 d 相对位移的增长速度仍超过 10 mm/d 或相对位移总值已达 150 mm 时,即增设锚杆,否则不必增设。锚杆增设后继续对相对位移进行观察,此时,相对位移的发展将缓慢下来,直至 100 d 后如果相对位移的增长速度小于 0.23 mm/d,或 30d 内相对位移总值不超过 7 mm 时,即可以施作内层二次衬砌。否则暂时不做,让围岩的变形继续释放一段时间后再做。

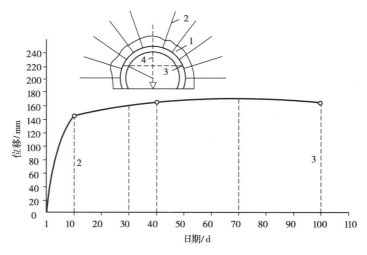

图 7.13 新奥法支护变形监控

目前,判定支护结构基本稳定的标准是位移 4~10 mm/月,根据经验和施工水平可取 4~6 mm/月。如位移超过 10 mm/月,则应采取进一步的支护措施。

7.3　锚喷支护施工原则

实施锚喷支护施工原则,是为了达到技术上可靠和经济上合理的目的。本节所述的锚喷支护施工原则虽然目前还不能完全以定量的关系反映出来,但它对指导锚喷支护的设计和施工却是十分重要的。

7.3.1　采取各种措施,确保围岩不出现有害松动

在洞室的布置和造型上应适应原岩应力状态和岩体的地质、力学特征,尽量争取一个较好的受力条件。

在选择洞址和洞轴线时,除了考虑地质条件外,还要注意做好两点:

①岩层的陡缓和岩层走向与洞轴线的交角,尽可能避免缓倾角和小交角的情况;

②调整洞轴方向尽量使侧压力系数 λ 值接近于1。因为 λ 值的大小对洞周的应力分布情况有重大影响。图7.14是表示圆洞壁面上当 λ 值不同时切向应力的分布情况示意图。从中可见,当 $\lambda=0$ 时,洞顶和洞底有一个较大的安全区,同时两个边墙有严重的应力集中。当 $\lambda=4$ 时,与 $\lambda=0$ 的情况正好相反。只有当 $\lambda=1$ 时洞周是均匀受压的,对发挥岩石强度是十分有利的。

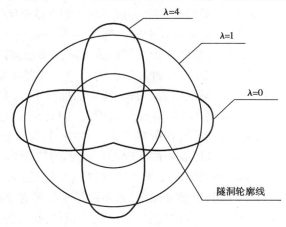

图 7.14　圆形壁面切向应力的分布情况

在洞形设计上选择一种较好的造型。因为在其他条件相同的情况下,洞室的形状和应力分布的影响也是相当大的。洞室断面形状应尽可能由光滑的曲线组成,以避免应力集中和增强喷层的结构效应。当 λ 值远小于1时,拱顶曲度大些为好;当 λ 值远大于1时,则边墙宜采用曲墙式等。

施工过程中要尽量减少围岩强度的恶化:

①采用控制爆破技术,以减少对围岩的扰动强度,使断面成形规整,以利于围岩自承力的保持和支护结构作用的发挥。

②减少对围岩的扰动次数。在条件许可时,尽可能采用全断面一次开挖。

③支护要及时快速。及时支护的目的是抑制围岩变形的有害发展。所谓"及时"不能简单片面地理解为就是"紧跟作业面施作支护"。从保护围岩固有强度来说,越早支

护,效果越佳。但按照新奥法支护理论的观点,当围岩变形时(如果还处于弹性阶段)就进行支护是不合理的,因为没有充分发挥围岩的承载力,但变形过大又是不允许出现的,只有当围岩变形已有适度发展、但又未出现有害松动前进行支护才是合理的。是否需要紧跟作业面支护,这要根据具体工程的围岩条件来定。例如,对一些自稳时间较长的围岩不一定要紧跟,而对某些软弱围岩,它要求及早提供支护以制止围岩出现有害松动。为实现及时支护,可采用速凝和早强的锚杆和喷混凝土支护,必要时甚至采用超前锚杆支护和超前围岩注浆等。

合理利用开挖面的"空间效应",抑制围岩变形。洞室在掘进过程中,由于受到开挖面的约束,使开挖面附近的围岩不能立即释放其全部位移,这种现象称为开挖面的"空间效应"。如果在"空间效应"的范围内设置支护,就可以减少支护前的围岩位移量,从而起到稳定围岩的作用。紧跟开挖面支护也是基于这一道理。因而施工中要求把支护施作面与开挖面的距离限制在一定范围之内。

尽量减少其他外界因素(主要是水和潮气)对围岩的影响。如对风化、潮解、膨胀等岩体要及早封闭,有地下水的裂隙岩体,则要注意防止大的渗透压力。

7.3.2 使围岩变形适度发展,最大限度发挥围岩自承能力

(1)初期支护采用分次施作的方法

作为隧道永久性的锚喷支护,一般应分两次完成,初期支护必须保证围岩达到稳定状态,最终支护(即二次支护)主要是提高支护的安全度。为了在更好地发挥出围岩自承能力的同时,也充分发挥支护材料的承载能力,初期支护又可以分成两次喷层或两次锚固施作。初次的作用主要是在有控制的条件下实现"卸压",而第二次的作用主要是限制变形过量,使围岩进入稳定。初期支护的喷混凝土层,在确保围岩不丧失稳定的前提下,一般允许其产生少量的开裂,在此基础上再次施作支护。对于围岩变形很大的情况,则必须加大支护的可缩性。实际上,锚杆本身就是一种良好的可缩性支护,在所有支护构件中,只有锚杆支护能不受围岩变形影响而保持支护抗力。模型试验证明,锚杆锚入碎石所组成的锚固体,既具有较高的抗压能力,又能适应较大的变形。喷层可采用纵向变形缝来提高其可缩性(图7.15),由此使围岩径向位移所引起的周边缩短只限于纵向变形缝缩窄,而不破坏喷层的完整性。待围岩稳定后,再用喷混凝土将纵缝封住,并进行复喷。这种喷层具有调节围岩大变形的能力。

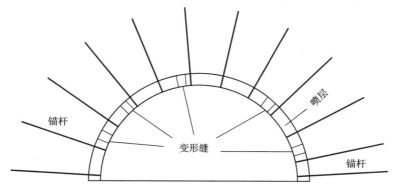

图 7.15 喷层纵向变形缝

（2）调节支护封底时间

有时尽管作了补强的支护,围岩变形仍不断发展,但封闭仰拱后,变形很快就停止了,如图 7.16 所示。可见,在抑制围岩变形方面它是一项行之有效的措施,因此,可以利用调节仰拱封闭的时间来调控围岩变形。应当说明,仰拱只是在必要时才设置,而且设置的时机一定要适时。

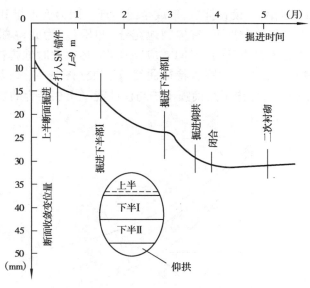

图 7.16　阿尔贝格隧道施工过程

原则上,还可以通过延迟支护时间来控制围岩变形,不过这个时机很难掌握,因此,常常不宜采取这种方法。

7.3.3　保证锚喷支护与围岩形成共同体

由于计算模型中把支护和围岩视为不可分割的共同体,因此,在设计施工中要求保证实现围岩、喷层和锚杆之间具有良好的黏结和接触,使三者共同受力。例如,喷层与岩石、喷层与喷层、喷混凝土与钢筋网、锚杆与岩石之间都要做到良好的结合。加强施工质量检验,目前国家规范已把喷层与岩石的黏结力和锚杆锚固力正式列入施工质量检验的项目。锚杆锚固力的设计应力和与锚杆材料的承载能力应相匹配,以充分发挥锚杆强度作用。从这个角度看,采用黏结式螺纹锚杆效果较好,但如果没有良好的锚固力和喷混凝土与岩体的黏结力,则锚杆与喷混凝土支承不稳定块体的承载力也将大大丧失。

7.3.4　选择合理的支护类型与参数并充分发挥其功效

（1）支护类型的确定应根据围岩地质特点、工程断面大小和使用条件要求等综合考虑

在一般的情况下,应优先考虑选用喷混凝土支护或锚喷联合支护。对于坚硬裂隙岩体中的大断面隧道,通常在长锚杆之间还要加设短锚杆以支承其间的岩体。对于破碎软弱岩体,其特点是围岩出现松动早,来压快,容易形成大塌方,出现这种情况一定要早支护、早封闭,设仰拱、加强支护。一般采用锚喷网联合支护。

塑性流变岩体的特点是围岩变形与时俱增,变形量很大,围岩压力也大且变化延续时间长。处理这类岩体的原则是:

①隧道形状要尽量做到与围岩压力分布相适应。一般这种岩体是四周来压或有很大的水平压力。因此,宜采用圆形、椭圆形或马蹄形等曲线形断面。椭圆形断面的长轴应与该平面内的较大主应力方向一致。

②支护施作宜"先柔后刚",设置仰拱,形成全封闭环。因为变形量和地应力都大,故初期支护应在围岩不致发生失稳的前提下,有控制地充分"卸压"。为此,初期支护的刚度应有较大可缩性。又因为该类岩体有明显的"时间效应",所以,必须适时地提高支护抗力进行后期支护,使支护特征曲线 c 与变化了的围岩特征曲线 t_3 相交(图 7.17),以保证隧道长期稳定。为了增加支护的后期刚度,可考虑采用前喷支护与模注混凝土相结合的复合衬砌。

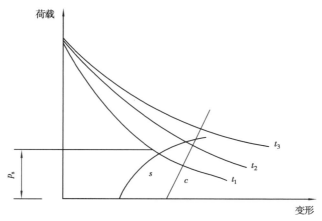

图 7.17　不同时间阶段围岩特性线与支护特性的适应性
c—后期支护的特性曲线;s—初期支护的特性曲线

此外,在这类岩体中底臌现象严重,因而,必须设置仰供,适时形成全封闭环,以限制底臌发展和提高支护抗力。总之,在此类岩体中,根据不同时间阶段围岩与支护的变化特征,调整支护抗力,使"围岩—支护"的变形协调发展,是取得支护成功的关键。

对于浅埋隧道,由于覆盖层小,一般不能形成完整的支承环,支护结构主要承受松散压力,因此,支护的强度和刚度要大于一般深埋的情况。

(2)选择合理的锚杆类型与参数,在围岩中有效形成承载圈

锚杆支护设计,主要是根据围岩地质、工程断面和使用条件等,选定锚杆类型,确定锚杆直径、长度、数量、间距和布置方式。

锚杆间距的选定,除考虑岩体稳定条件外,一般应能充分发挥喷层作用和施工方便,即通过锚杆数量的变化使喷层始终具有有利厚度。合理的锚杆数量是恰好使初期喷层刚好达到稳定状态,这样复喷厚度才能作为支护强度提高的安全系数。为了防止锚杆之间的岩体塌落,根据长期的工程经验和科学试验,通常要求锚杆的纵横向间距不大于杆体长度的一半即可,因此,锚杆间距的确定还受锚杆长度的制约。在软弱岩体中,锚杆的密度是稳定围岩的重要因素,因而目前一些锚喷支护规范中,对Ⅱ、Ⅲ类软弱围岩还规定了锚杆的最大间距。为了施工方便,锚杆的纵向间距最好与掘进进尺相适应。所以,锚杆纵向间距的选定,还要结合施工方法综合考虑。

　　锚杆长度的选取应当以能充分发挥锚杆的功能作用,并获得经济合理的锚固效果为原则。一般来说,锚杆长度越长,支护效果越好,但当锚杆长度超过塑性区厚度以后,锚杆的效率就大大降低,所以锚杆不宜太长。为维持锚杆的经济效果,通常以不超过塑性区为宜。锚杆主要是用来加固松动区的,使其加固并形成整体,因而锚杆的最小长度应超过松动圈厚度,并留有一定安全余量。对于裂隙和层状岩体,锚杆主要是对节理裂隙面起加固作用,这时锚杆宜适当长些,尽量穿过较多的层理和裂隙。根据我国锚喷支护的设计经验,锚杆长度可在隧道跨径的 1/4 ~ 1/2 的范围内选取。而国外采用的锚杆长度一般都超过我国所用的锚杆长度。诚然,锚杆太长会造成施工上的不便。

　　锚杆的布置应当采用重点(局部)布置与整体(系统)布置相结合。为了防止危面和局部滑塌、应重点加固节理面和软弱夹层,重点加固的部位应放在顶部和侧壁上部。为防止围岩整体失稳,当原岩最大主应力位于垂直方向时(即 λ 值 < 1,应重点加固两侧,以防止该处出现所谓压剪破坏,但在顶部仍应配置相当数量的锚杆。通常只锚固两侧的做法则不能收到预期的效果。图 7.18 中表示了不同锚固方案(岩石性质及参数均相同)有限元计算的结果,显然两侧和顶部都进行锚固的效果要好得多。当最大主应力位于水平方向时(即 λ 值 >1),则应把锚杆重点配置在顶部和底部。

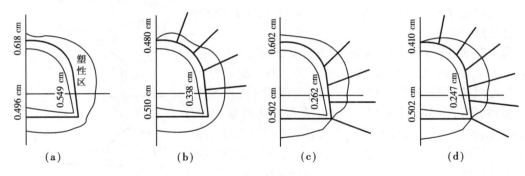

图 7.18　不同锚固方案的比较

　　锚杆的方向应与岩体主结构面成较大角度,这样则能穿过更多的结构面,有利于提高结构面上的抗剪强度,使锚杆间的岩块相互咬合。

(3)选择合理的喷层厚度,充分发挥围岩和喷层自身的承载力

　　最佳的喷层厚度(刚度)应既能使围岩维持稳定,又允许围岩有一定塑性位移,以实现"卸压",利于围岩自承和减少喷层的受弯应力。根据上述定性原则,无论是喷层初始厚度还是总厚度,过厚都是不合理的。根据工程经验,通常初始喷层厚度宜在 5 ~ 15 cm 之间,喷层总厚度不宜大于 20 cm,只有大断面隧道才允许适当增大喷层厚度。在地应力较大,喷层不足以维持围岩稳定的情况下,应采取增设锚杆、配置钢筋网等联合支护或其他控制措施,而不能盲目地加大喷层厚度。图 7.19 示出在相同条件下仅不同喷层厚度的有限元分析结果。图中曲线①是随不同喷层厚度切向应力的变化,曲线②是不同喷层厚度对洞周位移的影响。可以看出,喷层由 4 cm 增大至 30 cm(7.5 倍),应力仅降低约 16%,效果是极微小的。同时当喷层超过 15 cm 后,对限制围岩位移的效果不再有显著影响。

　　总之,期望以增大喷层厚度的办法来改善支护效果是不可取的,也是不经济的。另外喷层太厚,对发挥喷层材料的力学性能是不利的。图 7.20 绘出不同喷层厚度时喷层中弯矩的有限

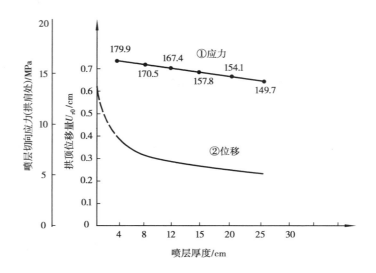

图 7.19　不同喷层厚度的支护效果

元分析结果。可以看出,随厚度的增加,支护的弯矩也显著增大。当喷层厚度 $d < D/40$ 时,喷层接近于无弯矩状态。显然这是最有利的受力状态。

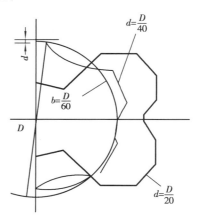

图 7.20　衬砌厚度 d 与内力的关系

为了有效地限制围岩的变形以防松动破坏,并协同锚杆有效地形成加固圈,喷层过薄也是不适宜的。根据对大量工程使用情况调查,厚度在 2 cm 以下的喷层,常出现大量开裂和剥落,在 3~4 cm 时,也有开裂和剥落现象,而 5 cm 以上则较少见到。因此,除了仅起防风化作用者外,喷层支护的最小厚度一般不能小于 5 cm,而在有较大围岩压力的破碎软弱岩体中,喷层厚度以不小于 8~10 cm 为宜。

(4)合理配置钢筋网

基于钢筋网具有防止或减少喷层收缩裂缝,提高支护结构的整体性和抗震性,使混凝土中的应力得以均匀分布和增加喷层的抗拉、抗剪强度等功能,在下列情况下可考虑配置钢筋网:

①在土砂等条件下,喷射混凝土从围岩表面可能剥落时;

②在破碎软弱塑性流变岩体和膨胀性岩体条件下,由于围岩压力大,喷层可能破坏剥落时,或需要提高喷混凝土抗剪强度时;

③地震区或有震动影响的隧道。

(5)合理选择钢支撑

在下列场合必须考虑使用钢支撑:

①在喷射混凝土或锚杆发挥支护作用前,需要使隧道岩面稳定时;

②用钢管(棚架)、钢板桩进行超前支护需要支点时(图 7.21);

③为了抑制地表下沉,或者由于压力大,需要提高初期支护的强度或刚性时。

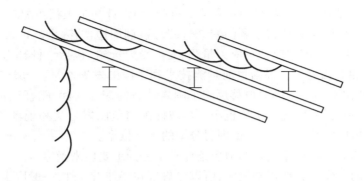

图 7.21　超前支护的支点

7.3.5　采取正确的施工方法

施工方法的正确性和合理性对锚喷支护的成败和效果有重大影响,特别是开挖程序、掘进进尺、支护和闭合时机等至关重要。

对于断面积较小的隧道,应尽量采用全断面或分上下台阶一次开挖的方案,以减少扰动次数,提高工效。大跨度隧道,尤其在松散岩体中,则可采用分部开挖方案,化大断面为小断面,以减小扰动的强度。

掘进进尺根据围岩类别、等级和施工技术、作业等因素确定。对于松散、自稳性差的围岩,进尺应短些,且对开挖面与支护面的距离要作出限制。

支护的顺序及初期支护时机与围岩自稳时间(指从开挖到发生局部坍塌的时间)关系密切。若自稳时间长,可先锚后喷;若自稳时间短或围岩比较破碎,则应改用“喷—锚—喷”施工顺序。围岩变形压力的大小与支护的刚度和施作时机关系很大。因为围岩的力学性态是随着时间的推移而发生变化,同时还受开挖面推进的影响,所以,在不同阶段进行支护就会取得不同的支护效果。另外,当围岩进入塑性后,在减少支护前围岩的位移释放量和限制塑性区半径方面,支护的时机要比支护的刚度还重要。这些都说明了为取得最优支护效果,就必须依据“围岩—支护”体系的力学动态,掌握好支护的时机。

初期支护一般应作为永久支护的一部分。因此,不允许初期喷层完全破裂(但允许有微小裂缝),作为最终支护的复喷混凝土层的复喷时间,视设计方法而异,目前有两种做法:一种是待围岩完全稳定后进行,这种隧道的安全储备大,对防止二次喷层出现受力裂缝和防水都有利;另一种是当围岩变形尚未趋于稳定时(如规定围岩变形量达到喷层破裂时变形量的80%时)施作,在不重要或服务年限不长的隧道可以采用这种做法,以取得明显的经济效果。

7.3.6　依据现场监测数据指导施工

由于锚喷支护理论目前还不够成熟,故需依靠现场监控测量来掌握围岩动态、修正设计、指导施工和对支护效果作出正确估价。量测工作是“新奥法”的重要标志之一,也是现代支护理论所凭借的主要手段。

现场监测方案的制订,主要应解决如下问题:需要进行哪些量测项目,采用何种量测手段有效可靠,测试的方法,测试数据的整理,分析与反馈,以及监控工作的程序等。

制定量测方案一般应考虑的原则:

①根据监控的目的选定量测项目的种类,同时要与设计和施工相匹配。

量测项目一般可归结为位移量测(包括洞周收敛、洞周边位移、围岩内部位移、地中位移、洞顶下沉、地表沉降等)、围岩应变—应力量测、支护受力量测(包括锚杆轴力、喷层应力、接触压力等)、声波探测等四大类。根据目前量测技术和手段的发展水平,一般应以位移(特别是收敛)量测和声波探测为主。因为位移反映了围岩动态的综合指标,能直观判断围岩稳定性,且安设快,数据直观可靠,对施工干扰也小。声波探测肩负围岩分类和现场监测双重任务,它也能综合反映岩体的完整性与强度,是围岩分类的重要依据。

②量测断面的数量应根据围岩的地质条件和工程的重要性来确定。

因现场监测的工作量和耗资都较大,所以除科研和特殊需要外,一般应少而精。力争在有限的测试规模和条件下,选用一举多得的项目和手段。

③测试断面和测点的位置要由监测、地质、设计和施工四方面共同选定。

具体位置一要考虑量测的目的,二要能反映实际情况。如果确认为一般地段的锚喷支护设计的修正和指导施工服务,应选在围岩地质有代表性的典型地段;如果出于预报险情和制订防患施工技术措施为目的,则应选在地质条件差的特殊地段。测点应主要布置在可监视围岩力学动态和支护工作状况的关键部位。

④要保证测试数据的可靠性,并注意便于在设计和施工中反馈和分析计算。

应尽量采用断面间互检、手段间互校、同部位间互比、项目间相通的测试方案和数据分析方法。对所测得的数据,应采用随时间变化的曲线表示,用回归分析处理,并及时反馈到设计和施工中去。

⑤量测手段的选择上应注意其有效性、经济性和技术上的可能性,以及长期稳定性。

⑥力求把施工期间的监控量测与使用后的长期观测结合起来,以减少工作量,保证资料的连续性。

⑦注意为深入研究支护与围岩相互作用机理和完善及发展设计理论积累现场实测资料。

思 考 题

7.1　什么是锚喷支护?锚喷支护施工的特点有哪些?

7.2　锚杆支护对围岩有哪些作用?什么是承载环?

7.3　锚杆的长度主要与哪些因素有关?

7.4　在新奥法施工中,为什么使围岩进入塑性状态,并有一定的塑性区范围?

7.5　如何推导圆形隧道塑性区中任意点的应力公式和塑性区半径?

7.6　圆形隧道的塑性区半径主要与哪些因素有关?

7.7　什么是支护特性曲线?它的主要作用是什么?

7.8　锚喷支护施工有哪些原则?

7.9　什么是开挖面的空间效应?

7.10　在新奥法施工中现场监测与反馈分析是核心内容之一,那么现场量测需考虑哪些原则?

第 **8** 章
隧道通风

8.1 概 述

汽车所排出的废气,含有多种有害成分,如一氧化碳、煤烟、铝、磷化物、硫等,是气态和浮游固态微粒的混合物。汽车还能携带尘土和卷起尘埃。这些物质构成了对隧道内空气的污染。而隧道是个闭塞空间,一般只有进出口与大气相通,污染物不能很快扩散,因此隧道内污染空气的浓度会逐渐积累。当浓度很小时,通常影响不大。但是,剧毒性的 CO 浓度增加时,会使人体产生不同程度的中毒症状,直至危及生命。空气中的烟雾可以影响能见度,含烟(尘)量达到一定程度后,即可使能见度下降到妨碍行车安全的程度。总之,隧道内的空气污染,既会造成对人体的危害,又会影响行车安全。

隧道通风的目的是通过通风改变隧道内空气的化学组成和气候条件,使之满足人员工作、车辆运行的卫生和安全要求,保证隧道正常运营。改善隧道内空气污染的途径大体上有 3 种:①生产无公害汽车;②使用滤毒装置还原被污染的空气;③把污染空气的有害物稀释到容许值以下。无公害汽车现在仍为有待解决的重大课题,随着对新能源的开发和对公害问题的深入研究,将来这个问题有可能得到解决。目前用滤毒装置已经可以还原如 CO 之类的有害气体,但在效率上和经济上还没有达到实用化的程度。现阶段实用的方法是从洞外引进新鲜空气,冲淡隧道内的有害物质浓度,使空气满足卫生标准和能见度方面的要求。

道路隧道的通风设计是隧道总体设计的重要环节之一。通风设计是从隧道调查时开始入手的,为进行通风设计,设计者还应作许多补充调查,如交通状况的调查,环境调查,地形、地质调查等。

关于交通量和交通流组成的调查,实质上是根据原有交通状况对未来可能发生的交通状况的一种推断。推断并不意味着不重要,恰恰相反,只有对原交通状况充分了解以后,才能作出近乎实际的推断。新建隧道或改建隧道都会产生吸引交通量或诱增交通量,这是交通工程学要解决的问题,隧道通风设计者直接关心的是怎样取值。交通量与交通流组成是计算通风量的基础资料,这些资料越详细就越有利于做好设计。仅仅知道总的车辆数是不够的,还应该知道车种组成、上下行数量、变化规律等。作为一项系统的调查,希望能进行全年 365 天每天 24 小时的观测。根据这样具体的调查资料和合理推断,才能作出既合理又经济的通风设计来。环境调查的目的是了解隧道通风排放有害成分对周围环境的影响,扩散的范围、排风塔的位置和高度,以及可能造成的恶果等。此外,还应研究控制通风机噪声的办法等。

地形、地质调查主要是为设置通风站、通风竖井、斜井等提供所需要的地形、地质资料。

通风设计需要考虑的主要问题是:

①空气中有害物质的容许浓度;

②需风量的计算方法;

③判断自然通风的能力;

④机械通风方式的讨论;

⑤通风设备的选择以及经济性等。

8.2 空气中有害物质的设计浓度

对汽车排出的废气中的有害物质进行研究是在 20 世纪 20 年代,美国对汽车的 CO 发生量进行过研究,同时还研究了人体对 CO 浓度的容许值。后来人们逐渐认识到,除 CO 浓度问题以外,还有视界内的空气透明度的问题,尤其是大马力柴油机汽车在交通流组成中所占比例增大以后,排烟量大大增加,稀释烟雾浓度所需新风量有时超过稀释 CO 浓度所需新风量。60 年代以后在新建和改建隧道时,通常是按上述两项分别计算,并取其较大者作为设计通风量。

实际上,汽油车和柴油车排出的废气中,既有 CO,又有烟雾,并伴随着其他有害物质。大型柴油车的 CO 发生量,据瑞士研究,仅为汽油车的 1/10 ~ 1/100。但它排出的具有强烈刺激性臭味的丙烯酸和二氧化硫却达到汽油车的 3 倍以上,而且伴有浓烟。柴油车的排烟因素很复杂,如发动机构造、负荷状态、调节程度、保养水平以及燃烧质量等,均可影响到排烟量,甚至影响到烟的颜色,而汽油车的排烟却很少。因此需要分别讨论 CO 和烟雾的设计浓度。

8.2.1 CO 设计浓度

关于 CO 的毒性,本来是医学领域的研究课题,由于在特定的隧道环境中的实际需要,通风设计者对 CO 的毒性也颇为关切。红细胞中的血红蛋白(Hemoglobin,简称 Hb),正常情况下在经过肺时与氧结合,并把氧气输送到人体的各个器官。由于 CO 对血红蛋白的亲和力比氧气大 200 ~ 300 倍,因此,一旦 CO 与血红蛋白结合生成碳氧血红蛋白(CO-Hb),分解即非常缓慢,它能使红细胞失去输送氧气的能力。若为深度中毒时,则会因缺氧而死亡。CO 为无色无味的气体,比重也几乎与空气相等,人的感觉器官又不能分辨它,因而是非常危险的。

20 世纪 40 年代初,德国人 May 氏发表了更加深入的研究结果,证明人对 CO 的中毒程度与人的活动状态有关。他把 CO 浓度、吸入时间以及活动状态与 CO-Hb 的饱和率之间的关系绘制成曲线,如图 8.1 所示。

曲线表明健康成年人受 CO 浓度的影响程度与呼吸量有关,"静坐"时影响最小,"劳动"时影响最大,"步行"时居中。患有呼吸器官障碍和贫血病的人,所受影响更大。

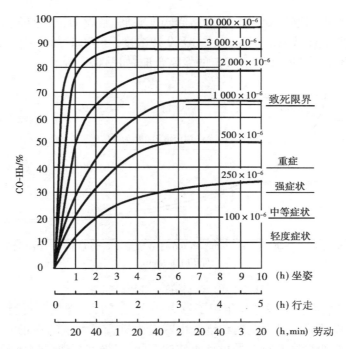

图 8.1　空气中的 CO 浓度、吸入时间以及活动状态与 CO-Hb 饱和率之间的关系

曲线还表明,CO-Hb 饱和率与逗留时间、CO 浓度有关。如果把 CO-Hb 饱和率为 10% 作为标准,那么 CO 浓度分别为 100×10^{-6} 或 250×10^{-6} 时,"静坐"者可分别逗留 2.5 h 或 45 min,"步行"者可以分别逗留 1 h 20 min 或 25 min,"劳动"者可分别逗留 50 min 或 15 min,而不会发生中毒现象。CO-Hb 饱和率不同,引起的中毒症状,可参见表 8.1。

表 8.1　血液中 CO-Hb 饱和率与中毒症状的关系

CO-Hb 饱和率/%	中毒症状
0 ~ 10	无症状
10 ~ 20	头微疼,皮肤血管扩张
20 ~ 30	前头部疼
30 ~ 40	剧烈头疼,衰弱,眩晕,视觉模糊不清、呕吐、虚脱
40 ~ 50	虚脱、可能出现昏迷,呼吸和脉搏增加
50 ~ 60	继续的痉挛性昏睡,呼吸和脉搏增加
60 ~ 70	继续的痉挛性昏睡,心脏活动以及呼吸作用弱且少,偶有死亡
70 ~ 80	脉搏呼吸微弱,致死

研究表明,CO 设计浓度主要与隧道长度和通风方式有关,见表 8.2。对于人车混合通行的隧道,其长度不宜超过 2 000 m,CO 设计浓度应按照表 8.2 中全横向和半横向通风方式的值减少 100×10^{-6}。

表 8.2　CO 设计浓度 $\delta / \times 10^{-6}$

隧道长度/m	≤1 000	≥3 000
纵向通风方式	300	250
全横向和半横向通风方式	250	200

尽管 CO-Hb 饱和度达到 10% 时,只会引起轻度头痛,且返回正常空气中后能完全消除且不留后遗症,但有些国家仍规定不能超越 CO 设计浓度—经历时间曲线,以确保乘车过隧道时,CO-Hb 饱和度不超过 5%,以备 100% 的保险余地,如图 8.2 所示。

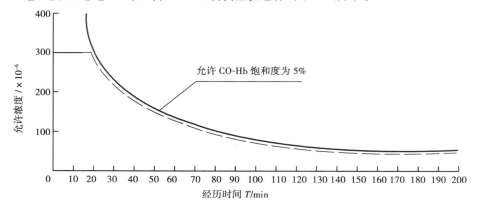

图 8.2   CO 设计浓度—经历时间曲线

1994—1996 年间,我国有关单位组织了巨大的人力、物力,在按照现行《公路隧道设计规范》(JTJ 026—90)设计的中梁山隧道和缙云山隧道中进行了大量的现场实测。实测时,专门组成了交通量与车型组合完全符合原设计条件的车队,以设计车速通过该两隧道,进行通风实效的检验。结果在中梁山左线上坡隧道,所测风机全部运行时,CO 浓度平均值仅为 42×10^{-6}(单向交通)与 68×10^{-6}(双向交通),为设计规定值 150×10^{-6} 的 28% 与 45%。大量现场实测数据充分说明设计所依据的原规范规定(CO 设计浓度为 150×10^{-6}),离开真正的"卫生标准"较远。由于现行规范对 CO 设计浓度只作保证卫生条件的目的要求,故以工程实践和实测数据为依据,参照瑞士规范作了修正。

在纵向通风系统中,CO 浓度呈三角形分布,过隧道人员只在经过隧道出口或其他排风口的很短时间内,才经受最大的 CO"点浓度"。因此,设计时不必按全隧道的平均浓度而按"点浓度"或最大 CO 计算浓度来计算需风量。

交通阻滞时的平均车速采用 PIARC 建议的 10 km/h。在日本,由于小客车含率较高,当车速降至平均 17 ~ 18 km/h,即视为交通阻滞。我国各公路的交通组成中,货车含率较高,故采用了 PIARC 的建议。

在公路隧道中,长度在 1 km 以上的通常均有交通监控设施,且在野外公路隧道中发生 1 km 以上的交通阻滞概率较低(这与城市隧道不同)。因此,通风设计应考虑交通监控系统的功能,不必考虑 1 km 以上的交通阻滞,否则,过量的通风设施必定长期(甚至永远)闲置,显然是浪费。PIARC(1995)报告中亦指出了这点。

8.2.2   烟雾设计浓度

为了保证停车视距,必须控制烟雾浓度。隧道内的停车视距不仅取决于车速,而且与路面亮度、路面材料的种类、烟雾浓度有关,通常需要综合考虑。随着对道路服务水平的要求不断提高,在保证停车视距的同时,还要求保证舒适性,因而需要把烟雾浓度控制在容许标准之下。

烟雾浓度有多种表示方法,常用的有两种,即质量浓度和体积浓度。前者是用单位体积空气所含溶质(这里指有害物质)的质量表示(g/m³ 或 mg/m³),后者是用单位体积空气中有害气体的体积所占百分比(%)或$\times 10^{-6}$表示。体积浓度已用于表示 CO 浓度了,它不能用来表示烟雾的浓度。重量浓度固然可以表示烟雾浓度,但用起来不直接、不方便。实用的方法是用光的透光率(透过率)表示烟雾浓度。

透光率是光线在污染空气中的透过量与在洁净空气中的透过量之比。一般用下式表示:

$$\tau = \frac{E}{E_0} \tag{8.1}$$

式中:E,E_0——分别为同一光源的光通过污染空气和洁净空气后的照度。

透过率随光源与受光部之间的距离而改变,同时还因烟雾浓度不同而不同。因此,把光源光通过单位距离(1 m)后受光部所接受到的光通量减至光源通量的 1/10 时,定义作烟雾浓度为 1,当然,其余光通量均被烟雾吸收和散射了。如果假定烟雾浓度为 1,则经过 1 m 时光通量减至$\left(\frac{1}{10}\right)^1$,再经过 1 m 时光通量减至$\left(\frac{1}{10}\right)^2$。同理,经过 l m 时,则光通量减至$\left(\frac{1}{10}\right)^l$。若假定烟雾浓度是变化的,如浓度为 2 时,则在 1 m 距离处光通量减至$\left(\frac{1}{10}\right)^2$;同理,浓度为 K 时,光通量减至$\left(\frac{1}{10}\right)^K$。因此,光源光穿 1 m 厚的烟雾浓度为 1 的污染空气后,透过率$\tau = \left(\frac{1}{10}\right)^{1\times1}$,光源光穿过 l m 厚的烟雾浓度为 K 的污染空气后,透过率为:

$$\tau = \left(\frac{1}{10}\right)^{l \times K} (\%) \tag{8.2}$$

式中:K——烟雾浓度,m^{-1};

l——烟雾层厚度,m。

式(8.2)还可以表示为:

$$K = -\frac{1}{l} \lg \tau \tag{8.3}$$

式中:τ——光源穿过 l m 厚的容许透光率;在隧道通风与照明中,取 $l = 100$ m,故其容许浓度

$K = -\frac{1}{100} \lg \tau$。

当烟雾浓度,透过率($l = 100$ m)和车速不同时,对舒适程度的感觉也不同,表 8.3 是行车速度为 40 km/h 时,司机对舒适水平的主观评价。

表 8.3　司机对烟雾浓度的舒适度评价

烟雾浓度 K/m^{-1}	$l = 100$ m 处的透过率 $\tau_{100}/\%$	舒适水平主观评价
5×10^{-3}	60	空气清洁
7×10^{-3}	50	稍有烟雾
9×10^{-3}	40	舒适度下降
12×10^{-3}	30	不愉快的环境

烟雾设计尝试不但与车速(要求视距)有关,而且与亮度(或照度)及光源有关,见表 8.4。现行《公路隧道通风照明设计规范》规定,当采用钠灯光源时,烟雾设计浓度应按表 8.4 取值,当采用荧光灯光源时烟雾设计浓度提高一级。

表 8.4　车速—路面亮度—烟雾浓度的关系

计算行车速度/$(km \cdot h^{-1})$	100	80	60	40
路面平均亮度/$(cd \cdot m^{-2})$	9.0	4.5	2.5	1.5
烟雾浓度/(m^{-1})	0.006 5	0.007 0	0.007 5	0.009 0

大量测试果表明,烟雾浓度(透过率)、车速、照度和光源四者之间的关系如图 8.3 所示。

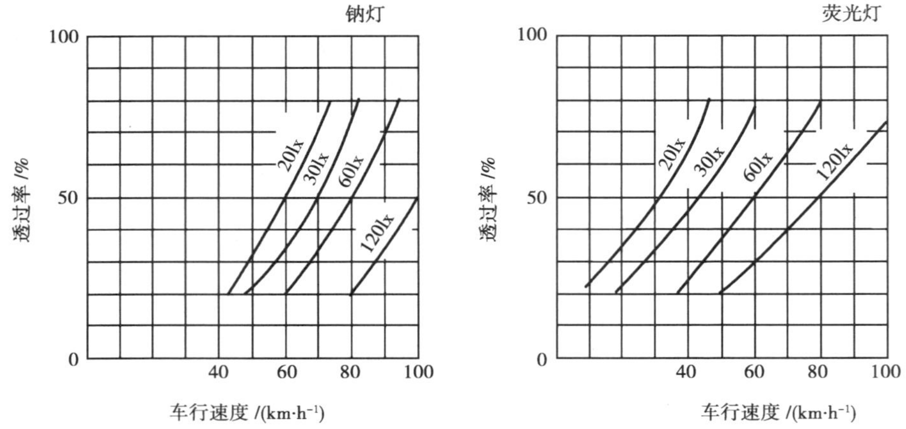

图 8.3　透过率、车速、照度和光源之间关系

烟尘不仅影响到舒适度,而且也影响到健康,只不过在一般情况下不会立即致病而已。烟尘通光按径大小可区分为降尘和飘尘。前者粒径大于 10 μm,因自身重力较大,在空气中容易降落,危害相对较小;后者粒径小于 10 μm,能在空气中长时间飘移,称为飘尘,容易被吸入呼吸道系统。吸入飘尘后,大部分被鼻咽、气管等黏膜吸附,长期刺激容易导致鼻咽发炎,气管发炎等。极少部分更细小的颗粒,可以吸入肺泡组织,并引起各种病理反应。烟尘对于司机和行人的作用时间通常是短暂的,其危害相对较小。但是对于长期从事维修管理人员的影响则相当大。

8.2.3　其他有害物

(1)氮氧化物

氮氧化物是柴油机排出的主要有害成分之一。主要来源于空气中的氮和氧,在爆燃条件下,产生的瞬时高温、高压能使空气中的氮与氧化合,生成 NO,是吸热反应。爆燃温度越高,反应越快,生成的 NO 也越多。但在汽缸内,正常燃烧的温度条件下,氮与氧不发生化合反应。当温度下降后,汽缸内生成的 NO 遇 O_2,即可生成 NO_2。

NO 为无色气体,可以使血液中的血红蛋白成为变性血红蛋白,对中枢神经系统也有作用。NO_2 为黄色或棕色气体,有强烈刺鼻气味,剧毒。由于它对空气的相对密度为 1.58,因此经排气管排出后,多集聚在下层空气中,在隧道内尤其不易扩散,对人的威胁很大。一部分进入肺泡的 NO_2,遇水后可以水解成硝酸及亚硝酸,产生强烈的刺激和腐蚀作用,可以造成支气管及喉部出血。

根据铁道部的现场调查,在隧道内接触氮氧化物的平均浓度为 19.4 mg/m³(接触 45 min)

时,只有少数人出现不适感;平均浓度为 54.4 mg/m³ 时,全部作业人员都有主观不适感,其中以胸闷、呼吸困难为最多,其次为头晕、黏膜刺激等症状。

(2)丙烯醛

丙烯醛为无色挥发性液体,相对密度 0.841,易燃。由于它具有强烈的辛辣刺激窒息性气味,所以容易引起警觉,在正常情况下很少发生严重中毒现象。

丙烯醛对眼睛和呼吸道黏膜有剧烈刺激作用,并可产生全身性中毒症状,如流泪,鼻刺痛,咽喉干涩,严重时可有恶心、呕吐、腹泻等症状。

(3)二氧化硫

SO_2 为具有强烈的辛辣刺激性气味的气体,相对密度 2.264,易溶于水。它进入呼吸道后,大部分在上呼吸道上生成亚硫酸和硫酸,被气管吸收,对上呼吸道产生强烈刺激性引起各种炎症。能分布至全身组织,破坏细胞。二氧化硫对人体健康状况的影响因其浓度不同而有所不同,见表 8.5。

表 8.5　二氧化硫对人体健康状况的影响

SO_2 浓度/(mg·m⁻³)	中毒症状
3	引起咳嗽
8 ~ 13	不能较长时间坚持工作
20	流泪、咳嗽
28 ~ 80	呼吸道灼热痛,胸部压抑感
100	咽喉痛,胸痛,呼吸困难
130 ~ 260	最高容许浓度限界(30 ~ 60 min)
400 ~ 500	迅速窒息死亡

此外,还有剧毒的铅和致癌物等有害物,这里不再一一叙述。

8.3　需风量计算

8.3.1　按稀释 CO 浓度计算新风量

通风设计中,车辆有害气体的排放量以及与之对应的交通量都应有明确的远景设计年限,二者应相匹配。计算近期的需风量时应采用相应年份的交通量。在确定新风量时,应对计算行车速度以下的各工况车速 20 km/h 为一档分别计算,并考虑交通阻滞状态,取其较大者作为设计需风量。

为了计算稀释 CO 到容许浓度的需风量,必须首先计算隧道内汽车排放的 CO 数量,汽车 CO 排放量按照下式计算:

$$Q_{CO} = \frac{1}{3.6 \times 10^6} q_{CO} f_a f_d f_h f_{iv} L \sum_{m=1}^{n} (N_m f_m) \qquad (8.4)$$

式中:Q_{CO}——隧道全长 CO 排放量,m^3/s;

  q_{CO}——CO 基准排放量,$m^3/$辆 km,可取 0.01;

  f_a——考虑 CO 的车况系数;对高速公路、一级公路取 1.0,对二、三、四级公路取 1.1~1.2;

  f_d——车密度系数,按表 8.6 取值;

  f_h——考虑 CO 的海拔高度系数,按图 8.4 取值;

  N_m——相应车型的设计交通量(辆/h);

  f_m——考虑 CO 的车型系数,按表 8.7 取值;

  f_{iv}——考虑 CO 的纵坡车速系数,按表 8.8 取值;

  n——车型类别数;

  L——隧道长度,m。

表 8.6　车密度系数 f_d

车速/($km \cdot h^{-1}$)	100	80	70	60	50	40	30	20	10
f_d	0.6	0.75	0.85	1	1.2	1.5	2	3	6

表 8.7　考虑 CO 的车型系数 f_m

车　型	各种柴油车	汽油车			
		小客车	旅行车、轻型货车	中型货车	大型客车、拖挂车
f_m	1.0	1.0	2.5	5.0	7.0

表 8.8　考虑 CO 的纵坡—车速系数 f_{iv}

$i/\%$ 〖 $v/(km \cdot h^{-1})$	-4	-3	-2	-1	0	1	2	3	4
100	1.2	1.2	1.2	1.2	1.2	1.4	1.4	1.4	1.4
80	1.0	1.0	1.0	1.0	1.0	1.0	1.2	1.2	1.2
70	1.0	1.0	1.0	1.0	1.0	1.0	1.0	1.2	1.2
60	1.0	1.0	1.0	1.0	1.0	1.0	1.0	1.0	1.2
50	1.0	1.0	1.0	1.0	1.0	1.0	1.0	1.0	1.0
40	1.0	1.0	1.0	1.0	1.0	1.0	1.0	1.0	1.0
30	0.8	0.8	0.8	0.8	0.8	1.0	1.0	1.0	1.0
20	0.8	0.8	0.8	0.8	0.8	1.0	1.0	1.0	1.0
10	0.8	0.8	0.8	0.8	0.8	0.8	0.8	0.8	0.8

根据式(8.4)计算的 CO 排放量,稀释 CO 到容许浓度的需风量按下式计算:

$$Q_{req(CO)} = \frac{Q_{CO}}{\delta} \cdot \frac{p_0}{p} \cdot \frac{T}{T_0} \times 10^6 \qquad (8.5)$$

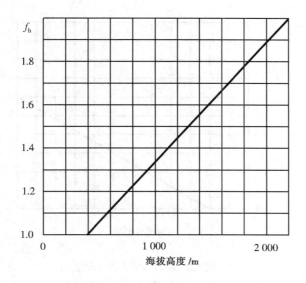

图 8.4　考虑 CO 的海拔高度系数 f_h

式中：$Q_{req(CO)}$——隧道全长稀释 CO 的需风量，m^3/s；

p_0——标准大气压，kN/m^2，取 101.325 kN/m^2；

p——隧址设计气压，kN/m^2；

T_0——标准气温（K），取 273；

T——隧道夏季的设计气温，K；

δ——CO 设计浓度。

8.3.2　按稀释烟雾浓度计算需风量

烟雾排放量是以柴油车作为计算依据，当交通流组成柴油车比例大到某一限度以后，烟雾危害超过 CO 危害，因此，根据烟雾排放量计算所需通风量成为重要问题。烟雾排放量按下式计算：

$$Q_{VI} = \frac{1}{3.6 \times 10^6} q_{VI} f_{a(VI)} f_{IV(VI)} f_d f_{h(VI)} L \sum_{m=1}^{n_D} (N_m f_{m(VI)}) \tag{8.6}$$

式中：Q_{VI}——隧道全长烟雾排放量，m^3/s；

q_{VI}——烟雾基准排放量，$m^3/$辆 km，可取 2.5 $m^3/$辆 km；

$f_{a(VI)}$——考虑烟雾的车况系数，对高速公路、一级公路取 1.0，对二、三、四级公路取 1.2~1.5；

$f_{h(VI)}$——考虑烟雾的海拔高度系数，按图 8.5 取值；

$f_{IV(VI)}$——考虑烟雾的纵坡—车速系数，按表 8.9 取值；

$f_{m(VI)}$——考虑烟雾的车型系数，按表 8.10 取值；

n_D——柴油车车型类别系数；

L——隧道长度，m。

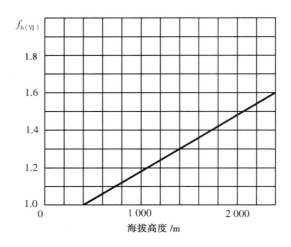

图 8.5　考虑烟雾的海拔高度系数 $f_{h(VI)}$

表 8.9　考虑烟雾的纵坡—车速系数 $f_{iv(VI)}$

$v/(\text{km} \cdot \text{h}^{-1})$ ＼ $i/\%$	−4	−3	−2	−1	0	1	2	3	4
80	0.3	0.4	0.55	0.8	1.3	2.6	—	—	—
70	0.3	0.4	0.55	0.8	1.1	1.8	3.1	—	—
60	0.3	0.4	0.55	0.75	1.0	1.45	2.2	—	—
50	0.3	0.4	0.55	0.75	1.0	1.45	2.2	—	—
40	0.3	0.4	0.55	0.7	0.85	1.1	1.45	2.2	—
30	0.3	0.4	0.5	0.6	0.72	0.9	1.1	1.45	2.0
10 ~ 20	0.3	0.36	0.4	0.5	0.6	0.72	0.85	1.03	1.25

表 8.10　考虑烟雾的车型系数 $f_{m(VI)}$

柴油车			
轻型货车	中型货车	重型货车、大型客车、拖挂车	集装箱车
0.4	1.0	1.5	3 ~ 4

稀释烟雾到设计浓度所需新鲜风量按下式计算：

$$Q_{req(VI)} = \frac{Q_{VI}}{K} \tag{8.7}$$

式中：$Q_{req(VI)}$——隧道全长稀释烟雾的需风量，m^3/s；

　　　K——烟雾设计浓度，m^{-1}。

8.4　通风方式及其选择

8.4.1　综述

隧道通风方式的种类很多,选择时最主要的是考虑隧道长度和交通条件,同时还要考虑气象、环境、地形以及地质等条件。在充分考虑各种因素后,选择既有效又经济的通风方式。

按车道空间的空气流动方式,大体上可以分为自然通风和机械通风两种方式。而机械通风又分为纵向通风方式、半横向通风方式、全横向通风方式和组合通风方式四种,其中纵向通风方式又分为射流式通风、集中送入式通风、竖(斜)井送排风式通风、竖(斜)井排出式通风以及静电吸尘式通风等;半横向通风方式分为送风半横向式和排风半横向式通风。

水底隧道的要求比较高,从重要性和安全上都希望用可靠性高的全横向式通风方式。水底隧道采用圆形断面尤为适宜。可以利用车道板下面的空间送风,利用顶棚以上的空间排风,其可靠性相当于两套半横向式通风。

对于城市隧道,一般交通量较多,交通流也不稳定。而全横向式通风及半横向式通风不受交通状况的影响,可以考虑这两种方式。如果在隧道内设置人行道和自行车道时,从安全和舒适的角度考虑,全横向通风最为理想。全横向通风的逆风口通常设在两侧距车道面约 1 m 高的位置上,行人能最先呼吸到新鲜空气。另外,这种通风方式沿隧道纵向几乎没有风流动,可以保证自行车的稳定和安全。

山岭隧道的通风方式要更多地考虑经济性,多半采用半横向式通风和纵向式通风方式。车道空间因纵向通风或半横向通风而引起的沿隧道纵向流动的风速过大时,对车辆和行人均有影响,使人有不快感。万一发生火灾,烟火迅速蔓延,危及下风方向的车辆和行人。因此,风速应当有一定的限制,日本规定,从安全和舒适性要求,风速应限制在 12 m/s 以下,而 PIARC 推荐为 8 m/s。如果因隧道纵坡大或长度大,通风量很大时,风速可能超过风速限制,此时应考虑改变通风方式或进行分段通风。

单向交通时,车速越大,活塞作用越显著。例如,车速为 50～60 km/h,大约可以有 6 m/s 的交通风(活塞风)。这种情况以纵向式通风为宜。不过速度和交通量有密切关系,随着交通量的增大车速会降低,也会影响到活塞作用的效果。因为交通量大,往往容易发生交通阻滞,这时交通风处于不稳定状态,最好改用全横向式或半横向式通风。活塞作用和车辆的平均截面积与隧道的过风面积的比值有关。因此,大型车所占百分比大时,活塞作用相对较大。对向交通的隧道没有活塞作用。

良好的地质条件给开挖大断面隧道提供了可能性,此时可以把通风道修得足够大,使选择全横向或半横向式通风能够变成现实可行的方案。竖井和斜井在长大隧道通风中有特殊作用,它可以把隧道分割成小的通风区段。为了减少竖井和斜井的埋置深度,往往将其坑口设置在鞍部或低洼处,因此对地质和水文地质条件要特别注意。

从运营通风的观点看,要求尽量节省费用,如果能获得全年稳定的自然风供通风使用是最理想的。不过,自然风往往是不稳定的。通风设计应当从最不利的气象因素去考虑。

对于通风方式的选择,应从不同方案的工程费,维持管理费上进行经济比较。这里,不应局限于成本比较,而应包括通风质量在内的综合性比较。

在选择通风方式时,首先需要决定隧道内所需通风量,然后讨论自然风和交通风能否满足需要,如果不能满足需要或者缺乏可靠性(自然风和交通风是否稳定),就应当采用机械通风。

8.4.2 自然通风

目前还没有可靠的计算自然通风的隧道最大容许长度的一般算式。因为,由隧道两个洞口的大气条件(气压,温度,风等)和高差引起的压头差值,从而导致隧道内自然风是不稳定的。上述大气条件在隧道内引起的总压头,可由下式计算:

$$\Delta p_{\mathrm{m}} = \left(1 + \zeta_{\mathrm{e}} + \lambda_{\mathrm{r}} \frac{L}{D_{\mathrm{r}}} \right) \frac{\rho}{2} v_{\mathrm{n}}^2 \tag{8.8}$$

式中:Δp_{m}——自然风阻力,N/m^2;

ζ_{e}——隧道入口损失系数,可取 0.6;

v_{n}——自然风作用引起的洞内风速,m/s,可取 2 ~ 3 m/s;

ρ——空气密度,kg/m^3,可取 1.2;

$D_{\mathrm{r}} = \dfrac{4A_{\mathrm{r}}}{C_{\mathrm{r}}}$——隧道断面当量直径;

A_{r}——隧道净空断面积;

G_{r}——隧道断面周长。

自然风的变化是复杂而不稳定的,用它来作为通风计算的依据,其可靠性自然很差。但是作为机械通风时的辅助作用,却不应忽视,至少可以调节通风机的转数,有利于节能。不过,车道空间有 2 m/s 左右的自然风是较佳的情况。另一方面,对向交通时,机械通风装置应为可逆式;单向交通时,机械通风应具有克服自然通风逆压的能力。

不稳定的自然风对单向交通的隧道影响较小,例如对水底隧道影响就较小。如前所述,若车速能稳定在 50 ~ 60 km/h,则交通风可以达 6 m/s,就不能忽视。车行道空间约 40 ~ 45 m^2,交通风的风量可达 240 ~ 275 m^3/s。这样大的通风量完全可以满足数百米长的隧道的通风需要。这里重要的是隧道长度和交通量,前提是保证车速。

从世界各国的隧道实例看,长度在 200 m 以下,甚至 200 ~ 500 m 的对向交通隧道,在一定的交通量以下可以考虑用自然通风,大体上可以用下列经验公式作为区分自然通风与机械通风的限界:

$$LN < 6 \times 10^5 \quad (双向交通) \tag{8.9}$$

$$LN < 20 \times 10^5 \quad (单向交通) \tag{8.10}$$

式中:L——隧道长度,m;

N——设计交通量,辆/h。

由于交通风比自然风作用大,在单向交通情况下,即使隧道相当长,也有可能进行足够的通风。交通通风力可按下式计算：

$$\Delta p_t = \frac{A_m}{A_r} \cdot \frac{\rho}{2} n_+ (v_{t(+)} - v_r)^2 \frac{A_m}{A_r} \frac{\rho}{2} n_- (v_{t(-)} + v_r)^2 \qquad (8.11)$$

式中：Δp_t——交通通风力；

　　　n_+——隧道内与 v_r 同向的车辆数；

　　　n_-——隧道内与 v_r 反向的车辆数；

　　　v_r——隧道设计风速 m/s，一般 $v_r = \dfrac{Q_{req}}{A_r}$；

　　　$v_{t(+)}$——与 v_r 同向的各工况车速；

　　　$v_{t(-)}$——与 v_r 反向的各工况车速；

　　　A_m——汽车等效阻抗面积(汽车正投影面积)。

通风阻抗力可按下式计算：

$$\Delta p_r = \left(1 + \zeta_e + \lambda_r \frac{L}{D_r}\right) \frac{\rho}{2} v_r^2 \qquad (8.12)$$

式中：Δp_r——通风阻抗力，N/m^2。

由上所述，自然风方向，隧道内的风向以及交通方向之间可以有不同的组合方式。

8.4.3　关于空气气流的假定条件

在通风过程中的气流，其细部是相当复杂的，但宏观的可以看作是稳定流。在隧道内流动的空气，其流速一般在 25 m/s 以下，可以不考虑其压缩作用。污染过的空气与新鲜空气的组成有所不同，但是在计算时，可以忽略这些不同。因此，对空气作如下假定：

①把气流看作是非压缩性流性；

②把气流看作是稳定流；

③无论进气或排气均看作是普通空气，其密度为 12 N/m^3。

8.4.4　纵向式通风

纵向式通风是从一个洞口直接引进新鲜空气，由另一洞口把污染空气排出的方式，与自然通风的原理是相同的。此时，隧道内沿纵向流动的空气速度，可以认为从入口至出口都是匀速的。这种方式的空气污染浓度，由入口向出口方向成直线增加。如果自然风从出口吹入隧道(单向交通)时，洞内浓度会增大。对向交通没有交通风，由自然风吹入隧道进行自然通风时，在下风方向空气污染浓度也会增加。既没有自然风也没有交通风时，为了使隧道有风速为 v_r 的空气流动，则需要进行机械通风。

纵向通风有多种形式，如射流式通风、风道式通风和集中排气式通风，根据交通方式不同又可以有不同的具体设计。

(1)射流式通风

射流式通风是在车道空间上方直接吊设射流式通风机，用以升压，进行通风的方式，通常根据需要，沿隧道纵向以适当的间隔吊设数组，每组为一至数个射流式风机。射流式通风机是一种开发不久的新型通风机，具有体积小，风量大的特点，其喷射风速能达到 25~30 m/s。

对向交通时,上下行的交通量比值经常变化,但是,气流又具有一定的惯性,为了避免因交通量的变化需要频繁改变风向,应该有一定的备用系数,一般取为 1.2。在台数计算过程中应四舍五入。

射流通风机的安装位置,当然应当在眼界以外,并且喷出的气流对交通无不良影响。若为拱形顶棚时,由拱脚至拱顶均可吊设,平顶时应安装在墙顶角部。

射流通风机的安装间隔,要考虑到射流的能量和气流的搅动状况,使空气能充分混合。因此,沿纵向最外边一台距洞口可取 100 m 左右,内部间隔取 70 m 左右为宜,至少也要保持40 ~ 50 m 的距离。

射流式通风,对向交通时一般适用于 1 000 m 以下的隧道,单向交通时,可达 2 000 m 左右。不过通常要根据所需通风量和车道风速眼界允许的最大通风量验算。如果交通量小,即使隧道很长仍可运用。射流式通风设备费少、经济,但噪声较大。

(2)有竖井的纵向式通风

纵向式通风是最简单的通风方式,它以自然通风为主,不足需要时,用机械通风加以补充,是最经济合理的。但是,通风所需动力与隧道长度的立方成正比,所以用机械通风时,隧道越长就越不经济。如果在隧道中间设置竖井就可以克服这个缺点。因而,常常用竖井对长隧道进行分段。

竖井用于排气时,有烟囱作用,能收到好的效果,不过很不稳定,通常仍需安装通风机进行机械通风,对向交通的隧道,竖井宜设置在中间。单向交通时,则应靠近出口侧,前者新风是从两个洞口进入的,而数量差不多,后者新风主要是从隧道入口一侧进入。

纵向式通风沿车道纵向风速较大,通常为 8 ~ 10 m/s,以及后面将要叙述到的半横向式通风,在发生火灾时,对下风方向的车辆威胁很大。不过这种威胁对单向交通的车将小得多,因为下风方向的车是与烟火同方向,车驶出洞外没有什么问题。

对向交通时,适用于 3 000 m 以下的隧道,单向交通时,适用 1 500 m 以下的隧道。

8.4.5 半横向式通风

纵向式通风的污染浓度不均匀,进风口最低,出风口处最高。为使出口处的浓度保持在容许限度以下,只好加大通风量,但此时其他地方的污染浓度则相当低。这样,既不经济,又使隧道内风速过大。而半横向式通风,可使隧道内的污染浓度,大体上接近一致。送风式半横向通风是半横向通风的标准形式,新鲜空气经送风管直接吹向汽车的排气孔高度附近,对排气直接稀释,这对后续车很有利。如果有行人时,人可以吸到最新鲜的空气。污染空气是在隧道上部扩散,经过两端洞门排出洞外。

对向交通时,不论送风式还是排风式,如果交通流的强度相等,两洞口的气象条件也相同时,隧道内的风压分布为中央最大,两洞口排出或送入等量的空气。因此在隧道中点,空气是静止的,风速为零,这一点称为中性点。除这一点以外,风速向两洞口成直线增加。污染浓度,送风式各处是相同的,排风式中性点处最大。如果交通流强度不等,或两洞口的气象条件发生变化,则中性点的位置也随之变动。

单向交通时,送风式的中性点多半移至入口之外。排风式的中性点,则靠近出口,污染浓度和对向交通时一样,中性点附近污染浓度最高。

8.4.6　全横向式通风

上述几种通风方式,都存在纵向风速较大和火灾时对下风侧不利,以及火灾发生点下风方向的隧道区间过于长的问题。因此,在长大隧道、重要隧道、水底隧道中,为了使隧道内不产生过大的纵向风速,仍可采用全横向式通风。这种通风方式同时设置送风管道和排风管道,隧道内基本上不产生沿纵向流动的风,只有横方向的风流动。这种方式,在对向交通时,车道的纵向风速大致为零,污染浓度的分布沿全隧道大体上均匀。但是,在单向交通时,因为交通风的影响,在纵向能产生一定风速。污染浓度由入口至出口有逐渐增加的趋势,一部分污染空气能直接由出口排向洞外,这种排风量有时占很大比例。但通常情况下,可以认为送风量与排风量是相等的,因而设计时也把送风管道和排风管道的断面积设计成同样的。

全横向式及半横向式通风系统中的环节比较多。一般的送风系统是由送风塔吸入新鲜空气,经过通风机升压,然后通过连接风道将空气送入隧道的送风管道,再经过通风孔将空气送入车道空间。污染后的空气由洞口或排风孔排出洞外。因而计算通风机压力时是比较烦琐的。若送风时的通风机全压用 $H_{送}$ 表示时,则

$$H_{送} = 1.1 \times (车道空间所需最大内压 + 送风管道末端压力 + 管道静压差 +$$
$$管道始端的动压 + 连接风道压力损耗)$$

式中的系数 1.1 为备用系数。

排风系统是把车道空间的污染空气,经排风孔、排风管道、连接风道由通风机加负压经排风塔排入大气。如果排风时通风机全压用 $H_{排}$ 表示,则

$$H_{排} = 1.1 \times (排风管道始端压力 + 管道静压差 - 管道末端动压 + 连接管道压力损耗)$$

隧道通风计算中的各种系数,确定时比较困难,必要时应作一系列的实验,甚至整个通风系统的模拟试验,才能得到正确的数据。作这些实验是很合算的,因为运营是长期的,不合理的设计会造成浪费及通风质量的低劣。

横向式通风造价高,设计时一般需要进行调整通风道断面积,反复试算才能得到经济的设计。

8.4.7　混合式通风

混合式通风没有固定的格局,它是根据某些特殊的需要,由上述几种基本通风形式组合而成的。世界上用组合式通风的隧道不乏先例,是可以利用的方式。其组合方式有许多种,但应符合一般性的设计原则,既经济,又实用。

8.4.8　通风方式选择

(1)影响通风方式选择的因素

1)隧道长度

隧道长度是影响隧道通风方式选择的最主要的因素。隧道越长,隧道发生事故和灾害造

成的损失一般也越大,所以隧道越长,对隧道通风的安全性和可靠性要求越高。对于不同长度的隧道选择通风方式时可参照表 8.11。

表 8.11　各通风方式的适用长度

隧道类型	通风方式		隧道长度/m
单向行车隧道	纵向通风方式	射流风机式	500～2 000
		集中送排风式	2 000～4 000
	半横向通风方式		1 500～3 000
	横向通风方式		2 000～4 000
双向行车隧道	纵向通风方式	射流风机式	500～1 000
		集中送排风式	500～2 000
	半横向通风方式		1 000～3 000
	横向通风方式		2 000～4 000

2)隧道交通条件

隧道交通条件指隧道内为单向行车还是双向行车以及隧道的交通量。一般单向行车的隧道采用纵向和半横向通风较好,能够较充分地利用自然风和活塞风;交通量大的隧道一方面有害气体排放量大,另一方面安全要求高,因此,一般应选用横向通风或半横向通风方式。

3)隧道所处地层的地质条件

隧道所处地层的地质条件好,隧道施工比较容易,费用低,这时选用横向通风方式,隧道断面可适当加大,送风道和排风道容易布置并可以布置得大一些。这样隧道的建设和运营费用不会很高。相反,如果围岩条件差,则可能由于隧道施工困难,以及施工费用高而影响到横向通风的使用。

4)隧道所处地区的地形和气象条件

地形和气象条件与隧道自然风流的流向和流量有关。当自然风流比较大,流向相对稳定时,对于较短的隧道,可直接利用它通风。但对于纵向通风的隧道,若自然风流变化较大时,将会影响通风效果,严重者会造成隧道无风或风机损坏。因此,在这种条件下宜用横向通风,若采用纵向通风,需加强管理。

(2)通风方式选择

选择通风方式时,应该综合考虑上述诸多因素。合理的通风方式是安全可靠性高,建设安装方便,投资小,隧道内环境好,对灾害的适应能力强,运营管理方便,运营费用低的通风方式。但是,各种通风方式都既有优点,又有缺点,一种通风方式不可能完全满足这些要求。因此,实际上的合理是在给定条件下尽可能做到既安全可靠,又经济方便。对于任何一个隧道,可供选择的通风方式可能有几种,就同一种通风方式,其风井、风道的布置方案也会有多种。所谓经济是相对的,就是在诸多方案中选择建设安装投资少,运营管理费用低,综合经济效益最好的一个。而要做到这一点,就需要熟悉和掌握各种通风方式的特点,了解隧道所处环境及各种条件的特殊性,尽可能全面地提出各种可行方案,最后进行技术分析和经济比较。经济比较应该把建设投资和运营费用分别比较,在进行建设投资比较时要抓住主要项目,如风井、风道的建设费用,主要设备的投资等。在对建设投资和运营费用进行综合比较时,要作动态分析。

隧道通风方式的选择是一项十分复杂而艰巨的工作。在选择通风方式时,一定要认真,要有科学和经济两个头脑,要对国家和人民负责。为了学习方便,本节要点已经归纳于表 8.12 和表 8.13 中。

表 8.12　单向交通隧道各主要通风方式特点

通风方式	纵向式				半横向式		全横向式
基本特征	通风风流沿隧道纵向流动				隧道通风道送风或排风,洞口沿隧道纵向排风抽风		分别设有送排风道,通风风流在隧道内作横向流动
代表形式	射流风机式	集中送入式	集中排出式	竖井送排式	送风半横向	排风半横向	
形式特征	风机群升压	喷流风机升压	两端洞口进风	喷流送风升压	送风道送风	排风道排风	
通风系统 隧道内压 隧道风速 浓度分布							
一般特征	适用长度	2 500 m 左右	2 500 m 左右	2 000 m 左右	不受限制	3 000 m 左右	3 000 m 左右	不受限制
	适塞风利用	很好	很好	部分较好	很好	较好	不好	不好
	洞内循环	噪声较大	口部噪声大	噪声较小	噪声较小	噪声小	噪声小	噪声小
	火灾处理	排烟不便	排烟不便	排烟较方便	排烟较方便	排烟方便	排烟方便	有效排烟
	工程造价	低	一般	一般	一般	较高	较高	高
	管理与维护	不便	方便	方便	方便	一般	一般	一般
	分期实施	易	不易	不易	不易	难	难	难
	技术难度	不难	一般	一般	稍难	稍难	稍难	难
	营运费	低	一般	一般	一般	较高	较高	高
	洞口环保	不利	不利	有利	一般	一般	有利	有利

175

表 8.13　双向交通隧道各主要通风方式特点

通风方式	纵向式			半横向式		全横向式
基本特征	通风风流沿隧道纵向流动			隧道通风道送风或排风，洞口沿隧道纵向排风抽风		分别设有送排风道，通风风流在隧道内作横向流动
代表形式	射流风机式	集中送入式	集中排出式	送风半横向	排风半横向	
形式特征	风机群升压	喷流风升压	两端洞口进风	送风道送风	排风道排风	
通风系统隧道内压隧道风速浓度分布						
一般特征 适用长度	1 500 mm 左右	1 500 mm 左右	3 000 m 左右	3 000 m 左右	3 000 m 左右	不受限制
适塞风利用	不好	不好	不好	不好	不好	不好
洞内循环	噪声较大	口部噪声大	噪声较小	噪声小	噪声小	噪声小
火灾处理	排烟不便	排烟不便	排烟较方便	排烟较方便	排烟较方便	排烟方便
工程造价	低	一般	一般	较高	较高	高
管理与维护	不便	方便	方便	一般	一般	一般
分期实施	易	不易	不易	难	难	难
技术难度	不难	一般	一般	稍难	稍难	难
营运费	低	一般	一般	较高	较高	高
洞口环保	不利	不利	有利	一般	有利	有利

8.4.9　通风机的选择

通风机是把机械能转变为空气压能的一种装置，它是实现隧道机械通风的关键设备。目前，国产通风机有两种类型：即离心式通风机和轴流式通风机。通风机的选择包括选择通风机的类型、通风机的型号、通风机的联合运转方式以及通风机的机号、转速和叶片安装角等。合理的通风机是在满足通风要求(足够的风量)时,工作效率 η 比较高的通风机。通风机选择的依据是隧道的通风阻力和要求的通风量 $Q(\mathrm{m^3/s})$ 以及其他的一些隧道条件。通风机的选型可按下列步骤和方法进行:

(1)根据轴流式和离心式通风机的优缺点选择通风机的种类

轴流式和离心式通风机的优缺点归纳如下:

①在结构上轴流式通风机具有体积小,重量轻,动轮直径小,转速高,可与电动机直接连接等优点;但其缺点是结构复杂,故障多,各部件都装在机壳内部检修不方便,噪声大。离心式通风机则有结构简单,造价低,维修方便,坚固耐用,运行可靠等优点;其缺点是动轮直径大,机体大,转速低,一般不能与高速电机直接相连。

②在性能上轴流式通风机特性曲线(如图8.6所示)的工作段比较陡斜,当风量 Q 有较小变化时会引起风压 h 较大变动。因此,它适应于阻力变化大而要求风量变化小的隧道中,而离心式则与此相反,如图8.7所示。轴流式风机的风压 h 曲线上有驼峰,若风机在驼峰范围内工作,就会引起风机风量、风压和功率的波动,产生不正常的振动和噪声,因此,风机的工况点应选在驼峰右侧稳定区中。

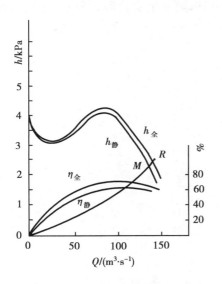

图 8.6 轴流式风机个体特性曲线

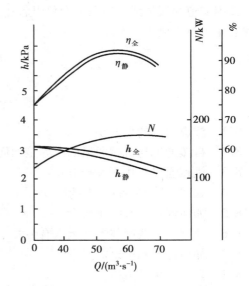

图 8.7 离心式风机个体特性曲线

③在性能调节方面轴流式通风机可通过改变叶片的安装角和转速调节性能,调节简单。经济,调节幅度大。离心式风机也可通过改变前导叶的角度和转速调节性能,但调节不方便且调节幅度小。选择通风机时,要根据两类风机的优缺点,结合隧道通风条件和要求进行具体分析和计算,选择应做到安全、可靠、经济、方便。

(2)根据通风机的类型特性曲线选择通风机的型号

同一种类的通风机,按照叶轮和前导器的形式,前导器和整流器上叶片的安装角等不同分成多种形式(即型号)。每一种类型的通风机的特性用它的类型特性曲线描述,不同类型的通风机的类型特性曲线不同,其中区别较大的是合理的工况点的范围(通风量和通风压力的范围)。正确选择通风机的型号就是寻求既能满足隧道通风量又能使工况点落在合理的范围的类型特性曲线。通风机型号选择是通风机选型的关键。

(3)根据通风机的个体特性曲线选择通风机的机号

对于同一种类型的通风机,按照叶轮直径的大小又分成不同的规格(即不同的机号)。在通风机的类型选定以后,就能够保证风机的工况点处于一个比较合理的(效率能够满足要求的)范围内,但要使风机具有一个更为理想的工况点,还要选择合适的机号。选择机号主要依据通风量。一般风量要求大,叶轮直径选择就大些。

(4)当单机不能满足风量要求时,应取两机或多机并联运转

在隧道通风阻力小,而要求风量大的情况下,采用通风机并联运转能够取得比较好的效果。通风机联合运转的效果取决于单个风机的特性以及两台风机的联合特性。两台通风机并联运转时,通风量增加明显,一般可比单机通风量增大70%左右。随并联风机的台数增多,风量增加的效果会减小,所以并联风机以2~3台为宜。风机并联运转时两台风机的型号相同时,选型方便,管理维修方便。

(5)调整通风机动轮转速和叶片安装角

调整动轮的转速和叶片安装角有两个目的:

①调整动轮转速和叶片安装角使风机处于效率最高且最稳定的工作状态;

②因隧道交通量或其他条件变化引起隧道通风量和风阻发生变化时,调整动轮转速或叶片安装角可改变风机工况点。

思 考 题

8.1　隧道通风的目的是什么?

8.2　自然通风与机械通风的限界是如何确定的?

8.3　机械通风有哪些选择方式?

8.4　如何计算 CO 的排放量?

8.5　如何计算烟雾的排放量?

8.6　烟雾设计浓度与哪些因素有关?

8.7　如何计算和确定需风量?

8.8　如何选择通风机?

第9章

隧道照明

9.1 概　述

公路隧道的照明,是为了把必要的视觉信息传递给司机,防止因视觉信息不足而出现交通事故,从而提高驾驶上的安全性和增加舒适感。隧道照明与道路照明的显著不同是白天也需要照明,而且白天照明问题比夜间更加复杂。从理论上讲隧道照明与道路照明一样,也需要考虑路面应具有一定的亮度水平,同时还需进一步考虑设计速度、交通量、线性等影响因素,并从驾驶的安全性和舒适性等方面综合确定照明水平,特别是在隧道入口及其相应区段需要考虑人的视觉适应过程。

汽车司机在白天从明亮的环境接近、进入和通过隧道的过程中,将产生种种视觉问题:

①进入隧道前的视觉问题(白天)。由于隧道内外的亮度差别极大,所以,从隧道外部去看照明很不充分的隧道入口,会看到黑洞(长隧道)及黑框(短隧道)现象。

②进入隧道后出现的视觉问题(白天)。汽车由明亮的外部进入即使是不太暗的隧道以后,要经过一定时间才能看清楚隧道内部的情况,这称为"适应的滞后现象",这是因为急剧的亮度变化,使人的视觉不能迅速适应所致。

③隧道内部的视觉问题(白天、夜间)。隧道内部与一般道路不同,主要在于隧道内部汽车排出的废气无法迅速消散,形成烟雾,它可以将汽车头灯和道路照明器发出的光吸收和散射,降低能见度。

④隧道出口处的视觉问题(白天)。汽车穿过较长的隧道接近出口时,由于通过出口看到的外部亮度极高,出口看上去是个亮洞,出现极强的眩光,司机在这种极强的眩光效应下会感到十分不舒服;夜间与白天正好相反,隧道出口看到的不是亮洞而是黑洞,这样就看不出外部道路的线型及路上的障碍物。

由于以上特殊情况,公路隧道应设电光照明,以利行车安全。但是,电光照明成本是昂贵的,一条长 100 m 的隧道,按照理论的方法设计照明设施,其照明成本与隧道总成本比经常是很高的,这就要求能找到一种成本低,又有安全保障的方法。

我国公路上大部分隧道都无照明或仅悬挂几盏路灯供行人照明,从调研得到的资料看,安装了照明的隧道较少,照明的标准也很低。根据国家《规范》规定 300 m 以下的行人稀少且交通量不大的隧道可不设照明,但二级以上公路隧道长度超过 100 m 时必须有可靠的照明设施。

9.2 隧道照明基础

在隧道内要保证司机以设计车速安全舒适地运行,就要首先保证照明的质量,其质量以能获得多少视觉信息评价为标准。由于外界信息的大部分是通过司机的眼睛传输到脑中枢的,因此,具备良好的必要视觉条件就成为获得视觉信息的基本条件。在隧道内良好的视觉条件有赖于照明设施;另一方面,正确发挥视觉生理和心理过程的作用,使照明维持在较低水平上,将有利于照明经济。

9.2.1 光的度量

(1)光通量

光通量是指单位时间内光辐射能量的大小,它是根据人眼对光的感觉来评价的。例如一个 200 W 的白炽灯比 100 W 的白炽灯要亮得多,也就是说发出光的量多。我们称光源发出光的量为光通量。

光通量一般就视觉而言,即辐射体发出的辐射通量按 $V(\lambda)$ 曲线的效率被人眼所接受,若辐射体的光谱辐射通量为 $\Phi_{e \cdot \lambda}$,其光通量 Φ 的表达式为:

$$\Phi = K_m \int_{380}^{780} \Phi_{e \cdot \lambda} V(\lambda) \mathrm{d}(\lambda) \qquad (9.1)$$

式中:K_m——最大光谱光效能,683 lm/W;

$V(\lambda)$——明视觉光谱光效率;

$\Phi_{e \cdot \lambda}$——光谱辐射通量,即在给定波长为 λ 的附近无限小范围内,单位时间内发出辐射能量的平均值,单位为 W/nm,辐射通量也称辐射功率;

Φ——光通量,lm。

光通量的单位是流明(lm),在国际单位制中,它是一个导出单位,1 lm 是发光强度为 1 cd(坎德拉)的均匀点光源在 1 sr(球面度)内发出的光通量。

在照明工程中,光通量是说明光源发光能力的基本量。例如,一只 220 V、40 W 白炽灯发射的光通量为 350 lm,而一只 220 V、40 W 荧光灯发射的光通量为2 100 lm,为白炽灯的 6 倍。

(2)发光强度(光强)

由于辐射发光体在空间发出的光通量不均匀,大小也不相等,为了表示辐射体在不同方向上光通量的分布特性,需引入光通量的(空间)角密度概念。如图 9.1 所示,S 为点状发光体,它向各个方向辐射光通,若在某方向上取微小立体角 $\mathrm{d}\omega$,在此立体角内所发出的光通量为 $\mathrm{d}\Phi$,则两者的比值即为该方向上的光强 I,即

$$I = \frac{\mathrm{d}\Phi}{\mathrm{d}\omega} \qquad (9.2)$$

若光源辐射的光通量 Φ 是均匀的,则在立体角 ω 内的平均光强 I 为:

$$I = \frac{\Phi}{\omega} \tag{9.3}$$

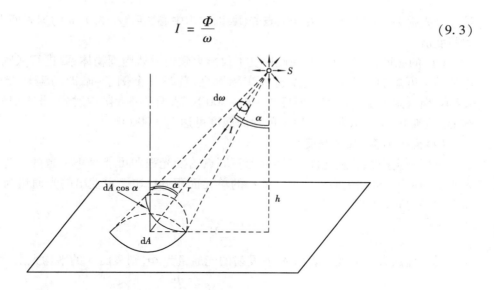

图 9.1 点光源的发光强度

立体角的定义是任意一个封闭的圆锥面内所包含的空间。立体角的单位为球面度(sr),即以锥顶为球心,以 r 为半径作一圆球,若锥面在圆球上截出面积 A 为 r^2,则该立体角即为一个单位立体角,称为球面度,其表达式为:

$$\omega = \frac{A}{r^2} \tag{9.4}$$

显然,一个球体包含 4π 球面度。

发光强度的单位是坎德拉(cd),1 cd = 1 lm/sr。坎德拉是国际单位制的基本单位之一,其他光度量单位都是由坎德拉导出的。1979 年 10 月第 10 届国际计量大会通过的坎德拉定义为:一个光源发出频率为 540×10^{12} Hz 单色辐射(对应于空气中波长为 550 nm 的单色辐射),若在一定方向上的辐射强度为 1/683 W/sr,则光源在该方向上的发光强度为 1 cd。

发光强度常用于说明光源和灯具发出的光通量在空间各方向或在选定方向上的分布密度。例如,一只 220 V、40 W 白炽灯发出 350 lm 光通量,它的平均光强为 $350/4\pi = 28$ cd,若在该灯泡上面装一盏白色搪瓷平盘灯罩,则灯的正下方发光强度能提高到 70 ~ 80 cd。如果配上一个聚焦合适的镜面反射罩,则灯正下方的发光强度可以高达数百坎德拉。而在后两种情况下,灯泡发出的光通量并没有变化,只是光通量在空间的分布更为集中,使发光强度提高。

(3)照度

照度是用来表示被照面上光的强弱,以被照场所光通的面积密度来表示。取微小面积 dA,入射的光通为 $d\Phi$,则照度 E 为:

$$E = \frac{d\Phi}{dA} \tag{9.5}$$

对于任意大小的表面积 A,若入射光通量为 Φ。则在表面积 A 上的平均照度 E 为:

$$E = \frac{\Phi}{A} \tag{9.6}$$

照度的单位为勒克斯(lx),1 lx 即在 1 m^2 的面积上均匀分布 1 lm 光通量的照度值,或者是一个光强为 1 cd 的均匀发光的点光源,以它为中心,在半径为 1 m 的球表面上,各点所形成的照度值。

1 lx 的照度是比较小的,在此照度下仅能大致地辨认周围物体,要进行区别细小零件的工作则是不可能的。为了对照度有些实际概念,现举几个例子:晴朗的满月夜地面照度约为 0.2 lx,白天采光良好的室内照度为 100 ~ 500 lx,晴天室外太阳散射光(非直射)下的地面照度约为 1 000 lx,中午太阳光照射下的地面照度可达 100 000 lx。

(4)光出射度(面发光度)

具有一定面积的发光体,其表面上不同点的发光强弱可能是不一致的。为表示这个辐射光通量的密度,可在表面上任取一微小的单元面积 dA,如果它发出的光通量为 dΦ,则该单元面积的平均光出射度 M 为:

$$M = \frac{\mathrm{d}\Phi}{\mathrm{d}A} \tag{9.7}$$

对于任意大小的发光表面 A,若发射的光通量为 Φ,则表面 A 的平均光出射度 M 为:

$$M = \frac{\Phi}{A} \tag{9.8}$$

可见,光出射度就是单位面积发出的光通量,单位为辐射勒克斯(rlx),1 rlx 等于 1 lm/m²。光出射度和照度具有相同的量纲,其区别在于光出射度是表示发光体发出的光通量表面密度,而照度则表示被照物体所接受的光通量表面密度。

对于因反射或透射而发光的二次发光表面,其光出射度是:

反射发光: $M = \rho E \tag{9.9}$

透射发光: $M = \tau E \tag{9.10}$

式中:ρ——被照面的反射系数(反射比);

τ——被照面的透射系数(透射比);

E——二次发光面上被照射的照度。

(5)亮度

光出射度只表示单位面积上发出光通量的多少,没有考虑光辐射的方向,不能表征发光面在不同方向上的光学特性。如图 9.2 所示,在一个广光源上取一个微小面积 ΔA,从与表面法线成 θ 角的方向去观察,在这个方向上的光强 I_θ 与人眼所"见到"的光源面积 $\Delta A'$ 及亮度 L_θ 间

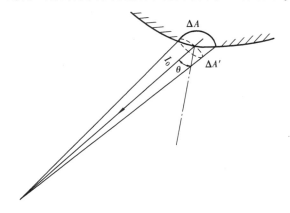

图 9.2 广光源单元面积上的亮度

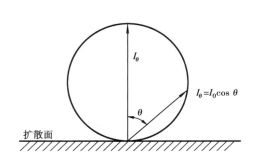

图 9.3 理想漫反射面的光强分布

的关系为：

$$L_{\theta} = \frac{I_{\theta}}{\Delta A'} = \frac{I_{\theta}}{\Delta A \cos \theta} \tag{9.11}$$

$$\Delta A' = \Delta A \cos \theta$$

如果 ΔA 是一个理想的漫射发光体或理想漫反射表面的二次发光体，它的光强将按余弦分布，如图 9.3 所示，将 $I_{\theta} = I_0 \cos \theta$ 代入式(9.11)得：

$$L_{\theta} = \frac{I_0 \cos \theta}{A \cos \theta} = \frac{I_0}{A} = L_0 \tag{9.12}$$

表明亮度 L_{θ} 与方向无关，等于常量 L_0，即从任意方向看，亮度都是一样的。对于完全扩散的表面，光出射度 M 与亮度 L 的关系为：

$$M = \pi L \tag{9.13}$$

亮度的单位为尼特(nt)，$1 \text{ nt} = 1 \text{ cd/m}^2$。表 9.1 列出了各种光源的亮度。

表 9.1　各种光源的亮度

光　源	亮度/(cd·m^{-2})	光　源	亮度/(cd·m^{-2})
太阳	1.6×10^9 以上	蜡烛	$(0.5 \sim 1.0) \times 10^4$
碳极弧光灯	$(1.8 \sim 12) \times 10^8$	蓝天	0.8×10^4
钨丝灯	$(2.0 \sim 20) \times 10^6$	电视屏幕	$(1.7 \sim 3.5) \times 10^4$
荧光灯	$(0.5 \sim 1.5) \times 10^4$		

9.2.2　司机的视觉

(1)视野

人的眼睛视野是比较广的，但也有一定的范围，双眼视线左右各约 100°，上约 50°，下约 75°。在注视一个方向物体的形状、色彩、亮度时，能看清楚的仅为视线中心 1°~2°范围，要感知该范围以外的物体，视线需要在那个方向上固定 0.1~0.2 s。

(2)可见光

肉眼所能感觉到的光，即可见光，仅是电磁波中的一小部分，其波长为 380~760 nm（1 nm = 10^{-9} m）。不同波长的光给人们以不同颜色的感觉，各种颜色是逐渐过渡的，没有截然分开的界线。波长大于 760 mm 或小于 380 mm 的电磁波不能引起视觉。

在可见光中，人眼对不同波长的光的感觉，具有不同的灵敏度。在亮环境中，亮视觉对波长为 555 nm 的黄绿光线最敏感。即各种辐射能量相同而波长不同的光，给人的感觉是黄绿光最亮，波长偏离 555 nm 越远，则感觉越暗。在光线很弱的环境中，暗视觉对绿光最敏感，它与亮环境相比，最灵敏处向短波方向偏移。

(3)人的视觉

视网膜是人眼感觉光的始端，上面分布着两种感光细胞：锥状体细胞和杆状体细胞。锥状体细胞多位于视网膜的中心，在黄斑上特别密，它对光亮的敏感性较小，需要较强的光刺激才兴奋，但对不同长度的光波具有不同的感觉能力，专管明亮时的视力，称为明视觉。柱状体细胞多在视网膜的周边，具有感觉弱光的能力，专管暗时的视力，强光反而会破坏它,但是它不能辨别颜色,在黑暗环境中观察到的景物是灰色的,它只能分辨亮度的大小。

眼睛对于外界的亮度变化,能适当地调节锥状体细胞和柱状体细胞使之具有合适的感度。这种现象称为"亮度适应"。对暗环境的适应(视野内的亮度在 $0.01 \ cd/m^2$ 以下,如夜间、室内)主要是柱状体细胞呈工作状态,相反,对亮环境的适应(视野内的亮度约在 $2 \ cd/m^2$ 以上,如白天、室外)主要是锥状体细胞呈工作状态。因此,暗适应过程很缓慢,而亮适应过程则快得多。

(4)司机的注视范围

由于视觉取决于亮度,所以隧道照明质量以视场内的亮度为依据。国际照明委员会(CIE)建议:司机观察路面的平均视点高度为 1.5 m,大体相当于汽车司机的人眼高度,若向前注视的视角约为 $1°$,则注视的范围为正前方 $60 \sim 160 \ m$,在此范围内的路面亮度分布状况,对司机视觉直接起作用,如图 9.4 所示。在此范围内看视条件的好坏,对司机辨认障碍物的可靠性和保持视觉的舒适性起决定作用。有良好的看视条件,才能保证司机准确了解道路交通状态及其变化情况,作出及时的判断和采取正确的机动动作。

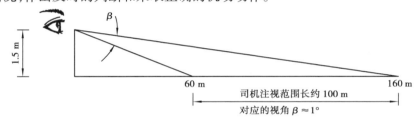

图 9.4   司机视觉的注视范围

(5)司机的看视条件

司机的看视条件与一般人不同,几乎完全是在动态条件下进行的,比静态条件的观察困难得多。由静态观测所得实验数据不能直接引用到动态条件中,一般应提高数倍至数十倍。通常影响司机看视条件的基本点是:

①路面平均亮度对隧道来说还有作为背景的墙面亮度;

②路面亮度的均匀度;

③物体的亮度;

④物体与背景的亮度对比;

⑤观察物体时的有效时间;

⑥眩光程度等。

此外还与物体的形状、轮廓的清晰度、在视野中的位置,以及是否出现在预料的位置上,或是突然出现在非预料位置上等有关,视觉是以生理量度量的,不仅受观察者的精神、视力、身体状况的影响,还受气象(如雾等)和空气混浊程度的影响。

9.2.3   影响视觉的主要因素

(1)适宜的亮度

适宜的亮度是物体在视网膜成像引起视觉的基本条件。物体表面亮度大,视网膜上像的照度就高,就看得清楚,视觉与亮度的对数成正比关系。通过试验知道,人眼可以感觉到亮度

为 $\frac{1}{\pi} \times 10^{-5}$ cd/m² 的物体,称为最低亮度阈。当亮度为 $\frac{1}{\pi} \times 10^{4}$ cd/m² 时,人眼识别物体的灵敏度最高,超过此值后,灵敏度开始下降。亮度超过 10^{5} cd/m² 时,则视力极度下降,甚至引起视觉损伤,该值称为视觉上限。这种刺眼的视觉状态称为眩光。

亮度(L)是一个具有方向性的物理量,当人眼从不同的方向观察同一对象(或背景)时,能感觉到在不同的观察方向,对象(或背景)的亮暗程度是不相同的。决定亮暗程度的并不是对象在发光面上的发光强度,而是垂直于视线方向上的单位投影面积($dA \cos \theta$)的发光强度(I_θ),见图9.5及式(9.14)。

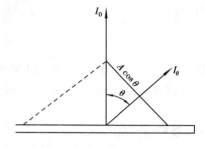

图 9.5 亮度的方向性

$$L = I_\theta / dA \cos \theta \qquad (9.14)$$

一般情况下,它是入射光方向与观察方向的函数。在不同入射光线照射下,对象(或背景)亮度随观察方向而变化,称为亮度特性。它反映了对象(或背景)的反射光通在空间的分布情况。如果被观察的表面,其反射光亮度与入射光的方向和观察方向均无关时,则称这种表面为均匀漫反射面。严格地讲,均匀漫反射面是很少的,但是粗糙的无光泽的表面,可以近似地视为均匀漫反射面。在隧道照明中,光线投射到粗颗粒路面材料上时,可看作漫反射面。投射到具有光泽的墙面材料上时,可观察到定向漫反射。实用上没有 100% 的反光材料,任何表面上的反射亮度,在数值上永远小于投射到同一表面上的照度。路面和墙面是隧道中的背景,改善路面和墙面的反射率在照明效果上是非常有益的。

(2)对象的大小

"对象"的定义就是能够看到的事物或者事物的一部分。能否看清对象,除了依赖于照明条件外,还决定于对象的大小。由日常经验知道,当观察距离很近时,对象的外形轮廓及细部都是清晰的,但是随着观察距离的增大,就会逐渐变得模糊不清,并且失去棱角,产生显著的变形。眼睛分辨对象细部的能力是由它所能区别出相近两点的能力决定的。对象上两点对人眼的视角大,在视网膜上成像也大,看得就清楚,如图 9.6 所示。视角 α 一般用分表示,符号为 "′"。若圆环视标缺口尺寸为 d,视距为 l,眼睛的视角为 α,则

$$\alpha = \frac{d}{l} \cdot \frac{60 \times 360}{2\pi} = 3\,440 \frac{d}{l} \qquad (9.15)$$

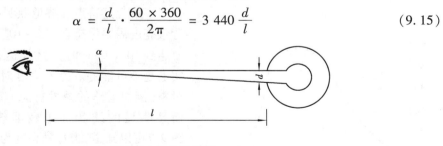

图 9.6 视角示意图

在对比度相同的条件下,视角越小就越难识别。眼睛分辨最小尺寸的能力,用可分辨的最小视角 α_{min} 的倒数衡量,即

$$视力 = \frac{1}{\alpha_{min}}$$

人眼刚刚能分辨出的两点的视角 α_{min} 称为视角阈。正常人的视力,可以分辨出相当于 1′ 的视角,即相当于在 5 m 远处的 1.5 mm 的对象所形成的视角,把这个视力定为 1.0。视角阈决定了可以分辨出的对象细部尺寸的大小,称为对象的最小可见尺寸,用 d_{min} 表示。

$$d_{min} = \frac{L \cdot \alpha_{min}}{3\ 400} \tag{9.16}$$

若 l 为停车视距(m),则在该距离上的最小可见尺寸即可用式(9.16)求得。由计算知道,视力为 1.0 的观察者可以看到的 60 m、100 m、160 m 处对象的最小尺寸分别为 0.02 m、0.03 m 和 0.05 m。

(3)对象和背景的亮度对比

在观察方向上,若对象的表面亮度为 L_0,背景亮度为 L_b,则对象与背景的亮度对比 C 可用式(9.17)表示。

$$C = \frac{L_b - L_0}{L_b} \tag{9.17}$$

C 值表示对象与背景亮度差别的大小,C 值越大,可以识别得越清楚。C 值小到某一值以下时就不能识别对象了,当人眼开始不能分辨对象与背景时的亮度对比值,称为亮度对比阈,以 ε 表示。当 $L_b > L_0$ 时,C 为正值,称为正对比度;$L_b > L_0$ 时,C 为负值,称为负对比度。无论对比度为正或为负,效果是相同的。但是识别对象时,必须满足 $C > \varepsilon$。亮度对比是决定对象可见性的主要因素。

实验(静态条件下)表明,亮度对比阈与背景亮度之间存在着一定的关系:如图9.7所示,当背景亮度 L_b 在 $10^2 \sim 10^4$ nt 这样大的范围内变化时,亮度对比阈 ε 接近一个常数(约0.02),并且与对象的视角和形状有关。对象的视角越大,对应的亮度对比阈就越小,但是当视角 $\alpha > 30′$ 时,ε 近似为一常数。无论视角再怎样增大,ε 值也不再减小。对于正常人的眼睛,该值约为 0.02。换句话说,亮度对比越小,对应的视角阈就越大。但是当亮度对比 $C \leqslant 0.02$ 时,对象的视角阈将趋于无穷大,即无论怎样增大对象的视角,也无法满足可见性的要求了。另外,在同样的视角条件下,线状对象的亮度对比阈要比非线状对象小得多。换句话说,在亮度对比相同时,线状对象的视角要比非线状对象小得多。

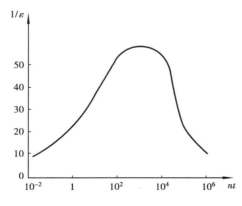

图 9.7　亮度对比阈与背景亮度的关系

了解上述特点在隧道照明中的实际意义在于:背景亮度需要保持在 $10^2 \sim 10^4$ cd/m² 之间,至少也要达到 10^2 cd/m² 时,ε 才能达到常数值(最小),事实上是不可能的。另外亮度对比不宜太小,否则,对象(例如道路的诱导标志)需要很大才能看清,而且明显的线状标志较非线状容易识别。由图9.7可以知道,当背景亮度为 1 nt 时,ε 为 0.04,明显的变大,或者说对比度变大了。这里容易说明,为什么在背景很暗,并且障碍物(对象)的亮度也很暗时,或者说 C 很小时,则障碍物与背景可以融合的道理了。因此,隧道内作为背景的路面和墙应用明亮的颜色。

（4）颜色对比的影响

人的眼睛所观察到的世界，暗视觉时色调是灰色的，只要有适当的亮度，明视觉发挥作用之后，世界就不再仅仅是灰色的，而且五彩缤纷的了。在大多数情况下，对象与背景之间不会单纯地存在亮度对比，而是伴随着颜色对比，即存在着颜色上的差别。

颜色可以分为非彩色和彩色两大类。非彩色是指由白色、浅灰、中灰、深灰、直到黑色，称为白黑系列。彩色是指黑白以外的各种颜色。颜色是各种波长不同的可见光在人眼中产生的感觉。例如，波长为 580～595 nm 的是黄色，480～580 nm 的是绿色，620～760 nm 的是红色等单色光。但通常各种对象和背景反射到人眼中的光线都是各种波长的组合，此时颜色是各种单色光所引起的综合感觉。但是，人眼不能一一区分光谱的组成。例如，波长 700 nm 的红光和 540 nm 的绿光按一定比例混合在一起，人眼的感觉是与 580 nm 一样的黄光。

亮度对比是识别对象的主要因素，颜色对比则为辅助因素。实际观察表明，一个亮度与背景相同，仅仅存在颜色对比的斑点，只能在距离很近时才能把它和背景区分开，而在不远的距离上它就和背景发生混色现象而融合到一起了。当它和背景既存在颜色对比又存在亮度对比时，混色现象就不会很快发生，并且与亮度对比相同的黑白斑点的视角阈几乎相等。另外，在彩色斑驳的背景上，人眼的视角阈将要加大，这主要是背景亮度不均匀造成的，颜色的作用是非常次要的。在道路照明中，"光斑效应"不仅影响到司机视觉的舒适性，更重要的是影响到识别对象的能力。从这个观点上看，隧道内不能有斑驳状图案及"光斑"，即使在露天道路上的交叉口、弯道上也不应当有斑驳状图案，以免导致交通事故。另外，设置的道路标志图案。只有颜色差别是不够的，更重要的是亮度对比。

（5）环境亮度的影响

用照明器照明的目的是既照明对象，又照明对象所在环境或对象的背景。这里主要是两个问题，一是光过分地集中在车行道上，司机的眼睛就会变得只能适应这个亮度水平，从而减弱了对较暗区域的观察能力；二是观察对象时需要有背景衬托，如果背景没有足够的照明，对象将缺乏立体感，因而变得难以发现。前者可选择合适的照明器，使道路外延约 5 m 处的照明水平不少于其毗邻的车道内 5 m 处的亮度值的 50%。在隧道内谈不上外延，但应加强墙面的照明，提高墙面材料的反射系数，后者可通过体视阈的概念理解。

体视视觉：人眼对空间物体的立体形状及其在空间相对位置的分辨能力，是由双目观察产生的，称为双目视觉或体视视觉。

用双目同时观察 A 点时，两条视线会交成一个角度 β_A，称为视差角，如图 9.8 所示。若 B 点到眼睛的距离 S_T 与 A 点的距离 S 不等，则在 B 点交成的视差角为 β_B，人是根据视差角的差异分辨物体远近的。人眼能分辨的最小视差角之差，称为体现阈，用 δ 表示。它与背景亮度、对象与背景的亮度对比、对象的形状以及观察者的生理、心理因素有关。例如，白天背景亮度较大，亮度对比较明显，观察者的体视能力较好时，体现阈可达 10″。亮度对比不明显，观察者体视能力较差时，体现阈约为 30″。对训练有素的司机来说，体现阈为 10″～15″。人眼能分辨出 A、B 之间的最小纵向距离，称为体现极限距离，用 N 表示。设双目瞳孔的距离（简称瞳距）为 b，一般为 60～65 mm。

由于视差角很小，所以

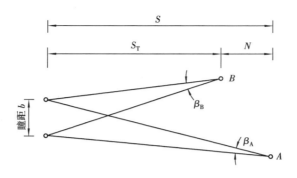

图 9.8　体视视角

$$\beta_A = \frac{b}{S_T + N}$$

$$\beta_T = \frac{b}{S_T}$$

又

$$\Delta\beta = \beta_B - \beta_A = \frac{b}{S_T} - \frac{b}{S_T + N}$$

故

$$N = \frac{S_T^2 \Delta\beta}{b - S_T \Delta\beta} \tag{9.18}$$

若使 $\Delta\beta = \delta = 10''$, $S_T = 100\ m$ 处的 B 点具有体现视觉, 取 $b = 0.065\ m$, 则

$$N = 8.06\ m$$

即观察 100 m 处的对象, 背景应大于 8.06 m, 小于 8.06 m 的背景在视觉上与对象在同一平面内。因此, 在 8.06 m 以后的背景, 应该具有足够的亮度和与对象的对比度, 如图 9.9 所示。

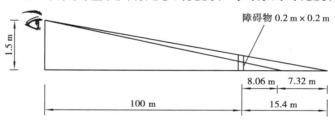

图 9.9　体视对背景极限长度的要求

若 S_T 为停车视距, 则与设计车速对应的体视极限距离, 见表 9.2。

表 9.2　设计车速对应的体视极限距离

设计车速/(km·h^{-1})	80	60	50	40	30
行驶车速/(km·h^{-1})	68	54	45	36	30
停车视距 S_T/m	105.8	72.2	54	38.3	29.9
极限体视距离 N*/m	9.1	4.11	2.27	1.13	0.68

* 将 S_T 视为静态观察距离换算得到的, 未考虑动态条件影响。

如果 $S \to \infty$,则 $\beta_A = 0$,若 $\Delta\beta = \beta_B - \beta_A = \dfrac{b}{S_T} = 10''$,可求得 $S_T = 1\,340\ \text{m}$。该值表示:背景为无穷远时,距离大于该值的任何物体,不再具有体视感了,这个距离称为体视半径。它对于后面将要讨论的诱导性有一定的影响。

由上述体视视觉概念可知,对背景亮度的要求是足以识别背景。隧道内的背景主要是路面和墙面,顶棚也可以是背景。从这个角度上讲,顶棚应该是浅颜色的,但是顶棚很容易脏,所以清洗工作负担较大,有一定的困难。足够亮的背景,才能衬托出对象的轮廓和相对位置,使司机作出准确的判断,保证行车安全。

(6) 空气对能见度的影响

1) 空气对光通的衰减作用和光幕

发光(或反光)物体的光通必须经过空气才能到达人的眼睛。在传播的过程中必然受到两种作用:一种是吸收作用,即空气把其中一部分光通转换成其他形式的能量;另一种是散射作用,即空气使其中另一部分光通偏离了原来传播方向,散向任意方向。空气的散射是造成定向传播的光通衰减的最主要原因。

空气不仅会把来自对象的光通散射出去,使对象的亮度降低,而且会把日光散射到观察方向上来,使对象与观察者之间形成一层明亮的光幕,使对象的亮度得到增强。光幕亮度 L_V 可按下式计算:

$$L_V = \frac{i}{\alpha}(1 - e^{-\alpha s}) \tag{9.19}$$

式中:i——与空气透明度及照明情况有关的系数;

$\quad\ \alpha$——消光指数;

$\quad\ s$——空气光幕的厚度。

光幕还影响到对象和背景的亮度对比,设因光幕作用亮度对比由 C 变化为 C',则

$$\left.\begin{aligned} C &= \frac{L_b - L_0}{L_b} \\ C' &= \frac{(L_b + L_V) - (L_0 + L_V)}{L_b + L_V} = \frac{L_b - L_0}{L_b + L_V} \end{aligned}\right\} \tag{9.20}$$

显而易见,$C' \le C$。

由式(9.20)可以看出 L_V 越大,亮度对比的下降程度越大。不过,当空气透明度很大,以明亮天幕为背景的远处的山,会因光幕亮度而变得明亮起来。

在隧道洞口,往往由于汽车排出的烟无法消散,涌出洞口形成烟雾。在阳光照射下产生光幕亮度,如图9.10所示。若洞内路面亮度为 L_2,由式(9.20)可以得出:

$$C' = \frac{(L_2 + L_V) - (L_0 + L_V)}{L_2 + L_V} = \frac{L_2 - L_0}{L_2 + L_V}$$

如果烟雾很多,亮度对比下降很大,势必影响到障碍物的可见性。为消除这种影响,日本建议在入口上方设置排烟通道,使大部分烟雾不再涌向洞口,而由通道排出。

2) 空气的散射作用

散射是指空气组成成分把原来向一个方面传播的光变成向各个方向传播,使原来光线减弱的现象。不同的组成成分对不同波长光线的散射作用不同。可以分为两种情况:

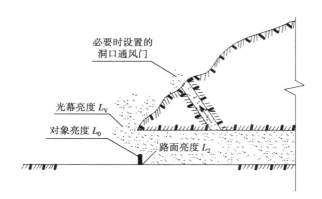

图 9.10　洞口光幕造成亮度对比降低

①分子散射。它的散射源是气体分子,其尺寸比可见光的波长小得多。这种散射的特点是散射光的强度与波长的 4 次方成反比。所以波长越短的光线,受到的散射效应也越强,而长波则不易被散射。

②悬浮粒子的散射。它的散射源是悬浮于空气中的各种固态和液态微粒,如烟、雾、尘埃等。这些散射粒子的大小很不规则,其半径分布在 10 ~ 100 μm 这样广阔的范围内。它们对各种波长的光线的散射作用因微粒大小而不同,当散射粒子比可见光波长小得多时,其散射作用与分子散射相同;当散射粒子的半径与波长相近时,其散射作用最大;当散射粒子比可见光波长大得多时,共散射作用与波长无关,此时散射光谱与入射光谱相同,称为漫射。

雾粒子半径通常大于 3 ~ 5 μm,所以,它对可见光的散射无选择性。雾越大,散射性也越强,雾的颜色也就越白,越不透明。由于雾粒子的影响,一部分光向司机方向散射,结果可以看到雾中出现的光幕。要通过光幕看到观察对象,司机要经过相当的努力才能做到。如果司机在雾中打开前大灯,会出现"白壁现象"。

空气中的悬浮粒子越少越小,与波长的关系越大,成为有选择性的散射。对于下层空气分子来讲,主要是波长较短的蓝色光被散射出来。由于这种有选择性的散射作用,来自对象(或背景)的不同波长的光线将受到不同程度的散射。另外,在对象(或背景)与观察者之间的气幕主要是短波散射光幕。这样对象(或背景)既会改变亮度,也会改变颜色,最终与蓝色气幕相融合。由此可见,亮度对比是决定对象可见性的主要因素,颜色是次要的。

3)透过率

在道路隧道中的空气里,或多或少的存在着污染物质。如汽车卷起的尘埃,柴油车引擎产生的煤烟,氮氧化物所构成的烟雾,水蒸气及其凝结而成的雾等,其中最主要的是尘埃和烟。光通过污染空气时,入射光通中的一部分被吸收,一部分被散射,其余部分得以通过。这三部分之和等于入射光通,分别把这三部分光通量和入射光通量之比称为吸收系数(α)、反光系数(ρ)和透光系数(τ)。显然,$\alpha + \rho + \tau = 1$,所以 τ 是小于 1 的系数。在道路隧道中,为了描述光透过空气的能力,用 E、E_0 分别表示同一光源所发出的光线、通过 100 m 的污浊空气和清洁空气后的照度,用 τ_{100} 表示光通过 100 m 的透过率,则:

$$\tau_{100} = E/E_0$$

行驶速度不同时,对 τ_{100} 有不同的要求,PIARC 提出:

$$V = 80 \text{ km/h}, \tau_{100} = 0.6$$

$V = 60$ km/h$, \tau_{100} = 0.48$

$V = 40$ km/h$, \tau_{100} = 0.4$

并指出 $\tau_{100} < 0.3$ 是不允许的。有的国家,如日本,把 $\tau_{100} = 0.5$ 作为国家标准。由于烟雾的浓度不同,同一光源的透过率不同。烟雾浓度相同时,不同类型光源的效果不同,其视距也不同,如 $\tau_{100} = 0.5$ 时,钠灯视距为 80 m,荧光灯视距为 45 m。

(7)观察时间的长短

观察尺寸大的物体只需很短的时间,在司机眼睛不停地注视视野内的物体时,发现视野内的障碍物的时间不少于 0.1 ~ 0.2 s。同一物体,照度越高(背景亮度越大),识别时间越短。对处于运动状态的司机来说,辨别障碍物的时间受到限制,司机从发现障碍物后,直到进行判断和制动的反作用时间,总共只有 2.5 s,这时间是相当短的,所以应该保证有足够的照度。

识别时间还受视觉适应的影响,不论是暗适应还是明适应,识别时间都受到影响。急剧和频繁的适应会增加眼睛的疲劳,使视力迅速下降,忽明忽暗的路面与墙面亮度改变是应该受到限制的,即后面将要讨论到的均匀度问题。

9.3　道路照明的质量

9.3.1　路面平均亮度(L_{av})

司机观察障碍物的背景,在道路照明中主要是路面,在隧道照明中墙面也作为背景,但路面仍然是主要的。只有当路面亮度达到一定值以后,司机才能获得立体感,在此基础上,亮度对比越大越容易察觉障碍物。但是,正如前面已经叙述过的,路面(背景)亮度越高,眼睛的对比灵敏度越好(亮度对比阈 ε 越小)。

Dunbar 实验(实际道路上的运行实验)表明:平均亮度升高时,察觉障碍物所必要的亮度对比 C 变小,即障碍物变得更容易看清楚,如图 9.11 所示。世界上一些国家的路面平均亮度一般取 1 ~ 2 cd/m²。

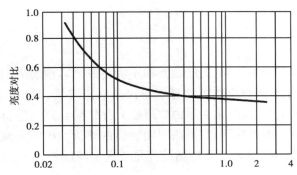

图 9.11　察觉障碍物的平均亮度 L_{av} 和亮度对比 C 的关系

9.3.2　路面亮度均匀度

保证亮度均匀度是为了给司机提供良好的能见度和视觉上的舒适性。如果亮度高,则均匀度要求可以不很严格。干燥路面和湿路面的路面亮度有很大变化,均匀度也相应有很大变化。严格的均匀度要求,一般限于干燥路面和路面平均亮度较低的情况。

(1)总均匀度(U_0)

照明装置保证提供良好的路面平均亮度后,路面上一些局部区域还可能出现最小亮度L_{min}。通常较差的亮度对比都发生在路面较暗的区域,往往影响到对障碍物的辨认。为了使路面上所有区域都有足够的亮度和对比度,提供令人满意的能见度,需要规定路面最小亮度和平均亮度比值的范围。

$$U_0 = \frac{L_{min}}{L_{av}} \tag{9.21}$$

式中:L_{av}——距车道边缘 1/4 宽度处(左或右)测得的路面平均亮度;

　　　L_{min}——距车道边缘 1/4 宽度处(左或右)测得的路面最低亮度。

对于隧道总均匀度包括路面和两侧 2 m 高范围内的墙面,昼间 $U_0 \geqslant 0.7$,夜间 $U_0 \geqslant 0.5$。对于露天道路一般不低于 0.4。

(2)纵向均匀度(U_1)

为了提供视觉舒适性,要求沿各车道线中心线有一定的纵向均匀度。纵向均匀度是沿中心线的局部亮度的最小值和最大值之比,即

$$U_1 = \frac{L_{min}}{L_{max}} \tag{9.22}$$

式中:L_{max}——从车道线中心线上测得的最大亮度;

　　　L_{min}——从车道线中心线上测得的最小亮度。

隧道纵向均匀度包括路面两侧 2 m 高范围的墙面,昼间 $U_1 \geqslant 0.8$,夜间 $U_1 \geqslant 0.6$。露天道路依道路等级不同,不低于 0.7 或 0.5。

连续的路面(墙面)上忽明忽暗对司机干扰很大,称为"光斑效应",当隧道较长时,司机眼睛会很疲劳,影响发现障碍物。

9.3.3　眩光限制

道路照明的眩光可以分为两类:失能眩光和不舒适眩光。前者表示对照明设施造成的能见度损失方面的评价,用被试对象物体的亮度对比的阈值增量(TI)表示,是典型的司机视觉作业。失能眩光是生理上的过程,是表示由生理眩光导致辨认能力降低的一种度量。后者表示在眩光感觉中的动态驾驶条件下,对道路照明设施的评价。该眩光减少司机驾驶运行的舒适程度,用眩光控制等级(G)表示。不舒适眩光是心理上的过程。

(1)失能眩光

这种眩光导致的识别能力的下降,是由光在眼睛里发生散射过程造成的。来自眩光光源的光在视网膜方向上的散射会引起光幕(等效光幕)作用,在视网膜方向上的散射程度越大,光幕作用也越大。在眩光条件下的总视感,必须把光幕亮度叠加在无眩光时景物成像亮度之

上。等效光幕亮度(L_V)可按以下经验公式计算:

$$L_V = k\left\{\frac{E_{眼1}}{\theta_1^2} + \frac{E_{眼2}}{\theta_2^2} + \cdots\right\} = k\sum_{i=1}^{n}\frac{E_{眼i}}{\theta_i^2}$$

式中:$E_{眼i}$——第 i 个眩光源在眼睛(与视线相垂直的平面上)产生的照度;

　　　θ_i——视线与第 i 个眩光光源入射到眼睛的光线之间形成的夹角;

　　　k——年龄因素(平均值为 10)。

该光幕会使司机视觉感受到的障碍物与背景的亮度对比要比实际低得多,因此用光幕亮度的方法处理。把光象(障碍物)亮度和背景亮度两者都加上光幕亮度,此时,有效的背景亮度(L_{beff})由 L_b 增加为 $L_b + L_V$,(即,对比灵敏度增加),故有效对比为:

$$C_{有效} = \frac{|L_{beff} - (L_0 + L_V)|}{L_{beff}} = \frac{|(L_b + L_V) - (L_0 + L_V)|}{L_b + L_V} = \frac{|(L_b - L_0)|}{L_b + L_V} \quad (9.23)$$

式中:L_{beff}——有效背景亮度,$L_{beff} = L_b + L_V$

　　　L_V——等效光幕亮度;

　　　其余符号意义同前。

由式(9.23)可以看出,只要 $L_V \neq 0$,即,存在眩光时,$C_{有效} < C$。但通过增加亮度对比又能重新看到物体,这种刚刚能重新看到物体所需要的对比增加量与原来的对比有关,是表达因失能眩光导致识别能力降低的一种度量。CIE 规定这种量由视对象的视角为 8°时所必需的相对阈对比增量来获得,并将这个量命名为阈增量 TI,以% 表示。为了限制眩光对辨认能力的干扰效果,对阈增量作出必要的限制,就不会引起障碍物能见度的降低。其中:

$$TI = \frac{C_{有效} - C}{C} \times 100\%$$

通常的道路照明中,对 0.05 ~ 5 cd/m² 之间的平均亮度,阈增量 TI 可由光幕亮度的数值和平均路面亮度值结合对比灵敏度确定:

$$TI = \frac{65L_V}{(L_{av})^{0.8}} \quad (\%) \tag{9.24}$$

(2)不舒适眩光

眩光造成的不舒适感,目前还没有专门的测量仪器,是用眩光控制等级(G)表示所感到的不舒适程度的主观评价。这种主观评价取决于各种照明器和其他照明装置的特性,可以用下列经验关系式描述:

$$G = f(I_{80}, I_{88}, F, \Delta C, L_{av}, h', P)$$

式中:I_{80}, I_{88}——照明器在同路轴平行的平面内,与垂直轴形成 80°,88°方向上的光强值,cd;

　　　F——照明器在同路轴平行的平面内,投影在 76°角方向上的发光面积,m²;

　　　ΔC——光的颜色修正系数;

　　　　　　$\Delta C = +0.4$　　　(用于低压钠灯);

　　　L_{av}——平均路面亮度,cd/m²;

　　　h'——水平视线路灯的高度,m;

　　　　　　$h' = $ 灯的安装高度 -1.5 m;

　　　P——每 1 km 安装的照明器个数。

计算的经验公式为:

$$G = 13.84 - 3.31 \lg I_{80} + 1.3 \left(\lg \frac{I_{80}}{I_{88}} \right)^{\frac{1}{2}} - 0.081 \lg \frac{I_{80}}{I_{88}} + 1.29 \lg E + \Delta C + \tag{9.25}$$

$$0.97 \lg L_{\mathrm{av}} + 4.41 \lg h' + 1.46 \lg P$$

公式中各参数的调研范围是:

$50 \leqslant I_{80} \leqslant 7\,000\,(\mathrm{cd})$, $1 \leqslant \dfrac{I_{80}}{I_{88}} \leqslant 50\,(\mathrm{cd})$, $0.007 \leqslant F \leqslant 0.4\,(\mathrm{m}^2)$, $0.3 \leqslant L_{\mathrm{av}} \leqslant 7\,(\mathrm{cd/m}^2)$,

$5 \leqslant h' \leqslant 20\,(\mathrm{m})$, $20 \leqslant P \leqslant 100$, 灯的排数为 1 或 2。

眩光等级 G 与主观上对不舒适感觉评价的相应关系为:

$G = 1$　　无法忍受

$G = 3$　　干扰

$G = 5$　　允许的极限

$G = 7$　　满意

$G = 9$　　无影响

9.3.4　诱导性

为了保证交通安全,道路的走向,道路的界限,道路交叉点以及特殊地点都应该清晰可见,这就要求有良好的诱导性。诱导性一般来自两个方面:即视见诱导性和光学诱导性。诱导性通过各种诱导标志和照明设施获得,与照明设施等一起,共属交通安全设施范围。

(1)视见诱导性

道路视线诱导标志是沿行车带标明道路边缘和线形的一种设施,以便昼夜诱导司机的视线,并根据需要设在某一路段上,如路面中心线、路缘或两侧路面标志、道路护栏与护桩、积雪地区设置雪标杆等。它在隧道内墙面也可以起诱导作用,但隧道内的诱导作用首先要求有足够的照明,使诱导标志成为可以视见的。夜间,洞外的诱导性和洞内类似,也受照明系统的影响。道路轴线方面投光角度受到一定的限制。例如,采用低角度 I_{80} 和 I_{88} 的较低亮度值的灯具,以及主要光束与行车方向成垂直交叉的照明系统,对看清楚道路诱导设施有利,尤其在恶劣气候条件下有利。道路标志的能见度,还同本身的反射特性和路面反射特性之间的差异有关。道路标志所用的材料,既要"亮",又要有良好的漫反射特性,所以其表面应为粗粒结构。在不设路灯的路段上可以考虑使用有显明颜色的逆反射材料,例如,晚上在车灯照射下,能激发出一块块红颜色的逆反射材料,其诱导性很好,引人注目,车就不会开到路以外的地方去了。有的还在隧道入口处装设这种材料,以便使隧道洞口轮廓十分明确。另外,有的用不同颜色的路面显示其不同的用途,如把自行车道做成暗红色以示区别。

(2)光学诱导性

在道路照明设施中,排列成行的照明器可以指示出道路走向、弯道、交叉和各种特殊场合,再配合其他视线诱导标志,能在远距离上使司机明显地注意到有危险性的地段。在隧道内的特殊场合,诸如紧急停车带、方向转换场等,照明器在排列、光色、光强以及设置的方位和间隔的变化,会有效地起到光学诱导作用。如在分隔带的断头,分流处的前端,为了标明其位置,应设置视线诱导标志。又如广场、停车道、回车道等应有明显的诱导标志,同时,还应辅以光学诱导。在同一区段内注意保持照明的一致性(照明系列及光色等),以及在不同区段,尤其不同等级的道路,采用不同类型的光源、不同的格调等,都会有效地起到光学诱导作用。

不过,在规模大、线形复杂、多层次的立体交叉场合大量装设路灯,反而会由于光点太多,给司机以"灯海"的感觉,造成混乱,失去了光学诱导作用。这种场合采用高杆照明,在照亮道路的同时也照亮环境,可以获得与白天相似的良好诱导性。在隧道出入口附近有广场时,可以考虑这种方式。

9.4　隧道亮度曲线

白天,汽车司机在接近、进入和通过隧道时,会遇到各种视觉问题。汽车以 50 km/h 的设计速度行驶时,通过洞门附近(例如内外各 10 m)时,时间是非常短的,约需 1.5 s。但是由洞外亮度(约 4 000 cd/m²)降到洞内中间段亮度山岭隧道为 2~3 cd/m²,城市隧道 5~10 cd/m² 的比率却很大。眼睛的视觉状态由明视觉到接近薄明视觉(介于明暗视觉与暗视觉之间的中间视觉状态),这时锥状体细胞和柱状体细胞同时对应着新的环境亮度而适当的工作。由于亮度的变化速率太快,眼睛的适应迟缓,对物体的视觉能力极度下降,尽管洞内有一定的亮度,但司机的视觉感觉却很黑,隧道里像个黑洞,即"黑洞效应"。这时司机就会失去获得视觉信息的能力,道路的走向,是否有障碍物存在,是否有其他车辆等,总之,几乎所有的视觉信息都暂时中断了。这种状态要持续一个暗适应过程所需的时间,其长短与洞外亮度和洞内亮度的大小等有关。视觉信息不足是发生交通事故的条件,但是这不等于必然。照明的任务是不间断地为司机获得足够视觉信息提供照明条件。人的视觉生理机能是不容易改变的,只能顺应它,这就需要弄清楚人的视觉适应规律。这里大体上应满足两点:即视觉信息的不间断性和照明的经济性。前者要求有较高的亮度,后者要求用较低的亮度,照明设计者则应该把它们统一起来。

提高洞内亮度水平的方法,是最简便的、却又是过时的,而且也是争议最大的方法。由前所叙已经知道,在道路照明的各种质量指标中,亮度是基础。有了亮度以后,才能进一步谈均匀度、亮度对比、眩光以及诱导性等,才能谈最低亮度阈、视角阈、亮度对比阈、相对阈值增量以及体视阈等。有了充足的、甚至是较高的亮度水平,那么其他问题比较好解决。但是,最大的问题是投资费用高、运营费用高、耗能大。另外,没充分利用人的视觉适应规律,把本来有可能节省的亮度也浪费掉了,因此,从这个意义上讲,也是最浪费的方法。

充分考虑视觉适应规律,可以把亮度维持在一个较低的水平上,根据情况,甚至可以维持在最低的水平上。可以认为这个方法的目的是在各照明区段上把亮度维持在一个实际情况所容许的最低极限水平上。其要点是:根据现场调查确定洞外亮度;根据设计车速、交通方式、交通流量、空气透过率等确定中间段的所需亮度水平;根据视觉适应规律、洞外与中间段亮度差、亮度减低的速率等,确定入口段和过渡段的亮度水平和长度。由于入口段和过渡段需要一定的长度,太短的隧道摆不下它,加上出口眩光的影响,所以隧道长度在 200 m 以下时,不存在中间段照明,称为照明上的短隧道。短隧道的照明问题比较复杂,本教材不作详细介绍。长度在 200 m 以上的隧道,称为照明上的长隧道,本教材将要着重介绍。长度很短的隧道,受进、出口入射自然光影响较大,所以长度小于 70 m 时,一般白天可以不考虑照明。

9.4.1 照明区段的划分

长隧道照明基本上可以按接近段、入口段、过渡段、中间段和出口段五个区段划分。

（1）接近段

在道路隧道各照明区段中，在洞口（设有光过渡建筑时，则为其入口）前，从注视点到适应点之间的一段道路，在照明上称为接近段。

在通常情况下，当汽车驶近隧道，但距洞口尚有一定距离时，司机的注意力会自然地集中在观察洞口附近情况上，开始注视之点称为注视点。继续接近洞口时，在司机的视野里，亮度较高的外界景物（其亮度为洞外亮度）逐渐减少，相应地洞内低亮度景物逐渐增加。当汽车到达洞外某一点（约距洞口 10 m）时，司机视野中的外界景物全部消失、开始适应洞内亮度的变化，不再为"感应现象"所困扰，该点称为适应点。

在照明设计中，车速与洞外亮度是两个主要基准值，车速已由道路等级限定，洞外亮度值要由道路照明设计者进行周密调查后确定。其取值等级升高一级对造价和运营费用都将产生很大影响，因而需要采取适当措施降低洞外亮度，以便减少造价和节能。

洞外亮度是司机驾车驶入隧道洞口前所看到的周围环境平均亮度，用 L_1 表示。其取值的大小对确定入口段、过渡段以及出口段亮度有很大影响，因此要求尽量符合实际情况，而不宜偏高。在实际取值中存在一定困难，即用哪一点的亮度代表洞外亮度合适。洞外亮度不等于野外亮度，因为在洞外不同距离上的野外亮度不同。另外，在隧道施工前后，洞口环境往往变化很大，施工前所测得的某点亮度，常常与施工后的该点亮度不同。在隧道照明设计中，洞外亮度的估算，目前主要有如下三种方法：

1）PIARC 法

$$L_1 = L_{sp} \tag{9.26}$$

式中：L_1——洞外亮度；

　　　L_{sp}——距离洞口为停车视距处的面向洞口的前视亮度。

2）CIE 法（CIE：国际照明委员会）

$$L_1 = \frac{L_{13} + 2L_{12} + 3L_{11}}{6} \tag{9.27}$$

式中：L_{11}——距洞口为 D_1 处面向洞口的前视亮度，在数值上 $D_1 = v（\text{m}）$（其中 v 为车速数值），

　　　如图 9.12 所示；

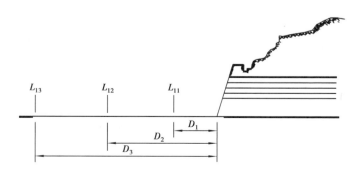

图 9.12　洞外亮度取值法

L_{12}——距洞口为 D_2 处面向洞口的前视亮度,在数值上 $D_2 = 2v(\mathrm{m})$;

L_{13}——距洞口为 D_3 处面向洞口的前视亮度,在数值上 $D_3 = 3v(\mathrm{m})$。

3)经验数据法(国际照明协会)

经验数据法见表 9.3。

表 9.3　不同环境下洞外亮度

现场条件	$L_1/(\mathrm{cd} \cdot \mathrm{m}^{-2})$
洞外地形开阔,天空或海面之类高亮度景物在视野中占 50% 以上	5 000 ~ 8 000
洞口在野外,略有树木背景,天空或海面等背景在视野中占 25% ~ 50%	4 000 ~ 5 000
洞口在市区建筑物林立的环境中	3 000 ~ 4 000
洞外地形不开阔,且有山岭、树木等背景	2 000 ~ 3 000

(2)入口段

在隧道照明区段中,进入洞口(设置光过渡建筑时,则为其入口)的第一段。对洞口照明的研究是从 20 世纪 50 年代中期开始的,研究的主要课题是适应段在洞口处的最高亮度 L_2 应该怎样取值。隧道交通中最重要的问题莫过于安全,没有可靠的安全性就谈不上通过能力,所以 L_2 值应能满足安全上的需要。司机在接近段行驶时,已经适应那里的亮度水平,当他处于适应点位置观察隧道内部时,至少应当满足在停车视距以远处能识别 20 cm × 20 cm 的正方形障碍物(实换算长度与背景间的亮度对比 $C = 20\%$)。由 9.2 节中眼睛适应能力方面的知识联想到,L_2 将受 L_1 值大小的影响,换句话说,由洞外亮度 L_1 到入口段洞口处亮度 L_2 的减少速率受眼睛适应能力的限制。减少速率过快眼睛将产生不适现象,出现黑洞效应是不能容许的。相反地,减少速率过慢,即 L_2 过高,是不经济的,也不符合要求。因而 L_2/L_1 应该有一个恰当的比值。过去人们作过不少探索,希望能找到一个最恰当的值,但是由于实验条件上的差异,取值的差异非常大。有的学者推荐为 1/10,另一些学者认为该值偏高,1979 年 PIARC 推荐为 1/15 ~ 1/30,日本推荐在车速为 40 km/h 时,可为 1/118 ~ 1/138。

日本"隧道照明设计指南"(1979 年)认为 L_2 与注视时间及车速有关。注视时间长,车速低,则 L_2 低;反之则高。总之,L_2 不一定需要很高。

有的研究表明,L_2 还与洞口朝向、交通方式(单向或对向)、交通量及车速等有关。朝东比朝西时低,朝北比朝南时低,单向交通比对向交通时低,交通量较小比较大时低,车速低比车速高时低。

一些国家规定的 L_2 值虽然有所不同,但是大体上都是经过 2 s 即可完成对 L_2 的适应过程,以后开始对下一段的适应。因此,与之对应的入口段的长度为 2 s 内通过的距离,在车速低时,该距离还可以适当缩短。

通过隧道群时,如果前一个是长隧道(通过时间为 30 s 以上),在立即进入后续隧道的情况下,后续隧道适应段照明亮度,可以适当折减,见表 9.4。

表9.4　隧道群亮度折减系数

由前一隧道出口到后一隧道入口所需行驶时间/s	后一隧道入口照明所需亮度折减系数(校正常值)
≤2	0.5
5	0.7
10	0.75
15	0.8
30	0.85
60	0.9

白天由入口进入自然光的影响范围约为入口高度的2倍,通常入口高度约为5 m,影响范围约为10 m。在此范围内白天可以省略人工照明,但在夜间为了保持照明的连续性,仍应进行照明。

洞外亮度发生变化时,如每日早、中、晚,天气与季节变化时,入口照明亮度可以按相应比例折减。为此,在道路隧道照明系统中,应设有调光设备,使隧道内亮度能随洞外亮度变化而自动调节。调光设备有两种:①不连续调光;②连续调光。前者按"强烈日光"、"有云"、"阴天"、"黎明或傍晚"和"夜间"5级调节,并由光电元件自动控制。后者是用可控硅的导通角和输出电压,从而改变灯管电源和亮度,实现无级连续自动调光。

(3)过渡段

在隧道照明中,介于入口段与中间段之间的照明区段。其任务是解决从入口段高亮度到中间段低亮度的剧烈变化(常为数十倍)给司机造成的不适应现象,使之能有充分的适应时间。该适应时间取决于基本段亮度与适应段亮度之比,可参照图9.13所示的适应曲线确定。

根据适应时间与设计车速,可以求出过渡段所需长度,并以渐变的加强照明实现这种过渡。

(4)中间段

在道路隧道照明区段中,中间段照明的基本任务是保证停车视距,中间段的照明水平与空气透过率

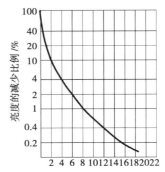

图9.13　眼睛适应亮度变化的时间关系
(据PIARC道路隧道委员会报告书)

(即通风条件)、行车速度以及交通量等因素有关。在正常通风条件下(参见本章9.2节中PIARC关于τ_{100}的建议值)中间段的亮度L_3可参考表9.5所列数值。

表9.5　照明基本段的亮度

L_3的区分 隧道类别	$L_3/(cd \cdot m^{-2})$		
	一般值	最低值	最高值
山岭隧道($v \leqslant 60$ km/h)	2~3	1~1.5	
高速公路隧道	20~30		40
城市隧道	5~10		

交通量多的重要隧道可乘以倍数(根据重要性,可以取到 2),交通量少的可乘以折减系数。单向交通与对向交通也有所不同,见表 9.6。表中的数据主要是依据排出的废气对能见度产生的影响而给定的。

表 9.6　隧道基本照明折减系数

交通方式 项　目	单向 2 车道			对向 2 车道	
交通量(小汽车辆/d)	>15 000	7 000~15 000	<7 000	>6 000	<6 000
折减系数	1.0	0.75	0.5	1.0	0.5

隧道长度与 L_3 有一定关系:隧道长,适应时间也长,L_3 可以适当的降低;反之,L_3 就高。

从安装闭路电视的角度上看,要求 L_3 稍高,但一般情况下,照度达到 30lx 也足够了。关于舒适性标准,难以用一个数值界限表示,影响舒适性的因素除亮度之外还有许多其他因素,如光色、灯具布置、点光源还是线光源等都能影响到司机的主观感觉。

夜间没有白天那样强烈的暗适应问题,交通量也大大减少,所以照明标准可以适当降低。其减少的程度以不会因此而导致交通事故为限度,一般折减系数可以取 0.5。夜间沿隧道全长按同一标准照明,但为了使出口处不产生黑洞效应,洞外接续道路应设计相应照明。

通过自行车和行人的隧道,在保证路面亮度的同时,还要保证侧墙有足够的亮度,避免形成自行车和行人在暗带中通行的现象和可能因此导致的危险。

(5)出口段

在单向交通的隧道中,有时需要对出口段作适当的处理,以便缓和白洞现象带来的不利影响。例如,出口洞外为空阔环境、面向大海、面对雪山等高亮度并能形成眩光时,出口则应加强照明,否则无须做加强照明。

在对向交通的隧道中,两端均为入口,同时也均为出口,两端的照明情况完全相同,也就不存在出口段的处理问题。

从出口段的眩光问题上看,朝东或朝西的出口,在日出或日落时阳光可能直接贯入隧道,形成强烈直接眩光。为了避免发生这种现象,出口则应作适当的处理。其方法主要有两个:即在洞内出口段设置曲线,或在洞外设置曲线段并作遮挡。前者在出口段设曲线后阳光不会直接贯入隧道。即使有射入的阳光也会照射在墙上,经反射后可以增加出口段亮度,使司机有明适应的亮度条件和时间。如果设置曲线后,出口方向刚好正对一座山时,最为理想。后者在出口引道上设置曲线,并在曲线外侧设置挡墙、种植高大常青乔木等,挡住直射的阳光。

9.4.2　亮度曲线的组成

沿道路轴线,由入口洞外的接近段经入口段、过渡段、中间段直至出口段,司机在白天所需要的路面亮度变化曲线,称为亮度曲线,如图 9.14 所示。其中的亮度包括自然光在路面反射引起的亮度和人工照明在路面反射引起的亮度,是综合的亮度。前者有可以利用的亮度和需要限制的亮度两部分,后者是因自然光不足或根本影响不到而需用人工照明加以弥补的亮度,人工亮度沿路轴的变化曲线称为人工亮度曲线。由于自然光的影响范围很小,一般仅为 2 倍隧道入口高度(约 10 m)的范围,除洞外散射光较强时,可以不考虑人工照明外,在 10 m 以外因自然光影响很小,不再考虑它的影响,所以只按人工亮度计算,这样做能使计算得以简化。

由于目前人们对视觉适应能力的估算不一致,所以在入口(包括入口段和过渡段)亮度曲线的划法上相差甚远。我国的《公路隧道通风照明设计规范》对各区段的长度与亮度作了具体规定。

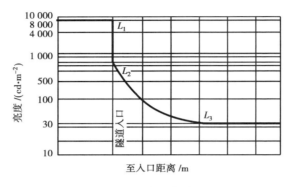

图 9.14　亮度曲线

9.5　照明设计

9.5.1　概述

道路隧道的内部照明,不仅要有足够的亮度,而且要有符合要求的质量。同时还要注意到隧道的特点,即它是一个封闭空间。另一方面,司机在动态条件下观察障碍物时,需要更长的背景,即在增加的背景长度上要保证亮度和亮度对比,如图 9.15 所示。

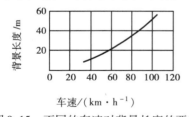

图 9.15　不同的车速对背景长度的要求

隧道照明必须不分昼夜的连续进行,虽然在点灯率上有变化。为了使照明可靠,确保连续性,必须保证有两个以上独立电网供电,并要求它能有效的自动转换。为了避免瞬间停电或转换电源时发生短暂的黑暗,应当设置瞬时启动(1/5 ~ 1/10 s 以内)的辅助电源电池组作为瞬间照明设备。事故照明与正常照明应分别接在不同的供电线路上。

隧道照明的效果,不仅取决于电灯的亮度,而且与背景空间的反射率密切相关,为此,墙面和路面宜用反射率高的材料。一般隧道墙面反射率应大于 0.7,明亮的混凝土路面反射率为 0.24 ~ 0.31,明亮的沥青路面反射率为 0.18 ~ 0.21,很深的黑色路面反射率为 0.11 ~ 0.14。为了使路面明亮,以前多半使用水泥混凝土铺路,最近开始改用加入浅色石子和氧化铁填料的沥青路面改善路面亮度,提高了效果。提高墙面的反射率,对改善照明效果十分有益,一般均采用明亮的颜色作为内装的基本色调。白色墙面极易弄脏,比较理想的是淡黄色和浅绿色,眼睛对它们的感觉灵敏度也很高。另一方面,墙面应当平滑,容易清洗,并且难以附着尘埃和油污。墙面内装材料可用瓷砖和建筑饰面材料,最近有的开始使用加入氯化橡胶的油漆作涂料。顶棚在装修方法上曾有过反复,过去美国改造旧隧道时,为了利用顶棚的二次反射增加路面亮度,采用过贴瓷砖的办法。虽然反射率得到提高,但经验证明瓷砖污染很快。为了保持明亮必须每周清洗两次,增加了保养所需时间和工作量。另外明亮的顶棚还产生闪烁,在司机的视野里,顶棚反光角处于视角的中等眩光区以下,甚至极强烈的眩光区。顶棚也是背景的一部分,尤其在坡道上作用更明显。因此,如何解决耐脏和削弱眩光作用就是需要研究的问题了。

为了增加诱导性,早期发现障碍物和看清车道界线,除了保证亮度和均匀度以外,车道的分隔线、路缘石应该是反射率最高的白色线条标志。

9.5.2　光源

用来作为采光和照明的电发光体称为电光源,可分为热辐射光源和气体放电光源两大类:

(1)热辐射光源

利用电能使物体加热到白炽程度而发光的光源称为热辐射光源,如白炽灯、卤钨灯。

(2)气体放电光源

利用气体或蒸气的放电而发光的光源,如荧光灯、荧光高压汞灯、高压钠灯、金属卤化物灯等。

在常用的电光源中,光效较高的有高压钠灯、金属卤化物灯和荧光灯等;显色性较好的有白炽灯、卤钨灯、荧光灯、金属卤化物灯等;寿命较长的,目前国内生产的光源有高压汞灯和高压钠灯;能瞬时启动和再启动的光源是白炽灯、卤钨灯等;输出光通量随电压波动变化最大的是高压钠灯,最小的是荧光灯。

隧道照明的光源,除了应满足在隧道特定环境下的光效、光通量、寿命及工作特性、光色、显色性和控制配光的难易程度等主要要求外,还应选择在汽车排烟形成的烟雾中仍能保证有良好能见度的光源。因此,在通常情况下,应使用在烟雾中有较好透视性的低压钠灯,如果是短隧道或柴油车比率较小的隧道,烟雾会少些,亦可使用显色性好的荧光灯。在隧道出入口照明,可用小型大光通量的高压钠灯或高压汞灯。随着新一代光源的不断问世,应积极选择,应用新光源。

隧道照明常用电光源种类和主要特性见表9.7。

表9.7　隧道常用电光源的主要特征

光源名称	白炽灯	荧光灯	荧光高压汞灯	高压钠灯	低压钠灯
额定功率范围/W	10 ~ 1 000	6 ~ 125	50 ~ 1 000	100 ~ 400	18 ~ 180
光效/(lm·W^{-1})	6.9 ~ 19	25 ~ 67	30 ~ 50	90 ~ 100	100 ~ 175
平均寿命/h	1 000	2 000 ~ 3 000	2 500 ~ 5 000	3 000	2 000 ~ 3 000
一般显示指数 R	95 ~ 99	70 ~ 80	30 ~ 40	20 ~ 25	—
启动标定时间	瞬时	1 ~ 3 s	1 ~ 2 min	4 ~ 8 min	7 ~ 15
再启动时间	瞬时	瞬时	5 ~ 10 min	10 ~ 20 min	>15
功率因数 cos φ	1	0.33 ~ 0.7	0.44 ~ 9.67	0.44	0.06
频闪效应	不明显	明显	明显	明显	明显
表面亮度	大	小	较大	较大	较大
电压变化对光通影响	大	较大	较大	大	大
环境温度对光通影响	小	大	较小	较小	小
耐震性能	较差	较好	好	较好	较好
所需附件	无	镇流器、启辉器	镇流器	镇流器	漏磁变压器

9.5.3 照明器的特性

照明器是根据人们对照明质量的要求,重新分布光源发出的光通,防止人眼受强光作用的一种设备。它包括光源,控制光线方向的光学器件(反射器、折射器等),固定和防护灯泡以及连接电源所必需的组件,供装饰、调整和安装用的部件等。照明器通称照明灯具或简称灯具。

照明器的特性通常以光强分布、亮度分布、保护角、光输出比等指标来表示。

(1)光强空间分布特性

光强空间分布特性是用曲线来表示的,故该曲线又称配光曲线。配光曲线一般有两种表示方法:一是极坐标法,二是等光强曲线。

1)极坐标配光曲线

在通过光源中心的测光平面上,测出照明器在不同角度的光强值。从某一给定的方向起,将各个角度的光强用矢量标注出来,连接矢量顶端的连线就是照明器配光的极坐标曲线。对于有旋转对称轴的照明器,在与轴线垂直的平面上各方向的光强值相等,因此,只用通过轴线的一个测光面上的光强分布曲线就能说明其光强在空间的分布,如图 9.16 所示。如果照明器在空间的光分布是不对称的(如管形卤钨灯具),则需要若干测光平面的光强分布曲线来说明其空间分布。

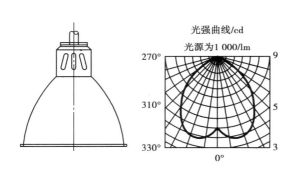

图 9.16 极坐标配光曲线

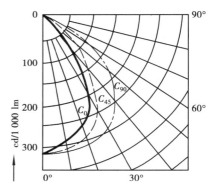

图 9.17 不对称照明器配光曲线

图 9.17 表示非对称配光的室内照明器的配光曲线,令测光平面为 C 平面,取与灯具长轴垂直的平面为 C_0 平面,与 C_0 平面成 45°、90°、270°…平面角的面相应的称为 C_{45}、C_{90}、C_{270}…平面。

为了便于比较不同照明器的配光特性,通常将光源化为 1 000 lm 光通量的假想光源来绘制光强分布曲线,当被测光源不是 1 000 lm 时,可用下式换算:

$$I_\theta = \frac{1\ 000}{\Phi_s} I'_\theta \qquad (9.28)$$

式中:I_θ——换算成光源光通量为 1 000 lm 时 θ 方向的光强,cd;

I'_θ——照明器在 θ 方向的实际光强,cd;

Φ_s——照明器实际配用的光源光通量,lm。

室内照明灯具多数采用极坐标配光曲线来表示其光强的空间分布。

2)等光强曲线图(等烛光图)

不对称配光的照明器需要有许多平面配光曲线才能表示它的空间分布,使用不便,也不醒目,不能反映各平面间的联系,此时可采用等光强图表示法。

为了正确表示发光体空间的光分布,可以设想将它放在一个外面标有经度和纬度线的球体中心,球体半径与发光体的尺寸要满足"点光源"的条件。发光体射向空间的每束光线都可以用球体上各点坐标表示,将光源射向球体上光强相同的各方向上的点用线联结起来,构成封闭的等光强曲线(类似于地球表面的等高线),就能表示光强在空间各方向的分布。

(2)亮度分布和保护角(遮光角)

照明器表面亮度分布及保护角直接影响到眩光。照明器在不同方向上的平均亮度值,特别是 γ 取 45°~85°范围内的亮度值,应由制造厂测试后提供给用户。

若没有亮度分布测试数据,可通过其光强分布,利用下述的方法求得灯具在 γ 角方向的平均亮度:

$$L_\gamma = \frac{I_\gamma}{A_\gamma} \tag{9.29}$$

式中:I_γ——照明器在 γ 角方向上的发光强度,cd;

A_γ——照明器发光面在 γ 方向的投影面积,m^2。

对于图 9.18 所示的有侧面发光的荧光灯具,其 A_γ 的计算可按下式:

$$A_\gamma = A_h\cos\gamma + A_v\sin\gamma \tag{9.30}$$

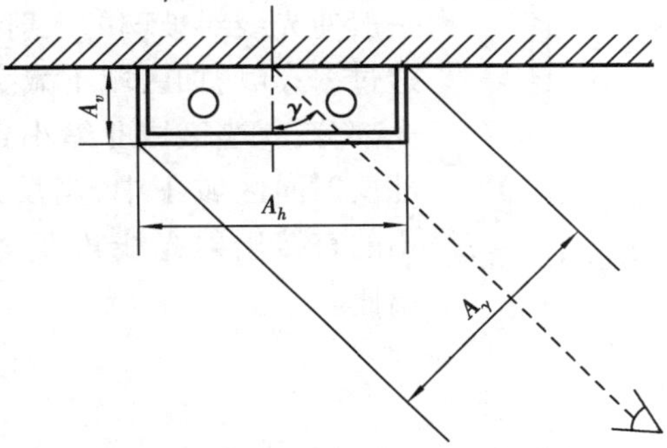

图 9.18　照明器发光部分投影面积计算

照明器的保护角是指照明器在出光沿口遮蔽光源发光体使之完全看不见的方位与水平线的夹角。一般照明器是灯丝(发光体)最低、最边缘点同灯具沿口边线同出光沿口水平线的夹角,如图 9.19 所示。

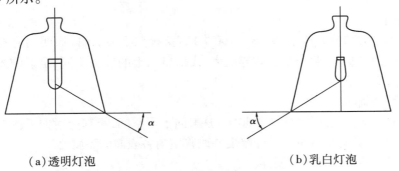

(a)透明灯泡　　　　　　　　　　　　(b)乳白灯泡

图 9.19　一般照明器的保护角

（3）照明器光输出比（亦称照明器效率）

照明器光输出比是照明器的主要质量指标之一。光源在照明器内由于灯腔温度较高,光源发出的光通比裸露点亮时或少或多,同时光源辐射的光通量经过照明器光学部件的反射和透射必然要引起一些损失,所以照明器光输出比总是小于1,其值可用下式计算:

$$\eta = \frac{\Phi_2}{\Phi_1} \times 100\% \tag{9.31}$$

式中:Φ_1——照明器内光源裸露点亮时出射的光通量,lm;

Φ_2——照明器出射的光通量,lm。

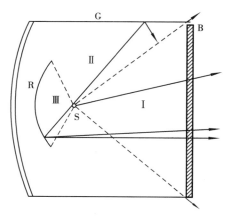

图 9.20　照明器各部分对效率的影响
S—光源;B—保护玻璃;R—反射器;G—壳体

图 9.20 的照明器中,光源 S 发出的光线可分成三个区域。区域Ⅰ是能从光源经玻璃 B 直接射出照明器的部分,这些光线称为直接出射光;区域Ⅱ是射向灯壳内部壳体产生杂散光,无法起到有效照明作用;区域Ⅲ是光源光线射向反射器 R,经反射器反射后,通过前面玻璃 B 再射出。要提高照明器效率,需要注意下列几点:①尽量减少区域Ⅱ,不使光线白白浪费在壳体上;②处理好玻璃板 B 与光线相互位置,一般使光线对玻璃的入射角小于 45°,以增加光线的透过率;③增加区域Ⅰ减少区域Ⅲ,即增加直接出射光部分;④当区域Ⅱ缩小到零时,区域Ⅲ内的光线全部反射向区域Ⅰ中,当反射出来光线的角度与区域Ⅰ的直接出射光线角度全吻合时,可获得高的光输出比。

9.5.4　照明器的分类

由于照明工程有各种不同的要求,目前照明器材行业生产了各种各样的照明器,其分类方法很多,这里仅仅介绍与道路照明有关的几种分类。

（1）CIE 分类

这是一种按照明器向上、下两个半空间发出的光通量的比例来分类的方法,按此方法将室内照明器分为五类。

1）直接照明器

这类照明器绝大部分光通量（90% ～100%）直接投照下方,所以照明器光通的利用率最高。但因反射面的形状、材料与处理差异很大,或出口面上的装置不同,出射的光线分布有的很宽、有的集中,变化很多。

2）半直接照明器

这类照明器大部分光通量（60% ～90%）是射向下半空间,小部分射向天棚或上部墙壁等上半空间,向上射的分量将减少影子的暗度并改善室内各表面的亮度比。

3）漫射型或直接—间接型照明器

照明器向上向下的光通量几乎相同（各占 40% ～60%）。

4）半间接照明器

照明器向上光通占 60% ~ 90%，它的向下分量往往只用来产生与天棚相称的亮度，此分量过多或分配不适当也会产生直接或间接眩光等一些缺陷。

5）间接照明器

照明器的绝大部分光通（90% ~ 100%）向上，设计得好时，全部天棚成为一个照明光源，达到柔和无阴影的照明效果，由于照明器向下光通很少，只要布置合理直接眩光与反射眩光都很小。这类照明器的光通利用率比前面四种都低。

（2）直接型照明器按光强分布分类

带有反射罩的直接型照明器使用很普遍，它们的光分布变化范围很大，从集中于一束到散开在整个下半空间，光束扩散程度的不同带来截然不同的照明效果。按光分布的窄宽进行分类，依次命名为特狭照、狭照、中照、广照、特广照五类，并用它们的最大允许距高比 s/h 来表示，见表 9.8。

表 9.8　直接照明器按最大允许距高比分类

分类名称	距高比 s/h	1/2 照度角	分类名称	距高比 s/h	1/2 照度角
特狭照型	$s/h \leqslant 0.5$	$\theta \leqslant 14°$	广照型	$1.0 < s/h \leqslant 1.5$	$27° < \theta \leqslant 37°$
狭照型（深照型、集照型）	$0.5 < s/h \leqslant 0.7$	$14° < \theta \leqslant 19°$	特广照型	$1.5 < s/h$	$37° < \theta$
中照型（扩散型、余弦型）	$0.7 < s/h \leqslant 1.0$	$19° < \theta \leqslant 27°$			

"1/2 照度角"的求法：将灯轴垂直于水平面，若灯下水平面上某点，其水平照度为灯轴下方照度的 1/2 时，则此点和光中心连线与灯轴线形成的夹角即为 1/2 照度角。

"灯具最大允许距离比 s/h"是指灯间距 s 与灯安装高度 h 之比值的最大允许值。对一般照明要求获得均匀的水平照度，如使灯下方的照度与两灯中间一点照度相等，如图 9.21 所示，即可满足照度均匀的要求。由此可见，当配光形式确定后，1/2 照度角就确定了，s/h 值也就确定了。灯具厂提供的灯具资料中应给出各种灯具的最大允许距高比 s/h 值。s/h 值较小的灯具适应于顶棚较高的房间。

目前各国按配光分类的方法大致相同，所不同的只是在由狭到宽的配光阶段划分上稍有差别。

（3）按外壳防护登记分类

外壳的防护形式包括：

①防止人体触及或接近外壳内部的带电部分，防止固体异物进入外壳内部；

②防止水进入外壳内部达到有害程度；

③防止潮气进入外壳内部达到有害程度。

根据我国《灯具外壳防护等级分类》（BG 7001—86）

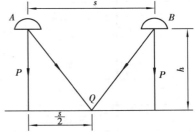

图 9.21　确定 s/h 的条件

的规定：防护等级代号用"IP"字母和两个特征数字组成，第一位特征数字指防护形式①项中的防护等级，第二位特征数字指防护形式②项中的防护等级，其特征数字含义见表 9.9 和表 9.10，③项中所述防护形式称为防湿型，是指灯具能在相对湿度为 90% 以上的湿气中正常工作的灯具。

表9.9　第一位特征数字所表示的防护等级

第一位特征数字	防护等级	
	简短说明	含　义
0	无护防	没有特殊防护
1	防大于 50 mm 的固体异物	人体某一大面积部分,如手(但对有意识的接近并无防护)。固体异物直径超过 50 mm
2	防大于 12 mm 的固体异物	手指或类似物,长度不超过 80 mm 固体异物直径超过 12 mm
3	防大于 2.5 mm 的固体异物	直径或厚度大于 2.5 mm 的工具、电线等,固体异物直径超过 2.5 mm
4	防大于 1 mm 的固体异物	厚度大于 1 mm 的线材或片条,固体异物直径超过 1 mm
5	防尘	不能完全防止尘埃进入,但进入量不能达到阻碍设备正常运转的程序*
6	尘密	无尘埃进入

* 如带电部件绝缘失效

表9.10　第二位特征数字所表示的防护等级

第二位特征数字	防护等级	
	简短说明	含　义
0	无防护	没有特殊防护
1	防滴	滴水(垂直滴水)无有害影响
2	15°防滴	当外壳从正常位置倾斜在 15° 以内时,垂直滴水无有害影响
3	防淋水	与垂直成 60° 范围以内的淋水无有害影响
4	防溅水	任何方向溅水无有害影响
5	防喷水	任何方向喷水无有害影响
6	防猛烈海浪	猛烈海浪或强烈喷水时,进入外壳水量不致达到有害程度
7	防浸水影响	浸入规定压力的水中经规定时间进入外壳水量不致达到有害程度
8	防潜水影响	能按制造厂规定的条件长期潜水

注:表中第二位特征数字为7,通常指水密型,第二位特征数字为8,通常指加压水密型。水密型灯具未必适合于水下工作,而加压水密型灯具应能用于这样的场合。

如仅需用一个特征数字表示防护等级,被省略的数字必须用字母 X 代替,例如:IPX5(防喷水)或 IP6X(无尘埃进入)。灯具等级至少为 IP2X,防护等级 IP20 的灯具不需要标上标记。

9.5.5　照明器的选择与布置

隧道用照明器的主要作用是控制配光及保护光源。在选择照明器时,应充分注意以下几点:

①照明器的配光特性是否符合照明目的,能否符合于设置该照明器场所的几何条件;

②形状和尺寸是否小而坚固,安装、维修应方便;

③材料应有良好的耐腐蚀性能,必要时要施以表面处理;

④对隧道墙面的配光及烟尘的污染应充分注意;

⑤在满足照明质量、环境条件及防触电保护要求的情况下,尽量选用光输出比高,利用系数高、寿命长、光通衰减少的照明器。

照明器的布置方法很多,可安装在拱顶、墙壁或吊装顶棚上,沿隧道纵向有单排布置的,也有双排布置的。在双排布置的情况下,既有成对布置的,也有交错布置的。国外还有在余宽上布置投光照明的成功先例。总之,灯具的合理布置就是在最经济的条件下达到最好的照明效果,灯具的布置方式如图 9.22 所示。

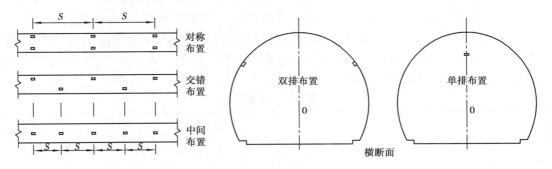

图 9.22　灯具的布置方式

9.5.6　照度计算基本方法的特点及适用范围

(1)照度计算的目的

照度计算的目的是根据所需要的照度值及其他已知条件(照明器形式及布置、照明场所各个面的反射条件及污染情况等)来决定灯具的容量或灯具的数量,或在照明器形式、布置及光源的容量都已确定的情况下,计算某点的照度值。

不论水平面、垂直面还是倾斜面上的某一点的照度,都是由直射光和反射光两部分组成的。

(2)照度计算基本方法的特点及适用范围

照度计算的基本方法有利用系数法与逐点计算法(包括平方反比法、等照度曲线法、方位系数法等),利用系数法用于计算平均照度与配灯数,逐点计算法用于计算某点的直射照度。

它们的特点见表 9.11。

表 9.11　照度计算法的特点及适用范围

方法名称		特 点	适用范围
利用系数法	利用系数计算	此法考虑了直射光与反射光两部分所产生的照度,计算结果为水平面上的平均照度	计算室内水平面的平均照度,特别适用于反射条件的房间
	查概算曲线		一般生产及生活用房的灯数概略计算
逐点计算法	平方反比法	此法只考虑直射光产生的照度,可以计算任意面上某一点的直射照度	采用直射照明器的场所,可直接求得水平面照度,也可乘上系数求得任意面上的照度
	等照度曲线法		
	方位系数法		使用线光源的场所,求算任意面上一点的照度

(3)维护系数

照明设备久经使用后,被照面照度值会下降,这是由于光源本身的光通衰减,灯具被污染,透光材料及反光材料的老化等因素引起的。为了维护一定的照度水平,计算室内布灯时要考虑维护系数 K(见表 9.12)以补偿这些因素的影响,国内有的书籍中称照度补偿系数,其值为维护系数的倒数。为了与国际接轨,本书采用维护系数。隧道内烟尘大,灯具不易擦洗,所以设计计算时应选用较低的维护系数。

表 9.12　维护系数

环境特征分类		维护系数		灯具擦洗次数(次/年)
		白炽、高压荧光灯、日光灯	卤钨灯	
清洁	很少有尘埃、烟、烟灰及蒸汽(如办公室、阅览室、仪表车间等)	0.75(0.8)	0.8(0.85)	2
一般	有少量尘埃、烟、烟灰及蒸汽(如商店营业厅、剧场观众厅、机加工车间等)	0.7(0.75)	0.75(0.8)	2
污染严重	有大量粉、烟、烟灰及蒸汽(如铸工、锻工车间、厨房等)	0.6(0.65)	0.65(0.7)	3
室外	露天广场、道路	0.7	0.75	2

注:括号内数值用于反射光很少的场所。

9.5.7　点光源直射照度计算

(1)点光源水平照度计算

当光源与被照面的距离 l 与光源尺寸相比大得多时,便可以把光源看作点光源。

　　点光源在水平面上产生的照度应符合平方反比定律。如图 9.23 所示光源(照明器)S 投射到包括 P 点的指向平面(与入射光方向垂直的平面)上某很小的面积(面元)dA_n 上的光通量为:

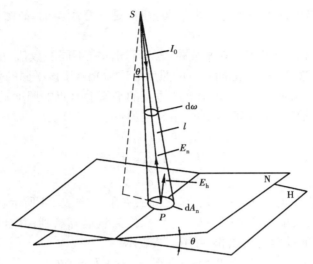

图 9.23　水平面照度计算式

$$d\Phi = I_\theta d\omega$$

其中,$d\omega$ 为面元 dA_n 对光源 S 所张的立体角。按立体角的定义可知:

$$d\omega = \frac{dA_n}{l^2}$$

故光源在指向平面上 P 点产生的照度 E_n(又称为法线方向照度)为:

$$E_n = \frac{d\Phi}{dA_n} = \frac{I_\theta}{l^2}$$

　　光源在水平面上 P 点产生的照度 E_h 为:

$$E_h = \frac{I_\theta}{l^2}\cos\theta \quad 或 \quad E_h = \frac{I_\theta}{h^2}\cos^3\theta \tag{9.32}$$

式中:E_h——水平面照度,lx;

I_θ——光源(照明器)照射方向的光强,cd;

l——光源(照明器)与计算点之间的距离,m;

h——光源(照明器)离波照面的高度,m(见图 9.23);

$\cos\theta$——光线入射角的余弦。

　　由于照明器的配光曲线是按光源光通量为 1 000 lm 给出的,并考虑维护系数 K,对于实际照明器式(9.32)应写成:

$$E_h = \frac{I'_\theta K\Phi}{1\,000 l^2}\cos\theta \quad 或 \quad E_h = \frac{I'_\theta K\Phi}{1\,000 h^2}\cos^3\theta \tag{9.33}$$

式中:I'_θ——照明器配光曲线上 θ 方向的光强,cd;

Φ——实际所采用照明器的光源光通量,lm;

其他同式(9.32)。

若将长度为 l 的线状光源、直径为 d 的盘形光源当作点光源计算,此时它们与计算点的距离 h 应满足下述要求:$l/h \leqslant 0.6$,$d/h \leqslant 0.4$,则其计算误差能满足工程要求(误差5%以下)。

(2)任意倾斜面照度计算

在实际工程中,被照面不一定都是水平面,往往是任意倾斜面,故需计算任意倾斜面(包括垂直面)上的照度。

任意点 P 的照度值,随 P 点所在平面位置的不同而有不同的数值,根据照度平方反比定律(式9.32)可知:任意两个平面上同一点的照度之比为光源至该平面的垂线长度之比。

若 E_n 为 P 点的法线照度(即与入射光线垂直的平面上 P 点的照度),根据矢量运算法则,E_n 在 x、y、z 三个坐标轴(三维空间)上的分量分别为:

$$\left.\begin{array}{l} E_x = E_n\cos\alpha \\ E_y = E_n\cos\beta \\ E_z = E_n\cos\theta \end{array}\right\} \tag{9.34}$$

式中:α、β、θ——分别为 E_n 矢量与 x、y、z 轴之间的夹角,如图9.24所示。

反之,若已知照度矢量的分量(E_x、E_y、E_z),根据矢量运算法则,其合成矢量 E_n 等于各照度矢量在这个方向上的投影的代数和,可用下式表示:

$$E_n = E_x\cos\alpha + E_y\cos\beta + E_z\cos\theta \tag{9.35}$$

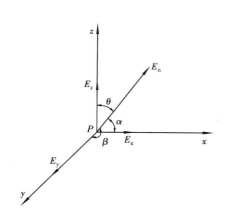

图9.24 照度矢量运算

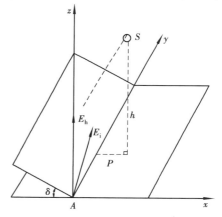

图9.25 倾斜面上照度计算

图9.25所示的倾斜面与水平面成 δ 角,则倾斜面照度 E_i 与水平面照度 E_h 间的夹角也为 δ,即 $\theta = \delta$,$\alpha = 90° - \delta$,根据式(9.35)可得:

$$E_i = E_x\sin\delta + E_h\cos\delta = E_h\left(\cos\delta + \frac{P}{h}\sin\delta\right) \tag{9.36}$$

经分析可知:当 δ 角增大,且继续变化超过 A 点与光源的连线方位时,原来的受光面变为背光面,原来的背光面成为受光面,所以,δ 角定义为倾斜面背光的一面与水平面的夹角,可大于或小于90°,且当 δ 角进入 $\text{arccot}\dfrac{P}{h}$ 范围内时,式(9.36)括号中两项之和应为两项之差。

任意倾斜面上照度 E_i 完整的计算表达式为:

$$E_i = E_h\left(\cos\delta + \frac{P}{h}\sin\delta\right) \tag{9.37}$$

式中：E_h——A 点的水平照度，lx；

　　δ——倾斜面（背光的一面）与水平面的夹角（见图9.25）；

　　P——照明器在水平面上的投影点至倾斜面与水平面交线的垂直距离；

　　h——照明器至水平面的距离。

当 δ 角进入 $\mathrm{arccot}\dfrac{P}{h}$ 范围内时，式(9.37)左边第二项取负号。

当 $\delta = 90°$ 时，求得的是垂直面照度 E_v：

$$E_v = E_h\left(\cos 90° \pm \frac{P}{h}\sin 90°\right) = \frac{P}{h}E_h$$

令

$$\varPhi = \cos \delta \pm \frac{P}{h}\sin \delta$$

称 $\varPhi$ 为倾斜照度系数。有时为使用方便将 $\varPhi$ 作成曲线，在有关设计手册上给出这组曲线，供查用。

(3) 实用计算图表

在实际计算中为了减少计算工作量，往往预先编制各种图表或曲线供设计人员使用，现介绍如下。

1)空间等照度曲线

在采用旋转对称配光的照明器场所，可利用"空间等照度曲线"进行水平面照度的计算。已知计算高度 h 和计算点到照明器间的水平距离 d，就可以直接从"空间等照度曲线"图上查得该点的水平面照度值。但由于曲线是按光源的光通量为 1 000 lm 绘制的，因此，所查得的照度值是"假设水平照度 e"，还必须按实际光通量进行换算。

当照明器内的光源总光通量为 $\varPhi$，且计算点是由若干个照明器共同照射时，则被照点的照度应为：

$$E_h = \frac{\varPhi \sum eK}{1\ 000} \tag{9.38}$$

式中：E_h——水平面照度，lx；

　　$\varPhi$——每个照明器中光源总光通量，lm；

　　K——维护系数；

　　$\sum e$——各照明器所产生的假设水平照度的总和，lx。

图 9.26 给出了 CDG101-NG400 型龟板面照明器的空间等照度曲线，其他常用照明器的空间等照度曲线可查阅有关手册。

2)平面相对等照度曲线

对非对称配光的照明器可利用"平面相对等照度曲线"进行计算。

根据计算点的 d/h 值及各照明器对计算点的平面位置角 β（作一照明器的对称平面，或作任一平面，将它定为起始平面，该平面与被照面的交线与光线投影长度 d 间的夹角即为 β 角，如图 9.27 所示，从"平面相对等照度曲线"上可以查得"相对照度 ε"，由于"平面相对等照度曲线"是假设计算高度为 1 m 而绘制的，所以求计算面上的实际照度时，应按下式计算：

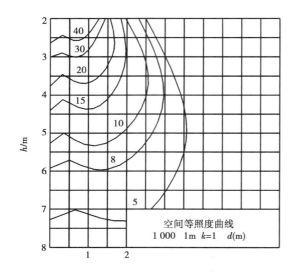

图 9.26 CDG101-NG400 型照明器
空间等照度曲线

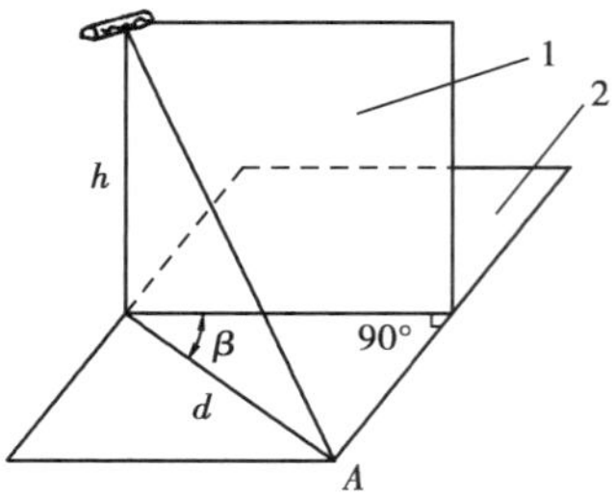

图 9.27 不对称照明器计算点
坐标的确定
1—对称面;2—被照面

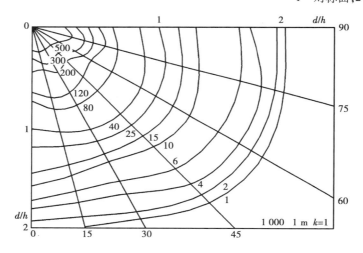

图 9.28 CDHP-209(KNG250 + NG250)型照明器平面相对等照度曲线

$$E_h = \frac{\Phi \sum \varepsilon K}{1\,000h^2}$$

式中:$\sum \varepsilon$——各照明器所产生的相对照度的总和,lx(ε 可由"平面相对等照度曲线"查得);

　　　h——计算高度,m。

图 9.28 给出了 CDHP-209 型混光照明器(KNG250 + NG250)平面相对等照度曲线,一般照明器的平面相对等照度曲线可查阅有关手册。

9.5.8 线光源直射照度计算

线光源是指宽度 b 与其长度 L 相比小得多的发光体,通常连续的一列灯具属此类。线光源的照度计算方法有多种,方位系数法是线光源逐点计算法的一种。

（1）线光源的光强分布

线光源的光强分布通常用两个平面上的光强分布曲线表示。一个平面通过线光源的纵轴,这个平面上的光强分布曲线称为纵向(平行面、C_{90} 面)光强分布曲线。另一个平面与线光源纵轴垂直,这个平面上的光强分布曲线称为横向(垂直面、C_0 面)光强分布曲线,如图9.29所示。

各种线光源的横向光强分布曲线可用如下的一般形式表示:

$$I_\theta = I_0 f(\theta) \tag{9.39}$$

式中:I_θ——θ 方向上的光强;

    I_0——线光源发光面法线方向上的光强。

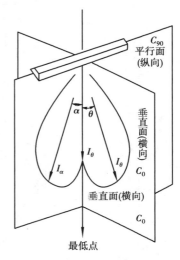

图 9.29　线光源光强分布

各种线光源的纵向光强分布曲线可能是不同的,但任何一种线状照明器在通过灯纵轴的各个平面上的光强分布曲线具有相似的形状,可以用一般式子表示:

$$I_{\theta\alpha} = I_{\theta 0} f(\alpha) \tag{9.40}$$

式中:$I_{\theta\alpha}$——与通过纵轴的对称平面成 θ 角,与垂直于纵轴的对称平面成 α 角方向上的光强;

    $I_{\theta 0}$——在 θ 平面上垂直于灯轴线且 $\alpha = 0$ 方向的光强(θ 平面是通过灯的纵轴与通过纵轴的铅直面成 θ 夹角的平面)。

根据研究,实际应用的各种线光源的纵向(C_{90}面)光强分布曲线中可用五类理论光强分布曲线来表示:

A 类　　　$I_{\theta\alpha} = I_{\theta 0} \cos \alpha$

B 类　　　$I_{\theta\alpha} = I_{\theta 0} \left(\dfrac{\cos \alpha + \cos^2\alpha}{2} \right)$

C 类　　　$I_{\theta\alpha} = I_{\theta 0} \cos^2 \alpha$

D 类　　　$I_{\theta\alpha} = I_{\theta 0} \cos^3 \alpha$

E 类　　　$I_{\theta\alpha} = I_{\theta 0} \cos^4 \alpha$

图 9.30 绘出了这五类理论光强分布的 $I_{\theta\alpha}/I_{\theta 0} = f(\alpha)$ 曲线。图中虚线表示一个实际线光源光强分布的例子,可以认为它属于 C 类。

采用理论光强分布可以使线光源的照度计算标准化。一种实际的线状光源被应用时,首先鉴别(可通过测量计算)其光强分布属于哪一类,然后利用标准化的计算资料使计算大大简化。

（2）基本计算方法

为了简化问题起见,先讨论如图9.31所示线光源在水平面 P 点上的照度计算。计算点 P 与线光源的一端对齐。水平面的法线与入射光平面 APB(或称 θ 面)成 β 角。

在长度为 L 的线状光源上取一线元 $\mathrm{d}x$,线状光源在 θ 平面上垂直于灯轴线 AB 方向的单位长度光强图 $I'_{\theta 0} = I_{\theta 0}/L$,线光源的纵向光强分布具有 $I_{\theta\alpha} = I_{\theta 0} \cos^n \alpha$ 的形式,则自线元 $\mathrm{d}x$ 指向计算点的光强为:

213

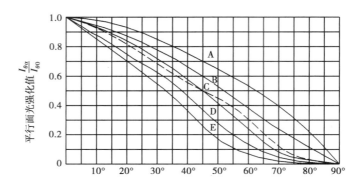

图 9.30 平等面光强分布的分类

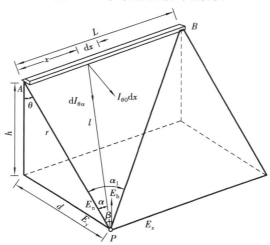

图 9.31 线光源在 P 点产生的照度计算图

$$\mathrm{d}I_{\theta\alpha} = \frac{I_{\theta 0}}{L}\mathrm{d}x \; \cos^n\alpha = I'_{\theta 0}\mathrm{d}x \; \cos^n\alpha$$

线元 $\mathrm{d}x$ 在 P 点上的法线照度为：

$$\mathrm{d}E_\mathrm{n} = \frac{\mathrm{d}I_{\theta 0}}{l^2}\cos \alpha = \frac{I_{\theta 0}\mathrm{d}x \; \cos^n\alpha \; \cos \alpha}{Ll^2} \tag{9.41}$$

整个线状光源在 P 点产生的法线照度 E_n 为：

$$E_\mathrm{n} = \int_0^{\alpha_1} \frac{I_{\theta 0}\mathrm{d}x \; \cos^n\alpha \; \cos \alpha}{Ll^2} \tag{9.42}$$

从图 9.31 上可知：

$$x = r \tan \alpha$$

所以

$$\mathrm{d}x = r \sec^2\alpha\mathrm{d}\alpha$$

$$r/l = \cos \alpha$$

$$l = r/\cos \alpha$$

故

$$\cos \beta = \cos \theta = h/r$$

$$r = \sqrt{h^2 + d^2}$$

将这些关系式代入式(9.42)，得：

$$E_n = \int_0^{\alpha_1} \frac{I_{\theta0}\cos^2\alpha}{Lr^2} r \sec^2\alpha \cos^n\alpha \cos\alpha d\alpha = \frac{I_{\theta0}}{Lr}\int_0^{\alpha_1} \cos^n\alpha \cos\alpha d\alpha \tag{9.43}$$

令

$$F_x = \int_0^{\alpha_1} \cos^n\alpha \cos\alpha d\alpha \tag{9.44}$$

则

$$E_n = \frac{I_{\theta0}}{Lr}F_x = \frac{I'_{\theta0}}{r}F_x$$

P 点的水平照度 E_h 可根据下式计算：

$$E_h = E_n\cos\beta = \frac{I_{\theta0}}{Lr}\frac{h}{r}F_x = \frac{I_{\theta0}h}{Lr^2}F_x = \frac{I'_{\theta0}}{h}\cos^2\theta F_x \tag{9.45}$$

式中：$I_{\theta0}$——长度为 L 的线状照明器在 θ 平面上垂直于轴线 AB 的光强，cd；

　　$I'_{\theta0}$——为线状照明器在 θ 平面上垂直于轴线的单位长度光强(即 $I_{\theta0}/L$)，cd；

　　L——线状照明器的长度，m；

　　h——线状照明器在计算水平面上的悬挂高度，m；

　　d——计算 P 点至光源在水平面上的投影距离，m；

　　F_x——方位系数。

将 $n=1、2、3、4$ 分别代入式(9.44)，可求出 A、B、C、D 四类理论光强分布的线光源的方位系数 F_x。

A 类($n=1$)：

$$F_x = \int_0^{\alpha_1} \cos\alpha \cos\alpha d\alpha = \frac{\alpha_1}{2} + \frac{\cos\alpha_1\sin\alpha_1}{2}$$

B 类($n=2$)：

$$F_x = \int_0^{\alpha_1} \cos^2\alpha \cos\alpha d\alpha = \frac{1}{3}(\cos^2\alpha_1\sin\alpha_1 + 2\sin\alpha_1)$$

C 类($n=3$)：

$$F_x = \int_0^{\alpha_1} \cos^3\alpha \cos\alpha d\alpha = \frac{\cos^3\alpha_1\sin\alpha_1}{4} + \frac{3}{4}\left(\frac{\cos\alpha_1\sin\alpha_1 + \alpha_1}{3}\right)$$

D 类($n=4$)：

$$F_x = \int_0^{\alpha_1} \cos^4\alpha \cos\alpha d\alpha = \frac{\cos^4\alpha_1\sin\alpha_1}{5} + \frac{4}{5}\left(\frac{\cos^2\alpha_1\sin\alpha_1 + 2\sin\alpha_1}{3}\right)$$

其中：

$$\alpha_1 = \arctan\frac{L}{\sqrt{h^2+d^2}} = \arctan\frac{L}{r}$$

如果线光源的纵向光强分布具有 B 类理论光强分布的曲线，则在图 9.31 中 P 点的法线照度 E_n 为：

$$E_n = \frac{L_{\theta0}}{Lr}\int_0^{\alpha_1}\left(\frac{\cos\alpha + 2\cos^2\alpha}{2}\right)\cos\alpha d\alpha$$

$$= \frac{I_{\theta0}}{Lr}\left(\frac{\cos\alpha_1\sin\alpha_1 + \alpha_1}{4} + \frac{\cos^2\alpha_1\sin\alpha_1 + 2\sin\alpha_1}{6}\right)$$

$$= \frac{I_{\theta 0} F_x}{Lr} = \frac{I'_{\theta 0}}{r} F_x \tag{9.46}$$

P 点的水平面照度 E_h 为：

$$E_h = E_n \cos \beta = \frac{I_{\theta 0}}{Lr} \frac{h}{r} F_x = \frac{I_{\theta 0} h}{Lr^2} F_x = \frac{I'_{\theta 0}}{h} \cos^2 \theta F_x \tag{9.47}$$

其中：

$$F_x = \frac{\cos \alpha_1 \sin \alpha_1 + \alpha_1}{4} + \frac{\cos^2 \alpha_1 \sin \alpha_1 + 2 \sin \alpha_1}{6}$$

$$\alpha_1 = \arctan \frac{L}{r}$$

方位系数是角度 α 的函数 $F_x = f(\alpha)$，可从图 9.32 查得。

在实际计算中考虑到光通衰减、灯具污染等因数，以及灯具的配光曲线是按光源光通量为 1 000 lm 给出的具体情况，故实际照度计算公式为：

$$E_h = \frac{I_{\theta 0} K}{Lr} \frac{\Phi}{1\ 000} \cos \theta F_x = \frac{K I_{\theta 0} \Phi}{1\ 000 Lh} \cos^2 \theta F_x \tag{9.48}$$

式中：K——维护系数，可查表；

Φ——实际所采用照明器的光源光通量，lm。

在图 9.31 中，如果求 P 点在垂直于线状光源轴线的平面上的照度，即 P 点照度 E_x 则有：

$$E_x = \int_0^{\alpha_1} \frac{I_\theta \mathrm{d}x \cos^n \alpha}{Ll^2} \sin \alpha = \frac{I_\theta}{Lr} \int_0^{\alpha_1} \cos^n \alpha \sin \alpha \mathrm{d}\alpha$$

$$= \frac{I_\theta}{Lr} \left(\frac{1 - \cos^{n+1} \alpha_1}{n + 1} \right) = \frac{I_\theta}{Lr} f_x \tag{9.49}$$

其中：

$$f_x = \int_0^{\alpha_1} \cos^n \alpha \sin \alpha \mathrm{d}\alpha = \frac{1 - \cos^{n+1} \alpha_1}{n + 1} \tag{9.50}$$

同前，将 $n = 1$、2、3、4 代入式(9.50)，可算出 A、C、D、E 四类理论光强分布的方位系数 f_x。当线光源具有 B 类理论光强分布时，同样方法可得其方位系数为：

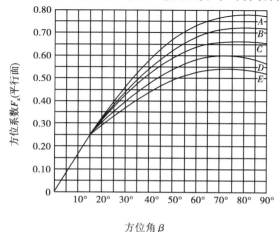

图 9.32 平行面方位系数 $F_x = f(\alpha)$

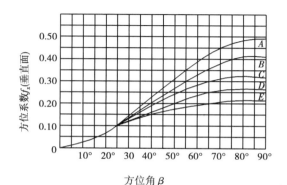

图 9.33 垂直面方位系数 $f_x = f(\alpha)$

$$f_x = \frac{1}{2}\left(\frac{1 - \cos^2\alpha_1}{2} + \frac{1 - \cos^3\alpha_1}{3} \right)$$

方位系数 $f_x = f(\alpha)$ 可从图 9.33 查得。

在照明计算中,应先将照明器的纵向光强分布化成 $I_{\theta\alpha}/I_{\theta 0} = f(\alpha)$,并绘成曲线,与五类理论曲线比较,然后按最接近的理论分布求取方位系数 F_x 或 f_x。

(3)被照点在不同情况下的计算

1)计算点不在线光源端部的照度计算

以上所述的公式都是按计算点 P 位于荧光灯一端的垂直平面上推导而得的,但实际计算 P 点位置应是任意的,不一定符合图 9.31 的条件,此时可采用将光源分段或延长的方法,分别计算各项在该点所产生的照度,然后求其代数和。如图 9.34 所示计算点位于 P_1 或 P_2 点,则照度可利用如下的关系式进行计算:

$$E_{P1} = E_{AD} - E_{AB}$$
$$E_{P2} = E_{BC} + E_{CD}$$

式中:E_{AD}、E_{AB}、E_{BC}、E_{CD} 分别由 AD、AB、BC、CD 各线段光源(或假想的线光源)在计算点上所产生的照度。

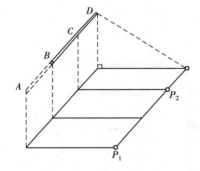

图 9.34　不同位置各点的照度计算

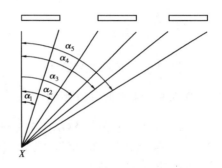

图 9.35　照明器间隔布置图

2)断续线状光源的照度计算

实际的线光源可能是由间断的各段构成,此时如果各段发光体的特性相同,且依共同的轴线布置,而各段终端间的距离又不过大(不应超过 $0.25\ h/\cos\theta$),则可以看作是连续的。在计算时只要将相应的计算公式(9.48)和式(9.49)乘上一个系数即可,此时误差不超过 10%,即

$$C = \frac{照明器长度 \times 照明器个数}{一排照明器总长}$$

当照明器间隔超过 $0.25h/\cos\theta$ 时,可按下述公式计算:

$$E_h = \frac{KI_\theta \Phi K}{1\ 000 Lh} \cos^2\theta \left[F_{\alpha 1} + (F_{\alpha 3} - F_{\alpha 2}) + (F_{\alpha 5} - F_{\alpha 4}) \right]$$

式中:$F_{\alpha 1}$、$F_{\alpha 2}$、$F_{\alpha 3}$、$F_{\alpha 4}$、$F_{\alpha 5}$ 为方位系数,已知方位角 α_1、α_2、α_3、α_4、α_5(如图 9.35 所示),可从图 9.32 查得。

"线光源等照度曲线"是应用"方位系数法"绘制成的,可用来逐点计算水平面直射照度。

若 A 点与线光源有如图 9.36 所示的几何关系,则由 L_1/h、L_2/h、d/h 查"线光源等照度曲线"得 ε_1 及 ε_2,则 A 点照度为:

$$\varepsilon_A = \varepsilon_2 - \varepsilon_1$$

$$E_A = \frac{\Phi\varepsilon_A K}{1\,000h} \qquad (9.51)$$

若 B 点与线光源有如图 9.37 所示的几何关系,则由 L_1/h、L_2/h、d/h 查"线光源等照度曲线"得 ε_1 及 ε_2,则 B 点照度为:

$$\left.\begin{array}{c} \varepsilon_B = \varepsilon_1 + \varepsilon_2 \\[2mm] E_A = \dfrac{\Phi\varepsilon_B K}{1\,000h} \end{array}\right\} \qquad (9.52)$$

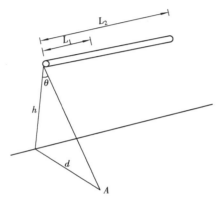

图 9.36 线光源组合计算(一)

图 9.37 线光源组合计算(二)

9.5.9 线光源计算举例

例 9.5.1 由四盏 YG701-3 三管荧光灯具(3×40 W)组成一条光带,如图 9.38 所示,求 P 点水平照度。

解 用方位系数法。

解法一:利用基本公式(9.48)求解。

①计算灯具在平行平面(C_{90} 平面)内的 I_α/I_0,以确定灯具的分类。

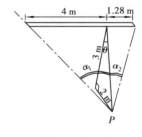

图 9.38 线光源计算举例示意图

YG701-3 的光强分布如下:

α	0°	5°	10°	20°	30°	40°	50°	60°	70°	80°	85°	90°
I_α	228	224	217	192	150	127	88	51	29	12	5.6	0.4
I_α/I_0	1	0.98	0.95	0.84	0.70	0.56	0.39	0.22	0.13	0.05	0.03	0.002

将上列 I_α/I_0 画在图 9.30 上,可知与 C 类灯具的曲线相符合。

②计算

$$\alpha_1 = \arctan \frac{4}{\sqrt{3^2 + 2^2}} = \arctan 1.109 = 47.97°$$

$$\alpha_1 = \arctan \frac{1.28}{\sqrt{3^2 + 2^2}} = \arctan 0.356 = 19.57°$$

③由图 9.32 查得 F_{x1} 和 F_{x2}

C 类灯具

$\alpha_1 = 47.97° \quad F_{x1} = 0.606$

$\alpha_2 = 19.57° \quad F_{x2} = 0.323$

④计算 θ 角

$$\theta = \arctan \frac{2}{3} = 33.69°$$

⑤求 $I_{\theta 0}$，查得垂直面（C_0 测光面）

$$\theta = 33.69°, \quad I_\theta = 163.45 \ \text{cd}/1\ 000 \ \text{lm}$$

⑥计算 E_h 设 40 W 荧光灯管光通量 2 200 lm 为灯具长 1.32 m。

$$E_h = \frac{KI_\theta \Phi}{1\ 000\ lh} \cos^2 \theta (F_{x1} + F_{x2})$$

$$= \frac{0.8 \times 163.45 \times 3 \times 2\ 200}{1\ 000 \times 1.32 \times 3} \times (\cos 33.69)^2 \times (0.606 + 0.323) \text{lx}$$

$$= 140.13 \ \text{lx}$$

解法二：查线光源等照度曲线求解。

①求 $\dfrac{L_1}{h}$ 及 $\dfrac{d}{h}$

$$\frac{L_1}{h} = \frac{4}{3} = 1.33, \quad \frac{d}{h} = \frac{2}{3} = 0.67$$

$$\frac{L_2}{h} = \frac{1.28}{3} = 0.43, \quad \frac{d}{h} = 0.67$$

②查线光源等照度曲线求得相对照度。

$$\varepsilon_1 = 52, \varepsilon_2 = 27$$

③计算 E_h

$$E_h = \frac{\Phi(\varepsilon_1 + \varepsilon_2)K}{1\ 000\ h} = \frac{3 \times 2\ 200 \times 0.8}{1\ 000 \times 3}(52 + 27)\text{lx} = 139.04 \ \text{lx}$$

9.5.10　隧道照明计算

根据视觉适应的要求,隧道照明分为接近段、入口段、过渡段、中间段和出口段。隧道照明计算自然也要分段进行。受烟尘影响,隧道墙、顶的反射率较低,在进行照度和亮度计算时,可以只考虑光源的直射作用。隧道照明的质量目前主要是用路面照度和亮度值来评价的,所以本节将简要介绍快速、实用的照度和亮度计算方法。

（1）照度计算

1）逐点计算照度

路面一点上的照度是将所有路灯对这一点产生的照度叠加起来（其他光源所产生的照度忽略不计）。P 点上的全部照度为:

$$E_P = \sum_1^n \frac{I_{\gamma c}}{h^2} \cos^3 \gamma \tag{9.53}$$

式中:$I_{\gamma c}$——灯具指向 P 点方向的光强,方向用角 γ 和 c 来表示;

n——路灯数。

一般路灯的光度数据图表给出的是等光强曲线,按 P 点所对应的方向角 γ、c 在曲线上查

得 $I_{\gamma c}$,代入式(9.53)即可求得一盏路灯对 P 点产生的照度 E_P。

如有几盏路灯时,逐盏重复这个过程,就可求出任何一种道路照明布置中一点上的总照度值。

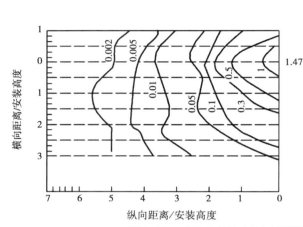

安装高度/m	修正系数
5	4.00
6	2.78
7	2.04
8	1.56
9	1.23
10	1.00
11	0.83
12	0.69
13	0.59
14	0.51
15	0.44
16	0.39

图 9.39 JTY-61(NG-250)型照明器等照度曲线

计算高度 10 m,灯下垂直点照度 33.7 lx,若安装高度不等于计算高度,请应用高度修正系数表计算照度 $E = KE'$

为了计算方便,往往做成等照度曲线。图 9.39 是一张 JTY-61 路灯(250 W 高压钠灯)的等照度曲线,其横坐标是纵向距离与安装高度之比(s/h),纵坐标是横向距离与安装高度之比(w/h)若计算点相对于每盏灯的位置已确定,即可从图上直接读出该点的相对照度。于是该点照度的绝对值就可从下式求得:

$$E_P = \frac{\alpha \Phi_s}{h^2} \sum e_p \tag{9.54}$$

式中: $\sum e_p$ ——各灯在 P 点产生的相对照度之和;

α ——所用灯具特定的系数,在等照度图上给出;

Φ_s ——每盏路灯光源的光通量,lm;

h ——路灯的安装高度,m。

按式(9.53)和式(9.54)计算求得的是初始照度值,要维持照度还需计入维护系数。

2)平均照度

当计算一部分路面上的照度时,可用下式得到这个面积上的平均照度:

$$E_{av} = \frac{\sum E_P}{n} \tag{9.55}$$

式中: E_P ——路面上有规律分布的点的照度;

n ——计算点的总数。

很明显,所考虑的点数越多,计算出来的平均照度越精确。

计算一条直的无限长的道路上的平均照度,采用利用系数法是可以很方便求得的。其计算公式为：

$$E_{av} = \frac{n\Phi_{s}UNK}{WS} \tag{9.56}$$

式中：Φ_{s}——光源光通量，lm；

n——每盏路灯中的光源数；

K——维护系数；

W——道路宽；

S——路灯的间距；

N——路灯排列方式，单排、交错排列为 $N=1$，双侧排列 $N=2$；

U——路灯利用系数（查利用系数曲线）。

在道路照明中利用系数的定义为：在一盏路灯的照明范围内，确定照到路面上的光通 Φ' 与光源所发出的总光通 Φ 之比。

$$U = \frac{\Phi'}{\Phi} \tag{9.57}$$

在灯具的光度资料中灯具的利用系数曲线用两种方式给出：

①作为横向距离的函数（以灯高 h 为计量单位），横向距离为路灯的纵轴线到道路的两边侧面，如图 9.40 所示。

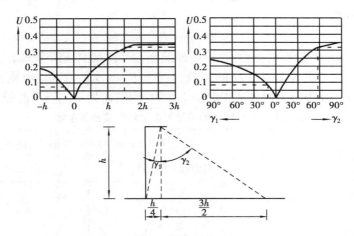

图9.40　利用系数曲线示例

②作为角 γ_1 和 γ_2 的函数，这两个角是路灯对两边侧面的张角（如图 9.40 所示）。

在每种情况下，"近墙侧"的 U 值和"远墙侧"的 U 值加起来必须等于整个路宽的真正利用系数。第一种表达方式对一已知断面的隧道提供一种确定 U 值的简单方法。用第二种表达方式，还能确定不同灯具倾角所对应的利用系数，从而求得较佳的平均照度。

（2）平均照度与平均亮度的换算

能否看清路面及路面上的障碍物，决定于路面及障碍物的亮度。路面的亮度与其反射特性有关。路面的反射特性用亮度系数 q 来表示，这个系数被定义为一点上的亮度与该点上的水平照度之比。

$$q = \frac{L}{E} \tag{9.58}$$

亮度系数取决于观察者和光源相对于路面上所考察点的位置(如图9.41所示),即

$$q = q(\alpha、\beta、\gamma)$$

对于驾驶员,主要观察车前60~160 m这部分隧道路面,此时 α 在 $0.5° \sim 1.5°$ 范围内变化,所以可将 α 假定为一个固定值 $1°$(CIE标值),此时路面亮度系数取决于 $\beta、\gamma$ 两个角度的值。

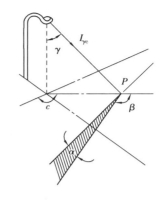

图9.41 决定亮度系数的角度

路面某点亮度可写成:

$$L = q(\beta、\gamma)E(c、\gamma) = \frac{q(\beta、\gamma)I_{\gamma c}}{h^2}\cos^3\gamma \qquad (9.59)$$

式中: $I_{\gamma c}$ ——照明器在 P 点方向的光强;

$q(\beta、\gamma)$ ——路面亮度系数。

所有路灯对 P 点产生的亮度总和即为 P 点的总亮度:

$$L_P = \sum \frac{I_{\gamma c}}{h^2}q(\beta、\gamma)\cos^3\gamma \qquad (9.60)$$

实际上路面亮度及其分布,除照明条件、观测方向外,还与路面色彩的明暗程度、路表面粒度的粗细及其干湿状态等有关,比较复杂,故一般用求其平均亮度的方法计算。路面平均亮度和平均照度可用下式求得:

$$L_r = QE_{av} \qquad (9.61)$$

Q 称为照明设备的综合亮度系数,在照明器配光、配置、观测场所等确定后,在固定的光入射方向和观测方向上, Q 是个定值。 Q 的倒数($1/Q = E_{av}/L_r$)称为平均照度换算系数,CIE有推荐值列于表9.13。其中暗路面如沥青混凝土路面,明路面如水泥石子混凝土路面等。

表9.13 CIE推荐的平均照度平均亮度换算系数

灯具配光类型	为获得 1 cd/m² 亮度所需的平均照度,lx	
	暗路面($\rho < 0.15$)	明路面($\rho > 0.15$)
截光型	24	12
半截光型	18	9
非截光型	15	5

注: ρ ——路面反射比。

(3)隧道照明计算举例

例9.5.2 某隧道基本照明段灯具布置如图9.42所示,灯间纵向距离 $d = 8$ m;隧道内路面宽度 $w = 10.5$ m,灯具安装高度 $h = 5$ m,距边墙 $a = 2.5$ m。采用JTY-61型灯具(250 W高压钠灯),灯具的额定光通量 $\Phi_j = 23\ 750$ lm。灯具水平安装,其等照度曲线如图9.39所示,路面为混凝土路面,试确定:

1)灯具①、②、③对 A 点水平照度和相应亮度;

2)灯具①、②、③、④对 B 点的水平照度和相应亮度。

解 (1)求 A 点的照度与亮度,用逐点法,为简化计算采用等照度曲线

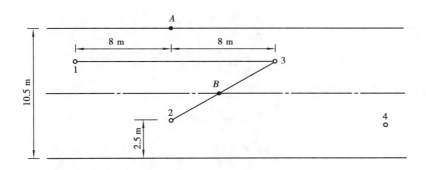

图 9.42　隧道照明计算例题图

1)确定 A 点在等照度曲线上相对与不同灯具的位置

A 点相对与灯①、③的位置

横向

$$\frac{w}{h} = \frac{2.5}{5} = 0.5$$

纵向

$$\frac{s}{h} = \frac{8}{5} = 1.6$$

A 点相对与灯②的位置

横向

$$\frac{w}{h} = \frac{10.5 - 2.5}{3} = 1.6$$

纵向

$$\frac{s}{h} = 0$$

2)确定 A 点照度与亮度

查 JTY-61 点等照度曲线得:

灯①、③在 A 点产生相对的照度

$$e_1 = e_3 = 0.3 \text{ lx}$$

灯②在 A 点产生的相对照度为

$$e_2 = 0.6 \text{ lx}$$

灯①、②、③在 A 点产生的总照度

$$E_A = aK_h \sum e = 22.9 \times 4.0 \times 1.2 \text{ lx} = 109.92 \text{ lx}$$

式中:$a = 33.7/1.37 = 22.9$(见等照度曲线上给出的);

　　K_h——安装高度修正系数。

考虑到光通衰减、灯具污染等因数,其维持照度为:

$$E'_A = 0.7 \times 109.92 \text{ lx} = 76.94 \text{ lx}$$

3)计算点的亮度

利用 $L = E'/13$ 得

$$L_A = \frac{76.94}{13} \text{ nt} = 5.9 \text{ nt}$$

(2)求灯①、②、③、④在 B 点的照度与相应亮度

1)确定 B 点在等照度曲线上相对于不同灯具的位置

B 点相对于灯②、③的位置

横向

$$\frac{w}{h} = \frac{2.75}{3} = 0.55$$

纵向

$$\frac{s}{h} = \frac{4}{5} = 0.8$$

B 点相对于灯①、④的位置

横向

$$\frac{w}{h} = \frac{2.75}{3} = 0.55$$

纵向

$$\frac{s}{h} = \frac{12}{5} = 2.4$$

2)确定 B 点的照度与亮度

查等照度曲线图,得

灯②、③在 B 点的照度

$$e_2 = e_3 = 0.6 \text{ lx}$$

灯①、④在 B 点的照度

$$e_1 = e_4 = 0.2 \text{ lx}$$

灯①、②、③、④在 B 点的总照度

$$E_B = 22.9 \times 4 \times 1.6 \text{ lx} = 146.56 \text{ lx}$$

B 点的维持照度

$$E'_B = 0.7 \times 146.56 \text{ lx} = 102.59 \text{ lx}$$

3)B 点的相应亮度

$$L = E'/13 = \frac{102.59}{13} \text{ nt} = 79 \text{ nt}$$

9.5.11 隧道照明设计的程序与要求

隧道照明设计必须符合隧道设计规范中有关照明的要求,照明电气设计还必须符合电气设计规范(规程)的有关规定。

(1)设计总则

按我国目前的设计程序,多数采用两阶段设计:初步设计和施工图设计。各阶段的设计深度和有关的设计内容、图纸、说明等要求分述如下。

初步设计:

1)初步设计的深度要满足下列要求

①综合各项原始资料经过比选,确定电源、照度、布灯方案、配电方式等初步设计方案,作为编制施工图设计的依据;

②确定主要设备及材料规格和数量作为订货的依据;

③确定工程造价,据此控制工程投资;

④提出与其他工种设计及概算有关系的技术要求(简单工程不需要),作为其他有关工种编制施工图设计的依据。

2)说明书内容

①照明电源、电压、容量、照度选择及配电系统形式的确定原则;

②光源与灯具的选择;

③导线的选择及线路控制方式的确定；

④工作、应急、检修照明控制原则、应急照明电源切换方式的确定。

3）图纸应表达的内容、深度

①照明干线、配电箱、灯具、开关平面布置，并注明区段名称和照度；

②由配电箱引至各灯具和开关的支线。

4）计算书：照度计算、保护配合计算、线路电压损失计算等。

5）主要设备材料表：统计出整个工程的一、二类机电产品（照明器、导线、电缆、配电箱、开关、插座、管材等）和非标准设备的数量及主要材料。

施工图设计：

1）施工图设计深度的要求

①据此编制施工图预算；

②据此安排设备材料和非标准设备的订货或加工；

③据此进行施工和安装。

2）图纸应表达的内容与深度

①照明平面图

A. 配电箱、灯具、开关、插座、线路等平面布置。

B. 线路走向、引入线规格、有功计算容量、电能计算方法。

C. 复杂工程的照明，需绘局部平剖面图。

D. 图纸说明：

a. 电源电压、引入方式；

b. 导线选型和敷设方式；

c. 设备安装高度；

d. 接地或接零；

e. 设备、材料表。

②照明系统图

用单线图绘制、标出配电箱、开关、熔断器、导线型号规格、保护管径和敷设方法，用电设备名称等。

③照明控制图　包括照明控制原理图和特殊照明装置图。

④照明安装图　照明器及线路安装图。

说明书、图纸的内容、深度等根据各工程的特点和实际情况会有所增减，但一般上述每个阶段设计深度要求希望能够达到。

（2）电气图绘制要求

图纸的绘制应按国家现行的制图标准执行，现行标准有：《电气图用图形符号》（GB 4728—85）和《电气制图》（BG 6988—86）。

《电气制图》（GB 6988—86）中规定，如果采用《电气图用图形符号》（BG 4728—85）标准中未规定的图形符号时，必须加以说明。

思 考 题

9.1 汽车在白天进入并通过隧道过程中,司机的视觉会出现哪些问题?

9.2 说明以下常用照明术语的定义、单位:
①光通量 ②光强 ③照度 ④光出射度 ⑤亮度

9.3 说明材料反射系数、透射系数和吸收系数的含义,并说明它们之间的关系。

9.4 简单说明光的几种反射状态。

9.5 什么是明视觉、暗视觉和中介视觉?

9.6 明适应和暗适应有何区别?

9.7 常用照明电光源分几类?各类的常见光源有哪些?

9.8 低压钠灯和高压钠灯各有哪些优点?隧道照明中常用在哪些场合?

9.9 照明器配光曲线的用途是什么?不对称的照明器光强在空间的分布如何表示?

9.10 什么是等光强曲线?

9.11 什么是照明器的保护角?

9.12 选择照明器应考虑哪些因素?

9.13 照明计算的基本方法有哪些?各有什么特点?适合什么场合?

9.14 为什么照度计算中要考虑维护系数?

9.15 影响司机视觉的主要因素有哪些?

9.16 评价道路照明质量的指标有哪些?

9.17 隧道照明区段如何划分,什么是隧道亮度曲线?

9.18 规范中对各照明区段的亮度是如何规定的?

9.19 已知某隧道引入段的平均亮度为 80 cd/m²,水泥路面,试确定引入段的平均照度。

9.20 某工作间长 12 m,宽 8 m,高 6 m,在屋顶中心沿宽度方向装有一只 CDHP—209 型混光照明器(KNG250 + NG250)。不计反射光的影响,维护系数 $K=0.8$,试确定灯下地面、边墙中点地面和四角地面的照度。

第 **10** 章
隧道钻爆施工方法及其基本作业

10.1 概　述

10.1.1 隧道工程特点

隧道施工过程通常包括:在地层中挖出土石,形成符合设计轮廓尺寸的坑道;进行必要的初期支护和砌筑最后的永久衬砌,以控制坑道围岩变形,保证隧道长期地安全使用。

在进行隧道施工时,必须充分考虑隧道工程的特点,才能在保证隧道安全的条件下快速、优质、低价地建成隧道建筑物。隧道工程的特点,可归纳如下:

①整个工程埋设于地下,因此工程地质和水文地质条件对隧道施工的成败起着重要的、甚至是决定性的作用。例如,当年修建穿越阿尔卑斯山的圣哥达隧道时,由于遇到事先未料到的高温(41 ℃)和涌水(660 L/min),给施工带来很多困难,最后延期两年才完成。因此,不仅要在勘测阶段做好详细的地质调查和勘探,尽可能准确地掌握隧道工程范围内的岩层性质、岩体强度、完整程度、地应力场、自稳能力、地下水状态、有害气体和地温状况等资料,并根据这些原始材料,初步选定合适的施工方法,确定相应的施工措施和配套的施工机具。而且,由于地质条件的复杂性和勘探手段的局限性,在施工中出现前所未料的情况仍不可避免。因此,在长大隧道的施工中,还应采取试验导坑(如日本青函隧道)、水平超前钻孔、声波探测、导坑领先等技术措施,进一步查清掘进前方的地质条件,及时掌握变化的情况,以便尽快地修改施工方法和技术措施。

②公路隧道是一个形状扁平的建筑物,正常情况下只有进、出口两个工作面,相对于桥梁、线路工程来说,隧道的施工速度比较慢,工期也比较长,往往使一些长大隧道成为控制新建公路通车的关键工程。为此,需要附加地开挖竖井、斜井、横洞等辅助工程来增加工作面,加快隧道施工速度。此外,隧道断面较小,工作场地狭长,一些施工工序只能顺序作业,而另一些工序又可以沿隧道纵向展开,平行作业。因此,要求施工中加强管理,合理组织,避免相互干扰。洞内设备、管线布置应周密考虑,妥善安排。隧道施工机械应当结构紧凑,坚固耐用。

③地下施工环境较差,甚至在施工中还可能使之恶化,例如爆破产生有害气体等。必须采取有效措施加以改善,如人工通风、照明、防尘、消音、隔音、排水等,使施工场地符合卫生条件,并有足够的照度,以保证施工人员的身体健康,提高劳动生产率。

④公路隧道大多穿越崇山峻岭,因此,施工工地一般都位于偏远的深山狭谷之中,往往远离既有交通线,运输不便,供应困难,这些也是规划隧道工程时应当考虑的问题之一。

⑤公路隧道埋设于地下,一旦建成就难以更改,所以,除了事先必须审慎规划和设计外,施工中还要做到不留后患。

当然,隧道工程也有很多有利的方面,例如,施工可以不受或少受昼夜更替、季节变换、气候变化等自然条件改变的影响,可以竟日终年、稳定地安排施工。

10.1.2 隧道施工应遵循的基本精神和原则

以往人们都认为在地层中开挖坑道必然要引起围岩坍塌掉落,开挖的断面越大,坍塌的范围也越大。因此,传统的隧道结构设计方法是将围岩看成是必然要松弛塌落,而成为作用于支护结构上的荷载。传统的隧道施工方法则是将隧道断面分成为若干小块进行开挖,随挖随用钢材或木材支撑,然后,从上到下,或从下到上砌筑刚性衬砌。这也是和当时的机械设备、建筑材料、技术水平相一致的。

近二十几年来,岩石锚杆、喷射混凝土的机械和岩石力学方面的进展,人们对开挖隧道过程中所出现的围岩变形、松弛、崩塌等现象有了深入的认识,为提出新的、经济的隧道施工方法创造了条件。1963 年,由奥地利学者 L. 腊布兹维奇教授命名为"新奥地利隧道施工法(New Austria Tunnelling Method)",简称"新奥法(NATM)"正式出台。它是以控制爆破或机械开挖为主要掘进手段,以锚杆、喷射混凝土为主要支护方法,理论、量测和经验相结合的一种施工方法。同时,又是一系列指导隧道设计和施工的原则,其中包括:

①因为岩体是隧道结构体系中的主要承载单元,所以在施工中必须充分保护岩体,尽量减少对它的扰动,避免过度破坏岩体的强度。为此,施工中断面分块不宜过多,开挖应当采用光面爆破、预裂爆破或机械掘进。

②为了充分发挥岩体的承载能力,应允许并控制岩体的变形。一方面允许变形,使围岩中能形成承载环;另一方面又必须限制它,使岩体不致过度松弛而丧失或大大降低承载能力。为此,在施工中应采用能与围岩密贴、及时砌筑又能随时加强的柔性支护结构,例如,锚喷支护等。这样就能通过调整支护结构的强度、刚度和参与工作的时间(包括底拱闭合时间)来控制岩体的变形。

③为了改善支护结构的受力性能,施工中应尽快使之闭合,而成为封闭的筒形结构。另外,隧道断面形状要尽可能地圆顺,以避免拐角处的应力集中。

④在施工的各个阶段,应进行现场量测监视,及时提出可靠的、数量足够的量测信息,如坑道周边的位移或收敛、接触应力等,并及时反馈用来指导施工和修改设计。

⑤为了敷设防水层,或为了承受由于锚杆锈蚀,围岩性质恶化、流变、膨胀所引起的后续荷载,采用复合式衬砌。

上述新奥法的基本原则可扼要的概括为:"少扰动、早喷锚、勤量测、紧封闭"。

10.1.3　隧道施工方法及其选择

一个多世纪以来,世界各国的隧道工作者在实践中已经创造出能够适应各种围岩的多种隧道施工方法。习惯上将它们分成为:矿山法、掘进机法、沉管法、顶进法、明挖法等。

矿山法因最早应用于矿石开采而得名,它包括上面已经提到的传统方法和新奥法。由于在这种方法中,多数情况下都需要采用钻眼爆破进行开挖,故又称为钻爆法。有时候为了强调新奥法与传统矿山法的区别,而将新奥法从矿山法中分出另立系统。

掘进机法包括隧道掘进机(Tunnel Boring Machine,简写为 TBM)法和盾构掘进机法。前者应用于岩石地层,后者则主要应用于土质围岩,尤其适用于软土、流沙、淤泥等特殊地层。

沉管法等方法,则是用来修建水底隧道、地下铁道、城市市政隧道等,以及埋深很浅的山岭隧道。

选择施工方案时,要考虑的因素有如下几方面:

①工程的重要性一般由工程的规模、使用上的特殊要求,以及工期的缓急体现出来;

②隧道所处的工程地质和水文地质条件;

③施工技术条件和机械装备状况;

④施工中动力和原材料供应情况;

⑤工程投资与运营后的社会效益和经济效益;

⑥施工安全状况;

⑦有关污染、地面沉降等环境方面的要求和限制。

应该看到隧道施工方法的选择,是一项"模糊"的决策过程,它依赖于有关人员的学识、经验、毅力和创新精神。对于重要工程则需汇集专家们的意见,广泛论证。必要时应当开挖试验洞对理论方案进行实践验证。

从目前我国公路隧道发展趋势来看,在今后很长一段时间内,仍以采用新奥法为主,这也符合世界潮流。所以,本书将着重论述新奥法施工中的有关问题,而概略地介绍传统的矿山法。其他方法一般不用于山岭隧道,因此,此处不作介绍,需要时可参考有关书籍。

10.2　新奥地利隧道施工法

新奥法——奥地利隧道施工法(New Austrian Tunneling Method, NATM),是奥地利隧道工程师腊布希维首先提出的。它是以控制爆破(光面爆破、预裂爆破等)为开挖方法,以喷射混凝土和锚杆作为主要支护手段,通过监测控制围岩的变形,动态修正设计参数和变动施工方法的一种隧道施工法,其核心内容是充分发挥围岩的自承能力。它是在锚喷支护技术的基础上总结和发展起来的。

锚喷支护技术与传统的钢木构件支撑技术相比,不仅仅是手段上的不同,更重要的是工程概念的不同,是人们对隧道及地下工程问题的进一步认识和理解。由于锚喷支护技术的应用和发展,导致隧道及地下工程理论步入到现代理论的新领域,也使隧道及地下工程的设计和施工更符合地下工程实际,即设计理论、施工方法、结构(体系)工作状态(结果)的一致性。因此,新奥法作为一种施工方法,已在世界范围内得到了广泛的应用。本章将重点介绍山岭隧道新奥法施工中的开挖等内容。

10.2.1 新奥法施工程序及基本原则

(1)新奥法施工程序

新奥法施工程序如图 10.1 所示。

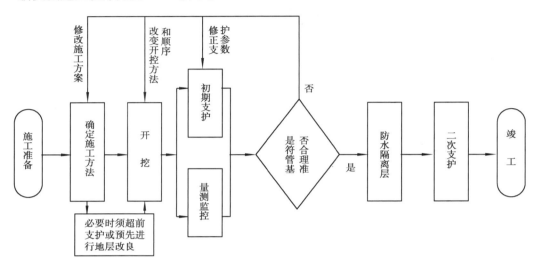

图 10.1 新奥法施工流程图

(2)新奥法施工的基本原则

新奥法施工的基本原则可以归纳为"少扰动,早喷锚,勤量测,紧封闭"。

①少扰动。在进行隧道开挖时,要尽量地减少对围岩的扰动次数、扰动强度、扰动范围和扰动持续时间。因此,要求能用机械开挖的就不用钻爆法的开挖;采用钻爆法开挖时,要严格进行控制爆破;尽量采用大断面开挖;根据围岩类别、开挖方法和支护条件选择合理的循环掘进进尺;自稳性差的围岩,循环掘进进尺应短一些;支护要尽量紧靠开挖面,缩短围岩应力松弛时间。

②早喷锚。开挖后及时施作初期锚喷支护,使围岩的变形进入受控状态。一方面是为了使围岩不致因变形过度而产生坍塌失稳;另一方面是使围岩变形适度发展,以充分发挥围岩的自承能力,必要时可采取超前预支护措施。

③勤量测。以直观、可靠的量测方法和量测数据来准确评价围岩(或围岩加支护)的稳定状态,或判断其动态发展趋势,以便及时调整支护形式和开挖方法,确保施工安全和顺利进行。量测是现代隧道及地下工程理论的重要标志之一,也是掌握围岩动态变化过程的手段和进行工程设计、施工的依据。

④紧封闭。一方面采取喷射混凝土等防护措施,避免围岩因长时间暴露而致使强度和稳定性的衰减,尤其是对于易风化的软弱围岩;另一方面更为重要的是适时对围岩施作封闭支护,这样不仅可以及时阻止围岩变形,而且可以使支护和围岩能进入良好的共同工作状态。

新奥法施工,按其开挖断面的大小及位置,基本上又可分为:全断面法、台阶法、分部开挖法三大类及若干变化方案。

10.2.2　全断面法

按照隧道设计轮廓线一次爆破成型的施工方法称为全断面法。它的施工顺序是：

①用钻孔台车钻眼，然后装药，连接导火线；

②退出钻孔台车，引爆炸药，开挖出整个隧道断面；

③排除危石，安设拱部锚杆和喷第一层混凝土；

④用装渣机将石渣装入出渣车，运出洞外；

⑤安设边墙锚杆和喷混凝土；

⑥必要时可喷拱部第二层混凝土和隧道底部混凝土；

⑦开始下一轮循环；

⑧在初期支护变形稳定后，或按施工组织中规定日期灌注内层衬砌。

全断面法适用于Ⅰ～Ⅲ级岩质较完整的硬岩中。必须具备大型施工机械。隧道长度或施工区段长度不宜太短，否则采用大型机械化施工的经济性差。根据经验，这个长度不应小于1 km。

根据围岩稳定程度亦可以不设锚杆或设短锚杆。也可先出渣，然后再施作初期支护，但一般仍先施作拱部初期支护，以防止应力集中而造成的围岩松动剥落。

全断面法的优点是：工序少，相互干扰少，便于组织施工和管理；工作空间大，便于组织大型机械化施工，因此施工进度高。目前，我国公路隧道一般都能保持月进成洞平均 150 m 左右，高者已接近 300 m/月。

采用全断面法应注意下列问题：摸清开挖面前方的地质情况，随时准备好应急措施（包括改变施工方法等），以确保施工安全；各种施工机械设备务求配套，以充分发挥机械设备的效率；加强各项辅助作业，尤其加强施工通风，保证工作面有足够新鲜空气；加强对施工人员的技术培训，实践证明，施工人员对新奥法基本原理的了解程度和技术熟练状况，直接关系到施工的效果。

10.2.3　台阶法

台阶法中包括长台阶法、短台阶法和超短台阶法等三种，其划分一般是根据台阶长度来决定的，如图 10.2 所示。至于施工中究竟应采用何种台阶法，要根据两个条件来决定：初期支护形成闭合断面的时间要求，围岩越差，闭合时间要求越短；上断面施工所用的开挖、支护、出渣等机械设备对施工场地大小的要求。

在软弱围岩中应以前一条件为主，兼顾后者，确保施工安全。在围岩条件较好时，主要考虑是如何更好地发挥机械效率，保证施工的经济性，故只要考虑后一条件。现将各种台阶法叙述如下：

（1）长台阶法

这种方法是将断面分成上半断面和下半断面两部分进行开挖，上下断面相距较远，一般上台阶超前 50 m 以上或大于 5 倍洞跨。施工时上下都可配属同类机械进行平行作业，当机械不足时也可用一套机械设备交替作业，即在上半断面开挖一个进尺，然后再在下断面开挖一个进尺。当隧道长度较短时，亦可先将上半断面全部挖通后，再进行下半断面施工，即为半断面法。

长台阶法的作业顺序为：

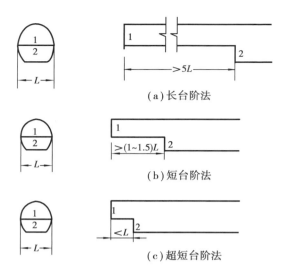

（a）长台阶法

（b）短台阶法

（c）超短台阶法

图 10.2

①对于上半断面。用两臂钻孔台车钻眼、装药爆破,地层较软时亦可用挖掘机开挖。安设锚杆和钢筋网,必要时加设钢支撑、喷射混凝土。用铲斗为 1.6 m^3 的推铲机将石渣推运到台阶下,再由装载机装入车内运至洞外。根据支护结构形成闭合断面的时间要求,必要时在开挖上半断面后,可建筑临时底拱,形成上半断面的临时闭合结构,然后在开挖下半断时再将临时底拱挖掉。但从经济观点来看,最好不这样做,而改用短台阶法。

②对于下半断面。用两臂钻孔台车钻眼、装药爆破,装渣直接运至洞外。安设边墙锚杆（必要时）和喷混凝土,用反铲挖掘机开挖水沟,喷底部混凝土。开挖下半断面时,其炮眼布置方式有两种:平行隧道轴线的水平眼;由上台阶向下钻进的竖直眼,又称插眼,如图 10.3 所示。前一种方式的炮眼主要布置在设计断面轮廓线上,能有效地控制开挖断面。后一种方式的爆破效果较好,但爆破时石渣飞出较远,容易打坏机械设备。

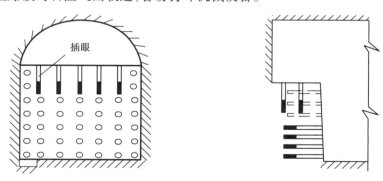

图 10.3

③待初期支护的变形稳定后,或根据施工组织所规定的日期敷设防水层（必要时）和建造内层衬砌。

长台阶法的纵向工序布置和机械配置如图 10.4 所示。

相对于全断面法来说,长台阶法一次开挖的断面和高度都比较小,只需配备中型钻孔台车即可施工,而且对维持开挖面的稳定也十分有利。所以,它的适用范围较全断面法广泛,凡是

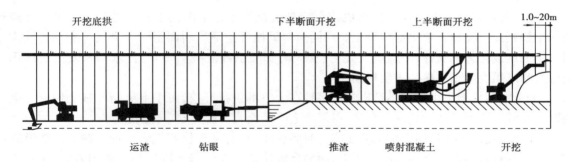

图 10.4

在全断面法中开挖面不能自稳,但围岩坚硬不用底拱封闭断面的情况,都可采用长台阶法。

（2）**短台阶法**

这种方法也是分成上下两个断面进行开挖,只是两个断面相距较近,一般上台阶长度小于 5 倍但大于 1~1.5 倍洞跨,上下断面采用平行作业。

短台阶法的作业顺序和长台阶相同。由于短台阶法可缩短支护结构闭合的时间,改善初期支护的受力条件,有利于控制隧道收敛速度和量值,所以适用范围很广,Ⅱ~Ⅴ级围岩都能采用,尤其适用于Ⅳ、Ⅴ级围岩,是新奥法施工中主要采用的方法之一。

短台阶法的缺点是上台阶出渣时对下半断面施工的干扰较大,不能全部平行作业。为解决这种干扰可采用长皮带机运输上台阶的石渣,或设置由上半断面过渡到下半断面的坡道,将上台阶的石渣直接装车运出。过渡坡道的位置可设在中间,亦可交替地设在两侧。过渡坡道法在断面较大的三车道隧道中尤为适用。

采用短台阶法时应注意下列问题:初期支护全断面闭合要在距开挖面 30 m 以内,或距开挖上半断面开始的 30 天内完成。初期支护变形、下沉显著时,要提前闭合,要研究在保证施工机械正常工作的前提下台阶的最小长度。

（3）**超短台阶法**

这种方法也是分成上下两部分,但上台阶仅超前 3~5 m,只能采用交替作业。

超短台阶法施工作业顺序为(图 10.5):

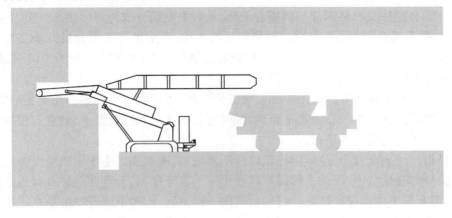

图 10.5

用一台停在台阶下的长臂挖掘机或单臂掘进机开挖上半断面至一个进尺,安设拱部锚杆、钢筋网或钢支撑,喷拱部混凝土。用同一台机械开挖下半断面至一个进尺,安设边墙锚杆、钢筋网或接长钢支撑,喷边墙混凝土(必要时加喷拱部混凝土)。开挖水沟,安设底部钢支撑,喷底拱混凝土,灌注内层衬砌。

如无大型机械也可采用小型机具交替地在上下部进行开挖,由于上半断面施工作业场地狭小,常常需要配置移动式施工台架,以解决上半断面施工机具的布置问题。

由于超短台阶法初期支护全断面闭合时间更短,更有利于控制围岩变形。在城市隧道施工中,能更有效地控制地表沉陷。所以,超短台阶法适用于膨胀性围岩和土质围岩,要求及早闭合断面的场合。当然,也适用于机械化程度不高的各类围岩地段。

超短台阶法的缺点是上下断面相距较近,机械设备集中,作业时相互干扰较大,生产效率较低,施工速度较慢。

采用超短台阶法施工时应注意以下问题:在软弱围岩中施工时,应特别注意开挖工作面的稳定性,必要时可采用辅助施工措施,如向围岩中注浆或打入超前水平小钢管,对开挖面进行预加固或预支护。

最后还应指出,在所有台阶法施工中,开挖下半断面时要求做到以下几点:

①下半断面的开挖(又称落底)应在上半断面初期支护基本稳定后进行,或采用其他有效措施确保初期支护体系的稳定性;采用单侧落底或双侧交错落底,避免上部初期支护两侧同时悬空;又如,视围岩状况严格控制落底长度,一般采用 1 ~ 3 m,并不得大于 6 m。

②下部边墙开挖后必须立即喷射混凝土,并按规定做初期支护。

③量测工作必须及时,以观察拱顶、拱脚和边墙中部位移值,当发现速率增大,应立即进行底(仰)拱封闭,或缩短进尺,加强支护,分割掌子面等。

10.2.4 分部开挖法

分部开挖法可分为三种变化方案:台阶分部开挖法、单侧壁导坑法、双侧壁导坑法,如图 10.6 所示。

(1)台阶分部开挖法

台阶分部开挖法又称环形开挖留核心土法,一般将断面分成为环形拱部(图中的 1、2、3)、上部核心土 4、下部台阶 5 等三部分。根据断面的大小,环形拱部又可分成几块交替开挖。环形开挖进尺为 0.5 ~ 1.0 m,不宜过长。上部核心土和下台阶的距离,一般为 1 倍洞跨。

台阶分部开挖法的施工作业顺序为:

用人工或单臂掘进机开挖环形拱部。架立钢支撑、喷混凝土。在拱部初期支护保护下,用挖掘机或单臂掘进机开挖核心土和下台阶,随时接长钢支撑和喷混凝土、封底。根据初期支护变形情况或施工安排建造内层衬砌。

由于拱形开挖高度较小,或地层松软锚杆不易成型,所以施工中不设或少设锚杆。

在台阶分部开挖法中,因为上部留有核心土支挡着开挖面,而且能迅速及时地建造拱部初期支护,所以开挖工作面稳定性好。它和台阶法一样,核心土和下部开挖都是在拱部初期支护保护下进行的,施工安全性好。这种方法适用于一般土质或易坍塌的软弱围岩中。

台阶分部开挖法的主要优点是:与超短台阶法相比,台阶长度可以加长,减少上下台阶施工干扰;而与下述的侧壁导坑法相比,施工机械化程度较高,施工速度可加快。

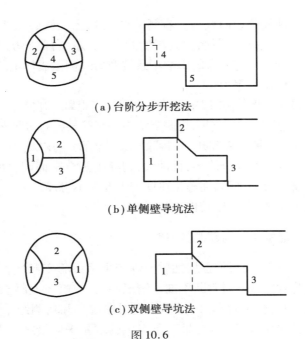

(a) 台阶分步开挖法

(b) 单侧壁导坑法

(c) 双侧壁导坑法

图 10.6

采用台阶分部开挖时应注意下列问题:虽然核心土增强了开挖面的稳定,但开挖中围岩要经受多次扰动,而且断面分块多,支护结构形成全断面封闭的时间长,这些都有可能使围岩变形增大。因此,它常要结合辅助施工措施对开挖工作面及其前方岩体进行预支护或预加固。

(2) 单侧壁导坑法

这种方法一般是将断面分成三块:侧壁导坑 1、上台阶 2、下台阶 3。侧壁导坑尺寸应本着充分利用台阶的支护作用,并考虑机械设备和施工条件而定。一般侧壁导坑宽度不宜超过0.5倍洞宽,高度以到起拱线为宜,这样,导坑可分二次开挖和支护,不需要架设工作平台,人工架立钢支撑也较方便。导坑与台阶的距离没有硬性规定,但一般应以导坑施工和台阶施工不发生干扰为原则,所以在短隧道中可先挖通导坑,而后再开挖台阶。上、下台阶的距离则视围岩情况参照短台阶法或超短台阶法拟定。

单侧壁导坑法的施工作业顺序为:

①开挖侧壁导坑,并进行初期支护(锚杆加钢筋网,或锚杆加钢支撑,或钢支撑,喷射混凝土),应尽快使导坑的初期支护闭合;

②开挖上台阶,进行拱部初期支护,使其一侧支承在导坑的初期支护上,另一侧支承在下台阶上;

③开挖下台阶,进行另一侧边墙的初期支护,并尽快建造底部初期支护,使全断面闭合;

④拆除导坑临空部分的初期支护;

⑤建造内层衬砌。

单侧壁导坑法是将断面横向分成三块或四块,每步开挖的宽度较小,而且封闭型的导坑初期支护承载能力大,所以,单侧壁导坑法适用于断面跨度大,地表沉陷难于控制的软弱松散围岩中。

(3) 双侧壁导坑法(又称眼镜工法)

当隧道跨度很大,地表沉陷要求严格,围岩条件特别差,单侧壁导坑法难以控制围岩变形时,可采用双侧壁导坑法。现场实测表明,双侧壁导坑法所引起的地表沉陷仅为短台阶法的1/2左右。

235

这种方法一般是将断面分成四块:左、右侧壁导坑 1、上部核心土 2、下台阶 3。导坑尺寸拟定的原则同前,但宽度不宜超过断面最大跨度的 1/3。左、右侧导坑错开的距离,应根据开挖一侧导坑所引起的围岩应力重分布的影响不致波及另一侧已成导坑的原则确定。

双侧壁导坑法施工作业顺序为:

开挖一侧导坑,并及时地将其初期支护闭合。相隔适当距离后开挖另一侧导坑,并建造初期支护。开挖上部核心土,建造拱部初期支护,拱脚支承在两侧壁导坑的初期支护上。开挖下台阶,建造底部的初期支护,使初期支护全断面闭合。拆除导坑临空部分的初期支护。建造内层衬砌。

双侧壁导坑法虽然开挖断面分块多,扰动大,初期支护全断面闭合的时间长,但每个分块都是在开挖后立即各自闭合的,所以在施工中间变形几乎不发展。

双侧壁导坑法施工安全,但速度较慢,成本较高。

10.2.5 施工中可能发生的问题及其对策

新奥法施工的基本原则,是根据围岩性质允许产生适量的变形,但又不使围岩松动塌落。在设计、施工过程中,若对围岩性质判断不准或情况不明,或喷射混凝土、打锚杆、立钢支撑时间和方法有误,围岩松动就会超过预计。此时,应根据观察和量测结果找出原因,进行改正。但是,很多场合不能明确原因,因此只能针对所发生的现象采取措施。根据实践经验,将新奥法中经常出现的一些异常现象及应采取的措施列于表 10.1 中,其中,措施 A 指进行比较简单的改变就可解决问题的措施;措施 B 指包括需要改变支护方法等比较大的变动才能解决问题的措施。当然,表中只列出大致的对策标准,优先用哪种措施,要视各个隧道的围岩条件、施工方法、变形状态综合判断。

表 10.1 施工中的现象及其处理措施

	施工中的现象	措施 A	措施 B
开挖面及其附近	正面变得不稳定	①缩短一次掘进长度 ②开挖时保留核心土 ③向正面喷射混凝土 ④用插板或并排钢管打入地层进行预支护	①缩小开挖断面 ②在正面打锚杆 ③采取辅助施工措施对地层进行预加固
	开挖面顶部掉块增大	①缩短开挖时间及提前喷射混凝土 ②采用插板或并排钢管 ③缩短一次开挖长度 ④开挖面暂时分部施工	①加钢支撑 ②预加固地层
	开挖面出现涌水或者涌水量增大	①加速混凝土硬化(增加速凝剂等) ②喷射混凝土前作好排水 ③加挂网格密的钢筋网 ④设排水片	①采取排水方法(如排水钻孔、井点降水等) ②预加固围岩
	地基承载力不足,下沉增大	①注意开挖,不要损害地基围岩 ②加厚底脚处喷混凝土,增加支撑面积	①增加锚杆 ②缩短台阶长度,及早闭合支护环 ③用喷混凝土做临时底拱 ④预加固地层
	产生底鼓	及早喷射底拱混凝土	①在底拱处打锚杆 ②缩短台阶长度,及早闭合支护环

续表

	施工中的现象	措施 A	措施 B
喷混凝土	喷混凝土层脱离甚至塌落	①开挖后尽快喷射混凝土 ②加钢筋网 ③解除涌水压力 ④加厚喷层	打锚杆或增加锚杆
	喷混凝土层中应力增大,产生裂缝和剪切破坏	①加钢筋网 ②在喷混凝土层中增设纵向伸缩缝	①增加锚杆(用比原来长的锚杆) ②加入钢支撑
锚杆	锚杆轴力增大,垫板松弛或锚杆断裂		①增强锚杆(加长) ②采用承载力大的锚杆 ③为增大锚杆的变形能力,在垫锚板间夹入弹簧垫圈等
钢支撑	钢支撑中应力增大,产生屈服	松开接头处螺栓,凿开喷混凝土层,使之可自由伸缩	①增强锚杆 ②采用可伸缩的钢支撑,在喷混凝土层中设纵向伸缩缝
	净空位移增大,位移速度变快	①缩短从开挖到支扩的时间 ②提前打锚杆 ③缩短台阶、底拱一次开挖的长度 ④当喷混凝土开裂时,设纵向伸缩缝	①增强锚杆 ②缩短台阶长度,提前闭合支护环 ③在锚杆垫板间夹入弹簧垫圈等 ④采用超短台阶法,或在上半断面建造临时底拱

10.3　传统的矿山法

在传统的矿山法中,历史上形成的变化方案很多,其中也包括:全断面法、台阶法、侧壁导坑法等。它与新奥法的根本区别,除了施工原理不同外,在具体作业上还有:传统的矿山法中不强调采用锚喷支护,而大量采用钢、木支撑;不强调要及早闭合支护环;很少采用复合式衬砌,而是大量采用刚度较大的单层衬砌;不进行施工量测等。近年来,由于施工机械的发展,以及传统矿山法明显的不符合岩石力学的基本原理和不经济,已逐渐由新奥法所取代。只有在一些缺少大型机械的中、短隧道中,或不熟悉新奥法的施工单位还采用传统的矿山法。本书只简单地介绍一二种典型的、并具有中国特色的、现在仍可能采用的传统矿山法。

10.3.1　漏斗棚架法

漏斗棚架法的全名称为下导坑漏斗棚架法,也称下导坑先墙后拱法。它是硬岩层中修筑隧道的一种基本的传统方法,也是我国 20 世纪 80 年代前修筑公路、铁路隧道采用得最广泛的方法之一。

此法的基本施工程序(图 10.7)是:首先开挖下导坑①,在下导坑开挖面后 30 ~ 50 m 处,开始架设"漏斗棚架",然后在漏斗棚架上方开挖②、③部("挑顶")和④部("扩大")。它们的间距以互不干扰为原则,一般可采用 15 ~ 20 m。挑顶和扩大爆下的石渣直接堆放在棚架上,并通过漏斗口向下装入矿车内运出洞外。石渣装完后即可拆除棚架,开挖⑤("刷帮")和⑥边墙、水沟。此时整个隧道开挖完毕。在一定的安全距离(10～20 m)外灌注边墙Ⅶ和拱圈Ⅷ混凝土。最后铺底砌水沟。

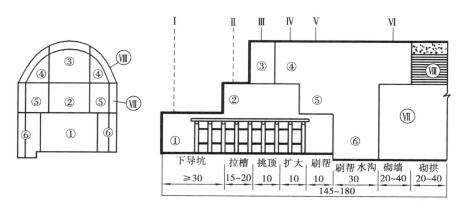

图 10.7

下导坑的形状一般为梯形,坚硬围岩中也可用矩形。其宽度 2.8～3.0 m(铺单运输线)或 3.8～4.4 m(铺双运输线),高度视装渣机装载高度而定,一般为 2.8～3.0 m,如图 10.8 所示。在中长隧道中为运输畅通多采用双线导坑。

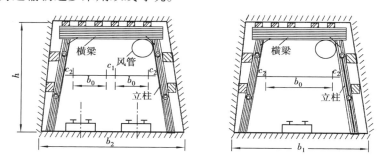

图 10.8

漏斗棚架的结构构造如图 10.9 所示。

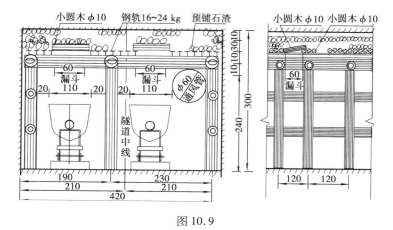

图 10.9

采用漏斗棚架法施工时应注意如下问题:下导坑开挖是领先工序,它的开挖速度直接影响整个隧道的施工进度,因此,要千方百计予以保证。漏斗棚架是卸、装渣的关键结构,必须具有足够的强度和刚度以承受爆破时石渣的冲击作用。挑顶时如发现拱顶有坍塌的预兆,应立即用圆木支顶住。

漏斗棚架法施工的优点:便于人力、小型机具开挖;挑顶、扩大的石渣通过漏斗棚架装车,效率高,节省人力和机械;工作面多,可以安排较多的人力和机具进行平行作业,加快施工进度。

漏斗棚架法的缺点:设置棚架需消耗大量木材和钢材;断面分块多,对围岩扰动大,而且拱顶围岩暴露过长,所以,只适用于Ⅰ~Ⅲ级围岩;工作面多虽可平行作业,但相互干扰大,尤其刷帮开挖容易损坏风、水管、电力线和堵塞运输。

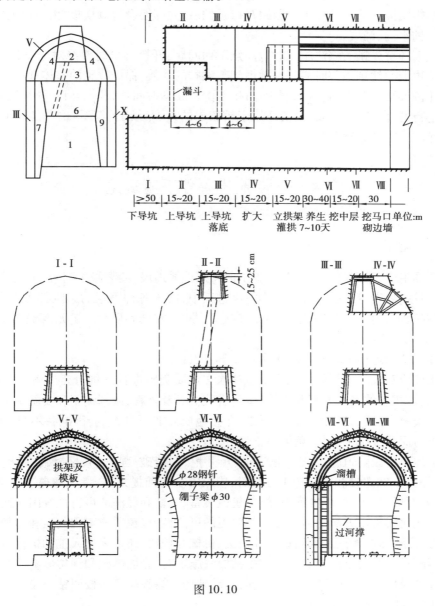

图 10.10

239

10.3.2　上下导坑先拱后墙法

上下导坑先拱后墙法,又称拱圈支承法,是软地层中修筑隧道的一种基本的传统方法,也是我国以往修筑隧道采用得最广泛的方法之一。

此法的基本施工程序是:首先开挖下导坑①,并尽快架设木支撑。在下导坑开挖面后30～50 m处开挖上导坑②和架设木支撑。上下导坑间开挖漏斗(如图10.10中虚线所示),以便于上断面出渣。距上导坑15～20 m,进行上导坑落底开挖③,然后由上导坑向两侧开挖④(扩大),边开挖边架设扇形支撑。在扇形支撑之间立拱架模板,灌注拱圈混凝土Ⅴ,边灌注边顶替、拆除扇形支撑。开挖中层⑥(落底),左右错开,纵向跳跃开挖马口⑦、⑨,每个马口的纵向长度一般取拱圈灌注节长的一半。紧跟马口开挖后,立即架设边墙模板,由下而上灌注边墙混凝土Ⅷ、Ⅹ,挖水沟、铺底。

采用上下导坑先拱后墙法施工时应注意下列问题:开挖马口时要绝对避免拱圈两侧拱脚同时悬空,边墙灌注到顶部时要仔细地做到与拱脚的连接,保证衬砌的整体性。

与漏斗棚架法比起来,它有如下优点,拱部围岩暴露时间短,开挖马口、灌注边墙都是在拱圈保护下进行的,因此,施工安全,能适用于较软弱的Ⅳ、Ⅴ级围岩。其缺点是衬砌整体性差,开挖两个导坑成本高、速度慢。

10.4　不良地质条件下隧道施工

10.4.1　概述

在修建隧道中,常遇到一些不利于施工的特殊地质地段,如膨胀土围岩、黄土、溶洞、断层、松散地层、流沙、岩爆等,在开挖、支护和衬砌过程中,由于各种因素的影响都可能发生土石坍塌,坑道支撑变形,衬砌结构断裂,严重影响施工进度、安全和质量。隧道穿越含有瓦斯的地层,更严重地威胁着施工安全。

隧道通过特殊地质地段施工时应注意以下几点:

①施工前应对设计所提供的工程地质和水文地质资料进行详细分析了解,深入细致地作施工调查,制订相应的施工方案和措施,备足有关机具及材料,认真编制和实施施工组织设计,使工程达到安全、优质、高效的目的。反之,即便地质并非不良,也会因准备不足,施工方法不当或措施不力而导致施工事故,延误施工进度。

②特殊地质地段隧道施工,以"先治水、短开挖、弱爆破、强支护、早衬砌、勤检查、稳步前进"为指导原则。在选择和确定施工方案时,应以安全为前提,综合考虑隧道工程地质及水文地质条件、断面形式、尺寸、埋置深度、施工机械装备、工期和经济的可行性等因素而定。同时,应考虑围岩变化时施工方法的适应性及其变更的可能性,以免造成工程失误和增加投资。

③隧道开挖方式,无论是采用钻爆开挖法、机械开挖法,还是采用人工和机械混合开挖法,应视地质、环境、安全等条件来确定。如用钻爆法施工时,光面爆破和预裂爆破技术,既能使开挖轮廓线符合设计要求,又能减少对围岩的扰动破坏。爆破应严格按照钻爆设计进行施工,如遇地质变化应及时修改完善设计。

　　④隧道通过自稳时间短的软弱破碎岩体、浅埋软岩和严重偏压、岩溶流泥地段、砂层、砂卵（砾）石层、断层破碎带以及大面积淋水或涌水地段时,为保证洞体稳定可采用超前锚杆、超前小钢管、管棚、地表预加固地层和围岩预注浆等辅助施工措施,对地层进行预加固、超前支护或止水。

　　⑤为了掌握施工中围岩和支护的力学动态及稳定程度,以及确定施工工序,保证施工安全,应实施现场监控量测,充分利用监控量测指导施工。对软岩浅埋隧道须进行地表下沉观测,这对及时预报洞体稳定状态,修正施工方案都十分重要。

　　⑥穿过未胶结松散地层和严寒地区的冻胀地层,施工时应采取相应的措施外,均可采用锚喷支护施工。爆破后如开挖工作面有坍塌可能时,应在清除危石后及时喷射混凝土护面。如围岩自稳性很差,开挖难以成形,可沿设计开挖轮廓线预打设超前锚杆。锚喷支护后仍不能提供足够的支护能力时,应及早装设钢架支撑加强支护。

　　⑦当采用构件支撑做临时支护时,支撑要有足够的强度和刚度,能承受开挖后的围岩压力。围岩出现底部压力,产生底鼓现象或可能产生沉陷时应加设底梁。当围岩极为松软破碎时,应采用先护后挖,暴露面应用支撑封闭严密。根据现场条件,可结合管棚或超前锚杆等支护,形成联合支护。支撑作业应迅速、及时,以充分发挥构件支撑的作用。

　　⑧围岩压力过大,支撑受力下沉侵入衬砌设计断面,必须挑顶(即将隧道顶部提高)时,其处理方法是:拱部扩挖前发现顶部下沉,应先挑顶后扩挖。当扩挖后发现顶部下沉,应立好拱架和模板先灌筑满足设计断面部分的拱圈,待混凝土达到所需强度并加强拱架支撑后,再行挑顶灌筑其余部分。挑顶作业宜先护后挖。

　　⑨对于极松散的未固结围岩和自稳性极差的围岩,当采用先护后挖法仍不能开挖成形时,宜采用压注水泥砂浆或化学浆液的方法,以固结围岩,提高其自稳性。

　　⑩特殊地质地段隧道衬砌,为防止围岩松弛,地压力作用在衬砌结构上,致使衬砌出现开裂、下沉等不良现象。因此,采用模筑衬砌施工时,除遵守隧道施工技术规范的有关规定施工外,还应注意:当拱脚、墙基松软时,灌筑混凝土前应采取措施加固基底。衬砌混凝土应采用高标号或早强水泥,提高混凝土等级,或采用掺速凝剂、早强剂等措施,提高衬砌的早期承载能力。仰拱施工,应在边墙完成后抓紧进行,或根据需要在初期支护完成后立即施作仰拱,使衬砌结构尽早封闭,构成环形改善受力状态,以确保衬砌结构的长期稳定坚固。

10.4.2　膨胀土围岩

　　膨胀土系指土中黏土矿物成分主要由亲水性矿物组成,同时具有吸水显著膨胀软化和失水收缩硬裂两种特性,且具有湿胀干缩往复变形的高塑性黏性土,决定膨胀性的亲水矿物主要是蒙脱石黏土矿物。

(1)膨胀土围岩的特性

　　穿过膨胀土地层的隧道,常常可以见到开挖后不久围岩因开挖而产生变形,或者因浸水而膨胀,或因风化而开裂等现象。使坑道的顶部及两侧向内挤入,底部膨起,随着时间的增长导致围岩失稳,支撑、衬砌变形和破坏。这些现象说明膨胀土围岩性质是极其复杂的。它与一般土质的围岩性质有着根本的区别。

　　膨胀土围岩的基本特性,主要有以下三方面:

　　①膨胀土围岩大多具有原始地层的超固结特性,使土体中储存有较高的初始应力。当隧

道开挖后,引起围岩应力释放,强度降低,产生卸荷膨胀。因此,膨胀土围岩常常具有明显的塑性流变特性,开挖后将产生较大的塑性变形。

②膨胀土中有各种形态发育的裂隙,形成土体的多裂隙性。膨胀土围岩实际上是土块与各种裂隙和结构面相互组合形成的膨胀土体。由于膨胀土体在原始状态下具有高强度特性,隧道开挖后洞壁土体失去边界支撑而产生胀缩,同时因风干脱水使原生隐裂隙张弛,使围岩强度急剧衰减。因此,隧道施工开挖过程中,常有初期围岩变形大,发展速度快等现象。

③膨胀土围岩因吸水而膨胀,失水而收缩,土体中干湿循环产生胀缩效应。一是使主体结构破坏,强度衰减或丧失,围岩压力增大。二是造成围岩应力变化,无论膨胀压力或收缩压力,都将破坏围岩的稳定性,特别是膨胀压力将对增大围岩压力起叠加作用。

(2)膨胀土围岩对隧道施工的危害

由于膨胀土围岩具有上述基本特征,施工中常见下列几种情况,简述如下:

1)围岩裂缝

隧道开挖后,由于开挖面上主体原始应力释放产生胀裂;另外,因为表层土体风干而脱水,产生收缩裂缝。同时,两种因素都可以使土中原生隐裂隙张开扩大。沿围岩周边产生裂缝,尤其在拱部围岩容易产生张拉裂缝与上述裂缝贯通,形成局部变形区。

2)坑道下沉

由于坑道下部膨胀土体的承载力较低,加之上部围岩压力过大,而产生坑道下沉变形。坑道的下沉,往往造成支撑变形、失效,进而引起主体坍塌等现象。

3)围岩膨胀突出和坍塌

膨胀土开挖过程中或开挖后,围岩产生膨胀土变形,周边土体向洞内膨胀突出,开挖断面缩小。在土体丧失支撑或支撑力不够的状态下,由于围岩压力和膨胀压力的综合作用,使土体产生局部破坏,由裂缝发展到出现溜塌,然后逐渐牵引周围土体连续破坏,形成坍塌。

4)底膨

隧道底部开挖后,洞底围岩的上部压力解除,又无支护体约束的条件下,由于应力释放,洞底围岩产生卸荷膨胀,加之坑道积水,使洞底围岩产生浸水膨胀,因而造成洞底围岩膨出变形。

5)衬砌变形和破坏

在先拱后墙法施工中,拱部衬砌完成后至开挖马口的这段时间,由于围岩和膨胀压力,常常产生拱脚内移,同时发生不均匀下沉,拱脚支撑受力大,发生扭曲、变形或折断。拱顶受挤压下沉,也有向上凸起。拱顶外缘经常出现纵向贯通拉裂缝,而拱顶内缘出现挤裂、脱皮、掉块现象。在拱腰部位出现纵向裂缝,这些裂缝有时可发展到张开、错台。当采用直墙时,边墙常受膨胀侧压而开裂,甚至张开、错台,少数曲墙也有出现水平裂缝的情况。当底部未做仰拱或仅做一般铺底时,有时会出现底部膨起,铺底被破坏。

(3)膨胀土围岩的隧道施工要点

1)加强调查、量测围岩的压力和流变

在膨胀土地层中开挖隧道,除了认真实施设计文件所提出的技术要求外,在施工过程中应对围岩压力及其流变情况进行充分的调查和量测,分析其变化规律。对地下水亦应探明分布范围及规律,了解水对施工的影响程度,以便根据围岩动态采取相应的施工措施。如原设计难以适应围岩动态情况,也可据此作适当修正。

2)合理选择施工方法

膨胀土隧道围岩压力的施工效应,是导致隧道变形病害的主要原因。采用合理的施工方法,对隧道的稳定性有着十分重要的作用。因此,在施工中应以尽量减少对围岩产生扰动和防止水的浸湿为原则,所以宜采用无爆破掘进法,如采用掘进机、风镐、液压镐等开挖。在开挖过程中尽可能缩短围岩暴露时间,并及时衬砌,以尽快恢复洞壁因土体开挖而解除的部分围岩应力,减少围岩膨胀变形。开挖方法宜不分部或少分部,多采用正台阶法、侧壁导坑法和"眼镜法"。正台阶法适用于跨度小的隧道,它分部少,相互干扰小,且能较早地使支护(衬砌)闭合。侧壁导坑法和"眼镜法"较适用于跨度较大的隧道,它具有防止上半断面支护(衬砌)下沉的优点,但全断面闭合时间较迟,必须注意防止边墙混凝土受压向隧道内挤。

3)防止围岩湿度变化

隧道开挖后,膨胀土围岩风干脱水或浸水,都将引起围岩体积变化,产生胀缩效应。因此,隧道开挖后及时喷射混凝土,封闭和支护围岩。在有地下水渗流的隧道,应采取切断水源并加强洞壁与坑道防、排水措施,防止施工积水对围岩的浸湿等。如局部渗流,可采用注浆堵水阻止地下水进入坑道或浸湿围岩。

4)合理进行围岩支护

膨胀土围岩支护必须适应围岩的膨胀特性。在施工时应注意以下两点:

①喷锚支护,稳定围岩。喷锚支护作为开挖膨胀土围岩的施工支护,可以加强围岩的自承能力,允许有一定的变形而又不失稳。采用喷锚支护,应紧跟开挖,必要时在喷射混凝土的同时采用钢筋网。也可采用钢纤维混凝土提高喷层的抗拉和抗剪能力。当膨胀压力很大时,可用锚喷及钢架或格栅联合支护,在隧道底部打设锚杆,也可以在隧道顶部打入超前锚杆或小导管支护。膨胀土围岩隧道的支护,尽可能使其在开挖面周壁上迅速闭合。如果是台阶开挖,可在上半部开挖后尽快作出半部闭合,使围岩尽早受到约束。总之,不论采用哪一种类型的支护,都必须根据工程实际情况及围岩变形状态而定。

②衬砌结构及早闭合。膨胀土围岩隧道开挖后,围岩向内挤压变形一般是在四周同时发生,所以施工时要求隧道衬砌及早封闭。从理论上讲,拱部、边墙及仰拱宜整体完成,衬砌受力条件最好,但受施工条件的限制往往难以实现。因此,在灌筑拱圈部分时,应在上台阶的底部先设置临时混凝土仰拱或喷射混凝土做临时仰拱,以使拱圈在边墙、仰拱未完成前,自身形成临时封闭结构。当进行下部台阶施工时,再拆除临时仰拱,并尽快灌筑永久性仰拱。

10.4.3　黄土

黄土是在干燥气候条件下形成的一种具有褐黄、灰黄或黄褐等颜色,并有针状大孔、垂直节理发育的特殊性土。黄土在我国分布较广。黄河中游的河南西部、山西南部、陕西和甘肃的大部分地区为我国黄土和湿陷性黄土的主要分布区。这些地区的黄土分布厚度大、地层全而连续,发育亦较典型。

(1)黄土对隧道施工的影响

1)黄土节理

在红棕色或深褐色的古土壤黄土层,常具有各个方向的构造节理,有的原生节理呈 X 型,成对出现,并有一定延续性。在隧道开挖时,土体容易顺着节理张松或剪断。如果这种地层位于坑道顶部,则极易产生"塌顶"。如果位于侧壁,则普遍出现侧壁掉土,若施工时处理不当,常会引起较大的坍塌。

2）黄土冲沟地段

隧道在黄土冲沟或塘边地段施工时，当隧道在较长的范围内沿着冲沟或塬边平行走向，而覆盖较薄或偏压很大的情况下，容易发生较大的坍塌或滑坡现象。

3）黄土溶洞与陷穴

黄土溶洞与陷穴，是黄土地区经常见到的不良地质现象，隧道若修建在其上方，则有基础下沉的危害。隧道若修建在其下方，常有发生冒顶的危险。隧道若修建在其邻侧，则有可能承受偏压。

4）水对黄土隧道施工的影响

在含有地下水的黄土层中修建隧道，由于黄土在干燥时很坚固，承压力也较高，施工可顺利进行。当其受水浸湿后，呈不同程度的湿陷后，会突然发生下沉现象，使开挖后的围岩迅速丧失自稳能力，如果支护措施满足不了变化后的情况，极容易造成坍塌。

施工中洞内排水不良，洞内道路会形成泥泞难行，不论是无轨还是有轨运输都会给道路的维护、机械的使用与保养、隧道的铺底或仰拱施工作业等方面带来很大的困难。

（2）黄土隧道的施工方法

①黄土隧道施工，应做好黄土中构造节理的产状与分布状况的调查。对因构造节理切割而形成的不稳定部位，在施工时应加强支护措施，防止坍塌，以策安全施工。

②施工中应遵循"短开挖、少扰动、强支护、实回填、严治水、勤量测"的施工原则，紧凑施工工序，精心组织施工。

③开挖方法宜采用短台阶法或分部开挖法（留核心法），初期支护应紧跟开挖面施作。

④黄土围岩开挖后暴露时间过长，围岩周壁风化至内部，围岩体松弛加快，进而发生坍方。因此，宜采用复合式衬砌，开挖后以喷射混凝土、锚杆、钢筋网和钢支撑作初期支护，以形成严密的支护体系。必要时可采用超前锚杆、管棚支撑加固围岩。在初期支护基本稳定后，进行永久支护衬砌。衬砌背后回填要密实，尤其是拱顶回填。

⑤做好洞顶、洞门及洞口的防排水系统工程，并妥善处理好陷穴、裂缝，以免地面积水浸蚀洞体周围，造成土体坍塌。在含有地下水的黄土层中施工时，洞内应施作良好的排水设施。水量较大时，应采用井点降水等法将地下水位降至隧道衬砌底部以下，以改善施工条件加快施工速度。在干燥无水的黄土层中施工，应管理好施工用水，不使废水漫流。

（3）黄土隧道施工的注意事项

①施工中如发现工作面有失稳现象，应及时用喷射混凝土封闭、加设锚杆、架立钢支撑等加强支护。

试验表明，在黄土隧道中喷射混凝土和砂浆锚杆作为施工临时支护效果良好。

②施工时特别注意拱脚与墙脚处断面，如超挖过大，应用浆砌片石回填。如发现该处主体承载力不够，应立即采取相应措施进行加固。

③黄土隧道施工，宜先作仰拱，如果不能先作仰拱时，可在开挖与灌筑仰拱前，为防止边墙向内位移，应加设横撑。

④施工中如发现不安全因素时，应暂停开挖，加强临时支护，以便采取适应性的工序安排。

10.4.4　溶洞

溶洞是以岩溶水的溶蚀作用为主,间有潜蚀和机械塌陷作用而造成的基本水平方向延伸的通道。溶洞是岩溶现象的一种。

岩溶是指可溶性岩层,如石灰岩、白云岩、白云质灰岩、石膏、岩盐等,受水的化学和机械作用产生沟槽、裂缝和空洞以及由于空洞的顶部塌落使地表产生陷穴、洼地等类现象和作用。我国石灰岩分布极广,常会遇到溶洞。因此,在这些地区修建隧道,必须予以注意。

(1)溶洞的类型及对隧道施工的影响

溶洞一般有死、活、干、湿、大、小几种。死、干、小的溶洞比较容易处理,而活、湿、大的溶洞,处理方法则较为复杂。

当隧道穿过可溶性岩层时,有的溶洞岩质破碎,容易发生坍塌。有的溶洞位于隧道底部,充填物松软且深,使隧道基底难于处理。有时遇到填满饱含水分的充填物溶槽,当坑道掘进至其边缘时,含水充填物不断涌入坑道,难以遏止,甚至使地表开裂下沉,山体压力剧增。有时遇到大的水囊或暗河,岩溶水或泥沙夹水大量涌入隧道。有的溶洞、暗河迂回交错、分支错综复杂、范围宽广,处理十分困难。

(2)隧道遇到溶洞的处理措施

①隧道通过岩溶区,应查明溶洞分布范围和类型,岩层的完整稳定程度、填充物和地下水情况,据以确定施工方法。对尚在发育或穿越暗河水囊等地质条件复杂的岩溶区,应查明情况审慎选定施工方案。对有可能发生突然大量涌水、流石流泥、崩坍落石等,必须事先制定措施,确保施工安全。

②隧道穿过岩溶区,如岩层比较完整、稳定,溶洞已停止发育,有比较坚实的填充,且地下水量小,可采用探孔或物探等方法,探明地质情况,如有变化便于采取相应的措施。如溶洞尚在发育或穿越暗河水囊等岩溶区时,则必须探明地下水量大小、水流方向等,先要解决施工中的排水问题,一般可采用平行导坑的施工方案,以超前钻探方法,向前掘进。当出现大量涌水、流石流泥、崩坍落石等情况时,平导可作为泄水通道,正洞堵塞时也可利用平导在前方开辟掘进工作面,不致正洞停工。

③岩溶地段隧道常用处理溶洞的方法,有"引、堵、越、绕"四种。

A.引

遇到暗河或溶洞有水流时,宜排不宜堵。应在查明水源流向及其与隧道位置的关系后,用暗管、涵洞、小桥等设施渲泄水流或开凿泄水洞将水排除洞外,如图 10.11 所示。当岩溶水流的位置在隧道顶部或高于隧道顶部时,应在适当距离处,开凿引水斜洞(或引水槽)将水位降低到隧底标高以下,再行引排。当隧道设有平行导坑时,可将水引入平行导坑排出。

B.堵

对已停止发育、跨径较小,无水的溶洞,可根据其与隧道相交的位置及其充填

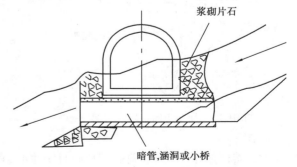

图 10.11　桥涵渲泄水流示意图

情况,采用混凝土、浆砌片石或干砌片石予以回填封闭;或加深边墙基础,加固隧道底部,如图 10.12 所示。当隧道拱顶部有空溶洞时,可视溶洞的岩石破碎程度在溶洞顶部采用锚杆或锚喷网加固,必要时可考虑注浆加固并加设隧道护拱及拱顶回填进行处理,如图 10.13 所示。

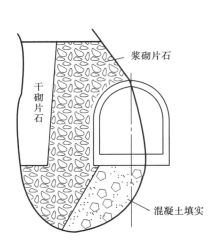

图 10.12　溶洞堵填示意图

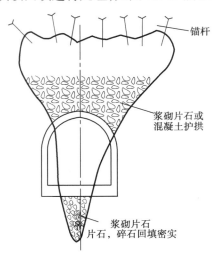

图 10.13　喷铺加固与护拱示意图

C. 越

当隧道一侧遇到狭长而较深的溶洞,可加深该侧的边墙基础通过,如图 10.14 所示。隧道底部遇有较大溶洞并有流水时,可在隧道底部以下砌筑圬工支墙,支承隧道结构,并在支墙内套设涵管引排溶洞水,如图 10.15 所示。隧道边墙部位遇到较大、较深的溶洞,不宜加深边墙基础时,可在边墙部位或隧底以下筑拱跨过,如图 10.16 所示。当隧道中部及底部遇有深狭的溶洞时,可加强两边墙基础,并根据情况设置桥台架梁通过,如图 10.17 所示。隧道穿过大溶洞,情况较为复杂时,可根据情况,采用边墙梁、行车梁等,由设计单位负责特殊设计后施工。

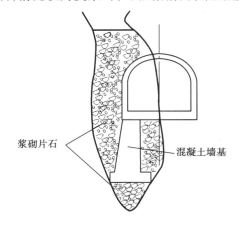

图 10.14　加深边墙基础示意图

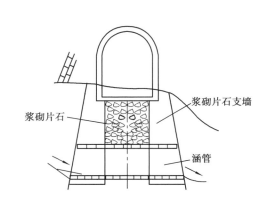

图 10.15　支墙内套设涵管示意图

D. 绕

在岩溶区施工,个别溶洞处理耗时且困难时,可采取迂回导坑绕过溶洞,继续进行隧道前方施工,并同时处理溶洞,以节省时间,加快施工进度。绕行开挖时,应防止洞壁失稳。

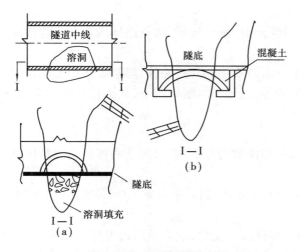

图 10.16　筑拱跨过示意图

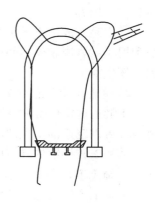

图 10.17　架梁跨过示意图

（3）溶洞地段隧道施工的注意事项

①当施工达到溶洞边缘，各工序应紧密衔接，支护和衬砌赶前。同时应利用探孔或物探作超前预报，设法探明溶洞的形状、范围、大小、充填物及地下水等情况，据以制定施工处理方案及安全措施。

②施工中注意检查溶洞顶部，及时处理危石。当溶洞较大较高且顶部破碎时，应先喷射混凝土加固，再在靠近溶洞顶部附近打入锚杆，并应设置施工防护架或钢筋防护网。

③在溶蚀地段的爆破作业应尽量做到多打眼、打浅眼，并控制爆破药量减少对围岩的扰动。防止在一次爆破后溶洞内的填充物突然大量涌入隧道，或溶洞水突然袭击隧道，造成严重损失。

④在溶洞充填体中掘进，如充填物松软，可用超前支护施工。如充填物为极松散的砾石、块石堆积或流塑状黏土及砂黏土等可于开挖前采用地表注浆、洞内注浆或地表和洞内注浆相结合加固。如遇颗粒细、含水量大的流塑状土壤，可采用劈裂注浆技术，注入水泥浆或水泥水玻璃双液浆进行加固。

⑤溶洞未作出处理方案前，不要将弃渣随意倾填于溶洞中。因弃渣覆盖了溶洞，不但不能了解其真实情况，反而会造成更多困难。

10.4.5　坍方

隧道开挖时，导致坍方的原因有多种，概括起来可归结为：一是自然因素，即地质状态、受力状态、地下水变化等；二是人为因素，即不适当的设计，或不适当的施工作业方法等。由于坍方往往会给施工带来很大困难和很大经济损失。因此，需要尽量注意排除会导致坍方的各种因素，尽可能避免坍方的发生。

（1）发生坍方的主要原因

1）不良地质及水文地质条件

①隧道穿过断层及其破碎带，或在薄层岩体的小曲褶、错动发育地段，一经开挖，潜在应力释放快、围岩失稳，小则引起围岩掉块、坍落，大则引起坍方。当通过各种堆积体时，由于结构松散，颗粒间无胶结或胶结差，开挖后引起坍塌。在软弱结构面发育或泥质充填物过多，均易

产生较大的坍塌。

②隧道穿越地层覆盖过薄地段,如在沿河傍山、偏压地段、沟谷凹地浅埋和丘陵浅埋地段极易发生坍方。

③水是造成坍方的重要原因之一。地下水的软化、浸泡、冲蚀、溶解等作用加剧岩体的失稳和坍落。岩层软硬相间或有软弱夹层的岩体,在地下水的作用下,软弱面的强度大为降低,因而发生滑坍。

2)隧道设计考虑不周

①隧道选定位置时,地质调查不细,未能作详细的分析,或未能查明可能坍方的因素。没有绕开可以绕避的不良地质地段。

②缺乏较详细的隧道所处位置的地质及水文地质资料,引起施工指导或施工方案的失误。

3)施工方法和措施不当

①施工方法与地质条件不相适应;地质条件发生变化,没有及时改变施工方法;工序间距安排不当;施工支护不及时,支撑架立不合要求,或抽换不当"先拆后支";地层暴露过久,引起围岩松动、风化、导致坍方。

②喷锚支护不及时,喷射混凝土的质量、厚度不符合要求。

③按新奥法施工的隧道,没有按规定进行量测,或信息反馈不及时,决策失误、措施不力。

④围岩爆破用药量过多,因震动引起坍塌。

⑤对危石检查不重视、不及时,处理危石措施不当,引起岩层坍塌。

(2)预防坍方的施工措施

1)隧道施工预防坍方,选择安全合理的施工方法和措施至关重要。在掘进到地质不良围岩破碎地段,应采取"先排水、短开挖、弱爆破、强支护、早衬砌、勤量测"的施工方法。必须制定出切实可行的施工方案及安全措施。

2)加强坍方的预测。为了保证施工作业安全,及时发现坍方的可能性及征兆,并根据不同情况采用不同的施工方法及控制坍方的措施,需要在施工阶段进行坍方预测。预测坍方常用的几种方法:

①观察法

a. 在掘进工作面采用探孔对地质情况或水文情况进行探察,同时对掘进工作面应进行地质素描,分析判断掘进前方有无可能发生坍方的超前预测。

b. 定期和不定期地观察洞内围岩的受力及变形状态,检查支护结构是否发生了较大的变形,观察岩层的层理、节理裂隙是否变大,坑顶或坑壁是否松动掉块,喷射混凝土是否发生脱落,以及地表是否下沉等。

②一般量测法

按时量测观测点的位移、应力,测得数据进行分析研究,及时发现不正常的受力、位移状态及有可能导致坍方的情况。

③微地震学测量法和声学测量法

用微地震学测量法和声学测量法预测,前者采用地震测量原理制成的灵敏的专用仪器,后者通过测量岩石的声波分析确定岩石的受力状态,并预测坍方。

通过上述预测坍方的方法,发现征兆应高度重视及时分析,采取有力措施处理隐患,防患于未然。

3）加强初期支护,控制坍方。当开挖出工作面后,应及时有效地完成喷锚支护或喷锚网联合支护,并应考虑采用早强喷射混凝土、早强锚杆和钢支撑支护措施等。这对防止局部坍塌,提高隧道整体稳定性具有重要的作用。

(3)隧道坍方的处理措施

①隧道发生坍方,应及时迅速处理。处理时必须详细观测坍方范围、形状、坍穴的地质构造,查明坍方发生的原因和地下水活动情况,经认真分析,制定处理方案。

②处理坍方应先加固未坍塌地段,防止继续发展。并可按下列方法进行处理:

a.小坍方。纵向延伸不长、坍穴不高,首先加固坍体两端洞身,并抓紧喷射混凝土或采用锚喷联合支护封闭坍穴顶部和侧部,再进行清渣。在确保安全的前提下,也可在坍渣上架设临时支架,稳定顶部,然后清渣。临时支架待灌筑衬砌混凝土达到要求强度后方可拆除。

b.大坍方。坍穴高、坍渣数量大,坍渣体完全堵住洞身时,宜采取先护后挖的方法。在查清坍穴规模大小和穴顶位置后,可采用管棚法和注浆固结法稳固围岩体和渣体,待其基本稳定后,按先上部后下部的顺序清除渣体,采取短进尺、弱爆破、早封闭的原则挖坍体,并尽快完成衬砌,如图 10.18 所示。

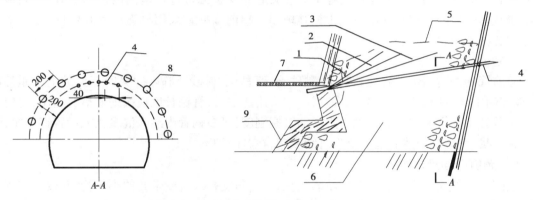

图 10.18　大规模坍方处理实例示意图

1—第一次注浆;2—第二次注浆;3—第三次注浆;4—管棚;5—坍线;
6—坍体;7—初期支护;8—注浆孔;9—混凝土封堵墙

c.坍方冒顶。在清渣前应支护陷穴口,地层极差时,在陷穴口附近地面打设地表锚杆,洞内可采用管棚支护和钢架支撑。

d.洞口坍方。一般易坍至地表,可采取暗洞明作的办法。

③处理坍方的同时,应加强防排水工作。坍方往往与地下水活动有关,治坍应先治水。防止地表水渗入坍体或地下,引截地下水防止渗入坍方地段,以免坍方扩大。具体措施:

a.地表沉陷和裂缝,用不透水土壤夯填紧密,开挖截水沟,防止地表水渗入坍体。

b.坍方通顶时,应在陷穴口地表四周挖沟排水,并设雨棚遮盖穴顶。陷穴口回填应高出地面并用黏土或圬工封口,做好排水。

c.坍体内有地下水活动时,应用管槽引至排水沟排出,防止坍方扩大。

④坍方地段的衬砌,应视坍穴大小和地质情况予以加强。衬砌背后与坍穴洞孔周壁间必须紧密支撑。当坍穴较小时,可用浆砌片石或干砌片石将坍穴填满;当坍穴较大时,可先用浆砌片石回填一定厚度,其以上空间应采用钢支撑等顶住稳定围岩;特大坍穴应作特殊处理。

⑤采用新奥法施工的隧道或有条件的隧道,坍方后要加设量测点,增加量测频率,根据量测信息及时研究对策。浅埋隧道,要进行地表下沉量测。

10.4.6　松散地层

松散地层结构松散,胶结性弱,稳定性差,在施工中极易发生坍塌。如极度风化破碎已失岩性的松散体、漂卵石地层、砂夹砾石和含有少量黏土的土壤以及无胶结松散的干沙等。隧道穿过这类地层,应减少对围岩的扰动,一般采取先护后挖,密闭支撑,边挖边封闭的施工原则,必要时可采用超前注浆改良地层和控制地下水等措施。下面简述几种主要施工方法:

(1)超前支护

隧道开挖前,先向围岩内打入钎、管、板等构件,用以预先支护围岩,防止坑道掘进时岩体发生坍塌。

1)超前锚杆或超前小钢管

采用这种方法是爆破前,将超前锚杆或小钢管打入掘进前方稳定的岩层内。末端支撑在拱部围岩内的悬吊锚杆或格栅拱支撑上。使其起到支护掘进进尺范围内拱部上方,有效地约束围岩在爆破后的一定时间内不发生松弛坍塌。超前锚杆宜采用早强型砂浆锚杆,以尽早发挥超前支护作用。

2)超前管棚法

超前管棚法适用于围岩为砂黏土、黏砂土、亚黏土、粉砂、细砂、砂夹卵石夹黏土等非常散软、破碎的土壤,钻孔后极易塌孔的地层。在采用此法时,管棚长度应按地质情况选用,但应保证开挖后管棚有足够的超前长度。为增加管棚刚度,可在钢管内灌入混凝土或设置钢筋笼,注入水泥砂浆,在地层中建立起一个临时承载棚,在其防护下施工。

(2)超前小导管预注浆

超前小导管预注浆是沿开挖外轮廓线,以一定角度打入管壁带孔的小导管,并以一定压力向管内压注水泥或化学浆液的措施。它既能将洞周围岩体预加固,又能起超前预支护作用。此法适用于自稳时间很短的砂层、砂卵(砾)石层等松散地层施工。

(3)降水、堵水

在松散地层中含水,对隧道施工的危害极大。排除施工部位的地下水,有利于施工。降水、堵水的方法较多,如降水可在洞内或辅助坑道内井点降水。在埋深较浅的隧道中,可用深井泵降水,在洞外地面隧道两侧布点进行。

在地下水丰富,而且排水条件或排水费用太高,经过技术、经济比选,可采用注浆堵水措施。注浆堵水又分地面预注浆和洞内开挖工作面预注浆。二者采用哪种方法,应根据隧道埋深、工程地质和水文地质情况,钻孔和压浆设备能力,以及技术、经济、工期等方面进行综合分析后采用。

10.4.7　流沙

流沙是沙土或粉质黏土在水的作用下丧失其内聚力后形成的,多呈糊浆状,对隧道施工危害极大。由于流沙可引起围岩失稳坍塌,支护结构变形,甚至倒塌破坏。因此,治理流沙必先治水,以减少沙层的含水量为主。宜采取以下措施进行治理:

（1）加强调查，制订方案

施工中应调查流沙特性、规模，了解地质构成、贯入度、相对密度。粒径分布、塑性指数、地层承载力、滞水层分布、地下水压力和透水系数等，并制订出切实可行的治理方案。

（2）因地制宜，综合治水

隧道通过流沙地段，处理地下水的问题，是解决隧道流沙、流泥施工难题中的首要关键技术。施工时，因地制宜，采用"防、截、排、堵"的治理方法。

①防。建立地表沟槽导排系统及仰坡地表局部防渗处理，防止降雨和地表水下渗。

②截。在正洞之外水源一侧，采用深井降水，将储藏丰富构造裂隙水，通过深井抽水排走，减少正洞的静水和动水压力，对地下水起到拦截作用。

③排。有条件的隧道在正洞水源下游一侧开挖一条洞底低于正洞仰拱的泄水洞，用以降排正洞的地下水，或采用水平超前钻孔真空负压抽水的办法，排除正洞的地下水。

④堵。采用注浆方法充填裂隙，形成止水帷幕，减少或堵塞渗水通道。

以上几种施工方法，应根据工程地质、水文地质条件和地下水的性质、类型、赋存部位以及工期要求和经济效益等因素综合分析，合理选用。

（3）先护后挖，加强支护

开挖时必须采取自上而下分部进行，先护后挖，密闭支撑，边挖边封闭，遇缝必堵，严防沙粒从支撑缝隙中溢出。也可采用超前注浆，以改善围岩结构，用水泥浆或水泥水玻璃为主的注浆材料注入或用化学药液注浆加固地层，然后开挖。

在施工中应观测支撑和衬砌的实际沉落量的变化，及时调整预留量。架立支撑时应设底梁并纵横、上下连接牢固，以防箱架断裂倾倒。拱架应加强刚度，架立时设置底梁并垫平楔紧，拱脚下垫铺牢固。支撑背面用木板或槽型钢板遮挡，严防流沙从支撑间溢出。在流沙溢出口附近较干燥围岩处，应尽快打入锚杆或施作喷射混凝土，加固围岩，防止溢出扩大。

（4）尽早衬砌，封闭成环

流沙地段，拱部和边墙衬砌混凝土的灌筑应尽量缩短时间，尽快与仰拱形成封闭环。这样，即使围岩中出现流沙也不会对洞身衬砌造成破坏。

10.4.8　岩爆

埋藏较深的隧道工程，在高应力、脆性岩体中，由于施工爆破扰动原岩，岩体受到破坏，使掌子面附近的岩体突然释放出潜能，产生脆性破坏，这时围岩表面发生爆裂声，随之有大小不等的片状岩块弹射剥落出来。这种现象称之岩爆。岩爆有时频繁出现，有时甚至会延续一段时间后才逐渐消失。岩爆不仅直接威胁作业人员与施工设备的安全，而且严重地影响施工进度，增加工程造价。

（1）隧道内岩爆的特点

①岩爆在未发生前并无明显的预兆（虽然经过仔细找顶并无空响声）。一般认为不会掉落石块的地方，也会突然发生岩石爆裂声响，石块有时应声而下，有时暂不坠落。这与塌顶和侧壁坍塌现象有明显的区别。

②岩爆时，岩块自洞壁围岩母体弹射出来，一般呈中厚边薄的不规则片状，块度大小多呈几平方厘米长宽的薄片，个别的达几十平方厘米长宽。严重时，上吨重的岩石从拱部弹落，造成岩爆性坍方。

③岩爆发生的地点,多在新开挖工作面及其附近,个别的也有距新开挖工作面较远处。岩爆发生的频率随暴露后的时间延长而降低。一般岩爆发生在 16 天之内,但是也有滞后一个月甚至数月还有发生岩爆。

(2)岩爆产生的主要条件

国内外的专家研究结果表明,地层的岩性条件和地应力的大小是产生岩爆与否的两个决定性因素。从能量的观点来看,岩爆的形成过程是岩体中的能量从储存到释放直至最终使岩体破坏而脱离母岩的过程。因此,岩爆是否发生及其表现形式就主要取决于岩体中是否储存了足够的能量,是否具有释放能量的条件及能量释放的方式等。

(3)岩爆的防治措施

岩爆产生的前提条件取决于围岩的应力状态与围岩的岩性条件。在施工中控制和改变这两个因素就可能防止或延缓岩爆的发生。因此,防治岩爆发生的措施主要有两种:一是强化围岩,二是弱化围岩。

强化围岩的措施很多,如喷射混凝土或喷钢纤维混凝土、锚杆加固、锚喷支护、锚喷网联合、钢支撑网喷联合,紧跟混凝土衬砌等,这些措施的出发点是给围岩一定的径向约束,使围岩的应力状态较快地从平面转向三维应力状态,以达到延缓或抑制岩爆发生的目的。

弱化围岩的主要措施是注水、超前预裂爆破、排孔法、切缝法等。注水的目的是改变岩石的物理力学性质,降低岩石的脆性和储存能量的能力。后三者的目的是解除能量,使能量向有利的方向转化和释放。据文献介绍,切缝法和排孔法能将能量向深层转移。围岩内的应力,特别是在切缝或排孔附近周边的切向应力显著降低。同时,围岩内所积蓄的弹性应变能也得以大幅度地释放,因而,可有效地防治岩爆。

(4)岩爆地段隧道施工的注意事项

①如设有平行导坑,则平导应掘进超前正洞一定距离,以了解地质,分析可能发生岩爆的地段,为正洞施工达到相应地段时加强防治,采取必要措施。

②爆破应选用预先释放部分能量的方法,如超前预裂爆破法、切缝法和排孔法等,先期将岩层的原始应力释放一些,以减少岩爆的发生。爆破应严格控制用药量,以尽可能减少爆破对围岩的影响。

③根据岩爆发生的频率和规模情况,必要时应考虑缩短爆破循环进尺。初期支护和衬砌要紧跟开挖面,以尽可能减少岩层的暴露面和暴露时间,防止岩爆的发生。

④岩爆引起坍方时,应迅速将人员和机械撤到安全地段,采用摩擦型锚杆进行支护,增大初锚固力。采用钢钎维喷射混凝土,抑制开挖面围岩的剥落。采取挂钢筋网或用钢支撑加固,充分作好岩爆现象观察记录,采用声波探测预报岩爆工作。

10.4.9　高地温

隧道通过高温、高热地段,会给施工带来困难。一般在火山地带的地区修建隧道或地下工程会遇到高温高热的情况,如日本某地的发电厂工程的隧道,其围岩温度高达 175 ℃。更甚者,在高温隧道中发生过施工人员由于地层喷出热水或硫化氢等有害气体,而烫伤或中毒。

(1)高地温的热源

地热的形成按热源分类,可分为三大类:即地球的地幔对流、火山岩浆集中处的热能及放射性元素的裂变热成为热源。其中,对隧道工程造成施工影响的,主要是火山的热源和放射性元素的裂变热源。

1）火山热的热源

由于火山供给的热是地下的岩浆集中处的热能而产生热水,这种热水(泉水)成为热源又将热供给周围的岩层。当隧道或地下工程穿过这种岩层,就有发生高温、高热的现象。

2）放射性元素的裂变热的热源

根据日本文献介绍,由于地壳内岩石中含有放射性物质,其裂变热产生地温,地下增温率以所处的深度不同而异,其平均值为 3 ℃/100 m。东京大学院内测定的实例表明,该处地下增温率为 2.2 ℃/100 m。假定地表温度为 15 ℃,地下增温率以 3 ℃/100 m 计,覆盖层厚 1 000 m 深处的地温则为 45 ℃。日本某地质调查所对 30 处深层热水地区调查的结果,在平原地区认为不受火山热源的影响,其地下 2 000 m 深处的地下温度为 67 ~ 136 ℃。这说明如果覆盖层很厚即使没有火山热源供给也有发生高温、高热问题的可能性。

(2)高地温地段隧道施工的措施

①为保证隧道施工人员进行正常的安全生产,我国有关部门对隧道施工作业环境的卫生标准都有规定。如铁道部规定,隧道内气温不得超过 28 ℃;交通部规定,隧道内气温不宜高于 30 ℃。国外的资料介绍,日本规定隧道内温度低于 37 ℃。

②为达到规定的标准,在施工中一般采取通风和洒水及通风与洒水相结合的措施。地温较高时,可采用大型通风设备予以降温。地温很高时,在正洞开挖工作面前方的一段距离,利用平导超前钻探,如有热水涌出,可在平导内增建降水、排水设施和排水钻孔,以降低正洞的水位。如正洞施工中仍有热水涌出时,可采用水玻璃水泥等药液注浆,以发挥截水及稳定围岩的作用。

③高温地段的衬砌混凝土:在高温(如 70 ℃高温)的岩体及喷混凝土上浇筑二次衬砌混凝土时,即使厚度再薄,水化热也不易溢出。由于混凝土里面和表面的温差,在早龄期有可能存在裂缝。因此,对二次混凝土衬砌防止裂缝,应采取下述措施:

a.为了防止高温时的强度降低,应选定合适的水灰比,并考虑到对温泉水的耐久性,宜采用高炉矿渣水泥(分离粉碎型水泥)。混凝土配合比和掺合剂应作试验优选。

b.在防水板和混凝土衬砌之间设置隔热材料,可隔断从岩体传播来的热量,使混凝土内的温度应力降低。

c.把一般衬砌混凝土的浇筑长度适当缩短。

d.用防水板和无纺布组合成缓冲材料,由于与喷混凝土隔离,因此,混凝土衬砌的收缩可不受到约束。

e.适当设置裂缝诱发缝,一般在两拱角延长方向设置。

10.4.10　瓦斯地层

瓦斯是地下坑道内有害气体的总称,其成分以沼气(甲烷 CH_4)为主,一般习惯即称沼气为瓦斯。

当隧道穿过煤层、油页岩或含沥青等岩层,或从其附近通过而围岩破碎、节理发育时,可能会遇到瓦斯。如果洞内空气中瓦斯浓度已达到爆炸限度与火源接触,就会引起爆炸,对隧道施工会带来很大的危害和损失。所以,在有瓦斯的地层中修建隧道,必须采取相应措施,才能安全顺利施工。

(1)瓦斯的性质

①瓦斯(沼气)为无色、无臭、无味的气体,与碳化氢或硫化氢混合在一起,发生类似苹果的香味,由于空气中瓦斯浓度增加,氧气相应减少,很容易使人窒息或发生死亡事故。

②瓦斯密度为0.554,仅占空气一半,所以在隧道内,瓦斯容易存在于坑道顶部,其扩散速度比空气大1.6倍,很容易透过裂隙发达、结构松散的岩层。

③瓦斯不能自燃,但极易燃烧,其燃烧的火焰颜色,随瓦斯浓度的增大而变淡,空气中含有少量瓦斯时火焰呈蓝色,浓度达5%左右时,火焰呈淡青色。

(2)瓦斯的燃烧和爆炸性

当坑道中的瓦斯,浓度小于5%遇到火源时,瓦斯只是在火源附近燃烧而不会爆炸;瓦斯浓度在5%~6%到14%~16%时,遇到火源具有爆炸性;瓦斯浓度大于16%时,一般不爆炸,但遇火能平静地燃烧,瓦斯浓度爆炸界限见表10.2。

表10.2　瓦斯爆炸浓度界限

瓦斯浓度/%	爆炸界限
5~6	瓦斯爆炸下界限
14~16	瓦斯爆炸上界限
9.5	爆炸最强烈
8.0	最易点燃
低于5.0、大于16	不爆炸,与火焰接触部分燃烧

瓦斯燃烧时,遇到障碍而受压缩,即能转燃烧为爆炸。爆炸时能发生高温,封闭状态的爆炸(即容积为常数),温度可达2 150~2 650 ℃,能向四周自由扩张时的爆炸(即压力为常数);温度可达1 850 ℃。坑道中发生瓦斯爆炸后,坑道中完全无氧,而充满氮气、二氧化碳及一氧化碳气体。这些有害气体很快扩散到邻近的坑道和工作面,凡是来不及躲避的人,都会遭到中毒窒息,甚至死亡。

瓦斯爆炸时,爆炸波运动造成暴风在前,火焰在后,暴风遇到积存瓦斯,使它先受到压力,然后火焰点燃发生爆炸。第二次瓦斯受到的压力比原来的压力大,因此,爆炸后的破坏力也更剧烈。

(3)瓦斯放出的类型

从岩层中放出瓦斯,可分为三种类型:

1)瓦斯的渗出

它是缓慢地、均匀地、不停地从煤层或岩层的暴露面的空隙中渗出,延续时间很久,有时带有一种嘶音。

2)瓦斯的喷出

比上述渗出强烈,从煤层或岩层裂缝或孔洞中放出,喷出的时间有长有短,通常有较大的响声和压力。

3)瓦斯的突出

在短时间内,从煤层或岩层中,突然猛烈地喷出大量瓦斯,喷出的时间,可能从几分钟到几小时,喷出时常有巨大轰响,并夹有煤块或岩石。

以上 3 种瓦斯放出形式,以第一种放出的瓦斯量为大。

(4)防止瓦斯事故的措施

①隧道穿过瓦斯溢出地段,应预先确定瓦斯探测方法,并制定瓦斯稀释措施、防爆措施和紧急救援措施等。

②隧道通过瓦斯地区的施工方法,宜采用全断面开挖,因其工序简单、面积大、通风好,随掘进随衬砌,能够很快缩短煤层的瓦斯放出时间和缩小围岩暴露面,有利于排除瓦斯。

上下导坑法开挖,因工序多,岩层暴露的总面积多,成洞时间长,洞内各工序交错分散,易使瓦斯分处积滞浓度不匀。采用这种施工方法,要求工序间距离尽量缩短,尽快衬砌封闭瓦斯地段,并保证混凝土的密实性,以防瓦斯溢出。

③加强通风是防止瓦斯爆炸最有效的办法。把空气中的瓦斯浓度吹淡到爆炸浓度以下的 1/5 ~ 1/10,将其排出洞外,有瓦斯的坑道,决不允许用自然通风,必须采用机械通风。通风设备必须防止漏风,并配备备用的通风机,一旦原有通风机发生故障时,备用机械能立即供风。保证工作面空气内的瓦斯浓度在允许限度内。当通风机发生故障或停止运转时,洞内工作人员应撤离到新鲜空气地区,直至通风恢复正常,才准许进入工作面继续工作。

④洞内空气中允许的瓦斯浓度应控制在下述规定以下:

a. 洞内总回风风流中小于 0.75% 。

b. 从其他工作面进来的风流中小于 0.5% 。

c. 掘进工作面 2% 以下。

d. 工作面装药爆破前 1% 以下。

如瓦斯浓度超过上述规定,工作人员必须立即撤到符合规定的地段,并切断电源。

⑤开挖工作面风流中和电动机附近 20 m 以内风流中瓦斯浓度达到 1.5% 时,必须停工,停机,撤出人员,切断电源,进行处理。

开挖工作面内,局部积聚的瓦斯浓度达到 2% 时,附近 20 m 内,必须停止工作,切断电源,进行处理。

因瓦斯浓度超过规定而切断电源的电气设备,都必须在瓦斯浓度降到 1% 以下时,方可开动机器。

⑥瓦斯隧道必须加强通风,防止瓦斯积聚。由于停电或检修,使主要通风机停止运转,必须有恢复通风、排除瓦斯和送电的安全措施。恢复正常通风后,所有受到停风影响的地段,必须经过监测人员检查,确认无危险后方可恢复工作。所有安装电动机和开关地点的 20 m 范围内,必须检查瓦斯,符合规定后才可启动机器。局部通风机停止运转,在恢复通风前,亦必须检查瓦斯,符合规定方可开动局部风机,恢复正常通风。

⑦如开挖进入煤层,瓦斯排放量较大,使用一般的通风手段难以稀释到安全标准时,可使用超前周边全封闭预注浆。在开挖前沿掌子面拱部、边墙、底部轮廓线轴向辐射状布孔注浆,形成一个全封闭截堵瓦斯的帷幕。特别对煤层垂直方向和断层地带进行阻截注浆,其效果会更佳。

开挖后要及时进行喷锚支护,并保证其厚度,以免漏气和防止围岩的失稳。

⑧采用防爆设施

a. 遵守电器设备及其他设备的保安规则,避免发生电火,在瓦斯散发区段使用防爆安全型的电器设备,洞内运转机械须具有防爆性能,避免运转时发生高温火花。

b.凿岩时用湿式钻岩,防止钻头发生火花,洞内操作时,防止金属与坚石撞击、摩擦发生火花。

c.爆破作业,使用安全炸药及毫秒电雷管,采用毫秒电雷管时,最后一段的延期时间不得超过130 ms。爆破电闸应安装在新鲜风流中,并与开挖面保持200 m左右距离。

d.洞内只准用电缆,不准使用皮线。使用防爆灯或蓄电池灯照明。

e.铲装石渣前必须将石渣浇湿,防止金属器械摩擦和撞击发生火花。

(5)严格执行有关制度

①瓦斯检查制度。指定专人、定时和经常进行检查,测量风流和瓦斯含量,严格执行瓦斯允许浓度的规定。瓦斯检查手段可采用瓦斯遥测装置、定点报警仪和手持式光波干涉仪。随时发现异常情况,应及时报告技术主管负责人,采取措施进行处理。

②洞内严禁使用明火,严禁将火柴、打火机、手电筒及其他易燃品带入洞内。

③进洞人员必须经过瓦斯知识和防止瓦斯爆炸的安全教育。抢救人员未经专门培训不准在瓦斯爆炸后进洞抢救。

④瓦斯检查人员必须挑选工作认真负责、有一定业务能力、经过专业培训、考试合格者,方可进行监测工作。

以上仅介绍了瓦斯隧道施工的几项主要制度,施工时要按照瓦斯防爆的技术安全规则与有关制度严格执行。

10.5　开　挖

在目前条件下,开挖隧道的主要方法仍然是钻孔爆破法。开挖工作包括钻眼、装药、爆破等几项工作内容,对于开挖工作应做到下面几点要求:

①按设计要求开挖出断面(包括形状、尺寸、表面平整、超挖、欠挖等要求);

②石渣块度(石渣大小)便于装渣作业;

③掘进速度快,少占作业循环时间;

④爆破在充分发挥其能力的前提下,减少对围岩的震动破坏,减少对施工用具设备及支护结构的破坏,并尽量节省爆破器材消耗。

隧道施工所采用的爆破方法中,用得最多的是炮眼爆破法。爆破方法要研究的问题主要是炮眼布置、炮眼参数以及装药起爆等。

10.5.1　炮眼布置和周边眼的控制爆破

掘进工作面的炮眼可分为掏槽眼、辅助眼和周边眼,如图10.19所示。

(1)掏槽眼布置

掏槽眼的作用是将开挖面上某一部位的岩石掏出一个槽,以形成新的临空面,为其他炮眼的爆破创造有利条件。掏槽炮眼一般要比其他炮眼深10～20 cm,以保证爆破后开挖深度一致。

根据坑道断面、岩石性质和地质构造等条件,掏槽眼排列形式有很多种,总的可分成斜眼掏槽和直眼掏槽两大类,如图10.20所示。

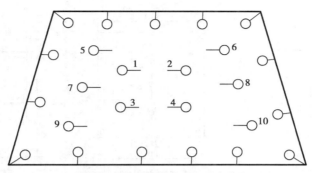

1~4为掏槽炮眼；5~10为辅助炮眼；其余为周边炮眼

图 10.19

1）斜眼掏槽

其特点是掏槽眼与开挖面斜交。常用的有锥形掏槽，楔形掏槽，单向掏槽。其中最常用的是竖楔形掏槽（图 10.20（b））。斜眼掏槽的优点是可以按岩层的实际情况选择掏槽方式和掏槽角度，容易把岩石抛出，而且所需掏槽眼的个数较少。缺点是眼深受坑道断面尺寸的限制，也不便于多台钻机同时凿岩。

为了防止相邻炮眼或相对炮眼之间的殉爆，装药炮眼之间的距离不能小于 20 cm。

2）直眼掏槽

直眼掏槽可以实行多机凿岩、钻眼机械化和深眼爆破，从而为加快掘进速度提供了有利条件。直眼掏槽凿岩作业比较方便，不需随循环进尺的改变而变化掏槽形式，仅需改变炮眼深度；而斜眼掏槽则要随循环进尺的不同而改变炮眼位置和角度。

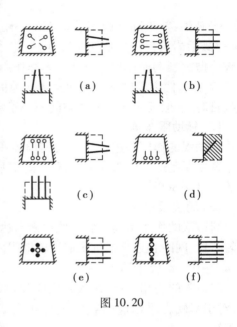

图 10.20

直眼掏槽石渣抛掷距离也可缩短。所以目前现场多采用直眼掏槽，但直眼掏槽的炮眼数目和单位用药量要增多，炮眼位置和钻眼方向也要求高度准确，才能保证良好的掏槽效果，技术比较复杂。

直眼掏槽的形式很多，过去常用的有：龟裂掏槽、五梅花掏槽和螺旋掏槽。

近年来，由于重型凿岩机投入施工，尤其是能钻大于 100 mm 直径大孔的液压钻机投入施工以后，直眼掏槽的布置形式有了新的发展。我国隧道工程局试验成功的几种大孔中空（即临空孔）平行直眼掏槽形式，已在现场施工爆破中证明具有良好的掏槽效果。初步结论是：对于钻孔深度为 3.0 ~ 3.5 m 的深孔爆破，采用双临空孔形式（图 10.21（a）），爆破效果最佳；钻孔深度 3.5 ~ 5.15 m 的深孔爆破，采用三临空孔形式最佳（图 10.21（b））；钻孔深度在 3 m 以下的，则可采用单临空孔形式（图 10.21（c））。以上几种掏槽形式基本上适用于中硬和坚硬的各种岩层中。

实践证明，直眼掏槽的爆破效果与临空孔的数目、直径及其与装药眼的距离密切相关。在

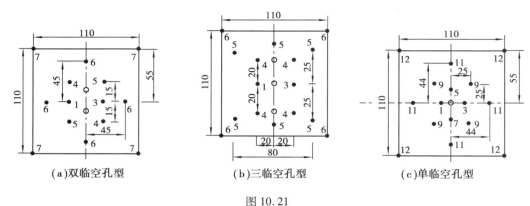

（a）双临空孔型 （b）三临空孔型 （c）单临空孔型

图 10.21

（单位:cm,炮眼旁数字为毫秒雷管段别）

硬岩爆破中,效果随空眼至装药眼中心距离 W 与空眼直径 ϕ 的比值而有很大变化。如 $W > 2\phi$,爆破后岩石仅产生塑性变形,而不能产生真正的破碎;W 取 $(0.70 \sim 1.5)\phi$ 时,效果最好,为破碎抛掷型掏槽;眼距过小时,爆炸作用有时会将相邻炮眼中的炸药(主要指粉状硝铵类炸药)"挤实",使之因密度过高而拒爆。为保证空眼所形成的空间足够供岩石膨胀,在考虑临空孔数目时,一般要求所形成的空间不小于装药眼至空眼间的岩柱体积的 $10\% \sim 20\%$ 。

（2）辅助眼布置

辅助眼的作用是进一步扩大掏槽体积和增大爆破量,并为周边眼创造有利的爆破条件。其布置主要是解决间距和最小抵抗限问题,这可以由工地经验决定。最小抵抗限约为炮眼间距的 $60\% \sim 80\%$ 。

（3）周边眼布置

周边眼的作用是爆破后使坑道断面达到设计的形状和规格。周边眼原则上沿着设计轮廓均匀布置,间距和最小抵抗限应比辅助眼的小,以便爆出较为平顺的轮廓。眼口距设计轮廓线为 $0.1 \sim 0.2m$,便于钻眼。

周边眼的底端,对于松软岩层应放在设计轮廓线以内,对于中硬岩层可放在设计轮廓线上,对于坚硬岩层则应略超出设计轮廓线外。为了避免欠挖,底板眼底端一般都超出设计轮廓线。

（4）周边眼的控制爆破

在隧道爆破施工中,首要的要求是炮眼利用率高,开挖轮廓及尺寸准确,对围岩震动小。按通常的周边炮眼布置,若全断面一次开挖,常常难以爆破出理想的设计断面,对围岩扰动又大。采用光面爆破与预裂爆破技术,可以控制爆破轮廓,尽量保持围岩的稳定。

光面爆破是指爆破后断面轮廓整齐,超挖和欠挖符合规定要求的爆破。其主要标准是:

①开挖轮廓成形规则,岩面平整;

②岩面上保存 50% 以上孔痕,并无明显的爆破裂缝;

③爆破后围岩壁上无危石。

隧道施工中采用光面爆破,对围岩的扰动比较轻微,围岩松弛带的范围只有普通爆破法的 $1/9 \sim 1/2$,大大地减少了超欠挖量,节约了大量的混凝土和回填片石。加快了施工进度,围岩壁面平整、危石少,减轻了应力集中现象,避免局部坍落,促使了施工安全,并为喷锚支护创造了条件。

光面爆破的优点,在完整岩体中可以从直观感觉中明显地看到。在松软的、特别是不均质和构造发育的岩体中采用光面爆破时,表面效果看来则较差,但对于减轻对围岩的震动破坏,减少超挖和避免冒顶等方面,其实质作用是很大的。因此,从围岩稳定性着眼,越是地质不良地段,越要采用光面爆破。

1) 光面爆破的基本原理

实现光面爆破,就是要使周边炮眼起爆后优先沿各孔的中心连线形成贯通裂缝,然后由于爆炸气体的作用,使裂解的岩体向洞内抛散。裂缝形成的机理,国内外进行过不少研究,但目前还缺乏一致的认识。有代表性的理论有三种:一种是认为成缝主要是由于爆破应力波的动力作用引起的,提出了应力波理论;另一种则认为裂缝主要是由于爆破高压气体准静应力的作用引起的,提出了静压力破坏理论;第三种是应力波与爆破气体压力共同作用理论,这是更多的人赞同的一种理论。

2) 光面爆破的主要参数及技术措施

确定合理的光面爆破参数,是获得良好的光面爆破效果的重要保证。光面爆破的主要参数包括周边眼的间距、光面爆破层的厚度、周边眼密集系数、周边眼的线装药密度等。影响光面爆破参数选择的因素很多,主要有岩石的爆破性能、炸药品种、一次爆破的断面大小及形状等,其中影响最大的是地质条件。光面爆破参数的选择,目前还缺乏一定的理论公式,多是采用经验方法。为了获得良好的光面爆破效果,可采取以下技术措施:

①适当加密周边眼。周边眼孔距适当缩小,可以控制爆破轮廓,避免超欠挖,又不致过大地增加钻眼工作量。孔间距的大小与岩石性质、炸药种类、炮眼直径有关,一般为 $E = (8 \sim 18)d$,E 为孔距(图 10.22),d 为炮眼直径。一般情况下,坚硬或破碎的岩石宜取小值,软质或完整的岩石宜取大值。

②合理确定光面爆破层厚度。所谓光面爆破层,就是周边眼与最外层辅助眼之间的一圈岩石层。

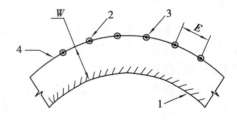

图 10.22

光面爆破层厚度就是周边眼的最小抵抗线,如图 10.22 所示。周边眼的间距 E 与光面爆破层厚度 W 有着密切关系,通常以周边眼密集系数 K 表示为 $K = E/W$。必须使应力波在两相邻炮眼间的传播距离小于应力波至临空面的传播距离,即 $E < W$。所以 K 是小于 1 的变量,国内外大量工程实践的经验是取 $K = 0.8$ 左右,光面爆破层厚度 W 一般取 $50 \sim 90$ cm。

③合理用药。用于光面爆破的炸药,既要求有较高的破岩应力能,又要消除或减轻爆破对围岩的扰动,所以宜采用低猛度、低爆速、传爆性能好的炸药。但在炮眼底部,为了克服眼底岩石的夹制作用,应改用高爆速炸药。

周边眼的装药量是光面爆破参数中最重要的一个参数,通常以线装药密度表示。线装药密度是指炮眼中间正常装药段每米长的装药量。恰当的装药量应是既要具有破岩所需的应力能,又不造成围岩的破坏,施工中应根据孔距、光面爆破厚度、石质及炸药种类等综合考虑确定装药量。

④采用小直径药卷不偶合装药结构。在装药结构上,宜采用比炮眼直径小的小直径药卷连续或间隔装药,此时,药卷与炮眼壁间留有空隙,称之为不偶合装药结构。炮眼直径与药卷直径之比称为偶合系数。光面爆破的不偶合系数最好大于 2,但药卷直径不应小于该炸药的

临界直径,以保证稳定起爆。当采用间隔装药时,相邻炮眼所用药串的药卷位置应错开,以便充分利用炸药效能。

⑤保证光面爆破眼同时起爆。据测定,各炮眼的起爆时差超过 0.1 s 时,就同于单个炮眼爆破。使用即发雷管与导爆索起爆是保证光面爆破眼同时起爆的好方法,同段毫秒雷管起爆次之。

⑥要为周边眼光面爆破创造临空面。这可以在开挖程序和起爆顺序上予以保证,并应注意不要使先爆落的石渣堵死周边眼的临空面。一个均匀的光面爆破层是有效地实现光面爆破的重要一环,应对靠近光面爆破层的辅助眼的布置和装药量给予特殊注意。

以上几点,是通过实践经验总结而来的有效措施。

3)预裂爆破

裂爆破实质上也是光面爆破的一种形式,其爆破原理与光面爆破原理相同。只是在爆破的顺序上,光面爆破是先引爆掏槽眼,接着引爆辅助眼,最后才引爆周边眼;而预裂爆破则是首先引爆周边眼,使沿周边眼的连心线炸出平顺的预裂面。由于这个预裂面的存在,对后爆的掏槽眼和辅助眼的爆炸波能起反射和缓冲作用,可以减轻爆炸波对围岩的破坏影响,爆破后的开挖面整齐规则。由于成洞过程和破岩条件不同,在减轻对围岩的扰动程度上,预裂爆破较光面爆破的效果更好一些。所以,预裂爆破很适用与稳定性差而又要求控制开挖轮廓的软弱岩层。但预裂爆破的周边眼间距和最小抵抗限都要比光面爆破的小,相应地要增多炮眼数量,钻眼工作量增大。

与光面爆破一样,理想的预裂效果关键在于保证连心线上的预裂面产生贯通裂缝,形成光滑的岩壁。但由于预裂爆破受到只有一个临空面条件的制约,采取的爆破参数及技术措施均较光面爆破的要求更严。

由于预裂爆破可以沿设计轮廓线裂出一条一定宽度的裂缝,对开挖岩石的破坏比较轻微,保持了岩体的完整性,所以在短短的十多年内,已在我国冶金、水电、煤炭、铁道等部门得到广泛应用。

10.5.2　炮眼参数

炮眼参数包括炮眼直径、炮眼数目和炮眼长度。

(1)炮眼直径

炮眼直径对凿岩生产率、炮眼数目、单位炸药消耗量和平整度均有影响。炮眼直径以及相应药径增加可使炸药能量相对集中,爆炸效果得以提高。但炮眼直径过大将导致凿岩速度显著下降,并影响岩石破碎质量,洞壁平整程度和围岩稳定性。因此,必须根据岩性、凿岩设备和工具、炸药性能等综合分析,合理选用孔径。药卷与炮眼壁之间的空隙通常为炮眼直径的10% ~ 15% 。

(2)炮眼数目

炮眼数目主要与开挖断面、岩石性质和炸药性能有关。炮眼数量应能装入所需的适量炸药,通常可根据各炮眼平均分配炸药量的原则来计算炮眼数目 N:

$$N = \frac{qS}{\alpha\gamma} \quad (\text{此处 } N \text{ 不包括未装药的空眼数}) \tag{10.1}$$

式中:q——单位炸药消耗量(由经验决定,一般 q 取 $1.2 \sim 2.4 \text{ kg/m}^3$);

S——开挖断面积，m^2；

α——装药系数，指装药深度与炮眼长度的比值，可参考表 10.3。

γ——每米药卷的炸药重量，kg/m，2 号岩石硝胺炸药的每米药卷质量见表 10.4。

表 10.3　装药系数 α 值

围岩类别 炮眼名称	IV、V	III	II	I
掏槽眼	0.5	0.55	0.60	0.65 ~ 0.80
辅助眼	0.4	0.45	0.50	0.55 ~ 0.70
周边眼	0.4	0.45	0.55	0.60 ~ 0.75

表 10.4　2 号岩石炸药每米质量 γ 值

药卷直径/mm	32	35	38	40	45	50
$\gamma/(\text{kg}\cdot\text{m}^{-1})$	0.78	0.96	1.10	1.25	1.59	1.90

(3)炮眼长度

炮眼长度，决定着每一掘进循环的钻眼工作量、出渣工作量、循环时间和次数以及施工组织。它对掘进速度的影响很大，对围岩的稳定性和断面超欠挖也有重大影响。因此，合理的炮眼长度，应是在隧道施工优质、安全、节省投资的前提下，能够防止爆破面以外围岩过大的松动，减少繁重支护，避免过大的超欠挖，又能获得最好的掘进速度的炮眼长度。它一般根据下列因素确定：

①考虑围岩的稳定性，并避免过大的超欠挖；

②考虑凿岩机的允许钻眼长度、操作技术条件和钻眼技术水平；

③考虑掘进循环安排，保证充分利用作业时间。

在围岩稳定性良好的情况下，为了充分发挥凿岩机的性能，提高掘进循环的效率。可采用深眼掘进；但宜通过试验定出一个合理的炮眼长度，以避免引起过大超欠挖的不良后果。在围岩稳定性差的地段，为了防止对围岩的过大扰动，宜实行浅眼爆破，以免引起坍塌。

根据围岩性质，所拥有的掘进设备的能力，结合以往的实践经验，便可初步作出掘进循环安排，进而确定合理的炮眼长度（一般为导坑宽度或高度的 0.5 ~ 0.85 倍）。

在隧道全断面开挖中，随着大型液压凿岩台车的使用和钻眼技术水平的提高，炮眼深度已由原来的 1.2 ~ 1.8 m 逐渐增至 2.5、3.0、3.5、4.0 m，有不少的隧道已采用钻深 5.15 m，钻孔直径 48 mm（中空孔直径为 102 mm）。总的说来，在每一掘进循环中，应考虑提高钻眼、出渣作业的效率，又使其他各项作业都能紧凑、顺利地完成这一原则，来确定合理的炮眼长度。

一个循环的时间 T，应事先初步规定，如每班 6（或 8）h 内完成一个或两个循环，则 T 为 6 或 3（8 或 4）h。每一循环中各项作业的时间可分析如下：

①钻眼时间 t_1

$$t_1 = \frac{NL}{mv} \tag{10.2}$$

式中：m——同时使用的凿岩机台数；

v——钻眼速度,m/min,可先根据 L 的大致值近似决定;

L——平均炮眼长度,m。

②装药时间 t_2

$$t_2 = \frac{Nt'}{n} \tag{10.3}$$

式中:t'——一个炮眼的装药时间,min;

n——同时装药的放炮工数目。

在有自动装药机的工地,装药时间当可根据实测统计资料确定。

③起爆及通风时间 t_3

$$t_3 = 15 \sim 30 \text{ min} \tag{10.4}$$

采用无轨运输的独头隧道通风时间长达 1 h(如大瑶山隧道出口)。

④装渣时间 t_4

$$t_4 = \frac{\eta L S \sin\theta}{\rho} \tag{10.5}$$

式中:ρ——按实方计算的实际装渣生产率,m^3/min;

η——炮眼利用系数,可估计为 $0.75 \sim 0.95$;

θ——炮眼与开挖面所成的平均角度。

⑤其他时间 t_5

此时间应包括在开挖面设置钻眼和装渣机械与清除危石的时间,以及其他时间损失等,按实际情况估算。

根据上列五项时间应得出:

$$T = t_1 + t_2 + t_3 + t_4 + t_5 \tag{10.6}$$

由此可推导出在规定循环时间完成各项作业的炮眼长度为:

$$L = \frac{T - \left(\frac{Nt'}{n} + t_3 + t_5\right)}{\frac{N}{mv} + \frac{\eta S \sin\theta}{\rho}} \tag{10.7}$$

以上是传统施工中所采用的计算炮眼长度的方法。采用喷锚支护施工时,还应考虑增加喷锚 t_6 和位移量测 t_7 两项作业时间,按照式(10.7)可得炮眼长度为:

$$L = \frac{T - \left(\frac{Nt'}{n} + t_3 + t_5 + t_6 + t_7\right)}{\frac{N}{mv} + \frac{\eta S \sin\theta}{\rho}} \tag{10.8}$$

10.5.3 电爆破网络

在隧道的一个工作面上,往往一次要起爆几十发至两百发左右炮眼。为了准确起爆,最好采用电起爆。其最大特点是可以用仪表检查电雷管的质量和起爆网络的连接情况,从而保证起爆网络的正确性和可靠性。只要网络设计正确,计算无误,就能保证安全起爆。非电起爆在有瓦斯的环境下不准采用,而电起爆则可以,所以电起爆的适用范围较广。主要缺点是准备工作比较复杂,需要一定的电力设备,网络设计计算较繁,相对于导爆管起爆而言,不易广泛推广使用。

采用电起爆法需要将电雷管联成电爆网络,以便从母线输入电流后,每一雷管都能接受足够的电流而起爆。

(1)电雷管的起爆热量

电雷管中引火剂点火的热源,是桥丝通电后所放出的热量,如果不考虑热损失,则根据焦耳—楞次定律,桥丝产生的总热量为:

$$Q_1 = 1.004\ 832RI^2t \tag{10.9}$$

式中:I——电流,A;

　　R——桥丝电阻,Ω;

　　t——桥丝通电时间,s。

根据热容量公式,将桥丝由初温(可略去不计)加热至某一温度所需的热量为:

$$Q_2 = 4.186\ 8CMT \tag{10.10}$$

式中:C——桥丝材料的比热容,cal/(g·℃);

　　M——桥丝的质量,g;

　　T——引火药剂的反应温度,℃。

为了使引火剂点燃,必须保证通过一定的电流,即保证达到引火剂反应温度 T 所需的热能 Q_2,使 $Q_1 > Q_2$。

从式(10.9)中可看出,当 I 和 t 为定值时,若 R 不同,则所放出的热量也不同,这就会使成组电雷管爆破网络中有的电雷管早爆,有的拒爆。因此,对一组中各个电雷管的电阻值差数有一定要求,其极限允许差值是:电阻值在 1.25 Ω 以下时,上下不得超过 0.25 Ω;电阻值大于 1.25 Ω 时,上下不得超过 0.3 Ω。在洞室大爆破中,起爆体内两个并联的电雷管最好选用电阻值相等的,或相差最多不超过 0.1 Ω 为宜。

一个电雷管的全电阻 R 是它的桥丝电阻和脚线电阻的总和。我国工业雷管的常用电阻值参见表 10.5。

表 10.5

脚线材质	桥丝材质	电阻/Ω		
		桥丝电阻	全电阻①	允许误差
铜丝	康铜	0.8	1.2	±0.15
	镍铬	3.0	3.4	±0.42②
铁丝	康铜	0.8	3.2	±0.13
	镍铬	3.0	5.4	±0.40③

注:①脚线长 2.0 m;②测全电阻误差;③测桥丝电阻误差。

(2)电雷管的最低准爆电流和最高安全电流

在一定的持续时间内,电雷管通以恒定的直流电,将桥丝加热到能点燃引火剂的温度的最低电流,称为电雷管的最低准爆电流。它表示电雷管对电流的敏感程度。康铜桥丝的电雷管最低准爆电流为 0.4~0.8 A,镍铬合金桥丝的电雷管最低准爆电流为 0.2~0.4 A。成组电雷管的最低准爆电流应比单个电雷管的大。提高成组电雷管的准爆电流,可保证电流回路中不出现拒爆的电雷管。

在较长时间内(5 min),电雷管通以恒定的直流电流,不致点燃引火剂的最大电流,称为最高安全电流。它是电雷管对于电流的一个安全指标,是选定测量电雷管仪表的重要依据。国产电雷管的最高安全电流:康铜丝的为 0.3 A,镍铬丝的为 0.125 A。爆破安全规程中规定,用于量测电雷管的仪器,其输出电流不得超过 30 mA。

(3)电爆网络的设计

在爆破工程中,电爆网络可以设计成串联、并联、混合联三种形式。

1)串联

串联的优点是:消耗电能小,接线简单,易于操作,便于检查,导线消耗少。缺点是:一个雷管不通,会造成全部雷管拒爆;或因敏感度高的雷管先爆而使电路中断,造成其他雷管拒爆。为了提高这种网络的准爆可靠性,实际爆破中也常来用复式串联网络。

2)并联

并联的优点是不致因为其中一个雷管断路而引起其余雷管拒爆。缺点是电爆网络总电流大,需要断面较大的母线,连接线消耗多,漏接雷管不易发现。此外,当各雷管电阻不同,通过电流就不同,可能产生拒爆现象。这种方法适用于导坑等小断面爆破。

3)混合联

混合联可分为串并联和并串联两种。混合联是实际工作中采用较多的方法。它要求各支路的电阻基本平衡,否则会造成瞬发雷管发火时间的差异,更会造成毫秒雷管秒量的额外误差。

10.5.4 塑料导爆管非电起爆网络

导爆管起爆法问世以来,由于其显示的优越性,目前在无瓦斯隧道爆破施工中受到越来越大的欢迎,得到迅速推广。

(1)导爆管起爆系统的工作过程

导爆管起爆系统如图 10.23 所示。它包括三个组成部分:起爆元件,传爆元件和末端工作元件。

起爆系统的工作过程是:导火索点燃后引爆雷管,从而使传爆元件中的导爆管起爆传爆,当导爆管传爆到连接块中的传爆雷管时,雷管起爆,再引起周围的导爆管起爆和传爆,这样连续传爆下去,使所有炮眼炸药起爆。

(2)起爆网络

在隧道爆破中,炮眼比较密集,把各炮眼塑料导爆管联结在一起的常用方法是集束联结法,如图 10.24 所示。

整个爆破网络的设计,采用串联、并联或串并联都很方便。但对于隧道爆破,实践证明以并联网络较好。图 10.25 所示即为弧导光面爆破采用并联网络的实例。网络连接应由里向外,并防止起爆雷管附近有其他联线交错,以避免传爆雷管击断导爆管。

利用导爆管起爆系统的起爆性能和用法,可以实行网络的孔外控制微差爆破。孔外控制微差爆破,是在各炮眼内装非电瞬发雷管,而在孔外装非电毫秒雷管作为传爆雷管来实现微差爆破;它操作简便,不易出错。对于大断面爆破,为了解决毫秒雷管段数不足的问题,可以进行

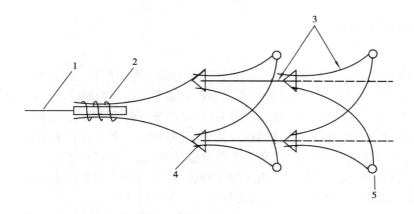

图 10.23

1—导火索;2—8 号雷管及胶布;3—导爆管;4—连接块;5—炮眼

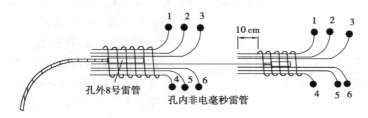

图 10.24　炮眼旁数字为非电毫秒雷管段别

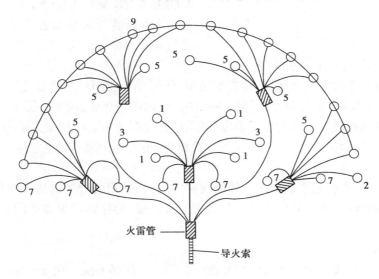

图 10.25　炮眼旁数字为毫秒雷管段别

孔内外延期相结合的控制微差爆破,以增加起爆段数。孔内控制微差爆破已是隧道爆破的常用方法,但设计、操作都要求较严,且易出差错,影响效果。

　　导爆管非电起爆系统网络联结简单,操作方便,安全可靠,技术先进。但不能像电爆网络那样用仪表来检查网络,因此,操作应仔细,网络连接好后,要作细致的直观检查,确认无误再起爆,以免产生瞎炮。

10.5.5　装药及起爆

(1)装药

装药及起爆工作的好坏与爆破效果和爆破工作的安全密切相关。装药前要检查炮眼位置和长度是否符合设计要求,并进行清渣排水。装药时要严格按照炮眼的设计装药量装填,可以按设计要求连续装药,或间隔装药,或不偶合装药,总的装药长度不宜超过炮眼深的2/3,靠炮眼口的剩余长度用炮泥堵塞好。装药结构可分为三种方式:一是起爆药卷放在靠近眼口的第二个药卷位置,雷管聚能穴朝向眼底,称为正向起爆装药;二是起爆药卷放在靠近眼底的第二个药卷位置,雷管聚能穴朝向眼口,称为反向起爆装药;第三种方式为起爆药卷放在炮眼装药中部,称为双向起爆装药。图10.26所示为常用的连续装药结构。

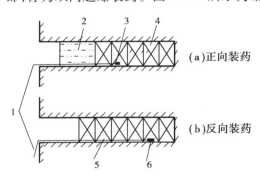

图 10.26
1—引线;2—炮泥;3,6—引爆药卷;
4,5—普通药卷

过去多采用正向装药结构,经多年来国内外实践证明,反向装药能提高炮眼利用率,减少瞎炮,减少岩石破碎块度,增大抛渣距离和降低炸药消耗量,炮眼越深,效果越好。但反向装药结构的雷管脚线长,装药麻烦。在有水炮眼中起爆易受潮拒爆。机械化装药时,易产生静电引起早爆,也不宜于炮眼较浅(小于 1.5 m)的场合。

间隔装药是在药卷之间留出一定的空隙,使药量分散以使爆力沿孔长分布均匀,药卷之间的距离由现场通过殉爆实验确定。

不偶合装药时药卷置于炮眼孔的中央,药卷与孔壁间留有空气间隙。为了保证药卷位置准确居中定位,可采用塑料扩张套管定位。

深眼爆破有利于提高掘进速度,但在使用中可能会产生所谓"管道效应"的现象。管道效应的现象有多种,其原因错综复杂。深眼爆破中产生的中途熄爆,药卷不能全部爆炸即是现象的一种。为了克服管道效应所造成的熄爆,可采用合理的装药结构和增大装药直径,并选用合适的不偶合系数。此外,采用新型炸药(如乳胶炸药)也有利于减弱管道效应。

(2)起爆

在工程爆破中,根据起爆的原理和使用器材的不同,通用的起爆方法大致可分为两种:非电起爆法和电起爆法。非电起爆法又可分为火雷管起爆、导爆索和导爆管起爆。电起爆法是应用电雷管起爆。

1)非电起爆

火雷管起爆是把火雷管和导火索结合在一起的一种起爆方法。用导火索的火花首先引爆火雷管,利用火雷管的爆炸能量使引爆药卷爆炸,进而使全部装药爆炸。

使用导火索起爆,器材较简单,操作容易;但不能使多个炮眼同时起爆,也不能进行准确的延期起爆,只宜于炮眼不多的场合。

导爆索起爆是不需要采用引爆炸药的雷管,而可直接引爆炸药的一种方法,故亦称为"无雷管起爆法"。导爆索的一端直接插入孔底炸药中,另一端用火雷管引爆导爆索本身,从而传爆至炮眼引爆炸药。

2）电起爆

电雷管起爆的可靠程度与导线、电雷管、电源本身的质量以及电爆网络连接是否正确有关。电雷管的选择及电爆网络设计已在前面作过介绍,现介绍对于导线、检测仪表和电源的要求。

①导线。应要求电阻系数小,导电率高;绝缘耐压 250 V 或 500 V。有一定强度和韧性,不易断裂等。母线断面应不小于 0.75 mm^2,开挖面附近的连接线直径应不小于 0.6 mm。

②检测仪表。为了保证起爆线路的质量,电雷管在使用前必须经过一定的检查,包括电阻检验,安全电流试验,延期秒量试验,雷管串联试验等项。还要用线路电桥测量整个网络的总电阻是否与计算数值相符,如检测值小于计算值时,或大于计算值的 10% 时,应找出原因,消除故障。

③起爆电源。电起爆的电源,可根据网络所需准爆电流的大小,选用放炮器、干电池、蓄电池、移动式发电站、照明电力线、电力动力线等。移动式发电站、照明电力线、电力动力线是电起爆中最可靠的电源;但使用时不能将母线直接接到电力线上,必须设置爆破开关站。

3）瞎炮的处理

在爆破过程中,炮眼装药未能起爆,称为拒爆,亦即瞎炮。

为了取得良好的爆破效果,必须预先防止瞎炮的发生。应选用合格的炸药和雷管以及其他起爆材料,清理好炮眼中积水和残渣。在装药、堵塞、网络联结等各项操作中,严格按照有关操作细则进行。

瞎炮产生后,应封锁现场,查明原因,采取相应处理措施。一般可以采用二次爆破法、炸毁法及冲洗法等三种方法。

10.6　隧道支撑及衬砌施工

10.6.1　概述

在地层中开挖出导坑后,出现了岩壁临空面,改变了围岩的应力状态,产生了趋向隧道内的变形位移。同时,由于开挖扰动以及随时间推移的变形量的增长,又降低了围岩的强度。当围岩应力超过围岩强度时,围岩的变形发展过大,从而造成失稳;其表现通常为围岩向洞内的挤入、张裂、沿结构面滑动,甚至最后发生坍塌。

围岩的变形是个动态过程。对于坚硬稳固的围岩,开挖成洞后其强度足以承受重分布后的应力,因而不致失稳。但对于破碎、软弱围岩,开挖后随着暴露时间的增加,变形随着发展,就会造成失稳。尤其是在隧道拱部、洞口、交叉洞以及围岩呈大面积平板状且结构面发达的部位,更易失稳。

因此,为了有效地约束和控制围岩的变形,增强围岩的稳定性,防止坍方,保证施工和运营作业的安全,必须及时、可靠地进行临时支护和永久支护。临时支护的种类很多,按材料的不同和支护原理的不同有:木支撑、钢支撑、钢木混合支撑、钢筋混凝土支撑、锚杆支护、喷射混凝土支护、锚喷联合支护等。永久支护一般是采用混凝土衬砌。

各种临时支护的合理选用与围岩的稳固程度有关。一般说来,Ⅰ级围岩不需临时支护;

Ⅱ级围岩采用锚杆支护;Ⅲ~Ⅳ级围岩采用喷射混凝土支护、锚杆喷混凝土联合支护、锚杆钢筋网喷混凝土联合支护;Ⅴ级围岩采用喷射混凝土钢支撑联合支护或其他支撑支护;Ⅵ级围岩采用木、钢、钢木混合支撑或钢筋混凝土支撑。对于Ⅰ级及Ⅰ级以上围岩,可以先挖后支,支护距开挖面距离一般不宜大于5~10 m;Ⅳ~Ⅴ级围岩随挖随支,支护需紧跟工作面;Ⅴ~Ⅵ级围岩先支后挖。

如条件合适,应尽量将临时支护与永久支护结合采用。

10.6.2　钢木支撑

(1)钢支撑

钢支撑具有承载力大,经久耐用,倒用次数多,占用空间小,节约木材等优点;但一次投资,费用高,比木支撑重,装拆不便。一般适于在围岩压力较大的隧道施工中使用。

钢支撑一般采用10~20号工字钢、槽钢、8~28 kg/m的钢轨等制成,其形式有钢框架、钢拱架、全断面钢拱架、无腿钢拱支撑等。钢框架一般为直梁式(图10.27),当围岩压力较大时可采用曲梁式,多用于导坑支护。钢拱架适用于先拱后墙法施工的隧道。全断面钢拱架(图10.28)适用于全断面开挖后需支护的隧道。无腿钢拱支撑适用于全断面开挖后拱部稳定性较差而侧壁较稳定的情况。

图10.27

(a)无托梁

(b)有托梁

图10.28

钢支撑的间距应根据围岩压力的大小和支撑杆件的断面尺寸计算分析,并参照工程类比予以确定,一般为0.6~1.2 m。各排钢拱之间应用槽钢、角钢等做好纵向联结,保证支撑的纵向稳定。对于围岩压力很大而施工困难的地段,可将钢拱架焊接为整体,与锚喷支护联合使用,或完全埋入混凝土衬砌中,成为永久支护的一部分。在此情况下,为了增强钢拱架与混凝土的黏结力,多采用螺纹钢筋焊接制成的花拱。为了适应隧道爆破后岩面轮廓凹凸起伏较大的情况,有的施工单位也采用不规则多边形钢拱架与喷射混凝土联合支护。

(2)木支撑

木支撑是传统的支撑方式,它具有易加工、质量轻、拆装运输方便等优点。其形式主要有框架或半框架式支撑、拱形支撑、无腿支撑等。可用于导坑、拱部扩大、挖底、马口、下导坑漏斗棚架以及洞口等部位的支撑,各部位的支撑均各有其特点,但又大同小异,比较复杂的是拱部扩大支撑。

木支撑一般使用圆木、梁、柱等主要杆件的梢径不应小于20 cm,纵撑等杆件应不小于15 cm,木板厚度不小于5 cm。木材应使用坚固、有弹性、无显著节疤、无破裂多节的松木和杉木,脆性木材不宜使用。

由于木支撑易损坏,倒用次数少,利用率低,消耗大量木材,且占用净空多,不利于机械化施工,故应尽量不用。只宜在抢险应急场合用之。

当需要使用木支撑而围岩压力又较大时,也可用钢木混合结构支撑。

采用钢筋混凝土支撑可节约大量木材和钢材,在煤矿开挖中使用很普遍。其耐久性虽好,但构件笨重,受撞击时易折断,运输安装不便,所以在公路隧道施工中,一般只在平行导坑、斜井、横洞等辅助坑道中做临时支撑用。

10.6.3　锚喷支护

锚喷支护是目前通常采用的一种围岩支护手段。采用锚喷支护可以充分发挥围岩的自承能力,并有效地利用洞内的净空,既提高了作业的安全性,又提高了作业效率;它能适应软弱岩层和膨胀性岩层中隧道的开挖;它能用于整治坍方和隧道衬砌的裂损。

锚喷支护包括锚杆支护、喷射混凝土支护、喷射混凝土锚杆联合支护、喷射混凝土钢筋网联合支护、喷射混凝土与锚杆及钢筋网联合支护、喷钢纤维混凝土支护、喷钢纤维混凝土锚杆联合支护,以及上述几种类型加设型钢(或钢拱架)而成的联合支护。前五种为常用的基本类型,后两类较少使用。

锚喷支护施工详见有关章节,此处从略。

10.6.4　模筑混凝土衬砌

公路隧道作为地下结构物,除了应满足公路运输在使用上的要求外,还必须具有耐久性。一般除了地质坚硬、不易风化的Ⅰ级围岩外,都应施作混凝土衬砌。所以,模筑整体混凝土衬砌在传统上就是持久保证隧道功能的重要结构。

对于采用喷锚支护技术施工的隧道,一般为了饰面或增加安全度的需要,也需在施作喷锚支护(称作一次衬砌),且在围岩变形基本稳定之后,现场浇筑整体混凝土衬砌(称作二次衬砌)。二次衬砌除了起饰面和增加安全度的作用外,实际上也承受了在其施工后发生的外部水压,软弱围岩的蠕变压力,膨胀性地压,或者浅埋隧道受到的附加荷载等。

因此,模筑混凝土衬砌仍然是公路隧道的重要支护形式。

(1)模筑混凝土的材料与级配

模筑混凝土的材料与级配,应符合隧道衬砌的强度和耐久性要求,同时必须重视其抗冻、抗渗和抗浸蚀性。

1)水泥

拌制混凝土的水泥,可用硅酸盐水泥、普通硅酸盐水泥、火山灰质硅酸盐水泥、粉煤灰硅酸盐水泥和快硬硅酸盐水泥等,必要时也可采用其他特种水泥。

水泥品种应根据混凝土结构所处的环境条件和工程需要来选择,水泥标号应根据所配制的混凝土标号选定,一般对 C30 以下的混凝土,水泥标号与混凝土标号之比,可为 1.2 ~ 2.2。所以,隧道衬砌以选用不小于 325 号的普通硅酸盐水泥较合宜。

2)砂子

拌制混凝土的细骨料应采用坚硬耐久、粒径在 5 mm 以下的天然砂或机制砂。砂中不应有黏土团块、炭煤、石灰、杂草等有害物质混入。

3)石子

拌制混凝土用的粗骨料,应为坚硬耐久的碎石、卵石或两者的混合物,颗粒级配为连续级配。当通过试验,具有充分技术、经济依据时,也可采用其他的颗粒级配。

石料的强度,以岩石试件在充水饱和状态下的抗压极限强度与混凝土设计强度之比来表示。对于大于或等于 C30 的混凝土,不应小于 200%;对于小于 C30 的混凝土,不应小于 150%,并不小于 30 MPa。

石子中不得混有风化石块、黏土团块或有机杂质,颗粒表面不得黏附有黏土包裹层,并严禁混入受过煅烧的白云石块或石灰石块。

4)外加剂和混合料

为了改善和提高混凝土的各种技术性能,以满足施工工艺和工程质量要求,可在拌制混凝土时适当掺入各种类型的化学外加剂。按作用的不同,外加剂可分为早强剂、减水剂、加气剂、防冻剂、密实剂(防水剂)和缓凝剂等。使用前必须经过试验,确定其性质、有效物质含量、溶液配制方法和最佳掺量。

根据施工实际情况,也可在拌制混凝土时掺入具有胶凝性和填充性的混合材料,以改善混凝土的技术性能,满足施工工艺要求和节省水泥。混合材可采用经专门单位适当加工,质量符合规定标准的天然或人工的矿物质原料,如硅藻土、硅藻石、火山灰、凝灰岩、页岩灰、粉煤灰、粒化高炉矿渣等。混合材在使用前应进行材质鉴定和掺入量试验,测定不同掺加量对混凝土性能的影响,确定最佳掺入量。

5)水

普通混凝土用水的要求与喷射混凝土相同,其要点已如前述。凡能供饮用的水,均可拌制混凝土。

(2)模筑混凝土衬砌的施工

模筑混凝土衬砌是隧道施工的一个重要部分,衬砌施工质量直接影响隧道的使用寿命。因此,施工中必须满足设计要求,严格遵照《公路隧道施工技术规范》的规定,以确保工程质量。

衬砌施工顺序,一般有先墙后拱,或先拱后墙两种方式;在全断面开挖时,则应尽量使用金属模板台车灌注混凝土整体衬砌。

1)衬砌施工的准备工作

在衬砌工作开始前,要进行中线和水平测量,检查开挖断面是否符合设计要求,欠挖部分应予修凿。然后放线定位,架设衬砌模板支架或拱架。

先墙后拱法施工,应按线路中线确定边墙模板的设计位置;然后搭设工作平台灌注边墙混凝土,如图 10.29 所示。整个支架模板系统必须牢靠,以免灌注混凝土时发生变形、移动和倾倒,特别应防止支架模板系统向隧道内凸出而使衬砌侵入限界。灌注前应清除边墙基底的虚渣和污物,排净积水。

对于先墙后拱法施工,拱架是架设在墙架的立柱上。先拱后墙法施工时,拱架的架设是在复核检查中线及拱部净空无误后,在拱脚放线定位,直接支承在地层上,现场广泛采用 38 kg/m 的旧钢轨弯制成的钢拱架。为了运输和拆装方便,每根钢拱架分成左右两片。架立时在拱顶处用钢夹板和螺栓连接起来,采用不同长度的夹板,就能得出不同加宽值 W 的衬砌断面。

拱架的标高要预留沉落量,先墙后拱法不大于 5 cm,先拱后墙法见表 10.6,并应在施工过程中按实际情况加以校正。另外,考虑到测量和施工误差,以及灌注混凝土时拱脚内挤,为了保证设计净空,拱架的拱脚每侧应加宽 5 ~ 10 cm,拱矢加高 5 cm。

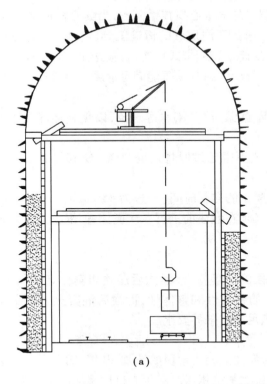
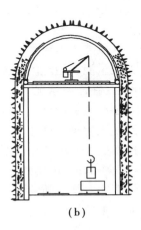

（a）　　　　　　　　　　　　　　　　　　（b）

图 10.29

表 10.6　先拱后墙法施工拱架预留沉降量

围岩类别	Ⅱ及Ⅱ以上	Ⅳ	Ⅴ	Ⅵ
预留沉落量/cm	≤5	5～10	10～15	15～20

拱架和边墙模板支架的间距,应根据衬砌地段的围岩情况、拱圈跨度和衬砌厚度,并结合模板长度来确定,一般采用 1 m,最大不超过 1.5 m。各拱架和边墙模板支架之间应设置纵向拉杆,最后一排应加设斜撑,并联结牢靠。

目前,现场亦多采用钢模板,但应注意在使用中尺寸型号要配套,并要经常将已有变形的钢模板予以修整,以保证衬砌尺寸准确、表面平顺光滑。

2）混凝土的制备与运输

①配料。在混凝土制备中应严格按照选定的原材料重量配合比配料,特别要严格控制加水量,保证水灰比的正确性。使混凝土硬化后能获得设计所要求的强度和耐久性,又使拌和物具有施工要求的和易性。新拌和好的混凝土的坍落度,在边墙处为 1～4 cm,拱圈及其他施工不便之处为 2～5 cm。

②搅拌。混凝土的拌和,一般应采用机械搅拌。搅拌机有自落式和强制式两类,前者适于拌和低流动性和塑性混凝土,后者适用于拌和干硬性混凝土。隧道工程中大多采用自落式鼓筒搅拌机,其容量有 400 L、800 L、1 200 L、2 400 L 等规格。

混凝土拌和要保证足够的搅拌时间,应搅拌至各种组成材料混合均匀,颜色一致;石子表

271

面应被砂浆包裹。如出料情况不符合上述要求,可适当延长搅拌时间。

③混凝土的运输。混凝土可在设于隧道洞口外的中心搅拌站制备,当隧道较长时,也可在洞内设临时搅拌站进行拌和工作。把混凝土输送到灌注地点的运输工具,可结合工地情况选用,常用的有斗车、手推车、自卸汽车、搅拌车、吊筒、吊斗、带式输送机,输送泵等。

为了确保混凝土质量,在选用运输工具时,都应考虑其是否能满足混凝土运输过程中的如下几点要求:

a. 混凝土在运输过程中不得发生分层离析、漏浆、严重泌水等现象,以免破坏混凝土的均匀性。

b. 运至浇筑地点时,混凝土的坍落度损失值不得超过原规定的30%,使其仍有较好的流动性。

c. 从搅拌机出料到捣固完毕,不得超过混凝土的初凝时间(一般为45 min)。

如运至浇筑地点的混凝土有离析现象时,必须在灌注前进行二次搅拌;但混凝土从搅拌机中卸出后,在任何情况下均不得再次加水。

3)混凝土的灌注

混凝土衬砌在灌注以前,必须作好对灌注段的清理检查,灌注后还须切实作好捣固工作。认真地做好这两项工作,才能保证衬砌混凝土的密实性和整体性,拆模后混凝土表面平整光滑,无蜂窝、麻面,内实外光,衬砌内轮廓线能满足净空限界要求。

①灌注混凝土前的清理工作

混凝土灌注前应按规范规定和设计要求对灌注混凝土地段的地基、基岩、旧混凝土面进行清理和准备工作。必须清除基底虚渣和污物,排除基坑积水。对于先拱后墙法施工的拱圈,灌注前应将拱脚支承面找平。

模板和钢筋上的杂物应清除干净。模板接合如有缝隙应嵌塞严密,防止模板走动和漏浆。

②灌注混凝土的技术要求与顺序

衬砌的混凝土灌注应划分环节进行,在松软地层一般每个环节长度不超过6 m。混凝土灌注时的自由倾落高度不宜超过2 m。

混凝土应分层灌注,每层厚度根据拌和能力、运输条件、灌注速度、捣固能力等决定,一般不超过表10.7的规定。

表 10.7

捣固方法		灌注层厚度/cm
用插入式振动器		振动器作用部分长度的1.25倍
用表面 振动器	无筋或配筋稀疏的结构	25
	配筋密列的结构	15
用附着式振动器		30
人工捣固		20

混凝土灌注必须保证其连续性。灌注层之间的时间间隔,应能使混凝土在前一层初凝前灌注完毕。否则,如必须中断灌注时,应按照施工接缝进行处理,才能继续灌注。务使衬砌具有较好的整体性。

灌注边墙混凝土时,要求两侧混凝土保持分层对称地均匀上升,以免两侧边墙模板受力不均匀而倾斜或移位。

灌注拱圈混凝土时,应从两侧拱脚开始,同时向拱顶分层对称地进行,层面应保持辐射状。当灌注到拱顶时,需要改为沿隧道纵向进行灌注,边灌注边铺封口模板,这种封顶称为"活封口"。当衬砌灌注到最后一个节段时,只能在拱顶中央留出一个 50 cm × 50 cm 的缺口,进行"死封口"封顶,如图 10.30 所示。

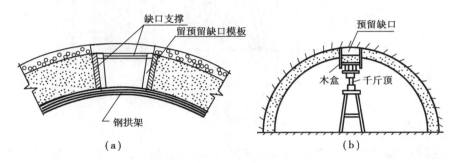

图 10.30

③混凝土捣固

混凝土的捣固工作,应使用振动器进行。在无条件使用振动器时,允许人工捣固。振动器捣固可产生强烈的机械振动,克服混凝土拌和物颗粒间的摩擦力和黏聚力,增强了砂浆的流动性,使骨料滑动下沉,使砂浆填满骨料间的空隙,气泡上浮;同时也使拌合物填满模板的各个角落。

振动器按工作方式分有插入式内部振动器、表面(平板)振动器、附着式振动器等。隧道衬砌混凝土施工中应用最多的是插入式振动器。

振动延续时间,应保证混凝土获得足够的密实度,但也要防止振动过量。若用人工捣固时,应保证捣固密实。

4)混凝土养护与拆模工作

为保证混凝土有良好的硬化条件,防止早期干缩产生裂纹,应在灌注后 12 h 内,根据气候条件,使用适当的材料覆盖混凝土的外露面,洒水养护,并做好受冻害范围的防寒保温工作。

洒水养护时间,应根据养护地段的气温、空气相对湿度和使用的水泥品种来确定。

拱架、墙架和模板的拆除时间,应根据围岩压力、衬砌部位、环境温度、所用水泥品种和标号等因素确定,并应在满足有关的施工规则要求时方可拆模。

5)衬砌灌注中若干问题的处理

要使衬砌灌注质量良好,还须处理好如下几个问题:

①衬砌灌注中支撑及墙拱接口的处理

灌注衬砌时,支撑应逐步拆除,不得将支撑木料留在衬砌断面内。在围岩压力较大的地段,应使用预制混凝土短柱,先顶后拆,取出木料,如图 10.31 所示。衬砌断面以外的支撑及背材,除坍方地段不易拆除者外,亦均应拆除。衬砌背后未能取出的木料,应记明附于竣工文件。

先拱后墙法施工时,要注意墙顶与拱脚间的接口封填。如边墙用塑性混凝土灌注时,应在接近拱脚处留 7 ~ 10 cm 缺口,待 24 h 后,使先灌的边墙充分收缩,经过施工间歇处理,再以较干的混凝土紧密填实。如边墙用干硬性混凝土灌注时,墙顶封口可连续完成。

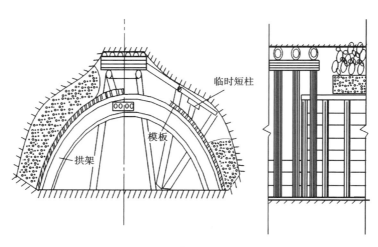

图 10.31

②回填与压浆

隧道拱圈和边墙背后的空隙必须回填密实,并应与混凝土灌注工作同时进行。用先拱后墙法施工时,拱脚以上 1 m 范围内,应用与拱圈同级的混凝土一起灌注。边墙基底以上 1 m 范围内,宜用与边墙同级的混凝土一起灌注。其余部位的回填,应根据围岩稳定情况、空隙大小确定。

在不良地质地段,除必须回填密实外,可视具体情况进行压浆加固。向衬砌背后压浆能填充衬砌与围岩之间的空隙,防止围岩进一步变形。压浆工作应在衬砌达到设计强度后或拱架拆除前及时进行,每段长度为 20 ~ 30 m,在衬砌两侧同时自下而上压注。

③仰拱的灌注

有抑拱的衬砌,在拱圈和边墙修筑后,就可修建仰拱。当底压力和侧压力较大时,每环衬砌的拱圈和边墙修好后,需立即修仰拱,然后再灌注下一环衬砌。灌注仰拱时必须把隧道底部的虚渣、杂物及淤泥清除干净。仰拱超挖部分,若在允许范围内,应用与仰拱同级的混凝土回填。超出允许范围的部分,应用浆砌片石或片石混凝土回填密实。

(3)模筑混凝土衬砌的综合机械化施工及其机具

在全断面开挖时,灌注整体式混凝土衬砌有着良好的条件来实行综合机械化。综合机械化是把配料、混凝土搅拌、运输、立模、灌注、捣固等主要施工过程的机械化配套进行,其中以机械化搅拌站、混凝土输送泵和活动式模板的配套使用为主。目前,隧道工地采用的混凝土搅拌站分为集中搅拌式和分散搅拌式两种。对于长隧道或隧道群施工,现在都趋向于集中搅拌式为主。

混凝土输送泵有风动输送泵和活塞输送泵两类。风动混凝土输送泵(图 10.32)是利用压缩空气将混凝土从钢罐内压入输送管中,并沿管道吹送到终端,经减压器降低速度和冲力而后卸出。风动输送泵装置的结构比较简单,操作方便,能间歇输送,每次压送后管道内没有剩余的混凝土拌合物,消耗动力少,清洗容易,故在灌注混凝土衬砌中得到广泛采用。

活塞式混凝土输送泵是利用活塞作用压送混凝土的机械,又可分为连杆式和液压式两种。图 10.33 所示为连杆活塞式混凝土输送泵的工作原理图。活塞泵的优点是能保证混凝土输送的连续性,生产效率较高。

使用混凝土输送泵时,为了不使混凝土在输送过程中发生离析和堵管现象,对混凝土的坍

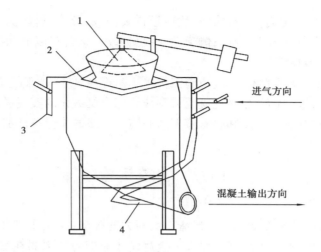

图 10.32

1—锥形阀;2—环形进气管;3—排气管;4—底部进气管

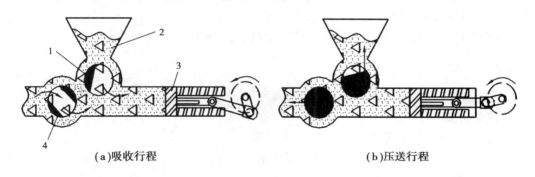

(a)吸收行程　　　　　　　　　　　　　　(b)压送行程

图 10.33

1—吸入阀;2—盛料漏斗;3—活塞;4—压出阀

落度、水灰比、水泥用量、最大骨科粒径都有较严格的要求。坍落度以 5～10 cm 为佳,如要增加混凝土的流动性,可掺加塑化剂。水灰比在 0.5～0.6 为好,水灰比过大易引起混凝土离析。水泥用量不宜少于 300 kg/m³。粗骨料最大粒径,除符合一般混凝土施工要求外,尚需符合表 10.8 的要求。

表 10.8

输送管道的内径/mm	粗骨料最大粒径/mm	
	碎石	卵石
200	70	80
180	60	70
150	40	50

金属模板台车是衬砌灌注综合机械化的重要设备。它是用厚 4～6 mm 的钢板和型钢肋条组成模板壳,其长度视一次灌注的环节长度而定,约为 8～12 m。如适用于双线隧道施工的

275

GKK 型钢模板台车,总长度为 12 m,由 36 块模板拼装而成,分成拱模、侧模和底模,整个模板可上下左右移动,最大行程为 300 mm;侧模、底模可伸缩。该台车以电动机为自行动力,利用液压和螺旋千斤顶调节模板位置。

由于喷锚支护施工技术的推广,隧道施工技术不断提高,使得越来越多的软弱围岩中的隧道也可进行全断面开挖。从而,也为混凝土衬砌作业综合机械化的实现提供了更广阔的前景;对于减轻劳动强度、加快施工进度和改善隧道内务施工工序的作业条件都有很大意义。

10.7 出渣运输

出渣是隧道作业的基本作业之一。出渣作业能力的强弱,决定了它在整个作业循环中所占时间的长短(一般在 40% ~ 60%),因此,出渣运输作业能力的强弱在很大程度上影响施工速度。

在选择出渣方式时,应对隧道或开挖坑道断面的大小、围岩的地质条件、一次开挖量、机械配套能力、经济性及工期要求等相关因素综合考虑。

出渣作业可以分解为:装渣、运渣、卸渣三个环节,分述如下。

10.7.1 装渣

装渣就是把开挖下来的石渣装入运输车辆。

(1)渣量计算

出渣量应为开挖后的虚渣体积,可按下式计算:

$$Z = R \cdot \Delta \cdot L \cdot S \tag{10.11}$$

式中:Z——单循环爆破后石渣量,m^3;

R——岩体松胀系数,见表 10.9;

Δ——超挖系数,视爆破质量而定,一般可取 1.15 ~ 1.25;

L——设计循环进尺,m;

S——开挖断面面积 m^2。

表 10.9 岩体松胀系数 R 值

岩石类别	VI		V		IV	III	II	I
土石名称	沙砾	黏性土	砂夹卵石	硬黏土	石质	石质	石质	石质
松胀系数 R	1.15	1.25	1.30	1.35	1.6	1.7	1.8	1.85

(2)装渣方式

装渣的方式可采用人力装渣或机械装渣。人力装渣,劳动强度大,速度慢,仅在短隧道缺乏机械或断面小而无法使用机械装渣时,才考虑采用。机械装渣速度快,可缩短作业时间,目前隧道施工中常用,但仍需配少数人工辅助。

(3)装渣机械

装渣机械的类型很多,按其扒渣机构形式可分为:铲斗式、蟹爪式、立爪式、挖斗式。铲斗式装渣机为间歇性非连续装渣机,有翻斗后卸、前卸和侧卸式三个卸渣方式。蟹爪式、立爪式和挖斗式装渣机是连续装渣机,均配备刮板(或链板)转载后卸机构。

装渣机的走行方式有轨道走行和轮胎走行两种。也有配备履带走行和轨道走行两套走行机构的。轨道走行式装渣机须铺设走行轨道,因此其工作范围受到限制。但有些轨道走行式装渣机的装渣机构能转动一定角度,以增加其工作宽度。必要时,可采用增铺轨道来满足更大的工作宽度要求。轮胎走行式装渣机移动灵活,工作范围不受限制。但在有水土质围岩的隧道中,有可能出现打滑和下陷。

装渣机扒渣的方式不同,走行方式不同、装备功率不同,则其工作能力各不相同。装渣机的选择应充分考虑围岩及坑道条件、工作宽度及其与运输车辆的匹配和组织,以充分发挥各自的工作效能,缩短装渣的时间。

隧道施工中几种常用的装渣机有:

1)翻斗式装渣机

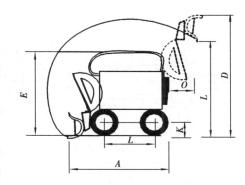

图 10.34　翻斗式装渣机

这种装渣机多采用轨道走行机构。它是利用前方的铲斗铲起石渣,然后后退并将铲斗后翻,把石渣倒入停在机后的运输车内,如图 10.34 所示。

翻斗式装渣机构造简单,操作方便,采用风动或电动,对洞内无废气污染。但其工作宽度一般只有 1.7 ~ 3.5 m,工作长度较短,须将轨道延伸至渣堆,且一进一退间歇装渣,工作效率较低,其斗容量小,工作能力较低,一般只有 30 ~ 120 m³/h(技术生产率),主要适用于小断面或规模较小的隧道中。

2)蟹爪式装渣机

这种装渣机多采用履带走行,电力驱动。它是一种连续装渣机,其前方倾斜的受料盘上装有一对由曲轴带动的扒渣蟹爪。装渣时,受料盘插入岩堆,同时两个蟹爪交替将岩渣扒入受料盘,并由刮板输送机将岩渣装入机后的运输车内,如图 10.35 所示。

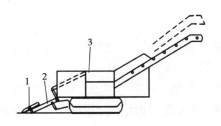 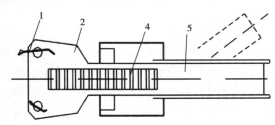

图 10.35　蟹爪式装渣机

1—蟹爪;2—受料盘;3—机身;4—链板输送机;5—带式输送机

因受蟹爪扒渣限制,岩渣块度较大时,其工作效率显著降低,故主要用于块度较小的岩渣及土的装渣作业。工作能力一般在 60 ~ 80 m³/h 之间。

3)立爪式装渣机

这种装渣机多采用轨道走行,也有采用轮胎走行或履带走行的。以采用电力驱动、液压控制的较好。装渣机前方装有一对扒渣立爪,可以将前方或左右两侧的石渣扒入受料盘,其他同蟹爪式装渣机,如图10.36所示。立爪扒渣的性能较蟹爪式的好,对岩渣的块度大小适应性强,轨道走行时,其工作宽度可达到3.8 m,工作长度可达到轨端前方3.0 m,工作能力一般在120～180 m³/h之间。

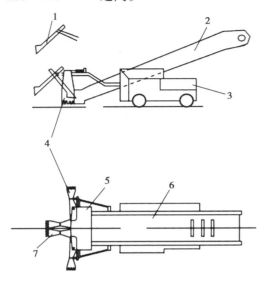

图10.36　立爪式装渣机

1—立爪;2,6—链板输送机;3—机体;
4—立爪(左右位置);5—机架;7—立爪(前方位置)

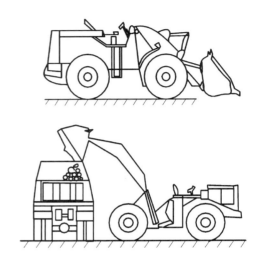

图10.37　轮胎走行铲斗式装渣机

4)挖斗式装渣机

这种装渣机(如ITC312 H4型)是近几年发展起来的较为先进的隧道装渣机。其扒渣机构为自由臂式挖掘反铲,其他同蟹爪式装渣机,并采用电力驱动和全液压控制系统,配备有轨道走行和履带走行两套走行机构。立定时,工作宽度可达3.5 m,工作长度可达轨道前方7.11 m,且可以下挖2.8 m和兼作高8.34 m范围内清理工作面及找顶工作。生产能力为250 m³/h。

5)铲斗式装渣机

这种装渣机多采用轮胎走行,也有采用履带或轨道走行的。轮胎走行的铲斗式装渣机多采用铰接车身,燃油发动机驱动和液压控制系统,如图10.37所示。

轮胎走行铲斗式装渣机转弯半径小,移动灵活;铲取力强,铲斗容量大,可达0.76～3.8 m³,工作能力强;可侧卸也可前卸、卸渣准确,但燃油废气污染洞内空气,须配备净化器或加强隧道通风,常用于较大断面的隧道装渣作业。

轨道走行及履带走行的铲斗式装渣机,多采用电力驱动。轨道走行装渣机一般只适用于断面较小的隧道中,履带走行的大型电铲则适用于特大断面的隧道中。

10.7.2　运输

隧道施工的洞内运输(出渣和进料)可以分为有轨运输和无轨运输两种方式。

有轨运输是铺设小型轨道,用轨道式运输车出渣和进料。有轨运输多采用电瓶车及内燃机车牵引,斗车或梭式矿车运渣,它既适应大断面开挖的隧道,也适用于小断面开挖的隧道,尤其适应于较长的隧道运输（3 km 以上），是一种适应性较强的和较为经济的运输方式。

无轨运输是采用各种无轨运输车出渣和进料。其特点是机动灵活，不需要铺设轨道，能适用于弃渣场离洞口较远和道路坡度较大的场合。缺点是由于多采用内燃驱动，作业时，在整个洞中排出废气，污染洞内空气，故一般适用于大断面开挖和中等长度的隧道中，并应注意加强通风。

运输方式的选择应充分考虑与装渣机的匹配和运输组织，还应考虑与开挖速度及运量的匹配，以尽量缩短运输和卸渣时间。必要时应作技术经济合理性分析，以求方案最佳。

（1）有轨运输

1）运输车辆

常用的轨道式运输车辆有斗车、梭式矿车。

①斗车。斗车结构简单，使用方便，适应性强。斗车运输是较经济的运输方式。按其容量大小可分为小型斗车（容量小于 3 m³）和大型斗车。

小型斗车轻便灵活，满载率高，调车便利，一般均可人力翻斗卸渣。在无牵引机械时还可以人力推送，它是最常用的运输车辆。大型斗车单车容量较大，可达 20 m³，须用动力机车牵引，并配用大型装渣机械装渣才能保证快速装运。根据斗车类型采用驼峰机构侧卸或翻车机构卸渣，对轨道要求严格，但可以减少装渣中调车作业次数，而缩短装渣时间。

②梭式矿车。梭式矿车采用整体式车体，下设两个转向架，车厢底部设有刮板式或链式转载机构，便于将整体车厢装满和转载或向后卸渣，如图 10.38 所示。它对装渣机械要求条件不高，能保证快速运输，但机构复杂，使用费较高。

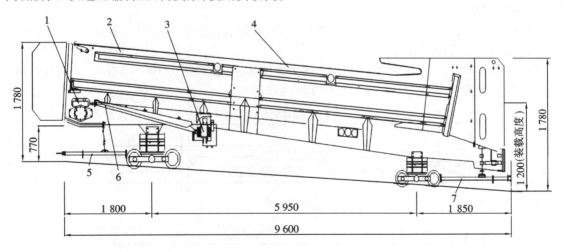

图 10.38　梭式矿车（尺寸单位：mm）

1—蜗轮减速器；2—前车体；3—电动机托架及链传动；
4—后车体；5—牵引杆；6—万向传动轴；7—搭接牵引杆

梭式矿车单车容量为 6 ~ 18 m³，可以单车使用，也可以 2 ~ 4 节搭接使用，以减少调车作业次数。其刮板式自动卸渣机构，可以向后（即码头前方）卸渣，也可以使前后转向架分别置于相邻的两股道上，实现向轨道侧面卸渣，扩大弃渣的范围。轨道间距应为 2.0 ~ 2.5 m，车体与轨道的交角可达 35° ~ 40°。

2）有轨运输牵引类型

常用的轨道式牵引机车有电瓶车、内燃机车,主要用于坡度不大的隧道运输牵引。当采用小型斗车和坡度较缓的短隧道施工时,还可以采用人力推送。

电瓶车牵引无废气污染,但电瓶须充电,能量有限。必要时可增加电瓶车台数,以保证行车速度和运输能力。

内燃机车牵引能力较大,但增加洞内噪声污染和废气污染。必要时,须配备废气净化装置和加强通风。

3）单线运输

单线运输能力较低,常用于地质条件较差或小断面开挖的隧道中。单线运输时,为调车方便和提高运输能力,在整个路线上应合理布设会让站(错车道)。会让站间距应根据装渣作业时间和行车速度计算确定,并编制和优化列车运行图,以减少避让等时间。会让站的站线长度应能够容纳整列车,并保证会车安全,如图 10.39 所示。

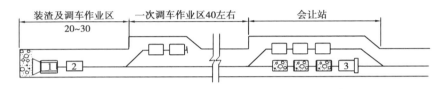

图 10.39　单线运输轨道布置
1—翻斗式装渣机;2—斗车;3—牵引电瓶车

4）双线运输

双线运输时,进出车分道行驶,无须避让等待,故通过能力较单线有显著提高。为了调车方便,应在两线间合理布设渡线。

渡线间距应根据工序安排及运输调车需要来确定,一般间距为 100 ~ 200 m,或更长,并每隔 2 ~ 3 组渡线设置一组反向渡线,如图 10.40 所示。

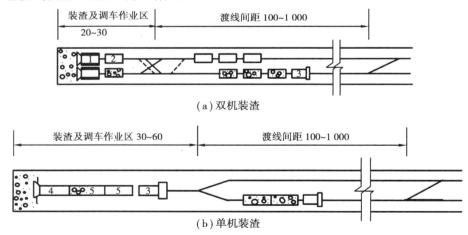

（a）双机装渣

（b）单机装渣

图 10.40　双线运输轨道布置(尺寸单位:mm)
1—翻斗式装渣机;2—斗车;3—牵引电瓶车;4—立爪装渣机;5—梭式矿车

5）工作面轨道延伸及调车措施

①工作面的轨道延伸,应及时满足钻眼、装渣、运输机械的走行和作业要求,并避免轨道延伸与其他工作的干扰。有时需延至开挖面,延伸的方法可以采用浮放"卧轨"、"爬道"及接短轨。待开挖面向前推进后,将连接的几根短轨换成长轨。

②工作面附近的调车措施,应根据机械走行要求和转道类型来合理选择确定,并尽量离开挖面近一些,以缩短调车的时间。

单线运输时,首先应利用就近的会让站线调车,当开挖面距离会让站较远时,则可以设置临时岔线、浮放调车盘或平移调车器来调车,并逐步前移。

双线运输时,应尽量利用就近的渡线来调车,当开挖面距渡线较远时,则可以设置浮放调车盘,并逐步前移。

6）洞口轨道布置

洞口外轨道布置包括卸渣线、上料线、修理线、机车整备线以及调车场等。

卸渣线应搭设卸渣码头,其重车方向应设置一段 0.5% ~ 1.0% 的上坡,并在轨端加设车挡,以保证卸渣车列安全。

其他各线均应满足使用要求,如图 10.41 所示。

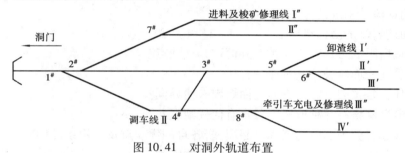

图 10.41　对洞外轨道布置

7）轨道铺设要求

①轨距常用的有 600 mm、762 mm、900 mm 三种。双线线间净距不小于 20 cm;单线会让站线间净间距不小于 40 cm。车辆距坑道壁式支撑净间距不小于 20 cm,双线不另设人行道,单线须设人行道,其净宽不小于 70 cm。

②轨道平面最小曲线半径,在洞内应不小于机车车辆轴距的 7 倍,洞外不小于 10 倍。使用有转向架的梭式矿车时,最小曲线半径不小于 12 m,并应尽量使用较大的曲线半径。

③洞内轨道纵坡按隧道坡度设置。洞外轨道除卸渣线设置上坡外,其余尽量设置为平坡或 0.5% 以下的纵坡。

④钢轨规格有 15 kg/m、24 kg/m、30 kg/m、38 kg/m、43 kg/m 几种,轨枕截面有 10 cm × 12 cm、10 cm × 15 cm、12 cm × 15 cm、14 cm × 17 cm（厚 × 宽）几种。钢轨和枕木的选择,应根据各种机械的最大轴重来确定,轴重较大时应选用较重的钢轨和较粗的枕木,枕木间距一般不大于70 cm。

⑤轨道铺设可利用开挖下来的碎石渣作为道砟,并铺设平整、顺直、稳固。若有变形和位移,应及时养护和维修,保证线路处于良好的工作状态。

（2）无轨运输

隧道用无轨运输车的品种很多,多为燃油式动力、轮胎走行的自卸卡车。载重量 2 ~ 25 t 不等。为适应在隧道内运输,有的还采用了铰接车身或双向驾驶的坑道专用车辆。

无轨运输车的选择应注意与装渣机的匹配,尤其是能力配套,充分发挥各自的工作效率,提高整体工作能力。此外,一般要求选用载重自重比大、体型小、机动灵活、能自卸、配有废气净化器的运输车。

洞内转向,还可以局部扩大洞径,设置车辆转向站,或设置机械转向盘。

思 考 题

10.1　公路隧道施工的特点?

10.2　全断面法、台阶法、分部开挖法的优缺点及适用条件?

10.3　试述新奥法施工中喷混凝土、锚杆、钢支撑各自所起的作用。

10.4　漏斗棚架法和上下导坑先拱后墙法各自的优缺点及适用条件?

10.5　简述隧道塌方处理的一般原则。

10.6　隧道的超前支护有哪几种? 试述其原理。

10.7　隧道的预加固一般采用的形式,并简述其原理。

10.8　简述流沙治理的方法。

10.9　简述岩爆的防治措施。

10.10　掏槽眼的形式有哪几种? 并简述其优缺点。

10.11　简述光面爆破的基本原理?

10.12　什么是预裂爆破? 它与光面爆破有何异同?

10.13　电爆网络有几种形式? 各自有何优缺点?

10.14　起爆可分为非电起爆和电起爆法,各自的优缺点及适用条件如何?

10.15　衬砌灌注过程中应注意和处理好哪些问题?

10.16　隧道中常用的装渣机械有哪些? 各自的优缺点及适用范围如何?

第**11**章
连拱隧道和小净距隧道

11.1 连拱隧道

11.1.1 概述

公路连拱隧道(Multi-arch Road Tunnel),一般称之为"M隧道"。其特点是:两洞紧紧相连,拱顶共同搭建在钢筋混凝土中隔墙之上;连拱隧道通常不长,多为中短规模,大多在500 m以内;连拱隧道因长度较短,导致其埋深较浅、围岩强风化破碎、地质条件较差;等等。

在山岭重丘区高等级公路建设中,路线经常会穿越小垭口或小山鼻的情况,由于路线选线的需要或受到其他因素的影响,一般存在三种可以选择的工程方案:路堑、小间距隧道和连拱隧道方案。只要路基边坡高度不小于40 m,且左右路幅难以拉开形成独立的左右线或拉开(增大)左右路幅需要增加较大的路基工程量时,考虑采用连拱隧道的方案。相对于大开挖的路堑方案,它有着不破坏自然景观和避免高边坡不稳定对安全营运造成威胁的隐患。与小间距隧道相比较,连拱隧道对两端接线地形要求不高,接线工程数量小且接线线型较为顺畅;在软弱围岩地段中,由于小间距隧道对中心岩柱处理的技术和施工工艺较为复杂,将会大幅增加投资,因此,往往采用连拱隧道方案。

连拱隧道是随我国公路建设的迅速发展而提出的新型大跨度隧道形式,其线型流畅,占地面积少,空间利用率高,避免了洞口路基或大桥分幅,与洞外线路连接方便;同时,在适应地形条件、环境保护以及工程数量上都具有优越性。

(1)连拱隧道适用范围

修建连拱隧道的适用范围主要有下列几种情况:

①洞口地形狭窄和地质条件在Ⅴ级围岩以下的岩石地层,当Ⅵ级围岩为主的软弱地质条件中常不采用连拱隧道形式。

②在特殊的地形下,若采用分离式隧道导致左右洞长度相差很大,或造成地面建筑受到影响,或洞外路基工程量过大,经济上明显不合理时常采用连拱隧道。

③在山岭重丘地形区内,在路基边坡不小于 40 m,且左右路幅难以拉开成独立的左右线时,或为避免大量的深挖高填的土石方工程量,减少自然环境的破坏,适宜采用成群成组兴建连拱隧道。

④在城市周边山丘,人口稠密,土地资源紧张,为减少地面房屋拆迁,保护自然景观和名胜古迹,满足日益增长的人流和交通量需要,更多地采用双连拱或多连拱隧道。

⑤由于连拱隧道造价较高和一些其他不足,目前在我国主要采用中短规模隧道。

(2)连拱隧道优点和不足

连拱隧道得到日益广泛应用,其原因是因它具有独自的优点。主要表现在特殊的山岭重丘地形和在城市周边有山丘阻碍城乡交通处,以及在人多地少经济活跃的山丘区,缩小了所占地下空间,提高了地下空间利用率,减少居民房屋拆迁和开挖土石方数量,有利于洞口和洞身的选择,缩短隧道长度,减少投资。

连拱隧道存在的不足主要表现在开挖跨度大(两车道隧道跨度大于 22 m,三车道隧道跨度大于 30 m),因而经受围岩压力较大;埋深浅,多次开挖爆破导致围岩多次扰动,尤其是中墙顶部及其两侧,稍有不慎易引起隧道围岩坍方;施工工序多,结构特殊且复杂,结构受力状态变化频繁,支护受力复杂,质量控制点多,整体式中墙渗漏水现象较为常见,施工技术难度较大和维修不便。

(3)连拱隧道设计注意事项

由于连拱隧道受地形、地质和施工条件影响较大,且较普通双洞隧道技术更复杂,简单的工程类比不能解决其设计与施工安全问题,因此,必须进行特殊设计,并应符合下列规定:

①隧道暗挖段应优先采用复合式衬砌,支护参数可采用工程类比或计算分析确定。连拱隧道优先采用复合式衬砌,主要是基于这种隧道工序较多,分部施工的各部分必须进行及时的支护,而二次衬砌要求尽量用整体式模板台车一次完成复合式衬砌最合适拱隧道的工艺特点。

复合式衬砌设计支护参数见表 11.1 和表 11.2 的取值。

②中墙设计应在满足结构设计与施工安全的前提下,综合考虑洞外接线要求、防排水系统的可靠性等因素,要将三者有机的结合起来。

③两车道连拱隧道设计为整体式中墙时,中墙厚度不宜小于 1.4 m;设计为复合式中墙时,中墙厚度不宜小于 2.0 m。三车道连拱隧道设计为整体式中墙时,中墙厚度不宜小于 1.6 m;设计为复合式中墙时,中墙厚度不宜小于 2.2 m。上述厚度是中墙要承受施工过程中拱部施工的不对称推力,而要保持中墙稳定不开裂的构造厚度。对于复合式中墙连拱隧道,考虑了两洞二次衬砌的构造厚度。

④整体式中墙的连拱隧道应注意纵向施工缝的预留位置、施工缝止水方式、中墙纵横向排水管与防水层的布置、避免施工缝渗漏水、防水层顶破和排水管堵塞。复合式中墙的连拱隧道防排水设计与独立双洞隧道基本相同。

⑤连拱隧道由于结构整体相连,其变形缝设置与独立隧道不同,连拱隧道应根据结构需要设置变形缝,双洞变形缝应在同一位置设置,并应注意隧道纵向荷载对结构的影响。

⑥连拱隧道监控量测,可参照《公路隧道施工技术规范》(JTT042)的相应要求进行,并以拱部垂直位移、中墙以上的拱底部水平位移为重点。隧道周边容许相对位移值是连拱隧道的重要稳定性依据,其拱顶下沉可取规定值的 70%,水平位移值可取规定值的 80%。

表 11.1　两车道连拱隧道复合式衬砌支护参数表

支护参数		围岩等级					
		I 级围岩	II 级围岩	III 级围岩	IV 级围岩	V 级围岩	VI 级围岩
初期支护	喷射混凝土/cm	5 ~ 10	12	15	15 ~ 20	20 ~ 25	通过实验确定
	锚杆 长/m	2.5	2.5	3.0	3.5	3.5	
	锚杆 间距/cm	120×120	120×120	120×120	100×100	80×80	
	钢架/cm		需要时设	需要时设	100 ~ 100（格栅）	80（型钢）	
	超前支护			需要时设	小导管注浆	大管棚	
二次衬砌	拱顶/cm	35/30★	40/35★	45/40★	55/45·	60/50·	
	中墙/cm	140 ~ 250·	140 ~ 250·	140 ~ 250·	140 ~ 250·	140 ~ 250·	
	边墙/cm	35/30★	40/35★	45/40★	55/45·	60/50·	
	仰拱/cm			45/40★	55/45·	60/50·	

注:①斜线前为浅埋偏压隧道设计参数,斜线后为深埋隧道设计参数;
　　②"★"为 C25 素混凝土,"·"为 C25 钢筋混凝土。

表 11.2　三车道连拱隧道复合式衬砌支护参数表

支护参数		围岩等级					
		I 级围岩	II 级围岩	III 级围岩	IV 级围岩	V 级围岩	VI 级围岩
初期支护	喷射混凝土/cm	10	12	15	15 ~ 20	20 ~ 25	通过实验确定
	锚杆 长/m	2.5	3.0	3.5	3.5	3.4 ~ 4	
	锚杆 间距/cm	120×120	100×100	100×100	100×100	100×100	
	钢架/cm		需要时设	需要时设	80 ~ 100（型钢）	80（型钢）	
	钢筋网/(cm×cm)	$\phi6.5,20×20$	$\phi6.5,20×20$	$\phi6.5,20×20$	$\phi6.5,20×20$	$\phi6.5,20×20$	
	超前支护		需要时设	小导管注浆	小导管注浆	大管棚	
二次衬砌	拱顶/cm	40/35★	45/40★	50/45·	60/50·	65/55·	
	中墙/cm	210 ~ 350·	210 ~ 350·	210 ~ 350·	210 ~ 350·	210 ~ 350·	
	边墙/cm	40/35★	45/40★	50/45★	60/50·	65/55·	
	仰拱/cm	需要时设	45/40★	50/45·	60/50·	65/55·	

注:①斜线上为浅埋偏压隧道设计参数,斜线下为深埋隧道设计参数;
　　②"★"为 C25 素混凝土,"·"为 C25 钢筋混凝土。

⑦连拱隧道设计应考虑相应的施工方法,并提出各类方法的具体要求,辅助施工措施应作专项设计,由于连拱隧道施工工艺较复杂,设计内容包括施工过程中结构的安全性,设计和施工密不可分,因此,设计中应考虑将要采取的施工方法,对于保证连拱隧道设计意图的实现特别重要。从已建成连拱隧道的情况看,两车道连拱隧道Ⅴ、Ⅵ级围岩,宜采用配合超前支护的三导洞施工方法;Ⅰ、Ⅱ、Ⅲ、Ⅳ级围岩,多采用中导洞施工方法。三车道连拱隧道Ⅳ、Ⅴ、Ⅵ级围岩,多采用配合超前支护的三导洞施工方法;Ⅰ、Ⅱ、Ⅲ级围岩,可采用中导洞施工方法。施工时,两主洞宜保持 1～2 倍洞径以上的距离。

⑧采用导洞施工时,应对导洞围岩情况认真观察记录并及时反馈信息,根据围岩变化情况和监控量测资料及时调整设计与施工方案。导洞宽度宜大于 4 m,导洞最小开挖宽度,主要是根据施工中墙施工必要的操作空间要求提出,也结合了各地导洞实际操作经验提出。连拱隧道往往采用导洞先行,这对超前探明围岩情况极为重要。

⑨设计中应采取有效辅助措施,防止施工中拱部推力不平衡对中墙结构造成危害。这是因为连拱隧道两拱与中墙很难同时施工,这时往往作用于中墙的推力是不对称的,主要是通过施工中临时支撑或调整施工步骤加以解决,设计中应对这一问题加以重视。

⑩在地震动峰值加速度大于 0.15 的地区,连拱隧道应进行抗震强度和稳定性验算。

11.1.2　基本结构形式与分类

连拱隧道的形式是以中墙的形状来分类,一般有两种类型,即直中墙和曲中墙。前者施工工艺简单,洞内行车道中心线与洞外路基行车道线偏离较小,在以往的连拱隧道施工中得到广泛的应用。其缺点在于:视觉效果差,且中墙局部应力集中显著,中墙顶防排水处理困难。近年来,我国的公路隧道建设技术有了突飞猛进的发展,所建隧道均要求采用大模板钢台车浇筑二衬混凝土,以使二衬内表面整齐光洁。由于连拱隧道长度较小,采用大模板一次性资金投入大,且台车周转利用率低造成较大浪费。曲中墙连拱隧道的净空轮廓与单洞的净空轮廓并无实质上的差异,提高了台车的利用率,节省了资金;同时,曲中墙双连拱隧道具有较好的视觉效果,其中墙受力更为合理,尤其是仰拱支持型曲中墙结构。今后曲中墙型式的连拱隧道将得到更为广泛的应用,其特点见表 11.1,基本形式如图 11.1 所示。

表 11.3　直中墙和曲中墙特点比较

特　　点	直中墙	曲中墙
施工工艺	简单	较复杂
洞内外线路中心线偏离	较小	较大
视觉效果	较差	较好
二次衬砌台车利用率	低,造成浪费	高,节约资金
中导洞毛洞开挖跨度	大,不利于中导洞围岩稳定	小,有利于中导洞围岩稳定
中墙顶部回填	难密实	不需回填
中墙渗漏水	易渗漏水,且难治理	排水系统可靠,不易渗漏水
围岩稳定性	差,破坏大	好,破坏小
经济评价	好	较差

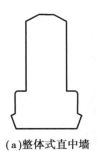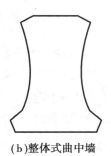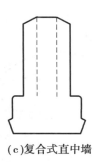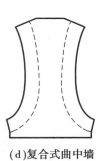

（a）整体式直中墙　　（b）整体式曲中墙　　（c）复合式直中墙　　（d）复合式曲中墙

图 11.1　连拱隧道中墙基本形式

（1）整体式中墙结构形式

①整体式直中墙结构。整体式直中墙结构是传统连拱隧道的断面结构形式,其厚度相对较薄,通常为 1.8~2 m。它与分离式隧道的区别在于,中墙不仅与左右洞拱部的初期支护相连接,还与左右洞的二次衬砌及防水层相连接,这就是既传统又典型的公路连拱隧道特点,如图 11.2 所示。因此,在直中墙的连拱隧道开挖支护和二次衬砌施工过程中工序较多,对围岩多次扰动,中墙承载着较大的围岩压力;中墙与左右洞二次衬砌之间存在纵向施工缝;左右洞的横向排水管及复合排水板在中墙顶部对接,易导致中墙顶凹部发生积水和渗漏水病害发生,影响结构的耐久性和运营安全。但整体式直中墙结构,施工工艺比较简单,施工受力较明确,中墙厚度较小,整体性好。

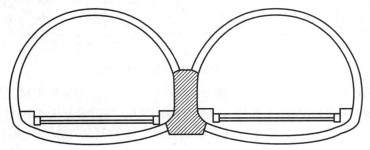

图 11.2　整体式直中墙断面结构形式

②整体式曲中墙结构。整体式曲中墙结构形式基本上与整体式直中墙结构形式的特点相同。它与整体式直中墙结构的区别在于,形态上与直中墙不同,而且厚度会加大。整体式曲中墙施工较为复杂,要使中墙二侧呈双凹弧面,目前在设计和施工中已较少采用,如图 11.3 所示。

（2）复合式中墙结构形式

复合式中墙结构形式是对整体式中墙改进和优化的断面结构形式,如图 11.4 所示。主要考虑连拱隧道实质上是初期支护的连拱原理,将施工荷载及部分围岩压力由初期支护来承担。在不削弱结构的前提条件下,将左右洞的二次衬砌搭靠中墙而又各自独立成环,按单洞整体式断面施工,防水系统设置与结构形式统一考虑,使得防水效果更理想。这种优化了的断面结构形式,不仅取消了中墙与左右洞拱部二次衬砌的纵向施工缝,还使中墙顶部渗漏水难题获得根本的改进。

①复合式曲中墙结构。复合式曲中墙厚度一般不小于 1 m,加上左右洞二次衬砌大于

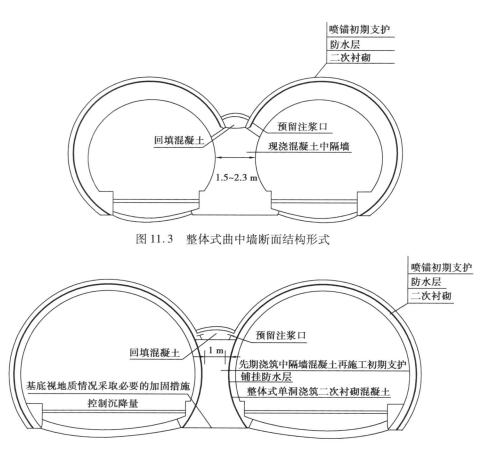

图 11.3 整体式曲中墙断面结构形式

图 11.4 复合式曲中墙断面结构形式

2 m,与传统的整体式曲中墙断面形式相接近,如图 11.4 所示。中墙施工顶部与顶围岩可紧密相接,有利于中墙周围围岩的稳定和防水板的全断面铺设,隧道修建要求初期支护紧跟开挖面且有足够的强度和刚度,因而一般采取高强锚喷技术。左右洞的二次衬砌不仅仅是简单的安全储备,设计应考虑二次衬砌承担部分围岩压力,是目前推广应用的中墙结构形式。

②复合式直中墙结构。复合式直中墙结构与复合式曲中墙结构在原理上是很相似的,在贵州省境内玉屏—凯里高速公路采用了这种连拱隧道断面形式。它也是按两个独立的单洞考虑,具体表现为两个独立洞的连拱结构,各洞的防排水成独立系统。虽然中墙也是直中墙,但由于采用无导洞开挖方案,中墙是在先行洞内修建,后行洞的初期支护搭在先行洞的中墙上,各洞的防水层和二次衬砌自成系统。这种复合式直中墙结构与整体式曲中墙结构、复合式曲中墙结构、整体式直中墙结构均有所不同,如图 11.5 所示。

综上所述,中墙结构形式的选择通常取决于隧道防排水结构、建筑限界、地形地质条件和埋深、洞外路基中央分隔带宽度、中墙两侧的排水沟或电缆沟大小、施工方案和洞外线形及其过渡方式等。中墙厚度主要取决于中墙顶部围岩压力、中墙底面的承载力和中墙底面的宽度,以及施工时的侧向推力等。通常,整体式中墙厚度相对较薄,复合式中墙相对较厚。当中墙较厚时,为减少中墙工程量,在满足结构和施工前提下,可将中墙做成空心结构,但在公路连拱隧道内中空式中墙很少应用,只是在有人行横洞时局部出现,而且不属中空式结构。直中墙墙身

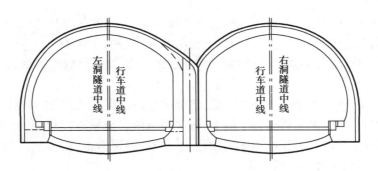

图 11.5　复合式直中墙断面结构形式

的高度一般不小于 4 m,为解决中墙防排水难题,近些年来多采用复合式中墙。

11.1.3　施工方法

连拱隧道修建中关键的工序是开挖。根据国内外成功工程的施工实例,将公路连拱隧道施工方法分为 6 大类 9 种形式:

①三导洞方法,即中导洞先行、进行超前开挖、双侧导洞随后跟进的方法。有时也可先开挖双侧导坑,后开挖中导洞。根据双侧导洞和主洞的工序不同,再细分为 3 种形式:a. 三导洞-先墙后拱型;b. 三导洞-全断面二次衬砌型;c. 三导洞-双上导洞型。

②中导洞方法,即只有中导洞先行超前开挖而无需侧导洞的方法。根据主洞开挖方式不同,可再细分为 4 种形式:a. 中导洞-正台阶型;b. 中导洞-侧壁导洞(CD)型;c. 中导洞-双下导洞型;d. 中导洞-双上导洞型。

③无导洞方法,即直接开挖主洞而无导洞的方法。按主洞开挖方式不同,可分为 2 种形式:a. 台阶开挖;b. 全断面开挖。

④中导洞-双边洞方法,简称墙洞方法,用于四连拱隧道施工。

⑤四导洞方法,用于岩质较好,用原岩作中墙,代替钢筋混凝土中墙。

⑥开天窗明洞方法,一般用于浅埋的城市街道或繁华市区中心。

下面分别介绍几种常用的方法:

(1)三导洞法

三导洞法适用于完整性较差的Ⅳ、Ⅴ级和部分Ⅵ级的软弱围岩隧道施工,如图 11.6 所示。

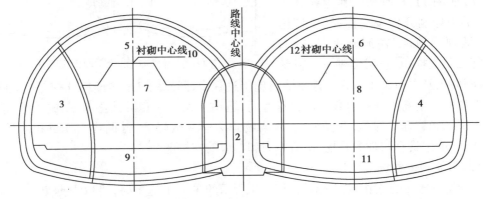

图 11.6　三导洞超前施工工序图

其主要施工工序为：①中导洞开挖、支护；②中隔墙浇筑；③左侧导洞开挖、支护；④右侧导洞开挖、支护；⑤左洞上台阶开挖、支护；⑥右洞上台阶开挖、支护；⑦左洞下台阶开挖；⑧右洞下台阶开挖；⑨左洞施作仰拱、仰拱回填；⑩左洞模注二次衬砌；⑪右洞施作仰拱、仰拱回填；⑫右洞模注二次衬砌。

该方法特点是：施工工序多，对围岩和已建结构存在多次扰动，不同部位衬砌间隔时间长，使得施工缝更加明显化；拱墙衬砌分步施工，防水系统施工质量难以保证，特别是中墙顶处易出现渗漏水现象；由于多导洞开挖和支护，加大了成本，隧道造价高；多导洞施工工序多，耗时长；施工断面小，不利于大型机械作业。

（2）中导洞法

中导洞法主要适用于Ⅴ级以上的围岩隧道施工，如图 11.7 所示。其主要施工工序为：①中导洞开挖、支护；②中隔墙浇筑；③左洞上台阶开挖、支护；④右洞上台阶开挖、支护；⑤左洞下台阶开挖、支护；⑥右洞下台阶开挖、支护；⑦左洞施作仰拱、仰拱回填；⑧左洞模注二次衬砌；⑨右洞施作仰拱、仰拱回填；⑩右洞模注二次衬砌。

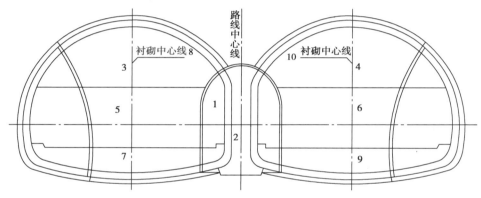

图 11.7　中导洞超前施工工序图

（3）中导洞-正洞全断面法

一般在Ⅲ级以上整体性较好的围岩中采用该施工方法，围岩应具备从全断面开挖到支护前这段时间内保持短期内稳定的条件，如图 11.8 所示。其主要施工工序为：①中导洞开挖及支护；②中墙施工；③中墙顶回填；④左洞施工及支护；⑤右洞施工及支护；⑥左洞仰拱及二衬施工；⑦右洞仰拱及二衬施工。在双连拱隧道施工过程中，两侧洞室的全断面开挖与单幅隧道全

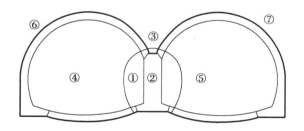

图 11.8　中导洞-正全断面施工工序图

断面施工类似。全断面开挖有较大的工作空间，适用于大型配套机械化施工，施工速度较快，便于施工组织和管理。但是，开挖面大，围岩物理力学参数降低，且循环工作量相对较大，因此，要求施工单位具有较强的开挖、出渣能力和相应的支护能力。

（4）双洞双侧壁导坑法

在双导坑法施工方案中，在进行如图 11.8 所示的第一步施工时，可以根据工程实际情况采用与单幅隧道施工相近的施工方法，即双洞双侧壁导坑法（也可以称为四导洞法），如图

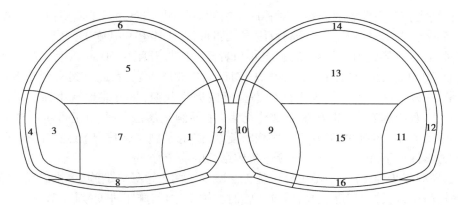

图 11.9 双洞双侧壁导坑施工工序图

11.9所示。其主要施工工序为:①中墙左侧导坑开挖;②中墙左侧导坑支护;③左洞左侧导坑开挖;④左洞左侧导坑支护;⑤左洞上台阶开挖;⑥左洞上台阶支护;⑦左洞下台阶开挖;⑧左洞浇筑混凝土及拆除临时支护;⑨中墙右侧导坑开挖;⑩中墙右侧导坑支护;⑪右洞右侧导坑开挖;⑫右洞右侧导坑支护;⑬右洞上台阶开挖;⑭右洞上台阶支护;⑮右洞下台阶开挖;⑯右洞浇筑混凝土及拆除临时支护。

　　双洞双侧壁导坑法一般适用于Ⅲ级以上的围岩隧道的施工,如果隧道的围岩坚硬致密、完整性较好,可以考虑保留中墙岩柱的施工方案,但此法对中墙两侧岩体光面爆破技术要求极高,施工难度较大,且中墙岩柱受到多次爆破扰动,岩体力学指标大大降低,其自身稳定性受到很大影响,因此,保留中墙岩柱的施工方案尚未在双连拱隧道中采用。

　　(5)中导洞-CD 法

　　中导洞-CD 法如图 11.10 所示。其主要施工工序为:①中导洞开挖及初期支护;②中墙浇筑;③左洞左导坑上部开挖及初期支护;④左洞左导坑下部开挖及初期支护;⑤右洞右导坑上部开挖及初期支护;⑥右洞右导坑下部开挖及初期支护;⑦右洞左导坑上部开挖和初期支护;⑧右洞左导坑下部开挖和初期支护;⑨右洞二次衬砌;⑩左洞右导坑上部开挖和初期支护;⑪左洞右导坑下部开挖和初期支护;⑫左洞二次衬砌。

　　在中导洞-CD 法中,中墙施工完成后,按短台阶方法开挖左洞左导洞上下导坑施工,同时

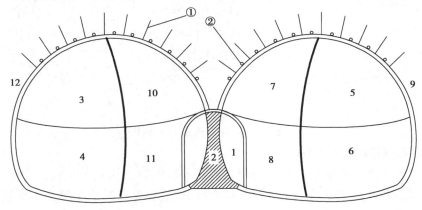

图 11.10 中导洞超前施工工序图

及时施作初期支护和右侧临时支护。对称施工右洞右导洞,注意两开挖面要拉开距离 25 m 以上,工序⑥和⑦错开 15 m 以上;对于洞口围岩软弱带,在工序⑧和⑪施工完成后应及时施作仰拱和二次衬砌,尽早形成闭合环衬砌,工序⑧和⑩至少应拉开距离 30 m 以上。此方案是借助单幅隧道的 CD 法施工延伸而来的一种方法,对于洞口软弱围岩段,此方案有利于保证施工的安全和质量,在施工中尽量采用人工配合小型机械进行开挖,尽可能地减小施工对围岩的扰动。当进入 Ⅱ、Ⅲ 级围岩后,此方案可以转化为"中导洞拓展法",采用正台阶法或全断面开挖,以提高施工速度。但此施工方法工序相对复杂,降低了施工速度,增加了对围岩的扰动次数,使围岩力学性质下降,影响双连拱隧道整体结构的稳定性。

相对三导洞分步施工法,采用中导洞施工法减少了两个边导洞的施工,拱墙采取整体一次衬砌,工序较简单,机械化程度较高,减少了临时支护工作量,施工进度较快,节约了成本;而且中导洞先施工,起到了超前探明隧道地质情况的作用,为左右正洞施工创造了条件。

(6) 单洞法施工法

所谓单洞法,即像分离式隧道一样按单个、独立隧道施工方式施工的方法,如图 11.11 所示。其主要施工工序为:①左洞拱部超前支护;②左洞拱部环形留核心土开挖;③左洞拱部初期支护(安装钢拱架,锚杆,喷射混凝土);④左洞上部核心土、下部开挖;⑤左洞边墙初期支护(安装钢拱架、锚杆,喷射混凝土,包括中导洞侧);⑥左洞仰拱开挖;⑦左洞仰拱初期支护(安装钢拱架,喷射混凝土);⑧左洞仰拱衬砌;⑨中导洞拱部超前支护;⑩中导洞开挖;⑪中导洞初期支护(安装钢拱架、锚杆,喷射混凝土);⑫中导洞衬砌;⑬左洞拱墙二次衬砌;⑭右洞拱部超前支护;⑮右洞拱部环形留核心土开挖;⑯右洞拱部初期支护(安装钢拱架、锚杆,喷射混凝土);⑰右洞上部核心土、下部开挖;⑱右洞边墙初期支护(安装钢拱架、锚杆,喷射混凝土);⑲右洞仰拱开挖;⑳右洞仰拱初期支护(安装钢拱架,喷射混凝土);㉑右洞仰拱衬砌;㉒右洞拱墙二次衬砌。

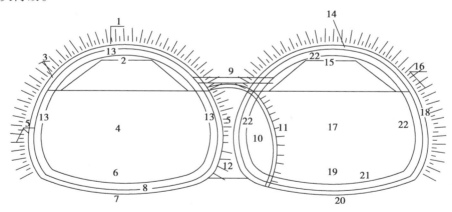

图 11.11　单洞法施工工序图

(7) 左右洞开挖错开距离法

连拱隧道左右洞距离较近,仅为"一墙之隔",左右洞施工相互影响较大,因而左右洞错开距离的矛盾就被体现出来。特别是后行洞对先行洞,造成先行洞至少受到 3 次扰动。为了防止对围岩的多次扰动,减少围岩应力重分布的次数,左右洞应保持适当的错开距离,不宜过长或过短。错开距离过长,先行洞已经完成了收敛和应力重分布(稳定),后行洞爆破至此又进行再次扰动,再次进行收敛和应力重分布,使先行洞塑性区半径扩大;错开距离过短,左右洞齐头并进,中墙顶部围岩受到叠加能量的破坏,使其破碎程度大大增加,塑性区范围增大,甚至左右洞塑性区连通形成一个大跨度塑性区,从而使围岩自承能力大大下降,使中墙和顶部岩柱起不到中流砥柱的作用。

11.2　小净距隧道

11.2.1　概述

我国地域广阔、地质条件复杂、山岭区所占比重大,高等级公路建设中大量地遇到隧道工程,由于特殊地质及地形条件、线桥隧衔接方式、总体路线线形和工程造价等原因的限制,双洞隧道左右线间距不能保证达到规范的要求,必须采用小净距隧道及连拱隧道等特殊结构形式。小净距隧道是在特定条件下出现的新型隧道结构形式。

所谓小净距隧道,是指隧道间的中间岩柱厚度小于表 11.4 建议值的特殊隧道布置形式,它的结构形式介于分离式隧道和连拱隧道之间,在某些条件下其工程应用的技术、经济、合理性有可取之处。小净距隧道相对于连拱隧道,施工工艺简单,工程造价也相对节省,而比普通分离式隧道造价高。小净距隧道增加布线的自由度,尤其在受地形条件限制的特殊地段隧道净距不能满足表 11.2 要求时,采取小净距隧道形式。

表 11.4　分离式独立双洞间的最小净距

围岩级别	I	II	III	IV	V	VI
最小净距/m	1.0B	1.5B	2.0B	2.5B	3.5B	4.0B

注:B 为隧道开挖断面的宽度。

11.2.2　小净距隧道的设计技术要求

小净距设计的基本方法和分离式双洞隧道一样,一般根据实际工程所处的地形地貌、围岩级别、埋深和隧道限界,进行超前支护和初期支护以及二次衬砌等设计工作。所不同的是中夹岩柱的施工和加固设计,是小净距隧道的主要设计重点和难点。一般有下列要求:

①横断面设计除满足建筑限界要求外,还应考虑隧道运营设施以及内装饰所需的空间,还应在行车道右侧设置紧急停车带。考虑地质条件、结构受力和便于施工等因素,断面内轮廓宜采用三心圆或多心圆;V 级以上围岩一般设置仰拱。

②小净距隧道中出现拉应力是破坏其稳定性的重要因素,因而其断面形式的设计应使隧道周围围岩出现较少的拉应力区,以保证中夹岩柱的稳定。

③小净距隧道洞身段衬砌设计与施工一般采用新奥法原理进行,采用复合式衬砌结构,支护参数选择采用工程类比法和有限元计算相结合的原则,并通过现场量测分析,调整设计参数,实行动态设计,信息化施工。

④小净距段多出现在隧道进出洞口段,该段一般多为软弱破碎围岩,埋深浅,隧道开挖可

能引起滑坡体失稳等不良因素,因此,中夹岩柱设计和施工是关键。

为确保小净距隧道开挖过程中围岩的稳定,减少因隧道间距小导致围岩变形、爆破震动等不利因素,在开挖前后应对中夹岩柱应进行加固处理,提高小净距隧道中夹岩柱的承载能力。一般有下列两种方式:

(1)中夹岩柱注浆加固

在小净距隧道开挖洞口刷坡时,隧道中夹岩柱坡口处原地面土体应暂时保留支挡坡面,沿隧道轴向对中间岩柱正面进行小导管注浆加固;当注浆达到强度后进行开挖,向前掘进一定距离后对中夹岩柱改为水平斜向小导管注浆,一般小导管规格为 $\phi 50$,长度为 4 ~ 5 m,浆液配合比为:水泥:水玻璃 = 1 : 0.5。

(2)中夹岩柱预应力对拉锚杆加固

中夹岩柱对拉锚杆在隧道开挖一定距离后进行,一般采用 $\phi 25$ 螺纹钢筋,张拉设备采用穿心式单作用千斤顶,张拉采用双控法,油压值的误差不得超过 ±2%,伸长量的误差不得超过 ±5%,预张拉力为 50 kN,锚杆固定端和张拉端沿纵向间隔一排布置,在同一截面上间隔进行张拉,以避免产生局部压应力集中现象。

下面介绍不同中夹岩柱厚度锚杆加固的技术参数:

①中夹岩柱厚度小于等于 0.8B(B 为单洞隧道开挖断面的宽度)时,要采取相应的工程措施,为确保施工的安全,地表应采用预应力锚索、注浆锚杆以及抗滑桩等措施加固滑坡体;隧道中夹岩柱,可采用水平对穿式低预应力局部黏结型锚杆加固岩体,二次张拉约束中间岩柱塑性区扩展,使其具备足够的强度和稳定性;一般先行洞开挖施作锚杆后,待锚杆钻孔内水泥砂浆强度达到其设计强度,通过扭力扳手对锚杆进行初次张拉,后行洞开挖暴露锚杆端部后,拆除预安装的丝扣包装,通过扭力扳手施加预拉力至设计值,并对先行洞锚杆补张拉至设计值。其结构设计如图 11.12 所示。

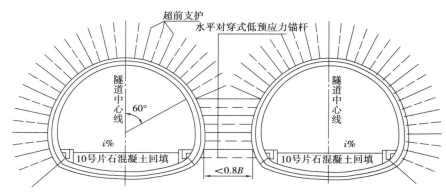

图 11.12 小净距隧道结构设计图(一)

②随着隧道向山体内部的逐渐深入,围岩级别越来越好,还有埋深的逐渐加大,中间岩柱的逐渐变厚,围岩压力会略有降低,但隧道净距仍旧较小。当净距在(0.8 ~ 1.2)B 时,左右洞施工开挖应力场相互影响仍旧剧烈,因此,中间岩柱采用水平低预应力非对穿锚杆加固,采用一次张拉工艺(即在隧洞开挖施作锚杆后),待锚杆钻孔内水泥砂浆强度达到其设计强度,通过扭力扳手对锚杆张拉至其设计值。其结构设计如图 11.13 所示。

③当中间岩柱继续变厚达到(1.2 ~ 2.0)B 时,此时的围岩级别已较高、净距较大,对中间

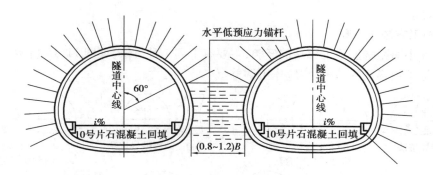

图 11.13　小净距隧道结构设计图(二)

岩柱采取局部长锚杆加固措施即可,其他结构设计参数同一般的分离式隧道。其结构设计如图 11.14 所示,结构设计参数见表 11.5。

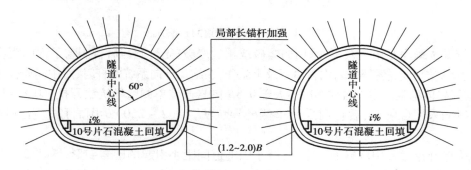

图 11.14　小净距隧道结构设计图(三)

表 11.5　小净距段复合衬砌支护参数

中夹岩柱段	超前支护	中岩柱处理	喷钢纤维混凝土/cm	格栅钢架/cm	预留变形量/cm	内　衬
小于等于 0.8B	$\phi50$ 注浆小导管	水平对穿式预应力锚杆	20	20	15	C$_{25}$ 钢筋混凝土厚 50 cm
(0.8 ~ 1.2)B		水平非对穿式预应力锚杆	20	30	10	C$_{25}$ 混凝土厚 50 cm
(1.2 ~ 2.0)B		局部长锚杆	15		8	C$_{25}$ 混凝土厚 35 cm

以上支护参数还需要结合实际情况,具体作出调整。如果整座隧道都是小净距,则主要根据围岩级别和埋深作出相应调整。

11.2.3　小净距隧道施工

小净距开挖方法和施工顺序是影响隧道施工安全最为显著的人为因素,对施工过程的控制是保证施工安全的重要措施。针对小净距隧道的埋深、围岩级别等差异,不同的地段应采用不同的施工方法。

（1）基本施工方法和原则

总结国内外小净距隧道施工成功的经验,主要有下列 7 种方法,如图 11.15 所示。具体应用还需要结合施工现场实际情况,相应作出调整。

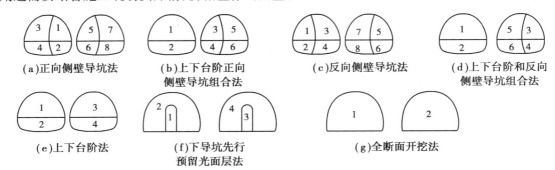

图 11.15 小净距隧道的开挖方法

开挖基本顺序是由上及下,采用弱爆破或预裂爆破;先行洞与后行洞掌子面间距应不小于 20 m;初期支护要求随挖随做;内衬由下及上施作;在施工环向系统锚杆时,对中间岩柱进行压力注浆,增强岩体稳定。中夹岩柱厚度不大于 0.8B 围岩段按单侧壁导坑法开挖,(0.8~1.2)B 围岩段先行洞采用台阶法,后行洞采用单侧壁导坑法,(1.2~2.0)B 围岩段左右洞均采用台阶法。

为确保开挖过程中围岩的稳定性,减小因隧道间距小引起的围岩变形、爆破震动等不利因素,满足小净距隧道中夹岩柱特有的加固要求,一般情况下,对于 V、VI 级围岩,采用正向单侧壁导坑的开挖方法;对于 IV 级围岩,采用反向单侧壁导坑的开挖方法,对于 I、II、III 级围岩,采用超前导坑预留光爆层的开挖方法。

在小净距隧道的施工过程中,应采用的原则应是:①动态设计和施工;②符合实际工况的施工方案;③合适的支护方法;④勤量测,及时反馈现场情况,有针对性地做出合理的调整。

（2）开挖工序

根据小净距隧道施工围岩变形特点,在正常情况下 V、VI 级围岩段采用正向单侧壁导坑的开挖方法。施工工序以左洞先开挖制订,当右洞先开挖时,则将左右洞施工作业顺序对调即可。左洞按下列开挖顺序施工如图 11.15(a)所示:上台阶 1 超前支护→上台阶 1 开挖→上台阶 1 初期支护(包括侧壁临时支护)→中夹岩柱上部水平贯通锚杆施工→下台阶 2 超前支护→下台阶 2 开挖→下台阶 2 初期支护(包括侧壁临时支护及仰拱初期支护)→中夹岩柱下部水平贯通锚杆施工→上台阶 3 超前支护(包括侧壁临时支护)→上台阶 3 开挖→上台阶 3 初期支护→下台阶 4 超前支护→下台阶 4 开挖→下台阶 4 初期支护(包括侧壁临时支护及仰拱初期支护)→拆除侧壁临时支护→仰拱回填混凝土施工→防水层及拱墙二次衬砌施工。

右洞施工工序同左洞,但水平贯通锚杆施工应为水平贯通锚杆连接施工。

（3）工序实施注意事项

①在施工中尽量减少对中夹岩柱的扰动,并采取充分合理的加固措施,以保证小净距隧道的稳定和支护结构安全。

②后掘进洞上台阶的开挖一般应落后于先掘进洞下台阶 5~10 m。当先掘进洞出现围岩

稳定性较差或位移收敛性不好的情况时,后掘进洞上台阶的开挖宜在先掘进洞全部开挖或二次衬砌完成后进行。

③侧壁临时支护拆除应在下台阶完成 20～30 m 后,二次衬砌开始前进行,临时支撑拆除后,仰拱回填和拱墙二次衬砌应尽早施工。

④先掘进洞二次衬砌与后掘进洞开挖面的合理距离,应根据先掘进洞下台阶和后掘进洞开挖放炮震动情况作具体确定,一般为 20～30 m;后掘进洞二次衬砌与后掘进洞下台阶开挖面的合理距离,应根据放炮冲击和震动对衬砌的影响确定,一般为 20～30 m。震动速度控制一般在 15 cm/s 以内。

⑤中夹岩柱超前支护的打设角度可根据现场围岩状况确定,一般可在 5°～30°之间进行调整。

⑥在围岩掌子面稳定性较好、施工机具和施工能力许可的条件下,单侧壁导坑的上下台阶可合为一步进行开挖;如果掌子面稳定性差,单侧壁导坑分为两个台阶不能确保掌子面稳定,则根据现场地质条件,将单侧壁的开挖、支护分为三个或四个台阶进行。

⑦及时掌握围岩在开挖过程中的动态和支护结构的稳定状态,施工过程中必须进行现场监控量测,提供有关隧道施工的全面、系统信息资料,以便及时调整支护参数,确保洞室周边岩体的稳定以及支护结构的安全。

思 考 题

11.1　连拱隧道的适用范围及优缺点?

11.2　连拱隧道的基本结构形式及施工方法?

11.3　小间距隧道的基本施工方法和设计技术要求?

第 12 章

掘进机及盾构法施工

12.1 概　述

12.1.1 国内外应用情况

隧道掘进机施工法是用隧道掘进机切削破岩、开凿岩石隧道的施工方法。这种施工方法始于 20 世纪 30 年代,但直到 1952 年,美国罗宾斯公司的创始人—吉姆斯·罗宾斯先生才开发了第一台具有实用性的、开掘岩石隧道的岩石掘进机。

随着掘进机技术的迅速发展和机械性能的日益完善,隧道掘进机施工得到了很快的发展。掘进机施工有着钻爆法施工不可比拟的优点。在世界科技飞速发展的今天,更使得掘进机有了广阔的使用条件。虽然钻爆法是当前山岭隧道施工的最普遍的方法,而且掘进机也不能取代钻爆法施工,但是用掘进机施工的隧道数量还是不断上升。据不完全统计,世界上采用掘进机施工的使用隧道已有 3 000 余座,总长度已经超过 10 000 km。特别是在欧美国家,由于劳动力昂贵,掘进机施工已成为进行隧道施工方案比选时必须考虑的一种方案。近年来,用掘进机完成的大型隧道,例如英法海峡铁路隧道,三座平行的各长约 50 km 的隧道,使用了 11 台掘进机,用三年多一点时间,即修建完成。另外,如长度为 19 km 的瑞士费尔艾那隧道,其中有约 9.5 km 用掘进机施工,已于 1997 年 4 月贯通。在美国,芝加哥 TARP 工程是一项庞大的污水排放和引水地下工程,有排水隧道大约 40 km,全部采用掘进机施工。在我国,铁路隧道采用掘进机施工始于 20 世纪 70 年代,但由于机械性能很差,得不到发展。改革开放以来,在一些水利工程上引入了外商承包,他们采用了掘进机施工,例如意大利 CMC 公司曾在甘肃引水入秦和山西万家寨引水工程中,用掘进机施工引水隧道获得成功。2010 年 1 月 20 日,成都南车隧道装备有限公司为兰渝铁路西秦岭隧道生产的两台直径 10.23 m 全断面硬岩掘进机(TBM)竣工下线,一举填补了我国全断面大直径硬岩掘进机制造的空白,改写了我国该设备长期依赖进口的历史。首批两台 TBM 将专门用于兰渝铁路西秦岭左右两条各 28.3 km 超长隧道的挖掘。该掘进机直径为 10.23 m,每台重量 1 500 t、全长 172 m,是专门针对西秦岭大埋深隧道高应力、高水压、高地温、易岩爆的地质特点研制的。随着科技发展进步的步伐加快和掘进机技术本身的不断发展完善,今后会有更多的隧道采用掘进机法施工。

12.1.2　施工特点

与钻爆法开挖隧道施工过程相比,使用掘进机开挖隧道的特点在于:施工过程是连续的,具有隧道工程"工厂化"的特点。

经过近一个世纪的努力,随着现代技术的发展,特别是近几十年来,掘进机不仅能在岩石整体性及磨蚀性强的条件下工作,也能在稳定条件差的地层中施工,从而被许多隧道作为主要施工方案进行比选。

钻爆法施工和掘进机施工有着不同的适用范围和优劣。钻爆法施工适用范围广,不受隧道断面尺寸和形状的限制;对各类围岩均能适用,当地质条件变化时,施工工艺可机动灵活随之变化;施工设备的组装和工地之间的转移简单方便,重复利用率高;多年来已积累了丰富而宝贵的施工经验,形成了科学完整的工艺,这些是人们普遍认同的优势。但它同时也存在施工工序多,施工过程中各工序干扰大,开挖速度低、超(欠)挖严重,爆破时对地层扰动大,施工安全性差,作业场所环境恶劣、工人劳动强度大等难以克服的缺点。此外,由于开挖速度低,在较长隧道施工时,往往需要采用辅助坑道来增加开挖工作面,从而增加了工程造价。

采用掘进机施工具有快速、连续作业、机械化程度高、安全、劳动强度小、对地层扰动小、衬砌支护质量好、通风条件好、减少辅助工程等优点。但它也有对地质条件的依赖性大,设备的型号一旦决定,开挖断面尺寸不可改变,一次性投资大等劣势。

12.2　掘进机类型及构造

12.2.1　掘进机类型

岩石隧道掘进机法是利用岩石隧道掘进机在岩石地层中暗挖隧道的一种施工方法。所谓岩石地层,是指该地层有硬岩、软岩、风化岩、破碎岩等,在其中开挖的隧道称为岩石隧道。施工时所使用机械通常称为岩石隧道掘进机,英文名称是 Tunnel Boring Machine,简称 TBM。在我国,由于行业部门的习惯,TBM 也称为全断面隧道掘进机或隧道掘进机(或简称掘进机)。

山岭隧道掘进机分为全断面和悬臂式两大类。全断面掘进机又分开敞式(图 12.1、图 12.2)和护盾式两类,其中,开敞式分为单支撑和双支撑,护盾式又分为单护盾和双护盾。

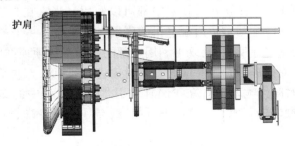

护肩

图 12.1　Robins 单护盾 TBM 主机结构图

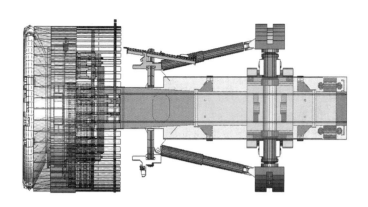

图 12.2　Robins 单护盾 TBM 主机结构俯视图

目前使用的主要是全断面掘进机,悬臂式尚处在发展的初期阶段。

　　一般而言,开敞式掘进机适合于硬岩隧道的开挖。开敞式和护盾式掘进机的区别在于:开敞式掘进机在开挖中依靠撑于岩壁上的水平支撑提供设备推力和扭矩的支撑反力,开挖后的围岩暴露于机械四周;而护盾掘进机则可在掘进中利用尾部已安装的衬砌管片作为推进的支撑,围岩由于有护盾防护,在护盾长度范围内不暴露,因而护盾掘进机更适用于软岩。

　　单护盾掘进机(图 12.3)适用于软岩地层以及自稳时间相对较短的地质条件较差的地层。例如,瑞士巴塞尔市的 ADLER 隧道,使用一台直径 12.58 m 的单护盾掘进机完成了 5 km 的软岩开挖。单护盾掘进机在掘进和安装衬砌管片时是依次顺序进行的,即不能同时作用。掘进中,它依靠后部的推进千斤顶顶推已安装好的衬砌管片得以向前掘进,掘进停止后,利用管片安装机将分成若干块的一环管片安装到隧道上。

图 12.3　单护盾掘进机

图 12.4　双护盾掘进机

　　双护盾掘进机(图 12.4)在软岩及硬岩中都可以使用。当它在自稳条件不良的地层中施工时,其优越性更加突出。它与单护盾掘进机的区别在于增加了一个护盾。在硬岩中施工时,利用水平支撑,支撑洞壁传递反力,它既可利用尾部的推力千斤顶顶推尾部安装好的衬砌管片推进,也可在利用水平支撑进行开挖时同时安装衬砌管片,因此,双护盾掘进机使开挖和安装衬砌管片的停机换步时间大大缩短。在我国甘肃引水入秦工程中的 30A 号水工隧道使用一台直径 5.5 m 双护盾掘进机完成 11.6 km 的开挖,最高月开挖突破了 1 000 m。

12.2.2　掘进机的构造

全断面开敞式硬岩掘进机主要由刀盘、护盾、内外铠、主驱动、控制部分、激光导向系统、辅助设备及后配套系统组成。主机用于开挖破岩、装渣、支护;后配套系统用于出渣、初期支护。

(1)主机

1)基本构造

单水平支撑掘进机的主梁和大刀盘支架是掘进机的构架,为所有的其他构件提供安装支点。大刀盘支架的前部安装主轴承和大内齿圈,它的四周安装了刀盘护盾,利用可调式顶盾、侧盾和下支撑保持与开挖洞面的浮动支承,从而保证了大刀盘的稳定。主梁上安装推力千斤顶和支撑系统。由于采用了一对水平支撑,因此它在掘进过程中方向的调整是随时进行的,掘进的轨迹是曲线。单支撑式掘进机主轴承多为三轴承组合,驱动装置直接安装在刀盘的后部,故机头较重,刀盘护盾较长。

双水平支撑掘进机的主机架中间有两对水平支撑,它可以沿着镶着铜滑板的主机架前后移动。主机架的前端与大刀盘、轴承、大内齿圈相连接,后端与后下支撑连接,推进千斤顶借助水平支撑推动主机架及大刀盘向前,布置在水平支撑后部的驱动装置通过传动轴将扭矩传到大刀盘。在掘进中由两对水平支撑撑紧洞壁,掘进方向一经定位,只能沿着直线掘进,只有在重新定位后,才能调整方向,故掘进机轨迹是折线。德国维尔特公司制造的掘进机属此类型。

2)大刀盘

刀盘(图 12.5)是钢结构焊接件,其前端是加强了的双层壁,通过溜渣槽与后隔板相连接,刀盘后隔板是用螺栓与刀盘轴承连接。刀盘上装有若干个盘形滚刀,用于挤压切削岩石;在前

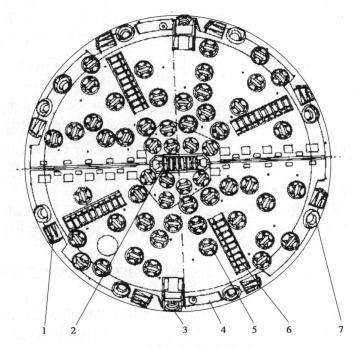

图 12.5　大刀盘示意图

1—铲斗;2—中心刀;3—扩孔边刀;4—扩孔刮渣器;5—面刀;6—铲齿;7—边刀

端还装有径向带齿的石渣铲斗,用于软岩开挖。刀座是大刀盘的一部分,做成凹形,使盘形刀刀刀圈凸出刀盘,这样可以防止破碎围岩中大块岩石阻塞刀盘。大刀盘具有足够的强度和刚度,从而使施加在大刀盘上的推力平均分配到全部盘形滚刀上,使它们达到同时压挤入岩石至同一深度,并使掘进机处于高效率运转状态,否则,不仅不能完成良好的切削,也会由于个别盘形刀受到超载的推力而过早损坏,使刀具费用急剧增加。大刀盘上盘形刀(图12.6)的平面布置是根据使用盘形刀的类型和合理刀间距来考虑的,一般而言,在硬岩中刀间距是贯入度(即大盘每转动一圈,盘形刀切入岩石的深度)的 10 ~ 20 倍,即 65 ~ 90 mm。在一定刀间距下,大刀盘直径(即开挖洞径)与盘形刀的数量关系可以从图12.7中查验。开挖下来的石渣利用刀盘圆周上的若干铲斗和刮渣器以及刀盘正面上的径向渣口,经刀盘内部的导引板将石渣通过漏斗传送到主机胶带输送机上。

图 12.6　刀具

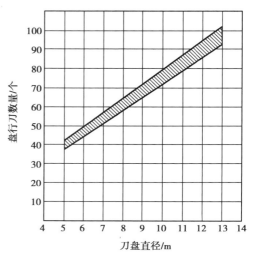

图 12.7　刀盘直径与盘形刀数量关系曲线

3)支撑和推进系统

支撑系统是掘进机的固定部分。当掘进时,它支承着掘进机的重量并将开挖推力和扭矩传递给岩壁形成反力。不同结构形式的掘进机,支撑系统对掘进方向的控制不同。双水平支撑的开敞式掘进机在换步时,利用后下支撑来调整机器的方位,一经确定,刀盘只能按预定方向掘进(图12.8)。

一般掘进机能提供的支撑反力应是大刀盘额定推力的 3 倍左右,足够大的支撑反力是保证在强大推力下掘进时,刀盘有足够的稳定和正确的导向,并有利于刀具减少磨耗。开挖刀盘推进力是按照每把盘形刀所能承受的推力和盘刀数量来决定的,目前较为成熟的 17 in 盘形刀,可承受的推力为 250 kN。

支撑靴借助球形铰自动均匀地支撑在洞壁上,避免引起集中荷载而造成洞壁破坏。

4)刀盘驱动系统

刀盘的驱动方式有两大类:电动和液压。电动又分单速电机、双速电机和调频电机。掘进机贯入度指标,在很大程度上取决于刀盘的转速和推力。采用无级调速确定刀盘的转速就可以根据岩石的变化而产生最大的适应性,有效地控制刀盘负荷和震动,提高瞬时贯入度,减少刀具的磨耗。无级调速可以通过液压传动和变频调速两种方式达到。利用变频技术可采用标

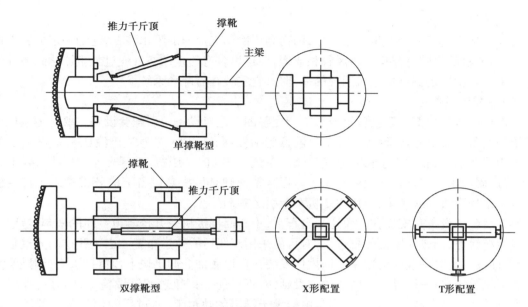

图 12.8　敞开式 TBM 的撑靴

准工业电机,它具有较高的惯性,当 0 ~ 50 Hz 时可以达到全扭矩,启动扭矩瞬时可以达到额定扭矩的 170%,启动电流小、效率高,但它要求工作环境严格。液压驱动方式技术上成熟,启动扭矩大,但效率低约 70%,维修相对比电机繁杂。

双速电机通过变换极对数达到两挡变速,它体积较大,启动电流大,但结构简单,可靠性高。

大刀盘的转速目前控制于其边刀线速度不超过 2.5 m/s,这主要是受盘形刀材料及岩石破碎速度影响而决定的。例如,西安至安康铁路秦岭隧道使用德国维尔特公司生产的 TB850/1000E 开敞式掘进机,大刀盘直径为 8.8 m,其转速为 5.4 rad/min(低速为 2.7 rad/min)。

大刀盘的扭矩从图 12.9 的曲线中可以查找出不同直径大刀盘应具有的扭矩值。刀盘转动时所具有的扭矩受地质条件影响,当刀盘切削软岩时,应具有较高的贯入度,此时会产生较大的波动阻力,相应需要增大刀盘的驱动扭矩。除从图 12.9 查找外,还利用经验公式:

$$M_d = SD^2$$

式中:S——扭矩系数;

　　　D——大刀盘直径估算出刀盘额定扭矩的约值。

5)出渣和除尘

沿着刀盘周围布置的刮板和铲斗,将切削下来的石渣从开挖断面的底部铲起,并在刀盘转动中随刀盘送到顶部,然后沿着刀盘内渣槽落到输送机上方的渣斗内,再通过胶带输送机送到后配套上的矿车中,掘进机只要开动,胶带

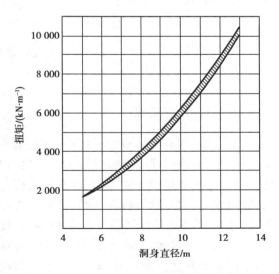

图 12.9　刀盘直径与刀盘扭矩关系曲线

303

输送机就不停地运转。

刀盘在切削岩石时会产生大量粉尘,因而利用冷却盘形刀的喷水装置,起到一定的除尘作用。此外,刀盘的内腔室与集尘器风管相连通,使这里含有粉尘的空气通过集尘器达到最好的除尘效果。除尘器是掘进机通风系统的一部分,它安装在后配套系统上。

(2)后配套设备

掘进机主机与后部配套设备组成了一个完整的掘进机设备。后配套设备主要是为主机提供供给的设备和石渣运输系统。后配套设备包括液压传动站(它为主机液压系统提供动力源)、变电设备、开关柜、主驾驶室、通信系统、备用发电机、空压机、通风系统、喷射混凝土设备、围岩加固堵水注浆设备以及供水系统。运渣系统则是后配套设备上的胶带输送机将主机输送机运来的石渣卸入矿车,再用内燃机车牵引运到洞外。

通常后配套设备是安装在一轨道平台车上,小断面掘进机受开挖隧道空间的限制,考虑采用单线运渣轨道;而较大断面的掘进机,有可能采用双线运渣轨道布置。由于开挖的隧道是圆形,所以铺设轨道时一般先将预制的仰拱块安装在隧道底部。仰拱块上预留排水槽、钢拱架沟槽及预埋轨道螺栓扣件。因此,轨道的铺设延伸,不仅能保证轨道的铺设精度,同时也提高了出渣列车的运行稳定和速度。运渣列车由铺设于隧道的轨道上,通过后配套设备尾部的爬轨斜坡道进入平台车上的轨道系统。

在后配套平台车上安放通风管、接力风机,供应新鲜空气的主风机安放在洞外,通过风管与后配套上的接力风机连接。在掘进机施工中,隧道通风考虑的主要因素是施工人员的需要、设备运输中产生的热量、岩石破碎中以及喷射混凝土中产生的粉尘、内燃机设备产生的废气等。

在后配套平台车上安放供、排水设备。供水设备用来对盘形刀进行冷却,刀盘内腔室的水雾除尘,液压系统对油的冷却,对驱动电机的水冷以及必要的空气冷却等。为了提高供水压力,往往在水箱上设置增压水泵,一般用水量可按每开挖 1 m^3 岩石需要 0.5 m^3 左右估算。隧道开挖中排水至关重要,必须采取强制排水措施防止积水对主机的漫浸,尤其在安放仰拱块时更需要将水排净。顺坡开挖时,应充分利用仰拱块上的排水沟;反坡开挖时,应设多处积水槽、多处水泵站,将水排至洞外。

12.3　全断面掘进机施工方法

12.3.1　破岩机理

掘进机切削破碎岩石的机理是:它在掘进时盘形刀沿岩石开挖面滚动,同时通过大刀盘均匀地在每个盘形刀上对岩面施加压力,形成滚动挤压切削而实现破岩。大刀盘每转动一圈,将贯入岩面一定深度,在盘形刀的刀刃与岩石接触处,岩石被挤压成粉末,从这个区域开始,裂缝向相邻的切割槽扩展,进而形成片状石渣。图 12.10 显示了掘进机切削岩石的机理。

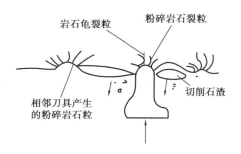

图 12.10　掘进机切削岩石机理示意图

不同的岩石需要不同的盘形刀压入岩石的最低压强值,才能达到较理想的贯入深度。而贯入深度在坚硬的和裂隙很少的岩石中,一般为 2.5～3.5 mm/r;在中等坚硬和裂隙较多的岩石中,一般为 5～9 mm/r。

如前所述盘形刀的刀间距问题,如果刀间距太大,一把盘形刀产生的压力达不到与相临盘形刀的影响范围相接,必定开挖不出片状石渣,从而使开挖效率降低;反之,如果刀间距太小,则会使石渣块太小,从而浪费了设备的功率。

单个盘形刀的使用寿命与轴承使用寿命、刀圈材质、加工质量以及它在大刀盘上的位置有关。目前刀圈的形状已趋于常断面型,它的优点是刀圈尖端宽度在磨损后仍保持不变,因而确保了既使它承受的荷载有变化,也将是具有良好的贯入速度,从而提高了切割速度,并降低刀具的消耗。

应该强调指出,对掘进机施工不仅要注意岩石的抗压强度,还应注意岩石的磨蚀性以及岩体的裂隙程度,当岩体节理裂隙面间距越大时,切割也就越困难。表 12.1 是通用于世界的裂隙分级标准。关于裂隙度与盘形刀的磨损规律,我国尚无研究成果,通过秦岭隧道的施工总结出一些规律。

表 12.1　UNIT 裂隙分级参考资料

裂隙分级(节理频率/裂隙标准)	0	0～Ⅰ	Ⅰ～	Ⅰ	Ⅱ	Ⅲ	Ⅳ
软弱面的间距/cm	—	160	80	40	20	10	5

注:参考资料为挪威工业大学——UNIT 硬岩掘进机。

12.3.2　衬砌施工

用掘进机施工的隧道,其衬砌结构一般是由临时或初期支护和二次衬砌组成。初期或临时支护是隧道开挖中保证掘进期围岩稳定和掘进机顺利掘进所不可缺少的。

采用掘进机施工,由于开挖工作面被掘进机主体充塞,对围岩很难进行直接观察和判断,而且造成进行支护的位置相对开挖面滞后一段距离。因此,不同类型的掘进机,也要求采用不同的支护形式。一般在充分进行地质勘探后,在隧道设计时就应确定基本支护形式。例如,对于引水隧道,为保证输水的可靠性,要求支护对围岩有密封性,大都采用护盾式掘进机进行管片衬砌的结构形式;而对于一般公路、铁路隧道,除进行临时支护外,视地质情况采用二次喷射混凝土或二次模筑混凝土作为永久衬砌。

(1)管片式衬砌

使用护盾掘进机时,一般采用圆形全周管片式衬砌。其优点是:适合软弱围岩,特别是当围岩允许承载力很低、撑靴不能支撑岩面时,可利用尾部推力千斤顶,顶推已安装的管片获得推进反力;当撑靴可以支撑岩面时,双护盾掘进机可以使掘进和换步同时进行,提高了循环速度;利用管片安装机安装管片,速度快、支护效果好,安全性强,但是它的造价高。为了防水的需要,每块之间要安装止水条,并需在管片外圆和洞壁间隙需压入豆石和注浆。

为了预制管片,需要在工地建设混凝土制品工厂。

(2)二次模筑混凝土

使用开敞式掘进机,一般是随开挖先施作临时支护,然后进行二次模筑混凝土永久性衬砌

（图 12.11），这是为了保证掘进机的高速度掘进，而不可能使开挖作业与模筑混凝土衬砌作业同时进行。此外，在机械上部进行衬砌作业，会给掘进机设备带来严重的混凝土污染，因此，只在刀盘后部进行必要的临时支护（如锚杆、喷射混凝土、架钢拱架）。

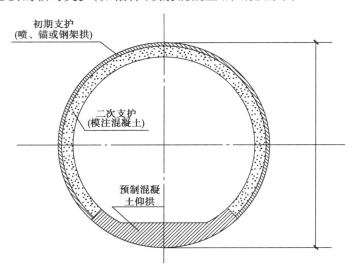

图 12.11　模筑混凝土衬砌

　　二次混凝土衬砌，根据地质条件也有用喷射混凝土作为永久衬砌的，例如瑞士的弗尔艾那铁路单线隧道，就是采用二次喷射混凝土作为永久衬砌的。在喷射混凝土中安装了钢网，加入了钢钎维。多数隧道往往采取二次模筑混凝土衬砌，使用穿行式模板台车，进行永久衬砌的灌注。根据设计的断面形状，制造模板台车，这与钻爆法施工一致。值得注意的是：二次衬砌完成后，掘进机在完成掘进任务后不可能从原路退出，只有在完成开挖位置进行扩大洞室，在隧道内进行拆卸掘进机部分机件（如大刀盘的解体），才有可能退出。如果用一台掘进机从进口一直掘进到出口时，则不会发生洞内拆卸问题。

　　二次模筑混凝土的拌和工厂、输送车、混凝土泵等与钻爆法施工一样。

12.4　盾构的分类及构造

12.4.1　盾构的分类

　　盾构是一种集开挖、支护、推进、衬砌等多种作业一体化的大型暗挖隧道施工机械。主要用于软弱、复杂等地层的隧道施工。盾构的类型很多，可按盾构的断面形式、开挖方式、盾构前部构造、排水与稳定开挖面方式进行分类。

　　按盾构断面形状不同可将盾构分为：圆形、拱形、矩形和马蹄形四种。圆形因其抵抗地层中的土压力和水压力较好，衬砌拼装简便，可采用通用构件，易于更换，因而应用较广泛。按开挖方式不同可将盾构分为：手工挖掘式、半机械挖掘式和机械式三种；按盾构前部构造不同可将盾构分为：敞胸式和闭胸式两种；按排除地下水与稳定开挖面的方式不同可将盾构分为：人工井点降水、泥水加压、土压平衡式的无气压盾构，局部气压盾构，全气压盾构等。

随着隧道与地下工程的发展,盾构机械的种类越来越多,适用性也越加广泛,为进一步了解盾构性能和适用性可将盾构分为以下 4 类:

A类:敞口式盾构或称普通盾构
- 有全部的或部分的正面支撑,人工或正反铲开挖
- 无正反面支撑,人工或正反铲开挖
- 正面有切削土体或软岩的刀盘

B类:敞普通闭胸式盾构或称普通挤压式盾构(半机械化盾构)
- 正面全部胸板封闭,挤压推进;留有可调节进土孔口的面积,局部挤压推进;正面网格上覆全部或部分封板;或装调节开挖面积的闸门,挤压、局部挤压推进

C类:机械式闭胸盾构
- 正面密封仓中加气压,刀盘切削土体的,称局部气压盾构
- 正面密封仓中设泥浆或泥浆加气压平衡装置的,称泥水平衡盾构、泥水加气式平衡盾构
- 正面密封仓中设土压或土压加泥式平衡装置的,称土压平衡盾构或加泥式土压平衡盾构。近年来,有出现了各种型号的机械化盾构。如:矩形盾构、铰接盾构、双圆盾构、复合盾构等

D类:TBM盾构
- 在硬岩($q_u > 50$ MPa)中使用的隧道掘进机(TBM)分敞开型或密闭型,盾构正面的切削有大刀盘加滚刀组成的复合刀盘

12.4.2　盾构的构造

盾构的种类繁多,从盾构施工中的功能而言,其基本构造主要分为盾构壳体、推进系统、拼装系统三大部分。

(1)盾构壳体

对于盾构的形式,其本体从工作面开始均可分为切口环、支承环和盾尾三部分。

1)切口环

切口环部分(图 12.12)是开挖和挡土部分,它位于盾构的最前端,施工时是先切入地层并掩护开挖作业,部分盾构切口环前端设有刃口,以减少切入掘进时对地层的扰动。切口环保持着工作面的稳定,并作为将开挖下来的土砂向后方运输的通道。因此,采用机械化开挖、土压式、泥水加压式盾构时,应根据开挖下来土砂的状态,确定切口环的形状和尺寸。

切口环的长度主要取决于盾构正面支承、开挖的方式,就手掘式盾构而言,考虑到正面施工人员挖土机具工作要有回旋的余地等。大部分手掘式盾构切口环的顶部比底部长,犹如帽檐,有的还设有千斤顶控制的活动前沿,以增加掩护长度。对于机械化盾构切口环内按不同的需要安装各种不同的机械设备,这些设备是用于正面土体的支护及开挖,而各类机械是由盾构种类而定的。

2)支承环

支承环(图 12.13)是盾构的主要结构,是承受作

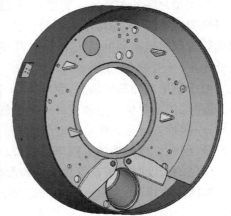

图 12.12　盾构切口环

用于盾构上全部载荷的骨架。它紧接于切口环,位于盾构中部,通常是一个刚性很好的圆形结构。地层压力、所有千斤顶的反作用力,以及切开入土正面阻力、衬砌拼装时的施工载荷均由支承环承受。

在支承环外沿布置有千斤顶,中间布置拼装机及部分液压设备、动力设备操纵控制台。当切开环压力高于常压时,在支承环内要布置人行加、减压舱。

支承环的长度应不小于固定盾构千斤顶所需的长度,对于有刀盘的盾构还要考虑安装切削刀盘的轴承装置、驱动装置和排土装置的空间。

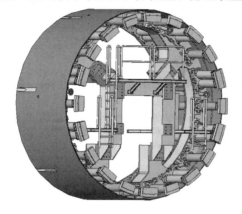

图 12.13　盾构支承环

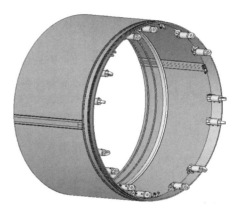

图 12.14　盾构盾尾

3)盾尾

盾尾(图 12.14)一般由盾构外壳钢板延伸构成,主要用于掩护隧道管片衬砌的安装工作。盾构末端设有密封装置,以防止水、土及压注材料从盾尾与衬砌之间进入盾构内。盾尾密封装置损坏、失效时,在施工中途必须进行修理更换,因而盾尾长度要满足上述各项工作的进行。

盾尾厚度从整体结构上考虑应尽量薄,这样可以减小地层与衬砌间形成的建筑间隙就小,从而压浆工作量也少,对地层扰动范围小也有利于施工,但盾尾也需承担土压力,在遇到纠偏及隧道曲线施工时,还有一些难以估计的荷载出现。因此,盾尾是一个受力复杂的圆筒形薄壳体,其厚度应综合上述因素来确定。

盾尾密封装置要能适应盾尾与衬砌间的空隙,由于在施工中纠偏的频率很高,因此要求密封材料要富有弹性,结构形式要耐磨、防撕裂,其最终目的是要能够止水。止水的形式有很多,目前较为理想且常用的是采用多道、可更换的盾尾密封装置,盾尾的道数根据隧道埋深、水位高低来定,一般取 2 ~ 3 道。

由于钢束内充满了油脂,钢丝又为优质弹簧钢丝,使其成为一个既有塑性又有弹性的整体,油脂保护钢丝免于生锈损坏。油脂加注采用专用的盾尾油脂泵,这种盾尾密封使用后效果较佳,一次推进可达 500 m 左右,这主要看土质情况如何。相对而言,在砂性土中掘进,盾尾损坏较快,而在黏性土中掘进则寿命较长。

盾尾的长度必须根据管片宽度和形状及盾尾的道数来确定,对于机械化开挖式、土压式、泥水加压式盾构,还要根据盾尾密封的结构来确定,最少必须保证衬砌组装工作的进行,但必须考虑在衬砌组装后因管片破损而需要更换管片,以及修理盾构千斤顶和在曲线段进行施工等因素,故必须给予一些余裕量。

（2）推进系统

推进机构主要由盾构千斤顶和液压设备组成。盾构千斤顶沿支承环周围均匀分布，对于千斤顶的台数和每个千斤顶推力，要根据盾构外径、总推力大小、衬砌构造、隧道断面形状等条件而定。

盾构千斤顶支座一般用铰接形式与千斤顶端部连接，以使千斤顶推力能均匀分布在衬砌端面上，尤其在曲线段施工时，铰接支座更有必要。

推进机构的液压设备主要由液压泵、驱动马达、操纵控制装置、油冷却装置和输油管路组成。除操作控制安装在支承环工作平台上外，其余大多数都安装在盾构后面的液压动力台车上。

（3）拼装系统

拼装机构（图 12.15）即为衬砌拼装器，其主要设备为举重臂，以液压为动力。一般举重臂安装在支承环后部。中小型盾构因受空间限制，也有的安装在盾构后面的台车上。举重臂作旋转、径向运动，还能沿隧道中线作往复运动，完成这些运动的精度应能保证待装配的衬砌管片的螺栓孔与已拼装好的管片螺栓孔对好，以便插入螺栓固定。

常用的衬砌拼装器有环形式、中空轴式、齿轮齿条式 3 种，其中以环形拼装（图 12.16）器最多。

图 12.15　管片拼装模拟图

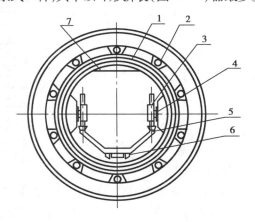

图 12.16　环形拼装器

1—转盘；2—支承滚轮；3—径向伸缩臂；
4—纵向伸缩臂；5—举重臂；6—爪钩；7—平衡重

目前，欧洲国家制作盾构时，常采用真空吸盘装置，具有管片夹持简便、拼装平稳及碎裂现象少等优点。在超大型盾构制作中，较多应用此类拼装机。

12.5　盾构施工方法

盾构施工前，准备工作主要有：盾构竖井的修建，盾构拼装的检查，盾构施工附属设施的准备。

12.5.1　盾构施工的流程

在盾构施工中，施工过程可分为大流程和小流程。大流程指盾构总体施工流程，小流程指盾构掘进流程。

(1)大流程

大流程如图 12.17 所示。

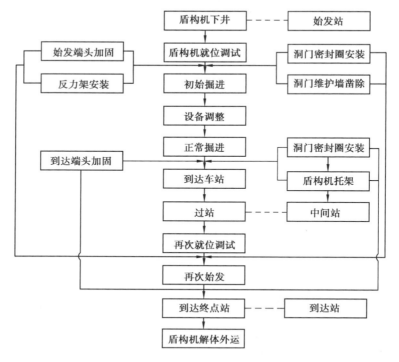

图 12.17　盾构总体施工流程图

(2)小流程

小流程如下：

准备工作→转动刀盘→启动次级运输系统(皮带机)→启动推进千斤顶→启动首级运输系统(螺旋机)→回填注浆→停止掘进→安装管片→准备下一环掘进、开挖→出土→注浆→拼装。

12.5.2　盾构的开挖方式

盾构的开挖分敞胸式开挖、挤压式开挖和闭胸切削式开挖 3 种方式。无论采取什么开挖方式,在盾构开挖之前,必须确保出发竖井的盾构进口封门拆除后地层暴露面的稳定性,必要时应对竖井周围和进出口区域的地层预先进行加固。拆除封门的开挖工作要特别慎重,对于敞胸式开挖的盾构,要先从封门顶部开始拆除,拆一块立即用盾构内的支护挡板进行支护,防止暴露面坍塌;对于挤压开挖和闭胸切削开挖的盾构,一般由下而上拆除封门,每拆除一块就立即用土砂充填,以抵抗土层压力。盾构通过临时封门后应用混凝土将管片后座与竖井井壁四周的间隙填实,防止土砂流入,并使盾构推进时的推力均匀传给井壁,有时还要立即压浆,以防止土层松动、沉陷。

(1)敞胸(口)式开挖

敞胸式开挖(图 12.18)必须在开挖面能够自行稳定的条件下进行,属于这种开挖方法的盾构有人工挖掘式、半机械化挖掘式盾构等。在进行敞胸开挖过程中,原则上是将盾构切口环与活动的前檐固定连接,伸缩工作平台插入开挖面内,插入深度取决于土层的自稳性和软硬程度,使开挖工作自始至终都在切口环的保护下进行;然后,从上而下分部开挖,每开挖一块便立即用开挖面支护千斤顶支护,支护能力应能防止开挖面的松动,即使在盾构推进过程中这种支护也不能缓解与拆除,直到推进完成进行下一次开挖为止。敞口开挖时要避免开挖面暴露时间过长,故及时支护是敞口开挖的关键。采用敞口式开挖,处理孤立的障碍物,纠偏、超挖均比其他方式容易。

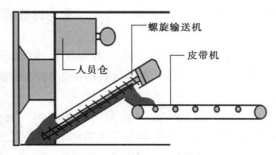

图 12.18　土压平衡盾构敞开模式图

敞胸式开挖模式适用于能够自稳、地下水少的地层(如含水量低的微、弱风化地层),其特点类似敞开式掘进机掘进,盾构机切削下来的渣土进入土仓内即刻被螺旋输送机排除,土仓内仅有极少量的渣土,土仓基本处于清空状态,由于土仓内压力为大气压,故不能支撑开挖面地层和防止地下水渗入。

在坚硬的土层中开挖面小,需要其他措施就能自稳,可直接采用人工或机械挖掘。但在松软的含水层中采用敞口式开挖,则可采用人工井点降水盾构施工法或气压盾构施工法来稳定开挖面。

1)人工井点降水盾构法

以人工井点降水来排除地下水稳定开挖面是一种较经济的方法,尤其适用于漏气量较大的砂性土。井点降水法是:在盾构两侧土层中,先打入井点管,通过井点汲水滤管将地下水抽出,使井点附近形成一个降水漏斗,从而降低地下水位,疏干开挖面地层,增加土质强度,保证了开挖面的稳定。这样就使盾构在地下水位以上通过,工人就能在干燥的工作条件下进行施工。

人工井点降水开挖的最大优点是可以不用气压施工。但也有局限性,对水底隧道水中段就不能使用人工井点降水盾构法,它只能用在两岸的岸边段,且埋置深度不能太深,若太深因降水效果不好有时可能引起盾构突然下沉。此外,在两岸建筑物密集地区也不宜采用人工井点降水法,否则因降水不匀会引起建筑物不均匀沉降。

2)气压盾构施工法

盾构在地下水位以下开挖时,由于地下水的压力,大量的水由开挖面涌出,为防止土体的流动及开挖面的坍塌,在盾构掘进时,用压缩空气的压力来平衡水压力,进而疏干开挖面附近的地层,便于盾构掘进工作的正常进行,这种施工方法称气压盾构施工法。

(2)挤压式开挖

挤压式开挖属闭胸式盾构开挖方式之一,当闭胸式盾构胸板上不开口时称全挤压式,当闭胸式盾构胸板上开口时称部分挤压式。挤压式开挖适合于流动性大而又极软的黏土层或淤泥层。

全挤压式开挖,依靠盾构千斤顶的推力将盾构切口推入土层中,使切口环前方区域中的土渣被挤向盾构的上方和周围,而不从盾构内出渣,这种全封闭状态下进行的开挖工作取决于盾构千斤顶的推力,并依靠千斤顶推力的不同组合来调整控制盾构的开挖作业。

部分挤压式开挖又称局部挤压式开挖,它与全挤压式开挖不同之处在于:闭胸盾构的胸板上有开口,当盾构向前推进时,一部分土渣从这个开口进入隧道内,进入的土渣被运输机械运走,其余大部分土渣都被挤向盾构的上方和四周。开挖作业是通过调整开口率与开口位置和千斤顶推力来进行的。

无论是全挤压开挖还是部分挤压开挖,都会造成地表隆起,但地表隆起程度随盾构埋深而异,尤其是砂质地层随着推进阻力增大,地表隆起与盾构的方向控制都较困难。

(3)密闭切削式开挖

密闭切削式开挖也属闭胸式开挖方式之一,这类闭胸式盾构有泥水加压盾构和土压平衡盾构。密闭切削开挖主要靠安装在盾构前端的大刀盘的转动在隧道全断面连续切削土体,形成开挖面。密闭切削开挖是对开挖面进行全封闭状态下进行的,其刀盘在不转动切土时正面支护开挖面而防止坍塌。密闭切削开挖适合自稳性较差的土层。密闭切削开挖在弯道施工或纠偏时不如敞口式便于操作,清除障碍物也较困难,但密闭切削开挖速度快,机械化程度高。

(4)网格式开挖

采用这种开挖方式时,开挖面由网格梁与隔板分成许多格子。开挖面的支撑作用是由土的黏聚力和网格厚度范围的阻力(与主动土压力相等)而产生的,当盾构推进时,克服这项阻力,土体就从格子里呈条状挤出来。要根据土的性质,调节网格的开孔面积,格子过大会丧失支撑作用,格子过小会引起对地层的挤压扰动等不利影响。网格式开挖一般不能超前开挖,全靠调整盾构千斤顶编组进行纠偏。

12.5.3 盾构推进

盾构进入地层后,随着工作面不断开挖,盾构也不断向前推进。盾构推进过程中应保证盾构中心线与隧道设计中心线的偏差在规定范围内。而导致盾构偏离隧道中线的因素很多,例如:土层不均匀,地层中有孤石等障碍物造成开挖面四周阻力不一致,盾构千斤顶的顶力不一致,盾构重心偏于一侧,闭胸挤压式盾构上浮,以及盾构下部土体流失过多造成盾构叩头下沉等,这些因素将使盾构轨迹变成蛇行。因此,在盾构推进过程中要随时测量,了解偏差,及时纠偏。纠偏主要靠以下几个方面来综合控制:

(1)正确调整盾构千斤顶的工作组合

一个盾构四周均匀分布有20~30个千斤顶作为盾构推进,一般应对这20~30个千斤顶分组编号进行工作组合。每次推进后应测量盾构的位置,再根据每次纠偏量的要求,决定下次推进时启动哪些编号千斤顶,停开哪些编号千斤顶,一般停开偏离方向相反处的千斤顶(盾构已右偏,应向左纠偏,故停开左边千斤顶,开启右边千斤顶。)停开的千斤顶要尽量少,以利提高推进速度,减少液压设备的损坏。盾构每推进一环的纠偏量应有所限制,以免引起衬砌拼装困难和对地层过大的扰动。

盾构推进时的纵坡和曲线也是靠调整千斤顶的工作组合来控制。一般要求每次推进结束时盾构纵坡应尽量接近隧道纵坡。

（2）调整开挖面阻力

人为地调整开挖面阻力也能纠偏。调整方法与盾构开挖方式有关：敞胸式开挖，可用超挖或欠挖来调整；挤压式开挖，可用调整进土孔位置及胸板开口大小来实现；密闭切削式开挖，可通过切削刀盘上的超挖刀与伸出盾构外壳的翼状阻力板来改变推进阻力。

（3）控制盾构自转

盾构在施工中由于受各种因素的影响，将会产生绕盾构本身轴线的自转现象，当转动角度达到某一限值后，就会对盾构的操纵、推进、衬砌拼装、施工量测及各种设备的正常运转带来严重的影响。盾构产生旋转的主要原因有：盾构两侧土层有明显的差别，施工时对某一方位的超挖环数过多，盾构重心不通过轴线，大型旋转设备（如举重臂、切削大刀盘等）的旋转等。控制盾构自转一般采用在盾构旋转的反方向一侧增加配重的办法进行，压重的数量根据盾构大小及要求纠正的速度，可以从几十吨到上百吨。此外，还可以在盾壳外安装水平阻力板和稳定器来控制盾构自转。

盾构到达终点进入竖井时，应注意的问题和加固地层的方法完全与出发井情况相同。须在离终点一定距离处检查盾构的方向、平面位置、纵向位置，并慎重修正，小心推进；否则会造成盾构中心轴线与隧道中心线相差太多，出现错位的严重现象。

此外，采用挤压式盾构开挖时，会产生盾构后退现象，导致地表沉降，因此，施工时务必采取有效措施，防止盾构后退。根据施工经验，每环推进结束后采取维持顶力（使盾构不进）屏压 5~10 min。可有效防止盾构后退。在拼管片时，要使一定数量千斤顶轴对称地轮流维持顶力，防止盾构后退。

12.5.4　盾构衬砌施工

盾构法修建的隧道常用的衬砌方法有：预制的管片衬砌、现浇混凝土衬砌、挤压混凝土衬砌，以及先安装预制管片外衬后再现浇混凝土内衬的复合式衬砌。其中，以管片衬砌最为常见。

（1）管片衬砌施工

管片衬砌就是采用预制管片，随着盾构的推进在盾尾依次拼装衬砌环，由无数个衬砌环纵向依次连接而成的衬砌结构。

预制管片的种类很多，按预制材料分有：铸铁管片、钢管片、钢筋混凝土管片、钢与钢筋混凝土组合管片。按结构型式分有：平板形管片（图 12.19）和箱形管片（图 12.20）。

管片接头一般可用螺栓连接，但有的平板形管片不用螺栓连接，而采用榫槽式接头或球铰式接头，这种不用螺栓连接的管片也称砌块。

管片衬砌环一般分标准管片、封顶管片和邻接管片 3 种。转弯时，将增加楔形管片。

管片拼装可通缝拼装，也可错缝拼装。通缝拼装是每环管片的纵向缝环环对齐，错缝拼装是每环管片的纵向缝环环错开 1/3~1/2 的宽度。前者拼装方便，后者拼装麻烦，但受力较好。管片拼装方法分先纵后环和先环后纵两种：先纵后环是管片按先底部后两侧再封顶的次序，逐次安装成环，每装一块管片，对应千斤顶就伸缩一次；先环后纵是管片依次安装成环后，盾构千斤顶一齐伸出将衬砌环推向已完成的隧道衬砌进行纵向连接。先环后纵法用得较少，尤其在推进阻力较大，容易引起盾构后退的情况下不宜采用。

管片拼装前，应做好管片质量的检查工作，检查外观、形状、裂纹、破损、止水带槽有无异

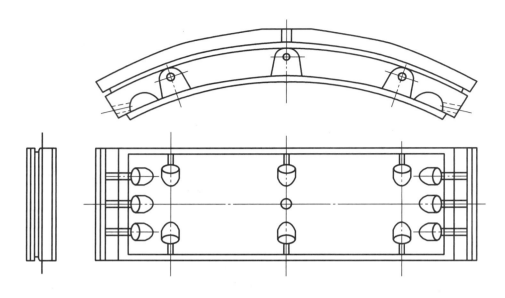

图 12.19　平板形管片(钢筋混凝土)

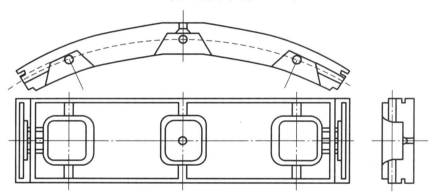

图 12.20　箱形管片(钢筋混凝土)

物,检查管片尺寸误差是否符合要求。管片拼装结束后,除按规定拧紧每个连接螺栓外,还应检查安装好的衬砌环是否真圆,必要时用真圆保持器进行调整,以保证下一拼装工序顺利进行。盾构推进时的推力反复作用在临近几个衬砌环上,容易引起已拧紧的螺栓松动,必须对推力影响消失的衬砌环进行第二次拧紧螺栓工作,以保证管片的紧密连接与防水要求。

(2)现浇混凝土衬砌施工

采用现浇混凝土进行盾构隧道衬砌施工,可以改善衬砌受力状况,减少地表沉陷,同时可节省预制管片的模板及省去管片预制工作和管片运输工作。

目前采用挤压式现浇混凝土衬砌施工是盾构隧道衬砌施工的发展新趋势。这种方法采用自动化程度较高的泵送混凝土用管道输送到盾尾衬砌施工作业面,经盾构后部专设的千斤顶对衬砌混凝土进行挤压施工,在施工中必须恰如其分地掌握好盾构前进速度与盾尾内现浇混凝土的施工速度及衬砌混凝土凝固的快慢关系。采用挤压混凝土衬砌施工时,要求围岩在施工时保持稳定,不致在挤压时变形。

思 考 题

12.1　掘进机开挖隧道的特点及优缺点有哪些？

12.2　岩石隧道掘进机（TBM）有哪些类型？

12.3　隧道掘进机主要有哪些部分组成？

12.4　掘进机切削破碎岩石的机理是什么？

12.5　二次模筑混凝土永久性衬砌如何施做？

12.6　盾构的类型有哪些？

12.7　盾构的基本构造主要分为哪些部分？

12.8　盾构施工前的准备工作主要有哪些？

12.9　盾构施工的流程主要有哪些？

12.10　盾构施工的开挖方式有哪些？

12.11　盾构法修建的隧道常用的衬砌方法有哪些？

参考文献

［1］于书翰,杜谟远.隧道施工［M］.北京:人民交通出版社,1999.

［2］吕康成.公路隧道运营设施［M］.北京:人民交通出版社,1999.

［3］吕康成.公路工程试验检测技术［M］.北京:人民交通出版社,2000.

［4］郑颖人.地下工程锚喷支护设计指南［M］.北京:中国铁道出版社,1988.

［5］于学馥,郑颖人,等.地下工程围岩稳定分析［M］.北京:煤炭工业出版社,1983.

［6］中华人民共和国交通部标准.公路隧道设计规范(JTG D70—2004)［S］.北京:人民交通出
版社,2004.

［7］中华人民共和国行业标准.公路隧道施工设计规范(JTG F60—2009)［S］.北京:人民交通
出版社,2009.

［8］中华人民共和国交通部标准.公路隧道勘测规程(JTJ 063—85)［S］.北京:人民交通出版
社,2000.

［9］刘吉士.桥梁与隧道施工监理指南［M］.北京:人民交通出版社,2000.

［10］刘世凯.公路工程地质与勘察［M］.北京:人民交通出版社,2000.

［11］陈立道.城市地下空间规划理论与实践［M］.上海:同济大学出版社,1997.

［12］铁道部第二工程局.铁道工程施工技术手册(隧道)［M］.北京:中国铁道出版社,1995.

［13］广东省公路学会隧道工程分会.公路隧道论文集［M］.北京:人民交通出版社,2000.

［14］铁道部基建总局.铁路隧道新奥法指南［M］.北京:中国铁道出版社,1988.

［15］钟桂彤.铁路隧道［M］.北京:中国铁道出版社,2000.

［16］王毅才.隧道工程:上［M］.北京:人民交通出版社,1987.

［17］中华人民共和国交通部标准.公路隧道通风照明设计规范(JTJ 026.1—1999)［S］.北京:
人民交通出版社,2000.